4.-€
hGW
50

Für alle Menschen

Rudolf Steiner

FÜR ALLE MENSCHEN

Band 3
Die innere Entwicklung

Der Wortlaut der in den *Rudolf Steiner Ausgaben* gedruckten Vorträge Rudolf Steiners geht auf die ursprünglichen Klartextnachschriften und Erstdrucke zurück, unter Berücksichtigung der danach erfolgten Veröffentlichungen.

Erste Auflage 2017

Herausgeber und Redakteur machen in Bezug auf die
hier gedruckten Texte Rudolf Steiners keine Rechte geltend.

Herausgeber: Rudolf Steiner Ausgaben
(Monika Grimm, Bad Liebenzell)
Redaktion: Pietro Archiati, Bad Liebenzell
Korrektorat: Ute von Herrmann, Stuttgart
Druck: GGP Media GmbH, Pößneck

ISBN: 978-3-86772-075-5

Rudolf Steiner Ausgaben e. K.
Burghaldenweg 37 · D-75378 Bad Liebenzell
Telefon: (07052) 935284 · Telefax: (07052) 934809
anfrage@rudolfsteinerausgaben.com
www.rudolfsteinerausgaben.com

Inhalt

19 Klassenstunden in Dornach
(15. Febr. – 2. Aug. 1924)

1. Stunde S. 9	Wo auf Erdengründen, Farb' an Farbe	S. 27
	Aus den Weiten der Raumeswesen	S. 28
	Doch du musst den Abgrund achten	S. 31
2. Stunde S. 33	Des dritten Tieres glasig Auge	S. 49
3. Stunde S. 51	Sieh in dir Gedankenweben	S. 68
4. Stunde S. 69	Fühle wie die Erdentiefen	S. 87
5. Stunde S. 89	Es kämpft das Licht mit finstren Mächten	S. 112
6. Stunde S. 113	Du steigst ins Erden-Wesenhafte	S. 135
	Du hältst von Lichtes-Scheines-Macht	S. 136
7. Stunde S. 137	Schau die Drei	S. 151
	Des Kopfes Geist	S. 151
	Tritt ein, das Tor ist geöffnet	S. 151
8. Stunde S. 153	**O Mensch, erkenne dich selbst!**	S. 173
	Sieh hinter des Denkens Sinneslicht	S. 175
9. Stunde S. 177	O Mensch, ertaste in deines Leibes ...	S. 191
	Trag' in Denk-Erleben	S. 192
10. Stunde S. 193	Ich lebe in dem finstren Erdbereich	S. 210
11. Stunde S. 211	Welten-Sternen-Stätten	S. 226
12. Stunde S. 227	Vernimm des Denkens Feld	S. 241
	Vernimm des Fühlens Feld	S. 242
13. Stunde S. 243	Vernimm des Willens Feld	S. 258
14. Stunde S. 259	Wo ist der Erde Festigkeit ...?	S. 275
15. Stunde S. 277	Was wird aus der Erde Festigkeit ...?	S. 291
16. Stunde S. 293	Was wird aus des Feuers Reinigung ...?	S. 306
	Hat verstanden dein Geist?	S. 306
17. Stunde S. 307	Sieh' des Äther-Farbenbogens	S. 319
18. Stunde S. 337	Es denken die Menschenwesen!	S. 349
19. Stunde S. 351	Wer spricht im Geistes-Wort ...?	S. 360

7 Wiederholungsstunden in Dornach
(6. – 20. Sept. 1924)

1. Wiederholungsstunde S. 363	O Mensch, erkenne dich selbst!	S. 364
	Wo auf Erdengründen, Farb' an Farbe	S. 369
	Aus den Weiten der Raumeswesen	S. 370
	Doch du musst den Abgrund achten	S. 371
2. Wiederholungsstunde S. 375	*Des dritten Tieres glasig Auge*	S. 378
	Sieh in dir Gedankenweben	S. 379
3. Wiederholungsstunde S. 382	*Fühle wie die Erdentiefen*	S. 385
	Es kämpft das Licht mit finstren Mächten	S. 386
4. Wiederholungsstunde S. 390	*O Mensch, ertaste in deines Leibes ...*	S. 394
5. Wiederholungsstunde S. 400	*Du steigst ins Erden-Wesenhafte*	S. 403
	Du hältst von Lichtes-Scheines-Macht	S. 406
6. Wiederholungsstunde S. 411	*Schau die Drei*	S. 414
	Des Kopfes Geist	S. 416
	Tritt ein, das Tor ist geöffnet	S. 418
7. Wiederholungsstunde S. 421	*Sieh hinter des Denkens Sinneslicht*	S. 428

7 Wiederholungsstunden außerhalb von Dornach
(3. Apr. – 27. Aug. 1924)

Erste Prager Stunde (3.4.1924 – Sten. Dr. Eiselt) *S. 433*
Zweite Prager Stunde (5.4.1924 – Sten. Dr. Eiselt) *S. 441*
Berner Stunde (17.4.1924 – Sten. R. Hahn) *S. 453*
Erste Breslauer Stunde (12.6.1924 – Sten. L. Kolisko) *S. 464*
Zweite Breslauer Stunde (13.6.1924 – Sten. L. Kolisko) *S. 466*
Erste Londoner Stunde (25.8.1924 – Notizen G. Adams) *S. 467*
Zweite Londoner Stunde (27.8.1924 – Notizen G. Adams) *S. 469*

Hinweise zu einzelnen Stellen (mit * versehen) *S. 474*
19 Wandtafeln *S. 32, S. 321-336, S. 374, S. 397*
38 Faksimiles *S. 7* bis *S. 432*
Notizbucheintragungen (mit Transkription) *S. 50, S. 350*
Klartextnachschriften (faksimiliert) *S. 420, S. 452, S. 463, S. 478*
Zu dieser Ausgabe *S. 475*
Engel-Hierarchien *S. 479*
Fachausdrücke *S. 480*

I.

O Mensch erkenne dich selbst
So tönt das Weltenwort
Du hörst es seelenkräftig
Du fühlst es geistgewaltig

Wer spricht so weltenmächtig?
Wer spricht so herzinniglich?

Wirkt es durch des Raumes Weitenstrahlung
In deines Sinnes Seinserleben?
Tönt es durch der Zeiten Wellenweben
In deines Lebens Werdestrom?

Bist du es selbst, der sich
Im Raumesfühlen, im Zeiterleben
Das Wort erschafft, dich fremd
Erfühlend in Raumes Seelenleere
Weil du des Denkens Kraft
Verlierst im Zeitvernichtungsstrome.

(8., 9., 12.-19. Stunde;
Wiederholungsstunden)

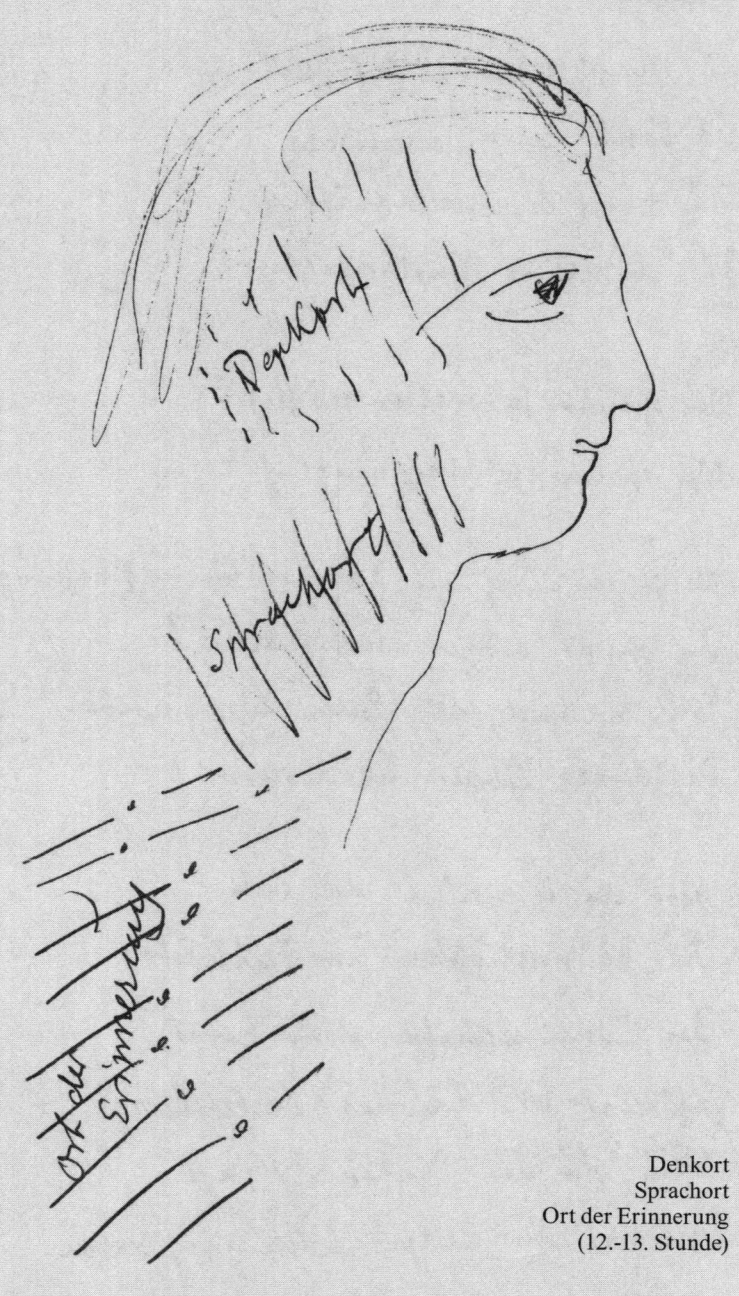

Denkort
Sprachort
Ort der Erinnerung
(12.-13. Stunde)

Erste Stunde

Dornach, 15. Februar 1924

Meine lieben Freunde! Mit dieser Stunde möchte ich die Freie Hochschule als eine esoterische Institution wieder der Aufgabe zurückgeben, der sie in den letzten Jahren entrissen zu werden drohte. Es wird heute in dieser einleitenden und begründenden Stunde nicht die Aufgabe sein, über das zu sprechen, was den eben geäußerten Satz näher erläutert, aber ich möchte durch das Aussprechen dieses Satzes auf die Bedeutung dieser Stunde hinweisen. Ich möchte darauf hinweisen, dass der Ernst, der unserer ganzen Bewegung, die mit jedem Tag mehr gefährdet und unterminiert wird, dass der Ernst, der unserer ganzen Bewegung eigen sein muss, dass dieser Ernst insbesondere in unserer Schule zum Ausdruck kommen soll. Und es ist dies keine unnötige Bemerkung, weil nicht überall zu bemerken war, dass man diesem Ernst Rechnung tragen werde.

Eine Art vorbereitender Einleitung soll heute gegeben werden, meine lieben Freunde. Und da möchte ich vor allen Dingen betonen, dass innerhalb dieser Schule das Geistesleben in seiner wahren Bedeutung genommen werden soll, dass wir in aller Tiefe berücksichtigen sollen, dass das, was mit dieser Schule begründet ist, eine Institution darstellt, die aus dem Geist heraus, aus dem sich unserer Zeit offenbarenden Geist heraus gegeben wird. Es kann auf allen Gebieten das Geistesleben vertieft werden, aber es muss ein Zentrum bestehen, von dem aus diese Vertiefung geschieht, und dieses Zentrum soll für diejenigen, die dieser Schule als Mitglieder angehören wollen, am Goetheanum in Dornach gesehen werden.

Daher möchte ich heute mit jenen Mitgliedern der Schule, für die es uns bisher möglich war, das Zertifikat auszustellen, diese Schule beginnen – beginnen zunächst so, dass wir uns bewusst werden: Es wird innerhalb dieser Schule jedes Wort, das gesprochen wird, so gesprochen, dass ihm die volle Verantwortlichkeit gegenüber dem in unserem Zeitalter sich offenbarenden Geist zugrunde liegt, gegenüber jenem Geist, der sich durch die Jahrhunderte und Jahrtausende der Menschheit offenbart, aber in jedem Zeitalter auf eine besondere Weise. Und dieser Geist, er will dem Menschen das geben, was der Mensch nur durch den Geist finden kann. Wir müssen uns von Anfang an klar sein, dass es nicht eine Feindlichkeit gegenüber all dem ist, was durch die Sinnenwelt dem Menschen zukommt, wenn in einer Schule für Geisteswissenschaft auf die Offenbarung des Geistes hingesehen wird. Wir müssen uns klar sein darüber, dass wir anerkennen, in aller Tiefe anerkennen, dass die Welt der Sinne ihre großen, für das Leben so notwendigen Offenbarungen und praktischen Winke dem Menschen gibt. Wir müssen uns durch nichts veranlasst fühlen, dasjenige gering zu achten, was aus der Sinnenwelt dem Menschen zukommt.

Aber hier kommt es darauf an, die Geistesoffenbarung als solche in allem Ernst entgegenzunehmen. Da wird, das muss ich im Voraus sagen, da wird manches Vorurteil, mancher Eigensinn, mancher Eigenwille, der heute noch tief auch in den Mitgliedern der Schule sitzt, noch fallen müssen. Und es wird erforscht werden müssen, wie man die Wege findet zu seinem eigenen Eigensinn und Eigenwillen, die verhindern, auf das hinzuschauen, was die Schule sein will. Denn mancher denkt heute noch nicht ernst genug über diese Schule, aber das muss allmählich geschehen. Und es ist gar nicht anders möglich, als dass in der Schule nur diejenigen sind, die sie in allen Einzelheiten ernst nehmen. Das fordert erstens die Sache selbst, und das fordert auf der anderen Seite der schwere Weg, den wir werden zu gehen haben gegenüber den Widerständen und den Unterminierungen, die sich von allen Seiten mit jedem Tag mehr einstellen. Darauf achten auch die Mitglieder der Schule keineswegs in hinlänglichem Grad. Das alles, meine lieben Freunde, muss gebührend berücksichtigt werden.

Es wird das, was uns in dieser Schule vor das Seelenauge tritt, in der Hauptsache in dem Empfangen dessen bestehen, was aus dem Geist heraus gegeben wird. Es wird aber auch gerade von den Mitgliedern der Schule in entsprechenden Mitteilungen gefordert werden müssen, dass sie mit jenem schweren Weg mitgehen, der gegenüber Hemmnissen und Unterminierungen zu gehen sein wird. Ich habe mich über diese Sache in unserem Mitteilungsblatt *Was in der Anthroposophischen Gesellschaft vorgeht* ausgesprochen. Ich habe da genau unterschieden zwischen der Allgemeinen Anthroposophischen Gesellschaft und dieser Schule. Es ist notwendig, dass dieser Unterschied mit aller Deutlichkeit von der Mitgliedschaft der Schule gefühlt wird, und dass auch im Sinne dieses Unterschieds gelebt wird, sodass die Schule dazu kommen kann, nur jene Persönlichkeiten als ihre Mitglieder zu haben, die sich im Leben zu Repräsentanten der anthroposophischen Sache in allen Einzelheiten machen wollen. Ich spreche diese Sätze heute paradigmatisch aus, um auf den Ernst der Sache hinzuweisen.

Das, was wie eine erste eherne Tafel über unserer Schule stehen soll, das möchte ich zuallererst vor unsere Herzen, vor unsere Seelen hinstellen. Es wird sich darum handeln, dass wir uns ganz mit dem identifizieren, was innerhalb dieser Schule, aus dem Leben des Geistes heraus ergründet, an unser Seelenohr und an unsere seelische Auffassung herankommt. Und so beginnen wir mit den Worten:

Wo auf Erdengründen Farb' an Farbe,
Sich das Leben schaffend offenbart;
Wo aus Erdenstoffen, Form an Form,
Sich das Lebenslose ausgestaltet;
Wo erfühlende Wesen, willenskräftig,
Sich am eignen Dasein freudig wärmen;
Wo du selbst, o Mensch, das Leibessein
Dir aus Erd' und Luft und Licht erwirbst:

Da betrittst du deines Eigenwesens
Tiefe, nachtbedeckte, kalte Finsternis;
Du erfragest im Dunkel der Weiten
Nimmer, wer du bist und warst und werdest.
Für dein Eigensein finstert der Tag
Sich zur Seelennacht, zum Geistesdunkel;
Und du wendest seelensorgend dich
An das Licht, das aus Finsternissen kraftet.

Ich will es noch einmal sprechen: «Wo auf Erdengründen ... aus Finsternissen kraftet». Das soll uns sagen, dass schön und herrlich, groß und erhaben die Welt ist, dass unendlicher Glanz der Offenbarung aus all dem an uns herantritt, was als Lebendiges in Blatt und Blume quellt, was Farbe an Farbe aus dem sichtbaren Weltall unserem Auge entgegensendet. Es soll uns daran erinnern, dass Göttliches offenbart all das, was aus Leblosem, aus Unlebendigem heraus im Erdstoff in tausend und abertausend kristallinen und nicht-kristallinen Formen zu unseren Füßen, in Wasser und Luft, in Wolken und Sternen sich offenbart. Es soll uns nahebringen, dass göttlich-geistige Offenbarung all das ist, was sich als Tiere in der Welt tummelt, was sich des eigenen Daseins freut und am eigenen Dasein wärmt. Und es soll uns ins Gedächtnis rufen, wie wir unseren eigenen Leib all dem entnommen haben, was sich gestaltet, was Farbe an Farbe grünt und west. Aber es soll uns auch zum Bewusstsein bringen, dass in all dem, was schön und erhaben, was großartig und göttlich für die Sinne ist, vergeblich danach gefragt wird, was wir selbst als Mensch sind.

Das Naturdasein, es mag noch so groß und gewaltig uns entgegenleuchten und entgegentönen, entgegenkraften und entgegenwärmen – dieses Naturdasein, es gibt uns nimmermehr, trotzdem es uns über vieles, über Ungeheures, über Göttlich-Geistiges Auskunft gibt, es gibt uns nimmermehr Auskunft über uns selbst. Denn wir müssen uns jederzeit sagen: Das, was wir als unser Selbst in unserem Inneren fühlen, es ist nicht aus all dem gewoben, was uns als Schönheit und Herrlichkeit, als Größe und Gewaltigkeit aus der äußeren Natur, aus dem Außermenschlichen entgegenkraftet. Und es entsteht vor unserer Seele die Frage: Warum bleibt um uns finster und stumm jenes Wesenhafte, aus dem wir selbst sind? Und wir müssen das, was uns wie Entbehrung erscheinen kann, wie eine Gnade erleben, so erleben, dass wir uns sagen, sagen mit allertiefstem Ernst, sagen mit allerklarster Strenge: Wir müssen uns erst selbst zum Menschen machen, zum seelendurchwärmten, geisterstarkten Menschen machen, damit wir als Geist im Menschen den Geist in der Welt finden.

Dazu ist aber notwendig, dass wir uns vorbereiten, nicht mit Leichtfertigkeit an jene Grenze der Sinnenwelt zu kommen, an der uns die Offenbarung des Geistes aufgehen kann. Dazu ist notwendig, dass wir uns sagen: Wenn wir unvorbereitet an diese Grenze herantreten und uns sogleich das volle Licht des Geistes entgegenkommen würde, so würde uns, weil wir noch nicht das geistig Starke und das seelisch Warme für das Empfangen des

Geistes aufgerufen haben, so würde uns der Geist zerschmettern, er würde uns in unsere Nichtigkeit zurückwerfen. Daher steht an der Grenze zwischen Sinnenwelt und Geisteswelt jener Götterbote, jener Geistesbote, von dem wir immer mehr in den nächsten Stunden hören werden, den wir immer genauer kennenlernen wollen. Es steht da jener Geistesbote, der mahnend zu uns sagt, wie wir sein sollen und was wir ablegen sollen, damit wir in der rechten Art an die Offenbarung der Geisteswelt herantreten.

Und haben wir erst begriffen, meine lieben Freunde, dass es gegenüber all dem Schönen, all dem Großen und Erhabenen der Natur für das menschliche Erkennen zunächst geistige Finsternis gibt, aus der heraus erst jenes Licht geboren werden muss, das uns sagt, was wir sind, waren und werden, dann müssen wir uns auch klar sein, dass als Erstes aus dieser Finsternis heraus jener Geistesbote begriffen werden muss, der uns die entsprechenden Ermahnungen entgegensendet. Daher lassen wir auch die Worte dieses Geistesboten in unserer Seele erklingen, und lassen wir die Charakterisierung dieses Geistesboten vor unseren Seelenaugen aufleuchten:

> Und aus Finsternissen hellet sich,
> Dich im Ebenbilde offenbarend,
> Doch zum Gleichnis auch dich bildend,
> Ernstes Geisteswort im Weltenäther,
> Deinem Herzen hörbar, kraftvoll wirkend,
>
> Dir der Geistesbote, der allein
> Dir den Weg erleuchten kann;
> Vor ihm breiten sich die Sinnesfelder,
> Hinter ihm, da gähnen Abgrundtiefen.

> Und vor seinen finstern Geistesfeldern,
> Dicht am gähnenden Abgrund des Seins,
> Da ertönt sein urgewaltig Schöpferwort:
> Sieh, ich bin der Erkenntnis einzig Tor.

Wir müssen uns völlig klar sein, dass wir von all dem, was von diesem Geistesboten mahnend an unsere Seele herantritt, dass wir von alldem Kenntnis nehmen müssen – und wir werden ihn, wie gesagt, in den nächsten Stunden immer mehr kennenlernen –, dass wir von alldem Kenntnis nehmen müssen, ehe wir uns anschicken, das zu ergründen, was nicht diesseits in den Sinnesfeldern, sondern jenseits des gähnenden Abgrundes sich geistig ausbreitet, was aber zunächst für Menschenerkenntnis in tiefe Finsternis getaucht ist, aus der heraus nur jenes Antlitz des Geistesboten sich erhellt, der ähnlich dem Menschen selbst erscheint, aber ins Riesengroß-Gewaltige ausgebildet, dabei wiederum, so sehr er auch dem Menschen ähnelt, sich schattenhaft bildet, wie zum Gleichnis des Menschen bloß, der aber mahnt, dass keiner ohne den entsprechenden Ernst Einlass suchen soll in das, was jenseits des gähnenden Abgrundes ist.

Zum Ernst mahnt der ernste Geistesbote. Und dann, wenn wir dessen Stimme mit gebührendem Ernst in der Seele erfassen, dann sollen wir uns bewusst sein, dass in seinen Instruktionen, die uns nur Richtlinien geben sollen, uns die Orientierung aus der geistigen Welt herübertönt über den Abgrund, der vor uns gähnt, und an dem der Geistesbote uns zurückhält, damit wir nicht einen unvorsichtigen Schritt machen, dass es da herübertönt:

> Aus den Weiten der Raumeswesen,
> Die im Lichte das Sein erleben,

> Aus dem Schritte des Zeitenganges,
> Der im Schaffen das Wirken findet,
> Aus den Tiefen des Herzempfindens,
> Wo im Selbst sich die Welt ergründet:
> Da ertönt im Seelensprechen,
> Da erleuchtet aus Geistgedanken
> Das aus göttlichen Heileskräften
> In den Weltgestaltungsmächten
> Wellend wirkende Daseinswort:
> O, du Mensch, erkenne dich selbst!

Ich will es noch einmal sprechen: «Aus den Weiten ... erkenne dich selbst!» Mit diesen Worten kann uns klar werden, dass zur wirklichen Erkenntnis die Geheimnisse des Daseins aus all dem ergründet werden müssen, was webt und west in den Raumesweiten, was sich aus den Raumesweiten heraus offenbart, dass sie aus all dem ergründet werden müssen, was sich im Schritt des Zeitenganges als schaffendes Wirken offenbart, und dass sich dem ehrlichen Seelensucher all das erschließen muss, was sich als Welt in den Tiefen des Menschenwesens offenbart. All das kann die Grundlage für jene Ergründung bilden, die der Mensch zur Selbsterkenntnis braucht, für die Ergründung des eigenen Selbst, in das die Welt die ganze Summe ihrer Geheimnisse gelegt hat, die aus diesem Selbst heraus als menschliche Selbsterkenntnis ergründet werden können. Es kann daraus all das ergründet werden, was der Mensch in gesunden und kranken Tagen auf seinem Daseinsweg zwischen der Geburt und dem Tod braucht, und was er auf dem anderen Daseinsweg zwischen dem Tod und einer neuen Geburt anwenden muss.

Aber all diejenigen, die sich als Mitglieder dieser Schule fühlen, sie sollen sich auch klar, ganz klar darüber sein, dass alles andere, was nicht in dieser Gesinnung erworben wird, nicht wirkliche Erkenntnis ist, sondern nur äußere Scheinerkenntnis, dass all das, was sonst als Wissenschaft gilt, als Wissen gilt, das von dem Menschen aufgenommen wird, ehe er sich ein Bewusstsein von den Ermahnungen des Hüters der Schwelle zur geistigen Welt erworben hat, dass all das nur ein Scheinwissen ist. Es braucht nicht Scheinwissen zu bleiben. Wir verachten nicht das äußere Scheinwissen, aber klar müssen wir uns darüber sein, dass es aus dem Stadium des Scheinwissens erst herauskommt, wenn der Mensch sich durch all das verwandelt hat, was er über jene Läuterung seines Wesens, über jene Metamorphosierung seines Wesens wissen kann, die er sich erwirbt, wenn er versteht, was mahnend der hütende Geistesbote am gähnenden Abgrund der Erkenntnis, am gähnenden Abgrund des aus der Finsternis herausleuchtenden Geistes dem Menschen zuzurufen hat, zuzurufen hat im Auftrag der besten Geister, der besten Bewohner der geistigen Welt.

Wer sich kein Bewusstsein darüber erwirbt, dass zwischen dem Aufenthalt in den Sinnesfeldern, mit denen wir während unseres Erdseins zwischen der Geburt und dem Tod leben müssen, dass zwischen dem Aufenthalt in diesen Sinnesfeldern und dem, was in den Geistesfeldern ist, ein gähnender Abgrund waltet, wer sich darüber kein Bewusstsein erwirbt, kann nicht wahrhaftige Erkenntnis erwerben, denn nur mit diesem Bewusstsein kann der Mensch in wahrhaftige Erkenntnis eintreten. Nicht hellsehend braucht er zu werden, obwohl die Erkenntnisse aus der Geisteswelt aus wahrer Hellsichtigkeit kommen, aber ein Bewusstsein von dem muss er sich erwerben, was da vorhanden ist am gähnenden Abgrund als Ermahnung über die Geheimnisse des Raumes, über die Geheimnisse der Zeit, über die Geheimnisse des Menschenwesens selbst. Denn ob wir hinausgehen in die Raumesweiten, der Abgrund ist da; ob wir zurückwandeln in die Zeitenwenden, der Abgrund ist da; ob wir hineingehen in das eigene Wesen, der Abgrund ist da. Und diese drei Abgründe, sie sind nicht drei Abgründe, sie sind ein einziger Abgrund. Denn, wandeln wir in die Raumesweiten hinaus so weit, bis wir da, wo die Raumesweiten sich abgrenzen, den Geist finden, wandeln wir in den Zeitenwenden bis dahin, wo diese Zeitenwenden im Beginn ihrer Zyklen den Anfang finden, wandeln wir so tief in die Tiefen des Menschenwesens hinein, als wir uns selbst ergründen können: Diese drei Wege führen zu einem einzigen Endort, zu einem einzigen Endziel, nicht zu drei verschiedenen. Sie führen alle drei zu dem gleichen Göttlich-Geistigen, das aus dem Urquell der Welt heraus sprudelt, das aus dem Urquell der Welt heraus alles Dasein befruchtet, das aber auch alles Menschendasein erkennen lehrt.

In solch ernstem Bewusstsein sollen wir uns heute in Gedanken da hinstellen, wo der ernste Geistesbote spricht. Und wir sollen anhören, was er gerade aus der besonderen Beschaffenheit unserer Zeit, unserer Gegenwart, als die Hindernisse auffasst, die wir hinwegräumen müssen, um zu wahrer Geisteserkenntnis zu kommen. Meine lieben Freunde! Hindernisse der Geisteserkenntnis gab es zu allen Zeiten. Zu allen Zeiten mussten die Menschen dies und jenes überwinden, dies und jenes ablegen unter der Mahnung des ernsten Hüters der Schwelle zur geistigen Welt. Aber jede Zeit hat ihre besonderen Hindernisse. Das, was aus der menschlichen Erdzivilisation heraus kommt, ist zum großen Teil nicht Förderungsmittel, sondern gerade Hinderungsmittel, um in die geistige Welt hineinzukommen. Gerade aus dem, was aus der Erdzivilisation heraus kommt, muss der Mensch eines jeden Zeitalters die besonderen Hindernisse finden, die aus seiner Zeit heraus in seine Natur hineinverpflanzt werden und die er ablegen muss, bevor er den gähnenden Abgrund, von dem wir gesprochen haben, übersetzen kann. Daher hören wir gerade über dieses den ernsten, hütenden Geistesboten sprechen:

> Doch du musst den Abgrund achten;
> Sonst verschlingen seine Tiere
> Dich, wenn du an mir vorübereilt'st;
> Sie hat deine Weltenzeit in dir
> Als Erkenntnisfeinde hingestellt.

Schau das erste Tier, den Rücken krumm,
Knochenhaft das Haupt, von dürrem Leib,
Ganz von stumpfem Blau ist seine Haut;
Deine Furcht vor Geistes-Schöpfer-Sein
Schuf das Ungetüm in deinem Willen;
Dein Erkenntnismut nur überwindet es.

Schau das zweite Tier, es zeigt die Zähne
Im verzerrten Angesicht, es lügt im Spotten,
Gelb mit grauem Einschlag ist sein Leib;
Dein Hass auf Geistes-Offenbarung
Schuf den Schwächling dir im Fühlen;
Dein Erkenntnisfeuer muss ihn zähmen.

Schau das dritte Tier, mit gespaltnem Maul,
Glasig ist sein Auge, schlaff die Haltung,
Schmutzigrot erscheint dir die Gestalt;
Dein Zweifel an Geistes-Licht-Gewalt
Schuf dir dies Gespenst in deinem Denken;
Dem Erkenntnisschaffen muss es weichen.

Erste Stunde

> Erst wenn die drei von dir besiegt,
> Werden Flügel deiner Seele wachsen,
> Um den Abgrund zu übersetzen,
> Der dich trennt vom Erkenntnisfelde,
> Dem sich deine Herzenssehnsucht
> Heilerstrebend weihen möchte.

Ich spreche es noch einmal: «Doch du musst ... weihen möchte». Das, meine lieben Freunde, sind die drei großen Erkenntnisfeinde der Gegenwart, des gegenwärtigen Menschen. Der gegenwärtige Mensch hat Furcht vor des Geistes Schöpfersein. Diese Furcht sitzt tief unten im Seelenleben, und der Mensch möchte sich über diese Furcht hinwegtäuschen. Da kleidet er seine Furcht in allerlei scheinlogische Gründe, durch die er die Offenbarung des Geistes widerlegen möchte. Wir hören, meine lieben Freunde, von dieser oder jener Seite gegen die Geisteserkenntnis dies und jenes einwenden. Es wird zuweilen in schlaue, zuweilen in törichte Reden gekleidet. Niemals sind es aber logische Gründe, warum der eine oder der andere die Geisteserkenntnis zurückweist. In Wahrheit ist es die Furcht vor dem Geist, der tief unten im menschlichen Inneren arbeitet und kraftet, und der, indem er zum Kopf heraufspukt, sich als logische Gründe metamorphosiert. Es ist aber Furcht. Seien wir uns nur klar: Es genügt nicht, dass wir sagen, ich habe keine Furcht. Das kann jeder sagen. Wir müssen den Sitz und das Wesen dieser Furcht erst ergründen. Wir müssen uns sagen, dass wir geboren sind, erzogen sind aus der Gegenwart heraus, in die von ahrimanischer Seite (s. Fachausdrücke S. 480) die Furchtgeister hineingestellt worden sind, und dass wir mit diesen Furchtgeistern behaftet sind. Dadurch, dass wir uns über sie hinwegtäuschen, sind sie nicht von uns in Wirklichkeit hinweggeschafft. Und wir müssen die Mittel und Wege suchen – und diese Schule wird dazu die Anleitung geben – Erkenntnismut zu finden gegenüber diesem Geist der Furcht, der als Ungetüm in unserem Willen sitzt. Denn nicht das, was heute vielfach die Menschen zur Erkenntnis treibt, oder wovon sie sagen, dass es sie zur Erkenntnis treibt, kann wirkliche Erkenntnis bringen, sondern allein der Mut, der innerliche seelische Mut, der die Kräfte und Fähigkeiten ergreift, die Wege zu gehen, die zur wahren, zur echten, zur lichtvollen Geisteserkenntnis führen.

Und das zweite Tier, das sich aus dem Zeitgeist heraus heute in die Menschenseele einschleicht, um ein Erkenntnisfeind zu werden, dieses zweite Tier, das überall lauert, wo man hinkommt, das aus den meisten Literaturwerken der Gegenwart, aus den meisten Galerien, aus den meisten Plastiken, aus den meisten sonstigen Kunstwerken, aus allem möglichen Musikalischen heute an den Menschen herantritt, das in den Schulen sein Unwesen treibt, das in der Gesellschaft sein Unwesen treibt, das überall da ist im Leben der Menschen – dieses zweite Tier, es ist das, was, um die Furcht vor dem Geist sich nicht gestehen zu brauchen, sich innerlich dazu erregt fühlt, über das Geistige zu spotten. Dieser Spott, er äußert sich nicht immer, denn die Menschen bringen sich nicht zum Bewusstsein, was in ihnen ist. Aber nur durch eine leichte, spinnwebendicke Wand ist vom Bewusstsein des Kopfes das getrennt, was im Herzen des Menschen heute überall über Geisteserkenntnis spotten will. Und wenn der Spott zutage tritt, so ist es, weil die mehr oder weniger bewusste Frechheit des gegenwärtigen Menschen die Furcht zurückdrängt. Aber durch sonderbare innere Kräfte gegen die Offenbarung des Geistes aufgestachelt ist heute jeder Mensch. Durch die allersonderbarsten Mittel offenbart sich dieses Spotten.

Und das dritte Tier, es ist die Schlaffheit des Denkens, es ist die Bequemlichkeit des Denkens. Es ist jenes Denken, das aus der ganzen Welt ein Kino machen möchte, ein Kino aus dem Grund, weil man dann nicht zu denken braucht, sondern alles vor einem abrollt und die Gedanken dem Abrollenden nur zu folgen brauchen. So möchte heute die Wissenschaft dem äußeren Dasein mit passiven Gedanken folgen. Der Mensch ist zu bequem, zu schlaff, um das Denken in Aktivität zu bringen. Es ist mit dem Denken der Menschheit heute so, wie es bei einem Menschen wäre, der etwas aufheben will, was am Boden liegt, und sich hinstellt, die Hände in die Hosentaschen legt und glaubt, er kann so aufheben, was auf dem Boden liegt. Er kann das nicht. So kann ein Denken nicht das Sein ergreifen, das die Hände in den Schoß legt. Wir müssen uns rühren, wir müssen unsere Arme und Hände rühren, wenn wir etwas aufheben wollen; so müssen wir unser Denken in Aktivität bringen, in Tätigkeit bringen, wenn wir das Geistige ergreifen wollen.

Charakteristisch spricht der Hüter der Schwelle von dem ersten Tier, das als Furcht in unserem Willen lauert, als von einem Tier mit krummem Rücken, mit bis zur Knochenhaftigkeit verzerrtem Angesicht, mit dürrem Leib. Dieses Tier, das ein stumpfes Blau auf seiner ganzen Oberfläche hat, das ist das, was neben dem Hüter der Schwelle für den heutigen Menschen aus dem Abgrund heraufkommt. Und der Hüter der Schwelle macht dem Menschen von heute klar: Dieses Tier im stumpfen Blau, mit krummem Rücken, mit bis zur Knochigkeit verzerrtem Angesicht, dieses dürre Tier ist in dir. Es steigt aus dem gähnenden Abgrund, der vor dem Erkenntnisfeld liegt, dieses Tier herauf, und es bildet wie in einem Spiegelbild das ab, was in dir selbst einer der Erkenntnisfeinde ist, jener Erkenntnisfeind, der in deinem Willen lauert.

Und das zweite Tier, das heute mit der Spotteslust gegenüber der geistigen Welt zusammenhängt, das charakterisiert der Hüter der Schwelle in einer ähnlichen Weise. Neben dem anderen Ungetüm kommt es herauf, aber indem es in seiner ganzen Haltung die Schwäche zeigt. Schwäche ist in seiner Haltung, aber mit dieser Haltung und mit dem gräulich-gelben Leib fletscht es die Zähne im verzerrten Angesicht. Und aus diesem Fletschen der Zähne, das lachen möchte, aber im Lachen lügt, weil in ihm das Spotten Lüge ist, grinst es uns als das Spiegelbild jenes Tieres entgegen, das in unserem eigenen Fühlen lebt und uns von der Erkenntnis abhält, das uns an der Erkenntnis hindert, das Feind unserer Erkenntnis ist.

Und das dritte Tier, das nicht an den geistigen Inhalt der Welt herankommen will, charakterisiert der Hüter der Schwelle so, dass es als das dritte Tier aus dem Abgrund mit gespaltenem Maul, mit auseinanderklaffendem Maul und mit glasigem Auge heraufkommt. Glasig ist sein Blick, weil das Denken nicht aktiv sein will, schlaff die ganze Haltung und schmutzigrot die Gestalt. Und so ist es ein erlogener Zweifel, der sich in diesem gespaltenen Maul ausspricht, der sich in diesem schmutzigen Rot der ganzen Gestalt ausdrückt: der Zweifel an des Geistes Lichtgewalt als der dritte der Erkenntnisfeinde, die in uns lauern und uns erdschwer machen.

Und gehen wir mit ihnen der Geisteserkenntnis entgegen, ohne die Mahnung des Hüters der Schwelle zu beachten: Der gähnende Abgrund ist da. Über ihn können wir nicht mit Erdschwere hinübersetzen: nicht mit Furcht, nicht mit Spott und nicht mit Zweifel. Über ihn können wir nur hinübersetzen, wenn wir im Denken das Geistige des Seins erfassen, wenn wir im Fühlen das Seelische des Seins erleben, wenn uns im Wollen das Leibliche des Seins erkraftet. Dann wird uns das Geistige, das Seelische und das Leibliche des Seins zu Flügeln, die uns der Erdschwere entheben. Dann können wir hinüber über den Abgrund.

Dreifach ist der Schritt des Vorurteils, das uns in den Abgrund wirft, wenn wir uns nicht Erkenntnismut, Erkenntnisfeuer und Erkenntnisschaffen aneignen. Dann aber, wenn wir die schaffende Erkenntnis im Denken ergreifen, wenn wir das Denken aktivieren, wenn wir nicht in schlaffer Lässigkeit dem Geist entgegengehen, sondern mit innerem Herzensfeuer den Geist empfangen, wenn wir Mut haben, das Geistige als Geistiges zu erfassen, es nicht nur im Bild als ein Materielles an uns herankommen lassen, dann wachsen uns die Flügel, die uns über den Abgrund zu dem Erkenntnisfeld hinüberführen, nach dem jedes ehrlich mit sich selbst lebende Menschenherz sich heute sehnt. Das ist dasjenige, was diese Einleitung heute vor unsere Seele hinbringen will, diese erste Stunde, mit der diese Schule für Geisteswissenschaft beginnen soll. Lassen wir zum Schluss Anfang, Mitte und Ende des gedachten Erlebnisses mit dem Hüter noch einmal an unserer Seele vorüberziehen: «Wo auf Erdengründen ...»; «Aus den Weiten der Raumeswesen ...»; «Doch du musst den Abgrund achten ...».

Was zu erfahren ist beim Vorüberschreiten an dem Hüter der Schwelle, was notwendig ist, wollend, fühlend und denkend zu erleben, um an dem Licht des Hüters vorbeizukommen, um in jene Finsternisse hineinzuschreiten, aus denen aber jenes Licht quillt, in dem wir das Licht des eigenen menschlichen Selbst wiedererkennen und so zu dem «O Mensch, erkenne dich selbst!» gelangen, was daraus spricht, was sich aus den vom Geistigen sich erleuchtenden Finsternissen offenbart, davon dann, meine lieben Freunde, am nächsten Freitag in der nächsten Stunde der ersten Klasse.

Für den Anfang: Der Hüter spricht den
                  Tatbestand des Erlebens nach
                                      innerhalb
                                  der Sinneswelt.

Wo auf Erden gründend, Farb an Farbe
Sich das Leben schaffend offenbart;
Wo aus Erdenstoffen, Form an Form
Sich ~~das~~ Lebensloses ausgestaltet;
Wo erfühlende Wesen, willenskräftig
       am
Sich ~~zur~~ eignen Dasein freudig wärmer ~~giebt~~
Wo du selbst o Mensch das Leibessein
Dir aus Erd, und Luft und Licht erwirbst:

Da betrittst du deines Eigenwesens
Tiefe nachtbedeckte kalte Finsternis
Du erfragest im Dunkel der Weiten
Nimmer,   werdest
~~Nichts~~, wer du bist und warst und ~~wirst~~..
Für dein Eigensein finstert der Tag
Sich zur Seelennacht, zum Geistesdunkel
Und du wendest seelensorgend dich
                          aus
~~Immer bei~~
An das Licht, das Finsternissen krafftet.

Und aus Finsternissen hellet sich
Dich im Ebenbilde offenbarend
Doch einem Gleichnis auch dich bildend
Ernstes Geisteswort im Weltenäther
Deinem Herzen hörbar kraftvoll wirkend:

Für den Anfang:

Wo auf Erdengründen Farb' an Farbe,
Sich das Leben schaffend offenbart;
Wo aus Erdenstoffen, Form an Form,
Sich das Lebenslose ausgestaltet;
Wo erfühlende Wesen, willenskräftig,
Sich am eignen Dasein freudig wärmen;
Wo du selbst, o Mensch, das Leibessein
Dir aus Erd und Luft und Licht erwirbst;

Da betrittst du deines Eigenwesens
Tiefe, nachtbedeckte, kalte Finsternis;
Du erfragest im Dunkel der Weiten
Nimmer, wer du bist und warst und werdest.
Für dein Eigensein finstert der Tag
Sich zur Seelennacht, zum Geistesdunkel;
Und du wendest seelensorgend dich
An das Licht, das aus Finsternissen kraftet.

Im Anblick der „Schwelle":

Und aus Finsternissen hellet sich,
Dich im Ebenbilde offenbarend,
Doch zum Gleichnis auch dich bildend,
Ernstes Geisteswort im Weltenäther,
Deinem Herzen hörbar, kraftvoll wirkend;
Dir der Geistesbote, der allein
Dir den Weg erleuchten kann;
Vor ihm breiten sich die Sinnesfelder,
Hinter ihm, da gähnen Abgrundtiefen.
Und vor seinen finstern Geistesfeldern,
Dicht am gähnenden Abgrund des Seins,
Da ertönt sein urgewaltig Schöpferwort:
Sieh, ich bin der Erkenntnis einzig Tor.

Wo auf Erdengründen Farb' an Farbe,
Sich das Leben schaffend offenbart;
Wo aus Erdenstoffen, Form an Form,
Sich das Lebenslose ausgestaltet;
Wo erfühlende Wesen, willenskräftig,
Sich am eignen Dasein freudig wärmen;
Wo du selbst, o Mensch, das Leibessein
Dir aus Erd' und Luft und Licht erwirbst:

Da betrittst du deines Eigenwesens
Tiefe, nachtbedeckte, kalte Finsternis;
Du erfragest im Dunkel der Weiten
Nimmer, wer du bist und warst und werdest.
Für dein Eigensein finstert der Tag
Sich zur Seelennacht, zum Geistesdunkel;
Und du wendest seelensorgend dich
An das Licht, das aus Finsternissen kraftet.

Und aus Finsternissen hellet sich,
Dich im Ebenbilde offenbarend,
Doch zum Gleichnis auch dich bildend,
Ernstes Geisteswort im Weltenäther,
Deinem Herzen hörbar, kraftvoll wirkend,

Dir der Geistesbote, der allein
Dir den Weg erleuchten kann;
Vor ihm breiten sich die Sinnesfelder,
Hinter ihm, da gähnen Abgrundtiefen.

Und vor seinen finstern Geistesfeldern,
Dicht am gähnenden Abgrund des Seins,
Da ertönt sein urgewaltig Schöpferwort:
Sieh, ich bin der Erkenntnis einzig Tor.

Aus den Weiten der Raumeswesen,
Die im Lichte das Sein erleben,
Aus dem Schritte des Zeitenganges,
Der im Schaffen das Wirken findet,
Aus den Tiefen des Herzempfindens,
Wo im Selbst sich die Welt ergründet:

Da ertönt im Seelensprechen,
Da erleuchtet aus Geistgedanken
Das aus göttlichen Heileskräften
In den Weltgestaltungsmächten
Wellend wirkende Daseinswort:
O, du Mensch, erkenne dich selbst.

An der Schwelle:

Aus den Weiten der Raumeswesen,
Die im Lichte das Sein erleben;
Aus dem Schritte des Zeitenganges,
Der im Schaffen das Wirken findet,
Aus den Tiefen des Herzempfindens,
Wo in Selbst sich die Welt ergründet:

Da ertönt in Seelensprechen,
Da erleuchtet aus Geistgedanken,
Das aus göttlichen Heileskräften
In den Weltengestaltungsmächten
Wellend wirkende Daseinswort:
O, du Mensch, erkenne dich selbst.

Der Hüter spricht am Abgrund des Seins:

Doch du musst den Abgrund achten;
Sonst verschlingen seine Tiere
Dich, wenn du an mir vorübereilst.
Sie hat deine Weltenzeit in dir
Als Erkenntnisfeinde hingestellt.
Schau das erste Tier; den Rücken krumm,
Knochenhaft das Haupt, von dürrem Leib,
Ganz aus stumpfem Blau ist seine Haut;
Deine Furcht vor Geistes=Schöpfer=Sein
Schuf das Ungetüm in deinem Willen;
Dein Erkenntnismut nur überwindet es.

Schau das zweite Tier, es zeigt die Zähne
Im verzerrten Angesicht, es lügt im Spotten
Gelb, mit grauem Einschlag ist sein Leib;
Der Hass auf Geistes=Offenbarung
Schuf den Schwächling dir im Fühlen;
Dein Erkenntnisfeuer muss ihn zähmen.

Schau das dritte Tier, mit gespaltnem Maul,
Glasig ist sein Auge, schlaff die Haltung,
Schmutzig=rot erscheint dir die Gestalt.
Deine Zweifel an Geistes=Licht=Gewalt
Schuf dir dies Gespenst in deinem Denken;
Dem Erkenntnisschaffen muss es weichen.

Erst wenn die drei von dir besiegt,
Werden Flügel deiner Seele wachsen,
Um den Abgrund zu übersetzen,
Der dich trennet vom Erkenntnisfelde,
Dem sich deine Herzenssehnsucht
Heil=erstrebend weihen möchte.

29

Der Hüter
vom Abgrund

Doch du musst den Abgrund achten
Sonst verschlingen seine Tiere
Dich, wenn du an mir vorübereilst
Sie hat deine Weltenzeit in dir
      feinde
Als Erkenntnis ~~freunde~~ hingestellt;

Schau das erste Tier, den Rücken krumm
Knochenhaft das Haupt, von dürrem Leib
Ganz ~~von~~ stumpfenes Blau ist seine Haut
Deine Furcht vor Geistes-Schöpfer=Sein   *fürchterregen*
Schuf das Ungetüm in deinem Willen
Dein Erkenntnismut nur überwindet es.

Schau das zweite Tier, es zeigt die Zähne
~~////////////////////////////~~
Im verzerrten Angesicht, es lügt im Spotten   *spottend: Hass*
Gelb mit grauem Einschlag ist sein Leib.
~~Dein~~ Hass ~~auf~~ Geistes=Offenbarung
Schuf den Schwächling dir im Fühlen
                              ihn
Dein Erkenntnisfeuer muss ~~es~~ zähmen.

Schau das dritte Tier, mit gespalt'nem Maul
Glasig ist sein Auge, schlaff die Haltung   *zweifel*
~~schmutzig rot erscheint dir die Gestalt~~
                  an
Deine ~~Zweifel~~ Geistes=Licht=Gewalt
              dies
Schuf ~~dir Doch~~ Gespenst in deinem Denken
Dein Erkenntnisfassen muss es weichen.

Erst wenn die drei von dir besiegt,
Werden Flügel deiner Seele wachsen
Um den Abgrund zu übersetzen

 # Der dich trennt vom Erkenntnisfeld,
dass sich deine Herzensschrift
Heil erprobend weihen ~~müsste~~ möchte.

Doch du musst den Abgrund achten;
Sonst verschlingen seine Tiere
Dich, wenn du an mir vorübereilt'st;
Sie hat deine Weltenzeit in dir
Als Erkenntnisfeinde hingestellt.

Schau das erste Tier, den Rücken krumm,
Knochenhaft das Haupt, von dürrem Leib,
Ganz von stumpfem Blau ist seine Haut;
Deine Furcht vor Geistes-Schöpfer-Sein
Schuf das Ungetüm in deinem Willen;
Dein Erkenntnismut nur überwindet es.

Schau das zweite Tier, es zeigt die Zähne
Im verzerrten Angesicht, es lügt im Spotten,
Gelb mit grauem Einschlag ist sein Leib;
Dein Hass auf Geistes-Offenbarung
Schuf den Schwächling dir im Fühlen;
Dein Erkenntnisfeuer muss ihn zähmen.

Schau das dritte Tier, mit gespaltnem Maul,
Glasig ist sein Auge, schlaff die Haltung,
Schmutzigrot erscheint dir die Gestalt;
Dein Zweifel an Geistes-Licht-Gewalt
Schuf dir dies Gespenst in deinem Denken;
Dem Erkenntnisschaffen muss es weichen.

Erst wenn die drei von dir besiegt,
Werden Flügel deiner Seele wachsen,
Um den Abgrund zu übersetzen,
Der dich trennet vom Erkenntnisfelde,
Dem sich deine Herzenssehnsucht
Heilerstrebend weihen möchte.

Tafel zur 2. Stunde (22. Februar 1924)

Zweite Stunde

Dornach, 22. Februar 1924

Meine lieben Freunde! Wir wollen heute an das anknüpfen, was in der vorigen Stunde gesagt worden ist, zum Teil deshalb, weil der Zusammenhang gewahrt werden soll, zum Teil aber auch deshalb, weil neue Mitglieder, oder wenigstens Mitglieder, die das vorige Mal nicht hier waren, heute hier auch versammelt sind. Es soll daher die heutige Stunde mit einer kurzen Rekapitulation dessen beginnen, was wir in der vorigen Stunde vor unsere Seele hingestellt haben.

Wir haben uns in Gedanken an jene Stätte hinbegeben, wo der Mensch, der im gewöhnlichen Leben und für das gewöhnliche Bewusstsein um sich herum die sinnliche Welt hat, die er mit dem Verstand erfasst, wo der Mensch sich gegenüber dem Übersinnlichen fühlen kann, gegenüber jenem Übersinnlichen aber, das verwandt ist mit seinem eigenen Wesen, das eines Wesens ist mit seinem eigenen Wesen. Diese Stimmung wollen wir zunächst ausbilden, bevor wir an die Mysterien des Geisteslebens herantreten, was wir in der nächsten Zeit tun wollen.

Eine erste Stimmung, sie soll uns zum Bewusstsein bringen, wie der Mensch mit seiner gewöhnlichen Seelenverfassung die Welt der Sinne um sich herum hat, die ihm aber nicht das gibt, was mit seinem eigenen Wesen eins ist. Wenn an den Menschen durch alle Zeiten, ihn zu der edelsten Tätigkeit auffordernd, das Wort herantönt: «O Mensch, erkenne dich selbst!», dann ist es so, dass der Mensch keine Antwort, keine Befriedigung finden kann, wenn er unter dem Eindruck des Wortes «Erkenne dich selbst!» nur auf das hinblickt, was sich vor seinen Sinnen ausbreitet, was Inhalt der außermenschlichen Welt ist. Der Mensch wird auf etwas anderes hingewiesen als in dieser Sinnenwelt ist, als in dieser außermenschlichen Welt ist. Wenn wir gegenüber dieser Empfindung, die der Mensch hat, wenn er mit der Frage nach seiner eigenen Wesenheit auf die Weiten des Weltdaseins hinblickt, wenn wir mit dieser Empfindung in Gedanken an das übersinnliche Dasein herantreten, das eins ist mit der inneren Menschenwesenheit, dann wird uns die entsprechende Stimmung mit den Worten wiedergegeben, die wir schon das letzte Mal vor unsere Seele hingestellt haben: «Wo auf Erdengründen ... aus Finsternissen kraftet». (s. S. 27).

Wir haben vor uns, sie fühlend in unserer Seele, jene Empfindung, die uns vergegenwärtigt, wie wir die Schönheit, die Größe und die Erhabenheit der außermenschlichen Welt empfinden können, wie wir alles außermenschliche Große, Erhabene und Schöne schauen können, wie wir aber in dieser Welt gerade unser eigenes Wesen niemals finden können. Es ist notwendig für den Menschen, der nach dem Geist strebt, immer wieder diese Stimmung vor die Seele zu rücken. Denn das Erleben dieser Stimmung, das tiefe Erleben dessen, dass wir in die Welt hinausblicken, die außermenschlich ist, und diese Welt uns keine Antwort auf die Frage gibt, was wir selbst sind, diese Empfindung immer wieder vor die Seele gerückt, sie kraftet aus der Seele jene Impulse herauf, die uns in die geistige Welt hinauftragen. Gerade aber weil wir so empfinden, dass wir durch eine solche Stimmung in die geistige Welt hinaufgetragen werden, müssen wir uns auch vor die Seele rücken, dass der Mensch im gewöhnlichen Bewusstsein, im gewöhnlichen Leben unvorbereitet ist, vor jene Welt hinzutreten, die die Welt seines eigenen Wesens ist. Deshalb steht an der Grenze, die da ist zwischen der Sinnenwelt und der geistigen Welt, jener Hüter, der mit seinem Ernst den Menschen davor warnt, unvorbereitet in die geistige Welt hinüberzuwollen. Und wieder ist es so, meine lieben

Freunde, dass wir von Zeit zu Zeit immer neu die Tatsache in uns rege machen müssen, dass vor der geistigen Welt zum eigenen Heil des unvorbereiteten Menschen der Hüter steht – wir werden ihn in der nächsten Zeit immer mehr kennenlernen –, sodass wir die Stimmung des Hintretens vor diesen Hüter bekommen, dass wir uns recht klar machen: Es gehört eine bestimmte Seelenverfassung dazu, um wirkliche Erkenntnis zu erwerben. Wenn die Einsicht, die in der heutigen materialistischen Zeit allen Menschen auf der Straße zugetragen wird, wenn diese Einsicht beim Menschen zur wirklichen Erkenntnis führen würde, so wäre es für ihn schlimm, denn er würde die Erkenntnis unvorbereitet empfangen, nicht in jener Stimmung, die die zur Erkenntnis vorbereitende Stimmung sein muss. Deshalb ist es so, dass wir uns recht innig auch die zweite Stimmung vor die Seele rücken, die uns davon spricht, wie wir vor den Hüter hintreten müssen: «Und aus Finsternissen ... einzig Tor». (s. S. 27).

Und dann spricht der Hüter selbst, indem er, während wir noch hier in den Sinnesfeldern stehen, in jenes Gebiet hinüberweist, wo noch für uns, wenn wir hier stehen, undurchdringliche Finsternis waltet, indem er auf diese Finsternis hinweist, die aber Helligkeit werden soll, die sich vor uns durch Geisteserkenntnis hellen soll, aus der heraus er sich zunächst nur selbst erhellt. Da spricht er, auf diese scheinbare Finsternis, auf diese Maja-Finsternis hinweisend, da spricht er: «Aus den Weiten ... erkenne dich selbst!» (s. S. 28).

Wer das Wort, das aus dem Mund des Hüters ertönt, tief genug empfinden kann, der wird gewahr, wenn er auf sich selbst zurückblickt, wie das Zurückblicken, das Wahrnehmen im Zurückblicken eine erste Selbsterkenntnis wird, eine Selbsterkenntnis, die noch vorbereitend für den Eintritt in die wahre, in die rechte Selbsterkenntnis ist, in jene Selbsterkenntnis, die uns eine geistige Welterkenntnis enthüllt, eine Erkenntnis jenes Weltwesens, das eins ist mit unserem eigenen Menschenwesen. Da steigen die Erkenntnisse auf, die wir noch diesseits der Schwelle zum geistigen Dasein gewinnen können. Da steigen die Erkenntnisse auf, die im zwar furchtbaren, aber wahren Abbild die Unreinheit des eigenen Denkens, Fühlens und Wollens zeigen – als drei aus dem Abgrund aufsteigende Tiere, aus dem gähnenden Abgrund, der sich zwischen der Sinnenwelt und der Geisteswelt senkt.

Das, was wir fühlen sollen am Abgrund des Seins zwischen der Maja, dem Schein, und dem Sein, der wirklichen Welt, das soll uns diese Stimmung vor die Seele stellen: «Doch du musst den Abgrund achten ... Schau das erste Tier ... nur überwindet es». (s. S. 31). Wir müssen, meine lieben Freunde, uns klar vor die Seele stellen, dass nicht der Erkenntnismut in unserer Seele waltet, sondern dass im weitesten Umfang die Erkenntnisfeigheit in unserer Seele waltet, jene Erkenntnisfeigheit, die die meisten Menschen gerade in unserem Zeitalter davon abhält, überhaupt an die Einsicht in die geistige Welt heranzutreten. «Schau das zweite Tier ... muss ihn zähmen». (s. S. 31): Das ist das Zweite, das wir in uns tragen, das ist, was alle Zweifel in unsere Seele senkt, jede Art von Gefühlen der Ungewissheit gegenüber der geistigen Welt unserer Seele einpflanzt. Das liegt im Fühlen, weil das Fühlen schwach ist, weil das Fühlen sich nicht zur Begeisterung, zum Enthusiasmus aufschwingen kann. Wahre Erkenntnis muss hinaus sein über den äußeren, niederen Enthusiasmus, der an allem äußeren Leben sich hinaufrankt. Das ist ein billiges Hinaufranken. Aber der innere Enthusiasmus, das innere Feuer, das zum Erkenntnisfeuer wird, das ist das, was das zweite Tier besiegt. Und dann das Dritte: «Schau das dritte Tier ... muss es weichen». (s. S. 31): Wir müssen den

Mut finden, Aktivität in unser Denken zu bringen. Wenn wir im gewöhnlichen Bewusstsein denken, schaffen wir mit Willkür, schaffen wir etwas, was nicht wirklich ist. Wenn wir uns in der entsprechenden Weise zum schaffenden Denken vorbereiten, strömt in unser schaffendes Denken die geistige Welt ein. Und dann gebären wir aus Erkenntnismut, aus Erkenntnisfeuer und aus Erkenntnisschaffen das wirkliche Drinstehen in der geistigen Welt: «Erst wenn die drei von dir besiegt ... heilerstrebend weihen möchte». (s. S. 31).

Diese Stimmungen, sie können uns so weit bringen, dass wir in der rechten Weise fühlen, was wir als Mensch in uns rege machen sollen, damit wir als wahrer Mensch, als lebendiger Mensch in die geistige Welt eintreten. Im gewöhnlichen Leben ist es so, dass der Mensch oft an den banalsten Dingen empfindet, dass das Leben Ernst und kein Spiel ist. Aber das, was zur Erkenntnis führen soll, das drückt nicht so stark wie das äußere Leben, das wird in der Seele rege gemacht. Mit dem treibt man nur allzu leicht ein Spiel. Und man redet sich von dem Spiel ein, dass es Ernst sei. Aber man schadet sich und den anderen Menschen ungeheuer, wenn man das Geistesstreben zum Spiel macht, wenn man nur im Geringsten mit dem Geistesstreben nicht den absolutesten Ernst verbindet. Dieser Ernst braucht nicht darin zu bestehen, dass er sich in Sentimentalität offenbart. Das ist nicht nötig, es kann der Ernst gewissen Zusammenhängen des Lebens gegenüber den Humor notwendig machen. Aber dann muss der Humor ernst sein. Was hier als Ernst dem Spiel gegenübergestellt wird, das ist nicht die Sentimentalität, die falsche Frömmigkeit, der unwahre Augenaufschlag gegenüber dem Spiel, sondern es ist die Möglichkeit, in dem Geistesstreben aufzugehen und stetig, ausdauernd, anhaltend in diesem Geistesstreben zu leben.

Um das Gewicht der Worte, die ich jetzt spreche, meine lieben Freunde, so recht zu empfinden, wird es gut sein für das Erkenntnisstreben, wenn all die Freunde, die hier sitzen, auch diejenigen, die schon länger in der Anthroposophischen Gesellschaft sind, sich die folgende Frage vorlegen: Wie oft habe ich mir vorgenommen, dies oder jenes als Aufgabe des anthroposophischen Lebens zu tun, und wie oft habe ich nach kurzer Zeit nicht mehr daran gedacht? Vielleicht hätte ich es getan, wenn ich daran gedacht hätte, aber ich habe nicht mehr daran gedacht. Es ist ausgelöscht, wie ein Traum ausgelöscht ist aus meinem Leben. Es ist nicht unbedeutend und unwichtig, sich gerade eine solche Frage vorzulegen. Und vielleicht könnte es gar nicht unwichtig sein, wenn eine größere Anzahl unserer Freunde etwas ganz Aktuelles vor die Seele hinstellen wollte. Die Weihnachtstagung sollte beginnen, reale Esoterik in die ganze anthroposophische Weltanschauungsströmung hineinzugießen, wie sie von der Anthroposophischen Gesellschaft getragen wird. So könnten sich viele fragen: Wie oft habe ich das, was ich während der Weihnachtstagung als etwas Schönes empfunden habe, nachträglich vergessen und bin in meinen Gedanken, in meinen Empfindungen so gewesen, als wenn die Anthroposophische Gesellschaft so fortgehen sollte, wie sie vor Weihnachten war. Und wenn sich Einzelne sagen, das ist bei mir nicht der Fall, so könnte es gerade bei diesen sehr notwendig sein, dass sie sich die Frage stellen: Täusche ich mich nicht darüber, dass es bei mir nicht der Fall ist? Habe ich in allem, was anthroposophisches Handeln betrifft, darauf gesehen, dass mit Weihnachten eine neue Phase der Anthroposophischen Gesellschaft beginnen soll? Diese Frage gerade als Erkenntnisfrage zu stellen, ist von einer ganz besonderen Bedeutung. Dann wird der rechte Ernst in die Seele einziehen. Es ist nötig, dass so etwas, was mit dem Lebensnerv der Anthroposophischen Gesellschaft zusammenhängen soll und was deshalb mit dem Lebensnerv eines jeden Mitglieds, das um Aufnahme in die Klasse angesucht hat, zusammenhängen soll, es ist nötig, dass so etwas sich an irgendetwas anfügt, was einen starken Einschlag im Leben bildet. Daher wäre es gut, wenn jeder Einzelne, der der Klasse angehören will, sich sagt: Gibt es nicht für mich etwas, was ich jetzt, nachdem die Anthroposophische Gesellschaft neu begründet worden ist, anders tun kann, als ich früher die Dinge getan habe? Könnte ich nicht etwas Neues einführen in mein Leben als Anthroposoph? Könnte ich nicht die Art abändern, wie ich früher gewirkt habe, dadurch, dass ich irgendein einzelnes Neues einführe? Das wäre von einer riesengroßen Bedeutung, wenn es ernst genommen würde, für jeden Einzelnen, der der Klasse angehört. Denn dadurch wäre die Möglichkeit herbeigeführt, meine lieben Freunde, dass diese Klasse ohne die belastenden Schwergewichte fortarbeiten könnte. Denn ein jeder, der den alten Schlendrian weiterführt, belastet den Fortgang der Klasse. Das merkt man nicht, aber wahr ist es.

Im esoterischen Leben gibt es keine Möglichkeit, das herbeizuführen, was sonst im Leben so herrschend ist: die Lüge als Wahrheit umzudeuten. Wenn man das im esoterischen Leben tut, so wirkt nicht das Umgedeutete, sondern es wirkt die Wahrheit. Im esoterischen Leben wirkt nichts anderes als die Wahrheit. Wir können aus Eitelkeit etwas färben, aber das Gefärbte macht keinen Eindruck auf die geistige Welt. Das Ungefärbte, die ungefärbte Wahrheit, das ist das Wirksame in der geistigen Welt. Wir können daran ermessen, wie verschieden die geistige Realität, die wie immer auch heute unter der Oberfläche des Daseins wirkt, wie verschieden sie ist von dem, was das äußere Leben darstellt, das heute aus so vielen Lebenslügen zusammengeflickt ist.

Es ist heute ungemein wenig wahr von dem, was unter den Menschen lebt. Und sich das immer wieder vor die Seele zu rücken, das gehört zum Anfang des Strebens innerhalb dieses Klassenlebens. Denn nur aus der Stimmung, die sich so bildet, können wir die innere Kraft finden, in dem mitzutun, was sich hier in der Klasse von Stunde zu Stunde immer mehr entwickeln wird, immer mehr entrollen wird vor unserer Seele, damit wir den Weg in die geistige Welt hinein finden. Dann erst werden wir darauf aufmerksam, was unserem Denken, unserem Fühlen und unserem Wollen einverpflanzt werden muss, damit das Denken besiegt das Denkgespenst, das Fühlen den Spötter, das Wollen den Knochengeist, das heißt die drei Tiere. Denn diese drei Tiere sind unsere eigenen Erkenntnisfeinde. Sie treten uns wie in Spiegelbildern, aber als Realitäten, aus dem gähnenden Abgrund des Seins entgegen. Und tief mit unserem Menschenwesen verwurzelt ist all das, was uns am wirklichen Erkennen hindert, zunächst im Denken daran hindert. Das gewöhnliche menschliche Denken spiegelt sich in dem Denkgespenst des dritten Tieres, in jenem dritten Tier, das seiner Gestalt nach deutlich geschildert wird: «Schau das dritte Tier ... muss es weichen». (s. S. 31). Das ist das Abbild des gewöhnlichen Menschendenkens, jenes Denkens, das über die Dinge der äußeren Welt denkt und nicht gewahr wird, dass dieses Denken über die Dinge der äußeren Welt ein Leichnam ist. Wo hat das Wesen gelebt, dessen Leichnam das gewöhnliche Denken ist?

Meine lieben Freunde! Indem wir heute gemäß unserer gegenwärtigen Menschheitszivilisation, das heißt unserer Weltzeit, vom Morgen bis zum Abend, vom Aufwachen bis zum Einschlafen denken, denken nach der Anleitung, die uns heute aus den Schulen und aus dem Leben gegeben wird, denken wir, indem unser Denken ein Leichnam ist. Tot ist unser Denken. Wann hat es gelebt, und wo hat es gelebt? Es hat gelebt, bevor wir geboren worden sind, es hat dort gelebt, wo unsere Seele im vorirdischen Dasein war. Geradeso, wie wir uns vorstellen, meine lieben Freunde, dass der Mensch auf der physischen Erde lebt, dass sich in seinem physischen Leib sein Seelenwesen regt und er in diesem physischen Leib herumgeht, der durch sein Seelenwesen regsam ist bis zum Tod – dass dann aber für den äußeren Anblick unsichtbar wird das regsame Seelenwesen und sichtbar dableibt der Leichnam, der tot ist, der die tote Gestalt der lebendigen Menschengestalt während des Lebens ist –, wie wir uns das vorstellen, so müssen wir uns vorstellen, dass das Denken lebt, ein lebendiges, organisch wachsendes, webend-wesendes Dasein hat, bevor der Mensch ins irdische Dasein eintritt, und dass es dann Leichnam wird, im Grab unseres eigenen Kopfes begraben ist, im Grab unseres eigenen Gehirns. Und geradeso, wie wenn ein Leichnam im Grab behaupten wollte: Ich bin der Mensch, so ist es mit unserem Denken, wenn es im Gehirn als Leichnam begraben ist und über die äußeren Dinge der Welt nachdenkt. Es ist aber Leichnam. Es ist vielleicht niederdrückend für den Menschen, dass es Leichnam ist, aber es ist wahr, und an die Wahrheit muss sich esoterische Erkenntnis halten. Das liegt in der Fortsetzung der Rede des Hüters der Schwelle. Denn nachdem er in der ersten Strophe die Mahnung von den drei Tieren vor unsere Seele hingestellt hat, spricht er weiter. Und die Worte, die jetzt an unser Herz ertönen, sind diese:

> Des dritten Tieres glasig Auge,
> Es ist das böse Gegenbild
> Des Denkens, das in dir sich selbst
> Verleugnet und den Tod sich wählet,
> Absagend Geistgewalten, die es
> Vor seinem Erdenleben geistig
> In Geistesfeldern lebend hielten.

Ich spreche es noch einmal: «Des dritten Tieres ... lebend hielten». Das Denken, mit dem wir hier im Sinnesfeld so vieles zu leisten haben, es ist vor den Göttern der Welt der Leichnam unseres Seelenwesens. Wir sind, indem wir in unserer Erdzeit die Erde betreten haben, erstorben in dem Denken. Der Tod des Denkens bereitete sich allmählich seit dem Jahr 333 der nachchristlichen Zeit vor. Von dieser Mitte der 4. nachatlantischen Periode (s. Fachausdrücke S. 480), vom Jahr 333 an, bereitete sich allmählich dieses vor, dass das Denken tot wurde. Vorher war in das Denken noch Lebendigkeit hineingegossen, die eine Erbschaft aus dem vorirdischen Dasein war. Lebendig fühlten die Griechen, lebendig fühlten die Orientalen, indem sie dachten, in dem Weben des Denkens das Wirken des Geistes, das Wirken der Götter. Diese Orientalen, diese älteren Griechen, sie wussten, indem sie dachten: In jedem Gedanken lebt der Gott. Das ist verloren gegangen, das Denken ist tot geworden. Und wir müssen die Mahnung der Zeit befolgen, die uns vom Hüter zugeht: «Doch du musst ... Erkenntnisfeinde hingestellt». (s. S. 31). Diese Weltzeit hat 333 nach der Entstehung des Christentums begonnen, im 4. Jahrhundert, nachdem das erste Drittel des 4. Jahrhunderts vorbei war. Und heute ist das Denken, und alles vom Denken in der Welt Ausgehende, von Todeskräften, nicht von Lebenskräften, durchdrungen. Und das tote Denken des 19. Jahrhunderts hat den toten Materialismus an die Oberfläche der menschlichen Zivilisation getrieben.

Anders ist es mit dem Fühlen. Ahriman, der große Menschenfeind, konnte noch nicht in derselben Weise auch das Fühlen ertöten, wie er das Denken ertötet hat. Das Fühlen lebt im Menschen auch noch in der gegenwärtigen Weltzeit. Aber der Mensch hat dieses Fühlen zum großen Teil aus dem vollen Bewusstsein in das halb Unbewusste hinuntergedrückt. Das Fühlen steigt auf in der Seele: Wer hat es in seiner Gewalt, so wie er das Denken in seiner Gewalt hat? Wem ist es klar, was in den Gefühlen lebt, so wie ihm klar ist, was im Denken ist? Nehmen wir nur eine der traurigsten, nämlich vor dem Geist traurigsten Erscheinungen unserer Zeit, meine lieben Freunde. Wenn die Menschen denken, sind sie Weltbürger, denn sie wissen ganz gut: Das Denken macht alle Menschen gleich als Menschen, wenn es auch im gegenwärtigen Weltzeitalter tot ist. Aber im Fühlen sind die Menschen nach Völkern getrennt, und gerade heute lassen sie dieses halb bewusste Fühlen im höchsten Maße walten. Überall entsteht Streit im heutigen Weltsein aus dem unbestimmten Fühlen heraus, durch das sich der Mensch nur einer bestimmten Menschengruppe angehörig fühlt. Das Weltkarma stellt uns in eine bestimmte Menschengruppe hinein, und es ist unser Fühlen, das dem Weltkarma als Werkzeug dient, durch das wir in einen Stamm, in eine Klasse, in ein Volk hineingestellt werden. Es ist nicht das Denken, durch das wir da hineingestellt werden. Das Denken, wenn es nicht durch das Gefühl und den Willen gefärbt wird, ist in aller Welt dasselbe. Das Fühlen aber stuft sich ab nach den verschiedenen Gebieten der Welt. Das Fühlen liegt halb im Unbewussten. Es lebt, aber es lebt halb im Unbewussten. Deshalb hat der ahrimanische Geist, da er keinen Einfluss auf das Leben des Fühlens hat, die Gelegenheit benutzt, um im Fühlen im Unbewussten zu wühlen. Und er verführt dieses Fühlen zur Verwechslung von Wahrheit und Irrtum. All unsere Fühlensvorurteile werden von ahrimanischen Einflüssen, von ahrimanischen Impulsen in uns gefärbt.

Dieses Fühlen, es muss, wenn wir in die geistige Welt eintreten wollen, vor unsere Seele heraufsteigen. Wir müssen dem Fühlen gegenüber Selbsterkenntnis betreiben. Wir müssen uns durch immerwährendes Zurückblicken auf unser eigenes Wesen sagen, welche Art von Mensch wir sind als fühlende Menschenwesen. Das gewinnen wir nicht leicht. In Bezug auf das Denken wird es uns verhältnismäßig leicht, wenn wir über uns selbst Klarheit gewinnen wollen. Wir tun es nicht immer, aber schon eher sagen wir uns: Du bist nicht gerade ein Genie, dir fehlt zu einem klaren Denken dies und jenes. Höchstens Eitelkeit oder Opportunität ist es, die uns nicht dazu kommen lässt, über unser Denken einige Klarheit zu haben. Aber dem Fühlen gegenüber, da kommen wir gar nicht dazu, uns selbst vor unsere Seele hinzustellen. Wir sind immer davon überzeugt, dass unsere Gefühle die richtigen sind. Da müssen wir recht innig in unsere Seele einkehren, wenn wir uns als fühlendes Menschenwesen vor uns selbst charakterisieren wollen. Aber wir müssen es tun. Nur dadurch, dass wir uns als fühlendes Wesen mit aller Gewissenhaftigkeit vor uns selbst hinstellen, erheben wir uns über jene Schranken, die das zweite Tier vor uns aufrichtet auf dem Weg in die geistige Welt. Sonst aber, wenn wir nicht diese Selbsterkenntnis uns gegenüber als fühlendem Menschenwesen üben, ist es immer so, dass wir das «Spottgesicht» gegenüber der geistigen Welt entwickeln. Wie wir uns unseres kranken Fühlens nicht bewusst werden, werden wir uns auch nicht bewusst, dass wir Spötter gegenüber der geistigen Welt sind. Wir kleiden den Spott in alle möglichen Formen, aber wir spotten der geistigen Welt. Und gerade diejenigen sind Spötter, von denen wir vorhin gesprochen haben: die Unernsten. Sie genieren sich vor sich selbst, den Spott auch nur in Gedanken innerlich auszusprechen, aber in Wirklichkeit spotten sie der geistigen Welt. Denn wie könnte man der geistigen Welt gegenüber unernst, spielerisch sein, wenn man ihrer nicht spotten würde! Solchen gegenüber spricht der Hüter der Schwelle:

> Des zweiten Tieres Spottgesicht,
> Es ist die böse Gegenkraft
> Des Fühlens, das die eigne Seele
> Aushöhlet und Lebensleerheit
> In ihr erschafft statt Geistgehalt,
> Der vor dem Erdensein erleuchtend
> Aus Geistessonnenmacht ihr ward.

Das erste Tier ist das Spiegelbild unseres Wollens. Dieses Spiegelbild unseres Wollens wendet sich an das, was im Willen lebt. Aber der Wille, er träumt nicht nur, er liegt nicht nur halb im Unbewussten, er liegt ganz im Unbewussten. Wir haben es oft gesagt, meine lieben Freunde, dass das Wesen des Willens tief im Unbewussten liegt. Und für das gewöhnliche Bewusstsein tief im Unbewussten sucht der Mensch im Leben die Wege seines Karmas. Jeder Schritt, den der Mensch im Leben aus seinem Karma heraus tut, ist abgemessen, aber der Mensch weiß nichts davon. Es geschieht alles unbewusst. Die vorigen Erdleben wirken kraftend in das individuelle Karma hinein. Das Karma führt uns in unseren Lebensimpulsen, in unseren Lebensentscheidungen, in unseren Lebenszielen. Auch alle Verirrungen sind da die des einzelnen Menschen, des Menschen, der in der Welt nur für sein eigenes Wesen die Wege sucht. Im Denken sucht der Mensch die Wege, die alle Menschen suchen. Im Fühlen sucht der Mensch die Wege, die seine Menschengruppe sucht – im Fühlen erkennen wir, ob einer aus dem Norden, aus dem Süden, aus dem Osten oder aus dem Westen Europas kommt, ob jemand in der Mitte Europas aus dem Westen, aus dem Osten oder aus dem Süden stammt. Wir müssen aber auf die unbewussten Impulse des Willens eingehen, um den Menschen nicht als allgemeines Menschenwesen, auch nicht als Angehörigen einer Gruppe, sondern als dieses einzelne Menschenindividuum vor uns zu haben. Da wirkt der Wille. Da wirkt der Wille aber auch im tiefen Unbewussten. Und da zeigt das erste der Tiere die Verirrungen des Willens. Es spricht mahnend der Hüter:

> Des ersten Tieres Knochengeist,
> Er ist die böse Schöpfermacht
> Des Wollens, die den eignen Leib
> Entfremdet deiner Seelenkraft
> Und ihn den Gegenmächten weiht,
> Die Weltensein dem Göttersein
> In Zukunftzeiten rauben wollen.

Zweite Stunde

In unserem Wollen wirken die geistigen Mächte, die während unseres Erddaseins unseren Leib von uns hinwegreißen wollen, und damit ein Stück unserer Seele mitreißen möchten, um ein Erddasein zu bauen, das sich nicht in Jupiter, Venus und Vulkan (s. Fachausdrücke S. 480) weiterentwickeln soll, sondern weggerissen von den göttlichen Absichten mit der Erde, der Erde entfremdet, der Erde geraubt werden soll nach einiger Zeit, in der Zukunft. Mit dieser den Göttern geraubten Erde soll der Mensch verbunden werden nach gewissen Mächten, die in seinem Willen wirken, durch den er sein Karma sucht. Das erste Tier ist geeignet, im Spiegelbild das zu vergegenwärtigen, was da im Willen wirkt: knochenhaft das Haupt, dürr der Leib, ganz von stumpfem Blau die Haut, krumm der Rücken. Das ist der ahrimanische Geist, der in allem Karmasuchen im Willen waltet und nur durch Erkenntnismut besiegt werden kann. Und so wie wir es eben angeführt haben, spricht der Hüter der Schwelle von diesem ersten Tier. Ich will es noch einmal sprechen: «Des ersten Tieres ...».

In diesen Worten aus dem Mund des Hüters der Schwelle klingt die Ermahnung wieder, die er dem suchenden Menschengeist, dem Einsicht suchenden, dem Erkenntnis suchenden Menschengeist zuruft. Lassen wir diese Worte, meine lieben Freunde, recht intensiv in unserer Seele leben, und hören wir des Öfteren das, was der Hüter spricht: «Des dritten Tieres ... Des zweiten Tieres ... Des ersten Tieres ...». Wir müssen die Konkordanzen in diesen Sprüchen fassen (es wird an die Tafel geschrieben, s. Faksimile S. 32). Fühlen wir, was jede Strophe für sich hat. Die zweite Strophe weist auf das Fühlen hin. Beim zweiten Tier heißt es nicht mehr «Gegen*bild*», sondern «Gegen*kraft*» (beide Teilwörter werden doppelt unterstrichen). Fühlen wir weiter: Beim dritten Tier heißt es «verleugnet», beim zweiten Tier «aushöhlet». Fühlen wir die Nuance, die in den Sprüchen dadurch steckt, dass wir das eine Mal das Wort «verleugnet», das andere Mal das Wort «aushöhlet» haben. Dann die Worte des Hüters, die sich an das Wollen richten: «Des ersten Tieres ...». Hier heißt es nicht «-*bild*», nicht «-*kraft*», sondern «-*macht*». Wir müssen die Steigerung fühlen. Wir haben die Steigerung: erst etwas Intellektuelles – «verleugnet» –, dann etwas, was noch im Inneren wühlt – «aushöhlet» –, dann etwas, was direkt das Innere wegnimmt – «entfremdet». Fühlen wir, wie aber durch alle drei Strophen, durch alle drei Sprüche das Böse durchklingt («böse» wird dreimal doppelt unterstrichen). Wenn wir innerhalb dieser Sprüche jene Haltepunkte fühlen, die in den Steigerungen gegeben sind, in dem Unterschied zwischen Denken, Fühlen und Wollen, und wenn wir recht herausfühlen, wie alle drei durch das gleiche, immer wiederkehrende «böse» (das Wort wird auf beiden Seiten eingegrenzt) verbunden werden, dann wird uns, meine lieben Freunde, jeder der Sprüche zum Mantram, zum Mantram seinem inneren Sinn nach. Und er wird uns auf den drei Etappen in die geistige Welt hinein Führer sein können: «Des dritten Tieres ... Des zweiten Tieres ... Des ersten Tieres ...». Und wenn wir diese Konkordanzen und diese drei (die Worte «dritten», «zweiten», «ersten» werden unterstrichen), wenn wir sie niemals ohne das eine entscheidende Wort zum inneren Seelenorganismus verbinden, wenn wir niemals ohne dieses «böse» die drei Sprüche in uns rege machen, dann werden diese drei Sprüche uns Führer sein, meine lieben Freunde, auf dem Weg in die geistige Welt hinein, an dem Hüter der Schwelle vorbei. Wir wollen ihn in den nächsten Stunden näher kennenlernen.

Die nächste Stunde ist am nächsten Freitag.

Des dritten Tieres glasig Auge:
Es ist das böse Gegenbild
Des Denkens, das in dir sich selbst
Verleugnet, und den Tod sich wähnet,
Absagend Geistgewalten, die es
~~Geschaffen~~ Vor seinem Erdenleben geistig
In Geistesfeldern ~~erhalten~~ lebend hielten.

hinweisend auf den Tod in den Gedanken —

Des zweiten Tieres Spottgesicht
Es ist die böse Gegenkraft
Des Fühlens, das die eigne Seele
Aushöhlet, und Lebensleerheit
Statt Geistgehalt ~~in ihr~~ In der *erschafft*.
Da vor dem Erdensein erleuchtend
Aus Geistessonnenmacht ihr ward.

Lebensleerheit

Des ersten Tieres Knochengeist
Schöpfermacht
Er ist ~~das~~ böse ~~Willensbilde~~ ~~Willenswelt schaffen~~
Des Wollens, die den eignen Leib
Entfremdet deiner Seelenkraft
Und ihn den Gegenmächten weiht
Die Wesensein dem Göttersein
In Zukunftszeiten rauben wollen.

ertötende Mächte zu wollen

Des dritten Tieres glasig Auge,
Es ist das böse Gegenbild
Des Denkens, das in dir sich selbst
Verleugnet und den Tod sich wählet,
Absagend Geistgewalten, die es
Vor seinem Erdenleben geistig
In Geistesfeldern lebend hielten.

Des zweiten Tieres Spottgesicht,
Es ist die böse Gegenkraft
Des Fühlens, das die eigne Seele
Aushöhlet und Lebensleerheit
In ihr erschafft statt Geistgehalt,
Der vor dem Erdensein erleuchtend
Aus Geistessonnenmacht ihr ward.

Des ersten Tieres Knochengeist,
Er ist die böse Schöpfermacht
Des Wollens, die den eignen Leib
Entfremdet deiner Seelenkraft
Und ihn den Gegenmächten weiht,
Die Weltensein dem Göttersein
In Zukunftzeiten rauben wollen.

Notizbucheintragungen zu einzelnen Klassenstunden

Zur 3. Stunde (s. S.57)

29. Febr. 1924
1. Klasse:

1) Schein und Sein beim Hüter der Schwelle –

Weil der Schein da in Folge des Lebens entsteht.

Gefahr an seine niedere Natur, die da mit der höhern innerlich verbunden ist, zu fallen. –

Zur 4. Stunde (s. S.71, 73, 74)

1. Kl. 7. März 1924

1.) Schwelle: Dreigeteiltes Seelenleben nicht auf Erinnerung des Esoterischen.

Gedanke objectiv z.B. an Menschen ohne Sympathie Antipathie.

So die esot. Gedanken –

Gefühle aber angeregt durch [durch] die Realität des Geistigen.

Zur 6. Stunde (s. S.121)

1

Man kann: Mineralisches als vom Willen ergriffen vorstellen –

2

Pflanzliches als vom Gefühl ergriffen

Dritte Stunde

Dornach, 29. Februar 1924

Beginnen wir, meine lieben Freunde, mit jenen uns schon bekannten Worten, die auf die Richtung ins Geistige deutend der Hüter spricht zur Charakterisierung dessen, was der Mensch an der Schwelle zur geistigen Welt empfinden kann, wenn er an dem Hüter vorbeischreitet: «Aus den Weiten... erkenne dich selbst!» (s. S. 28).

Es handelt sich darum, dass der Mensch zunächst in Gedanken den Wegen nachgeht, die gegangen werden, wenn der Zugang in die geistige Welt gesucht wird. Und wir dürfen nicht sagen, wenn jemand ehrlich und ernst in seinen Gedanken lebt und in Gedanken das erlebt, was der Einzuweihende beim Eintritt in die geistige Welt in Wirklichkeit durchmacht, wir dürfen nicht sagen, dass der Nachdenkende das nicht durchmacht, wenn er auch nur im ideellen Abglanz das erlebt, was sich für die Menschenseele beim Eintritt in die geistige Welt offenbart. Wir sollten nicht sagen: Überlassen wir den Eintritt in die geistige Welt denen, die die Einweihung suchen, die dann mit ihrer Seele in dem geistigen Dasein so drinstehen, wie der Mensch mit seinen Sinnen im physischen Dasein drinsteht, sondern wir sollen anders reden, wir sollen sagen: Wenn wir auch nur denkend, in Gedanken nacherlebend, an das herangehen, was den Weg in die geistige Welt darstellt, was den Eintritt in die geistige Welt darstellt, was das darstellt, was uns in der geistigen Welt entgegentritt, dann werden wir, wenn wir in unseren Gedanken nur nicht oberflächlich sind, ein volles Empfinden, ein volles Erleben von dem haben, was sich regt, wenn der Mensch aus der Welt des Scheines, aus der Welt der Sinne, die der Verstand erfassen kann, in die geistige Welt eintritt. Daher ist das, was wir heute sagen werden, meine lieben Freunde, nicht bloß für den gesprochen, der in seinem Gemüt jene Verwandlung sucht, die ihn in die geistige Welt hineinstellt, sondern es ist auch für den gesprochen, der diese Verwandlung zunächst nur in seinen Gedanken erlebt. Und das wollen wir im Grunde alle, sonst wären wir nicht hier.

Deshalb müssen wir das Folgende sagen: Wenn der Mensch in der Sinnenwelt seine Beobachtungen macht – das Leben besteht ja aus solchen Beobachtungen –, wenn er dann das, was ihm in der Sinnenwelt entgegentritt, zum Anlass nimmt, um seinen Willen zu entfalten, indem er aus der Beobachtung zur Tat übergeht, und wenn er im Fühlen das auf sein Gemüt wirken lässt, was sich aus Beobachtung und Tat zusammensetzt, dann steht der Mensch auf einem sicheren Boden, weil ihm das als physischem Erdwesen zwischen Geburt und Tod eingepflanzt ist. Diesen sicheren Boden sucht er dann auch dort, wo er ihn nicht hat. Wenn er irgendetwas glauben soll, sucht er überall die Tatsachen, die das beweisen. Er fragt: Welche Erfahrung beweist dies und jenes? Er nimmt nicht gern im gewöhnlichen Leben etwas an, was nicht durch diese oder jene äußere Erfahrung bewiesen ist. Er steht da auf einem sicheren Boden, weil er sich sagt: Das ist wahr, was man sieht, das ist wirklich, was man greifen kann. Es ist durch die Welt selbst, durch die Weltordnung selbst, eine gewisse Sicherheit im menschlichen Leben da. Und weil diese Sicherheit da ist, unterscheidet der Mensch, soweit es für das gewöhnliche Leben zwischen Geburt und Tod nötig ist, zwischen Wirklichkeit und Illusion, zwischen Wirklichkeit und Schein, zwischen Wirklichkeit und Traum. Wo aber diese Korrektur oder Verifizierung durch das Leben nicht stattfinden kann, da redet der Mensch von Schein. Und nur das, dass er im gewöhnlichen Leben von Wirklichkeit und Schein reden kann, nur das führt ihn sicher durch das Leben hindurch.

Stellen wir uns einmal vor, meine lieben Freunde, wir gingen so durch das Leben, das wir zwischen Geburt und Tod durchmachen, dass wir niemals richtig wissen könnten, ob irgendetwas, was uns entgegentritt, Wirklichkeit oder Illusion ist. Wir könnten nicht kontrollieren, ob ein Mensch, der uns gegenübersteht, der uns etwas sagt, ein wirklicher Mensch oder ein Scheingebilde ist. Wir könnten nicht unterscheiden, ob irgendein Ereignis von uns bloß geträumt ist oder im Tatsachenzusammenhang der Welt drinsteht. Denken wir nur, welche Unsicherheit, welche furchtbare Unsicherheit in das Leben hineinkommen würde! Aber so, wie wir uns fühlen würden, wenn uns das Leben auf Schritt und Tritt die genaue Kontrolle darüber entziehen würde, ob wir träumen oder einer Wirklichkeit gegenüberstehen, so ist es, wenn der Schüler an der Pforte, an der Schwelle der geistigen Welt steht. Das ist das allererste bedeutsame Erlebnis, dass er, wenn er an der Schwelle der geistigen Welt steht, merkt: Jenseits dieser Schwelle ist die geistige Welt. Wir haben gesehen: Zunächst strömt da nur Finsternis aus dieser geistigen Welt heraus. Aber das, was von dort herauswellend, herausleuchtend erscheint, das ist bei der ersten Erfahrung, in die der Hüter der Schwelle seine Worte hineintönen lässt, wie wir sie das letzte Mal gehört haben, das ist bei der ersten Erfahrung so, dass wir niemals mit all dem, was wir uns in der physischen Welt an Sinnes- und Verstandeserkenntnis errungen haben, dass wir mit alldem niemals unterscheiden können, ob wir ein wirkliches geistiges Wesen, eine wirkliche geistige Tatsache oder ein Traumgebilde vor uns haben.

Das ist die allererste Erfahrung, die wir gegenüber der geistigen Welt machen: dass sich Schein und Wirklichkeit ineinandermischen, dass die Unterscheidung zwischen Schein und Wirklichkeit ganz problematisch ist. Das ist auch das, was derjenige gar sehr berücksichtigen sollte, der nicht in regelmäßigem Schülergang, sondern wie durch elementarische Kräfte, die aus allem Möglichen herauskommen können – aus erschütternden Erlebnissen, aus Krankheit und so weiter –, das ist auch das, was derjenige, der durch solche elementarischen Kräfte diese oder jene Impression aus der geistigen Welt erlebt, berücksichtigen sollte. Er sollte sich nicht von vornherein vormachen: Da hast du die geistige Welt! Denn es könnte sein, dass das, was sich ihm da aus der geistigen Welt aufblitzend zeigt, bloß eine Illusion ist. Daher ist das Erste, was wir uns aneignen müssen, um in rechter Weise in die geistige Welt einzutreten, das Unterscheidungsvermögen für Wahrheit und Irrtum, für Wirklichkeit und Illusion, ein Unterscheidungsvermögen, das von all dem unabhängig ist, was wir in der physischen Welt erfahren. Wir müssen uns ein ganz neues Unterscheidungsvermögen für Wirklichkeit und Illusion aneignen.

In unserer Zeit, in der die Menschen nicht mehr viel auf das geben, was aus der geistigen Welt hereinleuchtet, in der die Menschen in der allgemeinen Zivilisation nur auf das etwas geben, was handgreiflich ist, was mit physischen Augen gesehen werden kann, in unserer Zeit, wo der Mensch ganz und gar an die äußere Sicherheit gewöhnt ist, die das Leben zwischen Geburt und Tod gibt, in dieser Zeit ist es ganz besonders schwierig, sich dieses Unterscheidungsvermögen für Wahrheit und Irrtum, für Wirklichkeit und Schein in der geistigen Welt anzueignen. Es ist auf diesem Gebiet der allergrößte Ernst notwendig. Woher kommt das? Wenn wir als physischer Mensch der äußeren Welt gegenüberstehen, so machen wir uns über die physische Welt unsere Gedanken. Aber gleichzeitig mit diesen Gedanken kommen an uns die Eindrücke der physischen Welt heran. Diese Eindrücke der physischen Welt, die mit den Gedanken einhergehen, sie tragen uns, und wir brauchen nicht viel dazu zu tun, um in der Wirklichkeit zu leben. Die Wirklichkeit nimmt uns als physische Wirklichkeit in sich auf.

In der geistigen Welt ist das ganz anders. In die geistige Welt müssen wir erst hineinwachsen. Der geistigen Welt gegenüber müssen wir uns erst eine richtige Empfindung von unserer eigenen Wirklichkeit erwerben. Dann können wir nach und nach zu einem Unterscheidungsvermögen zwischen Wahrheit und Irrtum, zwischen Wirklichkeit und Schein kommen. Wenn wir uns auf einen Stuhl setzen und wir nicht zu Boden fallen, sondern in der aufrechten Lage auf dem Stuhl sitzen, in dem Augenblick wissen wir: Der Stuhl ist in der physischen Welt ein wirklicher Stuhl, nicht bloß ein vorgestellter Stuhl. Der Stuhl sorgt dafür, dass wir zu der Anschauung seiner Wirklichkeit kommen. Das alles ist in der geistigen Welt nicht da. Denn, warum ist es in der physischen Welt so? In der physischen Welt ist es aus dem Grund so, weil in der physischen Welt unser Denken, Fühlen und Wollen durch den physischen Körper zu einer Einheit zusammengefügt sind. Wir sind ein dreigliedriger Mensch, ein denkender, ein fühlender und ein wollender Mensch, aber das ist alles durch den physischen Leib ineinandergefügt. In dem Augenblick aber, wo der Mensch in die geistige Welt eintritt, da wird er sogleich ein dreifaches Wesen. Sein Denken geht eigene Wege, sein Fühlen geht eigene Wege, sein Wollen geht eigene Wege. Diese Gliederung, diese Spaltung in drei macht der Mensch sogleich durch, wenn er in die geistige Welt eintritt. Und wir können in der geistigen Welt denken und Gedanken haben, die gar nichts mit unserem Willen zu tun haben – dann aber sind diese Gedanken Illusionen. Wir können Gefühle haben, die nichts mit unserem Willen zu tun haben – dann sind diese Gefühle etwas, was zu unserer Vernichtung, nicht zu unserer Förderung beiträgt. Das ist das Wichtige, dass der Mensch in dem Augenblick, wo er an die Schwelle der geistigen Welt herantritt, sich so vorkommt, als würde sein Denken in die Weltweiten hinausfliegen und sein Fühlen hinter seine Erinnerungen zurückgehen. Beachten wir dieses Letztere, was wir gesagt haben. Die Erinnerung ist etwas, was hart an die Schwelle zur geistigen Welt herankommt. Denken wir, wir haben vor zehn Jahren etwas erlebt – es kommt in der Erinnerung wieder herauf, das Erlebnis steht wieder da. Wir sind zufrieden, mit Recht zufrieden für die physische Welt, wenn wir bis zu einer recht lebhaften Erinnerung kommen. Aber derjenige, der in die geistige Welt eintritt, bei dem ist es so, als ob er die Erinnerung durchstoßen würde, als ob er weiter zurückgehen würde, als die Erinnerung reicht. Vor allen Dingen geht er weiter zurück, als seine Erinnerung für das physische Erdleben reicht. Er geht hinter die Geburt zurück. Wenn wir in die geistige Welt eintreten, so fühlen wir sofort, dass das Fühlen gar nicht bei uns bleibt. Das Denken geht noch wenigstens in die gegenwärtige Welt hinein, es verstreut sich in den Weltraum. Das Fühlen aber geht aus der gegenwärtigen Welt heraus, und wir müssen uns fragen, wenn wir dem Fühlen nachgehen wollen: Wo bist du jetzt eigentlich? Wenn du im Leben 50 Jahre alt bist, so bist du jetzt weiter als 50 Jahre in der Zeit zurückgegangen, du bist 70 Jahre zurückgegangen, 90 Jahre, 100 Jahre, 150 Jahre zurückgegangen. Das Fühlen führt uns ganz aus der Zeit heraus, die wir von Kleinkindheit an miterlebt haben. Und das Wollen, wenn wir es im Ernst fassen, führt uns bis in das vorige Erdleben zurück, noch weiter zurück. Das ist etwas, was sogleich auftritt, meine lieben Freunde, wenn wir an die Schwelle der geistigen Welt herantreten. Der Zusammenhalt des physischen Leibes hört auf. Wir fühlen uns nicht mehr in den Grenzen unserer

Haut eingeschlossen, sondern wir fühlen uns zerteilt. Wir fühlen, dass das Denken, das wir früher mit unserem Gefühl zusammengehalten haben, in die Weltweiten hinausstrahlt und Weltdenken wird. Wir fühlen uns mit unserem Fühlen, in der Zeit zurückgehend, unmittelbar in der geistigen Welt drinnen, die wir zwischen dem letzten Tod und dem diesmaligen Erdleben durchgemacht haben. Und mit unserem Wollen fühlen wir uns im vorigen Erdleben drinnen.

Gerade aber diese Spaltung des menschlichen Wesens – ich habe sie in meinem Buch *Wie erlangt man Erkenntnisse der höheren Welten?* beschrieben –, gerade diese Spaltung des menschlichen Wesens, die macht Schwierigkeiten beim Betreten der geistigen Welt. Denn die Gedanken verbreiten sich, das, was wir bis dahin im Denken zusammengehalten haben, geht in alle Welt hinaus. Damit aber wird es zugleich fast unwahrnehmbar, und wir müssen uns die Fähigkeit erwerben, jene Gedanken noch wahrzunehmen, die in solche Weiten hinausgehen. Das Fühlen ist jetzt nicht mehr von Gedanken durchsetzt, denn die Gedanken sind uns davongegangen. Das Fühlen kann sich nur in Hochschätzung, in Hingabe und gebetartiger Stimmung an jene Wesen wenden, mit denen wir das Leben zwischen Tod und neuer Geburt durchlaufen haben, bevor wir die Erde betreten haben. Wenn wir uns im Leben ein solches verehrendes Fühlen für die geistige Welt anerzogen haben, so geht das noch. In dem Augenblick aber, wo wir uns dem Wollen hingeben, das zu dem vorigen Erdleben hinwill, da tritt für uns die große Schwierigkeit ein, dass wir in der Seele eine ungeheure Anziehungskraft für all das bekommen, was in unserer Wesenheit niedrig ist. Und hier wirkt am stärksten das, was ich vorhin sagte, dass es schwierig ist, zwischen Schein und Wirklichkeit zu unterscheiden (s. Notizbucheintragung S. 50). Denn der

Mensch bekommt da einen wahren Hang dazu, sich dem Schein hinzugeben. Ich will das so erzählen.

Wenn der Mensch beginnt zu meditieren, wenn er sich mit innerer Hingabe mit einem Meditationsstoff durchsetzt, möchte er seine Meditation in möglichster Gleichgültigkeit ablaufen lassen. Er möchte nicht, dass die Meditation ihn aus der Behaglichkeit des Lebens herausreißt. Und dieser Trieb, möglichst behaglich zu leben, möglichst nicht aus der Behaglichkeit des Lebens herausgerissen zu werden, dieser Trieb ist ein starker Erzeuger von Illusion, ein starker Erzeuger von Schein. Denn geben wir uns restlos ehrlich der Meditation hin, dann kommt ganz notwendig aus den Tiefen der Seele die Empfindung herauf: Was ist alles an Anlage zum Bösen in dir! Wir können gar nicht anders durch die Meditation, durch jenes innerliche Vertieftsein, wir können gar nicht anders als fühlen, tief fühlen: Es ist alles Mögliche in dir, was du tun könntest, wozu du fähig bist. Aber der Trieb ist so stark, uns das nicht zu gestehen, dass wir uns der Illusion hingeben: Ich bin ein guter, ein recht guter Mensch meinen innersten Anlagen nach! Die Erfahrung als Folge der Meditation gibt das aber nicht. Die zeigt uns, wie wir von allen möglichen Eitelkeiten beseelt sind, wie wir beseelt sind von allen möglichen Überschätzungen unseres eigenen Wesens und Unterschätzungen des Wesens der anderen, wie wir ganz durchsetzt sind davon, auf das Urteil von Leuten nicht deshalb etwas zu geben, weil sie von uns als Menschen empfunden werden, die etwas zu sagen haben, sondern weil wir uns sonnen wollen in dem Urteil der anderen. Aber das sind noch die kleinsten Dinge. Wer ehrlich meditiert, der wird sehen, welche Triebe in seiner Seele leben, zu was allem er fähig ist. Da tritt die niedere Menschennatur in einer starken Weise vor die innere Schau der Seele. Und diese Ehrlichkeit muss im Meditieren sein. Wenn diese Ehrlichkeit da ist, dann spiegelt sich das, was im Willen alles veranlagt ist, in den Worten, die schon vor unsere Seele getreten sind. Es spiegelt sich in dem, was mit den Worten angeschlagen worden ist: «Schau das erste Tier ...». (s. S. 31). Und weil das so ist, weil sich der Mensch seinem Hang zur Illusion hingibt, deshalb würgt er den Eindruck der Meditation hinunter und es entsteht jenes innerliche Aufstacheln, das Spottenwollen über die geistige Welt. Nur aus diesen Gegenkräften kann das ehrliche Drinstehen in der geistigen Welt hervorgehen. Es tritt dann der Anblick des zweiten Tieres an der Schwelle auf: «Schau das zweite Tier ...». (s. S. 31). Und das, was uns dann, wenn wir nicht hinauskönnen, wenn wir ohnmächtig sind, die Gedanken, die wir während des Erdlebens sonst im Kopf festhalten, als Weltgedanken zu verfolgen, das ist dasjenige, was uns aus der Ohnmacht, unsere Menschengedanken zu Weltgedanken aufzuschwingen, als das dritte Tier erscheint: «Schau das dritte Tier ...». (s. S. 31).

Je weniger wir uns einer Illusion über diese Dreiheit hingeben, die unser eigenes Wesen spiegelt, desto mehr gehen wir in jene Stätte ein, wo wir das in uns finden, was der wahre Mensch ist, der das Licht aus der geistigen Welt empfangen kann, der, soweit es auf der Erde möglich ist, jenes Rätsel zu lösen in der Lage ist, das uns aufgegeben wird mit den Worten: O Mensch, erkenne dich selbst! Denn aus dieser Selbsterkenntnis quillt die wahre Welterkenntnis, die dann in der rechten Weise durch das Leben führen kann. Daher durfte diese Dreispaltung, in die der Mensch eintritt, wo die Drei sich trennen, die sonst durch das Äußere vereinigt sind, wo das Denken seinen Weg geht, das Fühlen seinen Weg geht, das Wollen seinen Weg geht, es durfte das mit den Worten zitiert werden, die der Hüter der Schwelle zu dem Zögling der geistigen Welt spricht. Diese Worte wurden hier das letzte Mal angeführt: «Des dritten Tieres glasig Auge ... Des zweiten Tieres Spottgesicht ... Des ersten Tieres Knochengeist ...». (s. S. 49). Das sind die Worte, die als Ermahnung vom Hüter gesprochen werden, sodass wir erkennen, wie wir in die geistige Welt nicht eintreten sollen. Wir müssen uns beim Eintritt in die geistige Welt eine andere Art zu denken angewöhnen, eine andere Art zu fühlen, eine andere Art zu wollen, als sie in der physischen Welt herrschend sind. Und dazu ist notwendig, dass wir diese Dreiheit in uns erfassen, dass wir den Blick in starker Weise nach innen wenden, um aufmerksam zu werden, wie das Denken ist, wie das Fühlen ist, wie das Wollen ist, und wie sie werden müssen, damit wir über die Schwelle hinüber in die geistige Welt hineintreten können, wenn das auch nur in Gedanken geschieht. Es ist so, dass die Götter vor dem höchsten Erkenntnisglück die Überwindung aufgerichtet haben, und diese Überwindung fordern. Deshalb schließt unmittelbar, nachdem diese entmutigenden, schauererregenden Worte des Hüters gefallen sind, die wir wiederholt gesprochen haben, deshalb schließt unmittelbar der Hüter die anderen Worte an, die uns sagen, was wir tun sollen. Und hier handelt es sich darum, dass unsere Stunden hier in dieser Klasse auch praktisch werden, dass sie uns das überliefern, was in unsere Gedanken-, Gefühls- und Willenskräfte eingehen soll, damit wir in richtiger Weise in die geistige Welt hineintreten.

Dreigliedrig ist wiederum der Spruch, der so in uns hineinströmen soll, dass wir mit ihm leben. Denn indem wir mit ihm leben, begeben wir uns auf den Weg in die geistige Welt. So wie wir essen und trinken, so wie wir sehen und hören, so soll etwas in uns angeregt werden durch das, was uns der Hüter der Schwelle, der vor der geistigen Welt steht, mit seinem ernsten Antlitz sagt. Und er sagt in der ersten Strophe:

Sieh in dir Gedankenweben:
Weltenschein erlebest du,
Selbstheitsein verbirgt sich dir;
Tauche unter in den Schein:
Ätherwesen weht in dir;
Selbstheitsein, es soll verehren
Deines Geistes Führerwesen.

Lösen wir den Spruch auf: Der Mensch, wenn er in der Sinnenwelt lebt, im Leben zwischen Geburt und Tod, fühlt sich in seinem physischen Leib. Er weiß, dass ihn seine Beine durch die Welt tragen, er weiß, dass ihm seine Blutzirkulation das Leben gibt, er weiß, dass ihm seine Atmung das Bewusstsein erweckt. Er übergibt sich dem, was ihn im Atmen, in der Blutzirkulation, in der Bewegung der Gliedmaßen durch die Welt führt. Er gibt sich an all das hin. Dadurch, dass er sich an all das hingibt, ist er ein physisches Wesen innerhalb des Erddaseins. Wie sich der Mensch in der physischen Welt an das hingibt, was ihm vom physischen Stoff aus das Leben auf der Erde möglich macht – in der Bewegung seiner Glieder, in der Zirkulation seines Blutes, in seinem Atmen –, wie er sich dem hingibt, so muss er sich mit seiner Seele den führenden Mächten der geistigen Welt hingeben, wenn er an der geistigen Welt Anteil haben will, wenn er da mit seiner Erkenntnis hineindringen will. Geradeso wie wir für die Gesundheit im physischen Dasein dem Menschen sagen müssen: Dein Blut muss entsprechend zirkulieren, dein Atmen muss in Ordnung sein, so müssen wir den Menschen darauf hinweisen, wenn er in der geistigen Welt drinstehen soll, dass seine Seele getragen wird, geführt wird von den Führerwesen seines Geistes (es wird an die Tafel geschrieben, beginnend mit der letzten Zeile).

Aber, meine lieben Freunde, an die Bewegungen unserer Gliedmaßen sind wir durch Naturgewalt hingegeben, an unser Blut sind wir durch Naturgewalt hingegeben, ebenso an unser Atmen. Nicht so können wir aber in der geistigen Welt an unsere Führerwesen hingegeben sein. Zu ihnen müssen wir mit innerer Aktivität kommen. Die Führerwesen erreichen wir nicht, wie wir durch die Bewegung unserer Lunge das Atmen erreichen, die erreichen wir, indem wir sie zu verehren verstehen («verehren» wird an die Tafel geschrieben) – zu verehren verstehen mit dem Tiefsten, was in uns wurzelt: «Selbstheitsein, es soll verehren deines Geistes Führerwesen». Damit haben wir die Tatsache, dass wir in der geistigen Welt drinstehen müssen, in den Worten gegeben, die der Hüter spricht. Und wie stehen wir da drinnen? Wir stehen nicht so drinnen, wie wir mit unseren Beinen auf dem physischen Erdboden stehen, wir stehen nicht so drinnen, wie wir in unserem Blut in der physischen Lebenswärme leben, wir stehen nicht so drinnen, dass wir den Atem einziehen: Wir stehen so drinnen, dass wir uns in dem halb geistigen Ätherwesen fühlen, dass wir fühlen, dass das Ätherwesen in uns weht: «Ätherwesen weht in dir». Das ist die Empfindung, im Geistigen so drinzustehen, wie wenn wir selbst ein Wölkchen wären, ringsherum überall Wind, Geisteswind wehen würde, und wir überall von diesem Windeswehen mitgenommen würden. Aber in diesem Windeswehen fühlen wir, wie wenn Selbstheitsein, das eigene Ich, des Geistes Führerwesen verehren würde, die überall mit diesem Windeswehen herankommen. In das unterzutauchen, werden wir aufgefordert.

Aber was ist es? Solange wir bloß mit unserer Meditation in all dem bleiben, was wir jetzt geschildert haben, leben wir nur im Schein. Wir müssen in diesen Schein mit dem vollen Bewusstsein untertauchen, dass dieses Windeswehen, dieses Verehren von des Geistes Führerwesen, zunächst nur Schein ist: «Tauche unter in den Schein». Warum sollen wir das tun? Wir haben im Erdleben nur ein unbestimmtes Gefühl von unserem Ich. «Selbstheitsein» – wir bezeichnen es mit dem Wort «Ich», aber es ist ein unbestimmtes, dunkles Gefühl. Das Ich verbirgt sich uns: «Selbstheitsein verbirgt sich dir». Von dem wissen wir nicht viel. Und das, was wir wissen, was wir in den Gedanken erfassen, die wir gewahr werden, ist nicht Weltsein, es ist Weltschein: «Weltenschein erlebest du». Das alles wird uns, wenn wir der Aufforderung des Hüters nachkommen: «Sieh in dir Gedankenweben ...», das alles wird uns das eigene Gedankenweben.

Da haben wir den ersten mantrischen Spruch, der uns Kraft geben soll, in unserem Denken der Aufforderung nachzukommen, mit unserer Selbstheit unseres Geistes Führerwesen zu verehren, den Spruch, der zunächst nur dem Wortlaut nach vor unsere Seele hintreten soll: «Sieh in dir Gedankenweben ...». Das ist das, was als Aufforderung an uns geht in Bezug auf die Rückschau in unsere Gedanken. Wenn wir uns von der Außenwelt abschließen und hinschauen, wie die Gedanken in uns fluten, und wir dann der Aufforderung nachkommen, die in diesen sieben Zeilen liegt, dann haben wir die erste Aufforderung erfüllt, die der Hüter der Schwelle an uns stellt. Dann haben wir mit dem, was der Hüter sagt, an unsere Gefühle heranzutreten:

> Vernimm in dir Gefühle-Strömen:
> Es mengen Schein und Sein sich dir,
> Die Selbstheit neigt dem Scheine sich;
> So tauche unter in scheinendes Sein:
> Und Welten-Seelenkräfte sind in dir;
> Die Selbstheit, sie soll bedenken
> Der eignen Seele Lebensmächte.

Geradeso wie wir durch den ersten mantrischen Spruch in das Denken steigen, steigen wir durch den zweiten Spruch in die innere Welt der Gefühle. Wir sehen vom Denken ab und versuchen, den Blick in unser eigenes Fühlen zurückzuwenden. Im Denken ist alles nur Schein. Wenn wir in die Gefühle hinuntersteigen, da mischen sich, da mengen sich Schein und Sein. Da merken wir sogleich: «Es mengen Schein und Sein sich dir». Aber unser Ich, die Selbstheit, will nicht in das Sein. Sie ist an den äußeren Schein der Sinne gewöhnt, sie will nicht in das Sein. Sie neigt sich dem Schein, sie hat noch das Nachgefühl, den Nachtrieb von der Sinnenwelt: «Die Selbstheit neigt dem Scheine sich». Wir tauchen unter in das, was sich im Gefühl, auf dem Grund der Gefühle, ergibt. Es ist ein scheinendes Sein, es ist aus Schein und Sein gemischt: «So tauche unter in scheinendes Sein». Das ist der Weg, wo wir fühlen, wenn wir uns der Gesinnung hingeben, die in diesen vier Zeilen liegt, wo wir fühlen: Es wird ernst, wir tauchen in das Sein unter: «Und Welten-Seelenkräfte sind in dir». Vorher sollte die Selbstheit «verehren», indem sie sich in das Denken versenkt; jetzt soll sie «bedenken»: Der Gedanke soll in das Gefühl hinuntergetragen werden. Wir werden da an das gestoßen, was uns des Seins versichert: «Die Selbstheit, sie soll bedenken der eignen Seele Lebensmächte». Nicht mehr der «Schein» ist da, jetzt sind «Lebensmächte» da. Während unser Eigensein, unser Ich, sich dem Schein neigen möchte, geben uns die Götter in den Tiefen des Fühlens den Fels des Seins.

Es ist gut, wenn wir, um die Sprüche wirklich zu einem Mantram zu machen, solche Entsprechungen beachten: «verehren», «bedenken» – wir werden beim dritten Spruch sehen, wie sich das weiter steigert. Im ersten Spruch ist nur «Schein», im zweiten Spruch «mengen Schein und Sein sich dir». Im ersten

Spruch sind «Führerwesen», im zweiten Spruch sind «Lebensmächte» die Wesen, die uns durch den Äther führen. Die Wesen, die Lebensmächte sind, führen uns zurück in das vorirdische Dasein. Dahin geht das Gefühl.

Wollen wir das aber zu einem Mantram machen, so müssen wir noch etwas anderes beachten. Lesen wir den ersten Spruch: «Sieh in dir Gedankenweben ...»: Wir haben es deutlich mit einem Trochäus (– ⌣), mit der trochäischen Stimmung zu tun, die wir beachten müssen. Wenn wir die erste Silbe stark betonen, die zweite Silbe schwach betonen – dann wieder stark und wieder schwach betont fühlen –, dann ist darin das richtige Ätherweben der Seele, in das nur hineinzutönen braucht die Verehrung der höheren Wesen – dann werden wir in die geistige Welt hinübergeführt. Das wird dann anders im zweiten Spruch: «Vernimm in dir Gefühle-Strömen ...». Im ersten Spruch haben wir einen deutlich trochäischen Einschlag, im zweiten Spruch einen deutlich jambischen Einschlag (Jambus: ⌣ –). Die Art, wie diese Worte in der Seele empfunden werden, ob trochäisch oder jambisch, gibt der Seele den entsprechenden Schwung. Es handelt sich nicht bloß darum, verstandesmäßig den Inhalt in die Seele zu bekommen, auch wenn die Seele den Weg in die geistige Welt nur in Gedanken machen soll, sondern es handelt sich darum, dass die Seele in das richtige Atmen, in den richtigen Rhythmus des Weltdaseins hineinkommt. Wenn wir für das Streben in das Weltdenken einen Rhythmus anwenden, der jambisch ist, haben wir den Hüter der Schwelle missverstanden; wenn wir für das Hineinkommen in die Gefühlswelt einen Richtspruch anwenden, der trochäisch ist und nicht jambisch, haben wir den Hüter der Schwelle wieder missverstanden.

Das Dritte, in das wir untertauchen müssen, ist das Wollen. Und auch für dieses Wollen gibt uns der Hüter der Schwelle einen Richtspruch. Jetzt, nachdem die ersten beiden Sprüche an unserer Seele vorbeigezogen sind, werden wir den dritten Spruch in einfacher Weise verstehen können:

> Lass walten in dir den Willens-Stoß:
> Der steigt aus allem Scheineswesen
> Mit Eigensein erschaffend auf;
> Ihm wende zu all dein Leben:
> Der ist erfüllt von Welten-Geistesmacht;
> Dein Eigensein, es soll ergreifen
> Weltschöpfermacht im Geistes-Ich.

In der zweiten Zeile ist «der» nicht ein Artikel, sondern ein Relativpronomen: «welcher». «Mit Eigensein erschaffend auf»: Aus dem Willen kraftet auf, steigt auf das, was dem Eigensein Substanz, Inhalt gibt. Fühlen wir wieder die Steigerung: «verehren» – wir sind fern, wir schauen auf etwas, wir verehren von außen; «bedenken» – wir nähern uns mit den Gedanken, wir treten schon ein; «ergreifen» – das ist die höchste Steigerung, wir treten ein und nehmen es in uns auf. Dann die Steigerung: «Führerwesen», «Lebensmächte», und jetzt «Weltschöpfermacht», das als Wort an den Anfang der Zeile getreten ist, entsprechend der Realität der unmittelbaren Kraftentfaltung des Willens.

Als mantrische Sprüche werden wir die drei Sprüche empfinden, wenn wir auf das Trochäische beim ersten Spruch, auf das Jambische beim zweiten Spruch achten. Beim dritten Spruch haben wir aber überall zwei betonte Silben. Wir setzen nicht mit einem Aufsteigen, nicht mit einem Abfallen ein, wir setzen mit zwei gleich betonten Silben ein: «Lāss wālten», «dēr stēigt», und so weiter. Hier haben wir einen spondeischen Gang (Spondeus: – –). Das ist das, was zu beachten ist: Wir müssen uns aus dem bloßen Verstandesinhalt herausreißen und auf diesen trochäisch-jambisch-spondeischen Gang achten. In dem Augenblick, wo wir von dem Verstandesmäßigen in die Hingabe an den Rhythmus hineinkommen, in diesem Augenblick haben wir die Möglichkeit, die physische Welt zu verlassen und in das Geistige hineinzukommen. Denn das Geistige begreifen wir nicht, wenn wir für den irdischen Sinn geprägte Worte anwenden, sondern gerade wenn wir die Gelegenheit ergreifen, durch den Rhythmus diese sinngeprägten Worte in das Weben im Weltsein hineinzutragen.

Deshalb wird auf die Seele im dreifachen Schritt Selbstanschauung von Denken, Fühlen und Wollen wirken gelassen. Das wird in der richtigen Weise aus der Seele herauskommen, wenn die Seele das in sich erlebt – so wie sie das Essen und das Trinken im Leib erlebt, wie sie die Blutzirkulation und das Atmen erlebt –, wenn die Seele das in sich erlebt, was rhythmisch im Wort in ihr weben kann: «Sieh in dir Gedankenweben ... Vernimm in dir Gefühle-Strömen ... Lass walten in dir den Willens-Stoß ...». Mit den Worten haben wir erst das Blut. Mit den Worten in den entsprechenden Rhythmen haben wir das Blut in Zirkulation. Suchen wir den Sinn dieser Rhythmen, lassen wir ihn walten im seelischen Leben, und wir werden sehen, wie wir uns dem nähern, was als erste Ermahnung vom Hüter an uns herantritt, und was wir zu Beginn dieser Stunden unseren Seelen, meine lieben Freunde, mitgeteilt haben: «Wo auf Erdengründen Farb' an Farbe ...». (s. S. 27). Und wollen wir uns an das Licht wenden, das aus Finsternissen kraftet: Wir finden es, wenn wir es auf diesem dreifachen Schritt suchen, wenn wir uns mit diesem seelischen Lebensblut in der Seele durchdringen, die da sein will auf dem Weg zur wirklichen Geistes- und Gotteserkenntnis.

Dritte Stunde

–◡ Sieh in dir Gedankenweben:
Weltenschein erlebest du,
Selbstheitsein verbirgt sich dir;
Tauche unter in den Schein:
Ätherwesen weht in dir;
Selbstheitsein, es soll verehren
Deines Geistes Führerwesen.

◡– Vernimm in dir Gefühle-Strömen:
Es mengen Schein und Sein sich dir,
Die Selbstheit neigt dem Scheine sich;
So tauche unter in scheinendes Sein:
Und Welten-Seelenkräfte sind in dir;
Die Selbstheit, sie soll bedenken
Der eignen Seele Lebensmächte.

–– Lass walten in dir den Willens-Stoß:
Der steigt aus allem Scheineswesen
Mit Eigensein erschaffend auf;
Ihm wende zu all dein Leben:
Der ist erfüllt von Welten-Geistesmacht;
Dein Eigensein, es soll ergreifen
Weltschöpfermacht im Geistes-Ich.

Vierte Stunde

Dornach, 7. März 1924

Meine lieben Freunde! Uns hat in den vorangehenden Stunden die Begegnung mit dem Hüter der Schwelle beschäftigt. Diese Begegnung mit dem Hüter der Schwelle muss von uns immer mehr begriffen werden, begriffen werden so weit, dass der ganze Ernst dessen, was mit dieser Begegnung mit dem Hüter der Schwelle gemeint ist, ständig vor unserer Seele stehen kann. Denn wir haben damit ein Gebiet betreten, das sich wesentlich von anderen Gebieten des geistigen Lebens unterscheidet, so wie man sie gewohnt ist innerhalb dessen zu betrachten, was man in der heutigen Zivilisation die geistige Welt, die Bekanntschaft mit der geistigen Welt nennt. Die Begegnung mit dem Hüter der Schwelle ist das Erste, was an den Menschen herantritt, wenn im wahren Sinne und im Ernst ein Verhältnis zur geistigen Welt für ihn in Betracht kommt. Ein Verhältnis zur geistigen Welt kann nicht eintreten ohne dieses Verständnis für die Begegnung mit dem Hüter der Schwelle, denn erst jenseits der Schwelle ist die geistige Welt. Empfängt man Mitteilungen aus der geistigen Welt, dann sind diese Mitteilungen so aufzufassen, dass sie rein als Mitteilungen für uns ein Verhältnis zur geistigen Welt begründen. Ich möchte das, was heute vor unsere Seele treten soll, mit einer Erzählung vor unsere Seele hinstellen, meine lieben Freunde, mit einer Erzählung, die aus alten esoterischen Traditionen entnommen ist.

Es wurde einmal ein Schüler in die Mysterien aufgenommen. Er hatte die Vorstufen absolviert, und er hatte eine gewisse Stufe der Reife erlangt, die wir uns nicht so vorstellen sollen, dass er dadurch gleich in irgendein Gebiet dessen eingezogen wäre, was sich die meisten Menschen heute unter Hellsehen vorstellen, sondern er war in eine Beziehung zur geistigen Welt getreten. Und als er in eine solche Beziehung getreten war, wo man gefühlsmäßig die Mitteilungen aus der geistigen Welt entgegennimmt, da sagte der Lehrer zu ihm: Sieh, wenn ich zu dir spreche, dann sind die Worte, die ich zu dir spreche, nicht bloß Menschenworte. Was ich zu sagen habe, das kleidet sich nur in Menschenworte. Was ich zu dir zu sagen habe, das sind Göttergedanken, und diese Göttergedanken werden durch Menschenworte vor dir ausgesprochen. Aber du musst dir klar sein, dass ich an alles appelliere, was in deiner Seele ist. Du musst den Worten, die ich im Auftrag der Götter an dich richte, all dein Denken, all dein Fühlen und all dein Wollen entgegenbringen. Du musst entgegenbringen dem, was ich zu dir sage, allen Enthusiasmus deiner Seele, alle innere Wärme, alles innere Feuer. Du musst dem deine volle Wachsamkeit entgegenbringen, eine Wachsamkeit, so stark als du sie in deinem Seelenleben nur entfalten kannst. Aber eine Seelenkraft gibt es, an die ich bei dir nicht appelliere, gar nicht appelliere: Das ist dein Gedächtnis, das ist dein Erinnerungsvermögen. Und ich bin es zufrieden, wenn du gar nicht in dein Gedächtnis das aufnimmst, was ich zu dir sage. Ich bin es zufrieden, wenn du morgen schon wieder vergessen hast, was ich zu dir sage. Denn das, was du gewöhnlich dein Gedächtnis nennst, was die Menschen Gedächtnis nennen, das ist nur für Erddinge bestimmt, das ist nicht für Götterdinge bestimmt. Und wenn du morgen wieder vor mir erscheinst, und ich wieder zu dir spreche, wieder an all dein Denken, Fühlen und Wollen appelliere, an all deinen Enthusiasmus, an all deine Wärme, an all dein inneres Feuer, an deine ganze Seelenwachsamkeit appelliere, dann soll von diesen Kräften in deiner Seele alles neu sein im Entgegennehmen dessen, was du entgegennehmen sollst. Neu, frisch und lebendig soll alles sein. Und so übermorgen und so am folgenden Tag. An jedem Tag soll es neu und frisch lebendig in dir sein. Ich sage, ich appelliere nicht an dein Gedächtnis, ich appelliere nicht an dein Erinnerungsvermögen. Damit sage ich nicht, du sollst morgen nichts von dem haben, was heute zu dir gesprochen wird. Aber du sollst es nicht in deinem Gedächtnis nur bewahren. Du sollst warten, was dein Gedächtnis damit macht. Was aber morgen dich in einem neuen Zustand zu mir führen soll, das sollen deine Gefühle sein, das soll deine innerste Seelenverfassung sein. Sie soll das bewahren, was heute zu dir gesprochen worden ist. Denn sieh: Gedächtnis, Erinnerungsvermögen, das ist zum Lernen da. Das aber, was die Esoterik dir sagt, das soll nicht bloß zum Lernen da sein, sondern das soll zum Leben da sein. Das soll in jeder Stunde, wo es an dich herantritt, neu erlebt werden, ohne dass dir dabei das begriffs- und vorstellungsmäßige Gedächtnis zu Hilfe kommt.

Meine lieben Freunde! Wir sollen an das, was esoterische Wahrheiten sind, so herantreten, dass uns niemals der Gedanke kommt: Das weiß ich schon! Denn nicht im Wissen liegt das Wesen der Esoterik, sondern im unmittelbaren Erleben. Und innerlich, in tieferen Schichten unseres Seelenlebens als da, wo das Gedächtnis wurzelt, soll uns das Esoterische ergreifen und sich bewahren (s. Notizbucheintragung S. 50). Wenn wir dies bedenken, werden wir aus diesem unseren Bedenken sehr viel für die Auffassung wahren esoterischen Lebens in der nächsten Zeit zu begreifen haben. Denn es muss ernst genommen werden, dass schon in dem Augenblick, wo wir Esoterisches entgegennehmen, unser bloßes Verstehen des Esoterischen in uns ein anderes Verhältnis des Denkens, des Fühlens und des Wollens hervorruft, als wir gewohnt sind für das alltägliche Bewusstsein. Für das alltägliche Bewusstsein sind Denken, Fühlen und

Vierte Stunde

Wollen im Menschen innig miteinander verbunden. Wir können ein ganz triviales Beispiel nehmen, und wir werden uns an diesem trivialen Beispiel überzeugen können, wie eng verbunden im gewöhnlichen Leben, im gewöhnlichen Bewusstsein Denken, Fühlen und Wollen sind. Denken wir, wir kennen einen Menschen, wir haben zu diesem Menschen in einem näheren oder entfernteren Verhältnis gestanden. Wir haben das, was wir von unserem Gefühl durchdrungen mit ihm erlebt haben, in unser Gedächtnis aufgenommen. Es hat uns, wenn wir mit dem Menschen zusammengekommen sind, zu gewissen Impulsen unseres Handelns, zu unserem ganzen Verhalten zu ihm geführt. Wir leben dann mit dem Gedanken, mit dem Gefühl an diesen Menschen weiter. Eines Tages kommt jemand, der erinnert uns an diesen Menschen, der spricht irgendein Wort über diesen Menschen und regt den Gedanken an diesen Menschen in uns an. Sogleich werden dieselben Gefühle in uns aufleuchten, die wir für oder gegen diesen Menschen in uns haben. Haben wir ihn geliebt, so leuchtet unsere Liebe wieder auf, haben wir ihn gehasst, so leuchtet unser Hass wieder auf. Wollten wir dies oder jenes mit ihm anfangen, so leuchtet das wieder auf, was wir mit ihm anfangen wollten. Wir können gar nicht trennen das, was wir im Gefühl und im Willen für diesen Menschen tragen, von dem Gedanken an diesen Menschen.

Derjenige, der noch ganz in dieser Art der Seelenverfassung drinsteht, kann esoterische Wahrheiten nicht im richtigen Sinne begreifen, sondern erst derjenige kann esoterische Wahrheiten im richtigen Sinne begreifen, der zum Beispiel zu Folgendem imstande ist. Er kennt einen Menschen, er hat ein ganz bestimmtes Verhältnis zu diesem Menschen. Ihm sind gewisse Dinge an diesem Menschen außerordentlich antipathisch. Er wird an diesen Menschen erinnert und er kann diesen Menschen vorstellen, ohne dass die Antipathie, die er für diesen Menschen in der Seele trägt, in ihm aufdämmert (s. Notizbucheintragung S. 50). Er kann ihn bloß denken.

Stellen wir uns vor, meine lieben Freunde, wie schwierig es ist, seinen Feind bloß zu denken, ohne die feindlichen Gefühle aufleben zu lassen. Wir können uns durch eine richtige Auffassung des Künstlerischen in solchen Dingen üben. Wir können uns die Frage vorlegen: Bin ich imstande, gewisse abscheuliche Naturen, wie sie zuweilen Shakespeare schildert, rein vorstellungsmäßig aufzufassen? Ich würde, wenn mir diese Menschen im Leben begegnen würden, viel Antipathie gegen sie haben. Künstlerisch aber kann ich sie, vielleicht gerade deshalb, weil sie solche vorzügliche Bösewichter sind, objektiv vor mich hinstellen, sie bloß denken. Im Künstlerischen ist das dem Menschen möglich, denn es kommt dem Menschen nicht immer die Begierde, wenn er einen shakespeareschen Bösewicht auf der Bühne sieht, da hinaufzuspringen und ihn durchzuprügeln. Im Künstlerischen ist es möglich, das Denken vom Fühlen loszulösen. Aber wir müssen es, um ein richtiger Esoteriker zu sein, auch im Leben dahin bringen. In dem Augenblick, wo das an die Seele herandringen soll, was aus der Esoterik heraus gesagt wird, muss es möglich sein, das Denken von dem Fühlen zu lösen. Denn es löst sich von selbst, die Dinge der Esoterik sind so stark in den Gedanken drinnen, wenn wir sie denken, sie sind von einer dem persönlichen Fühlen so fernliegenden Art, dass wir sie gar nicht erfassen können, wenn wir sie nicht in reinen Gedanken erfassen. Wenn wir aber nicht wie ein Sack Stroh der Esoterik zuhören wollen, wenn wir nicht alles an uns mit Gleichgültigkeit vorübergehen lassen wollen, dann müssen wir abgesondert von dem, was uns der Gedanke gibt, die Gefühle und die Willensimpulse entwickeln. Gefühle sollen entwickelt

Vierte Stunde

werden, weil Esoterik nicht ein kaltes eisiges Feld bleiben soll, das sich bloß über unseren Verstand ergießt, weil Esoterik uns in den hellsten Enthusiasmus tauchen soll. Aber dieser Enthusiasmus, diese Gefühlswärme, sie muss von ganz woanders her kommen, wenn sie nicht aus den Gedanken kommt.

Da müssen wir uns, wenn sich unsere Gefühlswelt in der richtigen Weise erwärmen soll, da müssen wir uns klar sein darüber, dass, wenn in richtiger Weise aus dem Esoterischen heraus gesprochen wird, dass dann aus der Göttersphäre heraus gesprochen wird, und dass wir nicht Gedanken, sondern Realitäten unsere Gefühle entgegenbringen (s. Notizbucheintragung S. 50). Daher war es, dass ich in der ersten Stunde, die ich für diese erste Klasse gegeben habe, dass ich in der ersten Stunde gesagt habe, dass die Schule spricht, das heißt der reale Geist spricht, der durch die Schule geht – und dass es notwendig ist, dass wir einsehen, dass die Schule nicht irgendeiner persönlichen Absicht entsprungen ist, sondern dass sie aus der geistigen Welt heraus gewollt und eingesetzt ist. Wenn wir die Schule so auffassen, dann wird unser Dasein in der Schule den Enthusiasmus geben, den wir brauchen. Und dann werden wir ein anderes noch verstehen, meine lieben Freunde. Im gewöhnlichen Leben und in der gewöhnlichen Wissenschaft, da spricht man zu uns Worte. Und indem wir die Worte erfassen, kommen uns die Gedanken, die uns vermittelt werden sollen, wie sie in den Worten liegen. Der Esoteriker muss sich auch der Worte bedienen, er muss auch sprechen, aber er braucht die Worte nur als Gelegenheit, um bemerklich zu machen, dass der Geist in seiner Realität strömend heranzieht und sich in die Menschenherzen hineingießen will. Daher ist es notwendig, dass in einer esoterischen Schule ein Sinn dafür ausgebildet wird, hinter die Worte zu hören. Und wenn wir diesen Sinn ausbilden, dann werden wir uns dem Esoterischen gegenüber das aneignen, was zu allen Zeiten in esoterischen Strömungen mit einer großen Scheu genannt worden ist: Wir werden uns aneignen das Schweigen, das Heilighalten des Schweigens. Und dieses Heilighalten des Schweigens, das hängt mit etwas anderem zusammen, ohne das die Esoterik den Menschen nicht fördern kann. Es hängt mit etwas zusammen, was wir für die Esoterik gar sehr brauchen. Es hängt zusammen mit der innersten menschlichen Bescheidenheit. Ohne innerste menschliche Bescheidenheit ist nicht an Esoterik heranzukommen. Warum? Wenn wir ermahnt werden, hinter die Worte zu hören, dann ist an das innerste Wesen unserer Seele appelliert – nicht an unser Gedächtnis, sondern an das innerste Wesen unserer Seele ist appelliert. Da kommt unsere Fähigkeit in Betracht, da kommt in Betracht, wie weit wir fähig sind, hinter die Worte zu hören. Und wir tun gut für uns, für unsere eigene Seele, möglichst viel zu hören. Aber wir tun gut, nicht gleich das, was in unserer Seele aufdämmert, so weit als maßgebend zu betrachten, dass wir es als etwas unbedingt Gültiges in die Welt hinaustragen können. Wir werden lange brauchen, gerade wenn wir hinter die Worte hören, wir werden lange brauchen, bis wir mit uns selbst zurechtkommen. Wir sollen diese Stimmung entwickeln, dass Esoterik sich erst im wortlosen Leben der Seele ausleben muss, bevor sie innerlich in uns als gereift angesehen werden kann.

Daher ist es so, dass wir in der Esoterik zurückgehen müssen von dem, was im gewöhnlichen Leben im Sinn der Worte liegt, zu dem, was in der tieferen Auffassung der Worte liegt. Und das ist das, was in der letzten Klassenstunde hier an uns herangebracht worden ist, indem wir mantrische Sprüche vor uns hingestellt haben, meine lieben Freunde, bei denen es auf das Skandieren ankommt, bei denen es darauf ankommt, dass der erste Spruch einen trochäischen Rhythmus hat, der zweite Spruch einen jambischen Rhythmus hat, der dritte Spruch einen spondeischen Rhythmus hat. Nur wenn wir innerlich fühlen, dass wir beim trochäischen Rhythmus heruntersteigen vom Berg in das Tal, wenn wir fühlen, indem wir das, was sich auf unsere Gedanken bezieht, richtig auffassen, wenn wir fühlen mit der Seele dieses Heruntersteigen vom Himmlischen talwärts zu dem Irdischen, dann fühlen wir uns in die richtige Stimmung gegenüber unserem Gedankenweben hinein. Daher ist dieser Spruch trochäisch, er beginnt mit einer betonten Silbe und geht herunter zu der unbetonten Silbe. Er sollte in uns eine seelische Blutzirkulation hervorrufen, die sich in den Geistesraum hineinstellt. Indem wir etwas Mantrisches in unserer Seele regsam machen, stehen wir nicht so da, dass wir nur in Gedanken etwas aussprechen, sondern wir bewegen uns mit dem, was sich in der geistigen Welt bewegt, indem die menschlichen Gedanken in der Menschenseele weben. So ist der erste Spruch, der sich auf das Gedankenweben bezieht. «Sīeh ĭn dir Gedankenweben ...» (s. S. 68): Die Götter haben uns in sich aufgenommen, indem sie uns die Gedanken gegeben haben, und wir steigen, indem wir die Gedanken in unserer Seele webend erleben, wir steigen von den Gipfeln, auf die uns die Götter gestellt haben, indem sie uns mit den Gedanken begnadet haben, wir steigen von diesen Gipfeln hinunter in die Täler, wo wir mit diesen Gedanken die irdischen Dinge erfassen, die irdischen Dinge begreifen.

Anders steht es mit dem Fühlen. Da verhalten wir uns in der Seele recht, wenn wir uns unten im Tal stehend fühlen und durch unser Gefühl wie auf einer geistigen Leiter zu den Göttern hinaufkommen. Das Fühlen bringt uns in die entgegengesetzte Wellenbewegung, es bringt uns von unten nach oben.

Daher ist der mantrische Spruch jambisch gestaltet: Wir beginnen mit der unbetonten Silbe und steigen an mit der betonten Silbe. Wir sollen das empfinden: «Věrnīmm in dir Gefühle-Strömen ...». Wieder anders ist es, wenn wir zum Wollen kommen. Kommen wir zum Wollen, dann müssen wir uns bewusst werden, dass unser Menschenwesen in uns gespalten ist. Dann müssen wir uns den Göttern nahen im Gefühl, und wir müssen durch die Stärke des Gefühls auf halbem Weg den Willensimpuls gebären. Das ist nur gegeben, wenn wir spondeisch meditieren – mit betonter Silbe und wieder betonter Silbe beginnen: «Lāss wālten in dir den Willens-Stoß ...».

Wir haben schon das letzte Mal gesagt: Hier handelt es sich darum, dass wir nicht bloß den Sinn der Worte erfassen, sondern dass wir das erfassen, was in der rhythmischen Bewegung der Worte liegt und unsere Seele in diese Bewegung hineinreißt. Dadurch stellen wir uns nicht mehr bloß auf uns selbst, sondern wir wachsen hinein in die Welt. Worte, bloß dem Sinne nach erfasst, lassen uns bei uns. Das aber, um was es sich bei der Esoterik handelt, das ist, dass wir mit der Welt zusammenwachsen, dass wir immer mehr aus uns herauskommen. Denn nur so, dass wir aus uns herauskommen, ertragen wir das Getrenntsein von Denken, Fühlen und Wollen. Im Inneren hält unser Körper für das Ich im Alltagsbewusstsein Denken, Fühlen und Wollen zusammen. Draußen müssen sie durch die Götter zusammengehalten werden. Dann müssen wir aber in das göttliche Sein hineinkommen, dann müssen wir mit der Welt zusammenwachsen. Dann müssen wir jene Stimmung entwickeln lernen, durch die wir uns in aller Ehrlichkeit und in allem Ernst sagen: Hier ist meine Hand, ich betrachte sie und sage: Das bist du. Da ist der Baum, ich betrachte ihn und sage: Das bist du. Ich betrachte die Wolke: Das bist du. Ich betrachte den Regenbogen: Das bist du.

Ich betrachte den Donner: Das bist du. Ich betrachte den Blitz: Das bist du. Ich fühle mich eins mit der Welt.

Abstrakt, das heißt unehrlich, ist das leicht herbeizuführen. Um das aber konkret, das heißt ehrlich, herbeizuführen, bedarf der Mensch gar vieler innerer Überwindungen. Nur wenn er sich nicht scheut, diese inneren Überwindungen zu vollziehen, kommt er in die Stimmung hinein, die er braucht. Denn die Frage muss vor dem Esoteriker stehen, meine lieben Freunde: Ich betrachte meine Hand, sie gehört zu mir. Was wäre ich geworden in diesem Erdleben, das vor einigen Jahrzehnten begonnen hat, wenn ich die Hand nicht hätte? Sie ist für all das notwendig gewesen, was ich geworden bin. Aber der Baum – der Baum ist so, wie er heute vor uns steht, in seiner Anlage im alten Monddasein (s. Fachausdrücke S. 480), aus dem ganzen Mondorganismus herausgebildet worden. Das, was im ganzen Mondorganismus war, hätte nicht sein können, ohne dass die Anlage zum Baum herausgebildet worden wäre. Damals aber ist aus dem ganzen Monddasein auch die Anlage zu meinem Denken entstanden. Wäre der Baum nicht, könnte ich heute nicht denken. Die Hand ist nur notwendig für mein gegenwärtiges Erddasein, der Baum ist dafür notwendig, dass ich überhaupt ein denkendes Wesen geworden bin. Wie soll mir die Hand mehr wert sein als der Baum! Wie soll ich die Hand mehr zu meiner Leiblichkeit rechnen als den Baum! Ich komme dazu, das, was ich Außenwelt nenne, nach und nach mehr zu meinem Inneren zu rechnen als das, was ich als das Innere meiner Leiblichkeit für diese Inkarnation ansehen kann. Das aber in aller Tiefe und Ehrlichkeit zu fühlen, das muss gelernt werden.

Und heute wollen wir vor uns drei Sprüche hinstellen, drei mantrische Sprüche, durch die dieses Sich-eins-Fühlen mit allem äußeren Dasein sich tief in die Seele hineinprägen kann.

Wie stehen wir zum äußeren Dasein? Wir schauen hinunter auf die Erde: Wir fühlen uns von dieser Erde abhängig, sie gibt uns das, was wir zum äußeren Leben brauchen. Wir schauen hinaus in die Weiten: Da geht die Sonne am Morgen auf, da geht die Sonne am Abend unter; das Licht streift über die Erde hin: Aus den Weiten kommt es, in die Weiten geht es. Wir schauen hinauf zum nächtlichen Sternenhimmel: Geheimnisvoll spricht er zu uns. Wir haben in diesem dreifachen Blick unser Verhältnis zur Welt bestimmt: Ich schaue hinunter, ich schaue in die Weiten, ich schaue hinauf. Aber wir tun das mit dem intensivsten Bewusstsein, wir tun es so, wie es in den folgenden mantrischen Sprüchen liegt:

> Fühle wie die Erdentiefen
> Ihre Kräfte deinem Wesen
> In die Leibesglieder drängen.
> Du verlierest dich in ihnen,
> Wenn du deinen Willen machtlos
> Ihrem Streben anvertrauest;
> Sie verfinstern dir das Ich.

Das ist es, meine lieben Freunde, dass wir das, was uns an die Erde bindet und fesselt, nicht in vollem Bewusstsein mit unserem menschlichen Wesen in Zusammenhang bringen. Wir schauen hinunter zur Erde, wir wissen, dass in ihr Kristalle entstehen, die das Erdreich von einem Fleck zum anderen trägt, wir wissen, dass die Erde eine Schwerkraft ausübt, dass sie den Stein anzieht, ihn zur Erde fallen lässt, wir wissen, dass sie uns selbst anzieht. Wir wissen das alles. Wir denken aber nicht daran, dass in uns Triebe und Instinkte, Begierden und Leidenschaften leben, dass in uns das lebt, was wir zur niederen Menschennatur zählen, und dass das auch zur Erde gehört. Wenn wir den Blick hinunterrichten und sehen, was die Erde in uns schafft, dann sollen wir uns erinnern: Da liegt in uns, durch die Erde geschaffen, all das, was uns unter den Menschen hinunterziehen will, was unser Ich verfinstern will, was uns in das Untermenschliche treiben will. Das müssen wir uns zum Bewusstsein bringen, dass wir mit der Erde so verbunden sind, dass trotz aller Schönheit und Erhabenheit dessen, was über der Oberfläche der Erde ausgebreitet ist, für uns Menschen zu gleicher Zeit das Hinunterziehende, das ins Untermenschliche Ziehende ist. Im ehrlichen Gestehen dessen entwickeln wir uns zum wahren Menschen.

Dann werden wir in die Lage kommen, uns menschlich entwickelnd nicht nur nach unten den Blick zu wenden, sondern in die Weiten den Blick zu wenden, die mit uns selbst gleich hoch sind, in all das den Blick zu wenden, was um die Erde herum kreist und im Kreisen unser Menschsein mitnimmt. Da beginnt schon im Physischen das, was uns über die hinunterziehenden Tiefenkräfte der Erde erhebt. Durch die Kräfte der Erdtiefen kann der Mensch böse werden, nicht so leicht aber durch den Atem, der zu dem um die Erde Kreisenden gehört, noch weniger durch das Licht, das die Sonne um die Erde kreisen lässt. Wir betrachten Atem und Licht als etwas, was keine geistige Bedeutung hat, aber Götter leben im Atem und im Licht. Und wir müssen uns bewusst sein, dass insbesondere im Licht Göttermächte walten, die anders walten als die Erdtiefenkräfte, indem sie durch uns Menschen gehen. Das bringen wir uns in dem zweiten mantrischen Spruch zum Bewusstsein:

> Fühle wie aus Weltenweiten
> Göttermächte ihre Geisteshelle
> Dir ins Seelenwesen leuchten lassen.
> Finde dich in ihnen liebend,

Und sie schaffen weisheitwebend
Dich als Selbst in ihren Kreisen
Stark für gutes Geistesschaffen.

Nicht immer werden wir uns dessen bewusst, dass wir das lieben können, was als Licht über unsere Erde hinzieht, sei es Sonnen-, sei es Sternenlicht. Nicht immer werden wir uns dessen bewusst. Aber wenn wir uns dessen bewusst werden, dass wir das Sonnenlicht lieben können, warm lieben können wie einen Freund, dann lernen wir auch, wie im Lichtgewand Götter um die Erde kreisen. Dann hört das Sonnenlicht auf, über die Erde hin bloß leuchtend zu scheinen, dann wird das Sonnenlicht zum Göttergewand – und Götter wandeln für uns im Lichtgewand über die Erde hin. Dann wird für uns zur Weisheit, was wir mit dem Licht erleben. Dann bringen Götter ihre Weisheit in unser Herz, in unsere Seele hinein. Und wir sind dann, indem wir so die Gefühle differenziert haben, wir sind dann tatsächlich aufgestiegen. Wir haben zuerst die entsprechenden Gefühle gegenüber den Erdtiefenkräften entwickelt. Wir haben den Teil unseres Menschentums, der den Erdtiefenkräften angehört, in richtiger Weise gespürt. Wir haben uns dann zu jenem höheren Teil unseres Menschenwesens erhoben, das den um die Erde im Lichtgewand hinziehenden Götterwesen angehört, die den Menschen nicht im Erdkreis lassen wollen, sondern, schon während er auf der Erde wandelt, in ihre Kreise aufnehmen wollen, sodass er dann, wenn er durch des Todes Pforte geht, in ihren Kreisen weiter wandeln kann. Denn die Götter wollen uns nicht auf der Erde allein lassen, sie wollen uns in ihre Kreise ziehen. Sie wollen uns zu Wesen machen, die unter ihnen leben. Die Erdtiefenkräfte wollen uns den Göttern entreißen, daher hieß es in einem der früheren Sprüche, die uns hier übermittelt worden

Vierte Stunde

sind: «Des ersten Tieres Knochengeist ... rauben wollen». (s. S. 49). Das aber müssen wir fühlen, indem wir uns in die Welt hineinstellen und uns mit der Welt eins fühlen.

Aber wir haben noch nicht unser volles Menschliches in unser Bewusstsein hereingenommen, wenn wir nicht auch hinaufzusehen in der Lage sind. In die Tiefen müssen wir schauen, in die Weiten müssen wir schauen, in die Höhen müssen wir schauen. Differenzieren müssen wir in dem einen alltäglichen Bewusstsein, das die Tiefe, die Weite und die Höhe vermischt, differenzieren müssen wir das Tiefenbewusstsein, das Weitenbewusstsein, und das Höhenbewusstsein:

> Fühle wie in Himmelshöhen
> Selbstsein selbstlos leben kann,
> Wenn es geisterfüllt Gedankenmächten
> In dem Höhenstreben folgen will
> Und in Tapferkeit das Wort vernimmt,
> Das von oben gnadevoll ertönet
> In des Menschen wahre Wesenheit.

Das können wir fühlen, wenn wir voll bewusst in die Höhe hinaufschauen. Denken wir uns, meine lieben Freunde, nachts auf dem Feld stehend, beim sternenbesäten Himmel in die Himmelshöhen hinaufschauend – es ist nur deutlicher, wenn wir eine solche Gelegenheit wählen. Es kann auch im vollen Sonnenlicht geschehen, aber deutlicher wird es, wenn wir uns draußen im Feld stehend und zu dem sternenbesäten Himmel hinaufschauend denken. Wir fühlen uns eins mit dieser Welt. Wir fühlen: Das bist du. Aber der enge Punkt, an dem wir auf der Erde stehen und den wir für so wertvoll halten, dass wir von ihm als von unserem eigenen Ich reden, er zerfließt, wenn wir in die Höhen hinaufschauen. Er breitet sich zur Halbkugel aus. Fühlen wir das recht, dann hört das enge Selbstsein auf, und es wird selbstlos, denn es ist in den unendlichen Weiten der Höhen ausgebreitet: «Wenn es geisterfüllt Gedankenmächten in dem Höhenstreben folgen will». Wenn der Mensch gefühlt hat, wie die um die Erde ziehenden, um die Erde Sonnenlicht strömenden Götter im Lichtgewand mit jedem Atemzug in die Menschenseele ein- und ausziehen, wenn er dann in die Himmelshöhen hinaufschaut, sich selbstlos in seiner Selbstheit fühlt, kommt er dazu, auch das Weitere in sich bewusst zu entwickeln, was mit den folgenden Zeilen kommt: «Und in Tapferkeit das Wort vernimmt, das von oben gnadevoll ertönet in des Menschen wahre Wesenheit». Es sprechen zu ihm die Höhen. Und so, wie wir in Liebe mit den Göttern zusammenwachsen können, die um die Erde im Lichtgewand ziehen, so können wir mit dem aus den Höhen tönenden Weltwort zusammenwachsen, wenn wir den Sinn dafür entwickeln, mit den Gedankenmächten in die Höhen des Himmels zu streben.

Aber, meine lieben Freunde, nur dann werden wir richtig diese Empfindungen in uns durchführen können, die unser Bewusstsein zu einem Tiefen-, Weiten- und Höhenbewusstsein machen, wenn wir die gegensätzlichen Sprüche der drei Tiere recht tief und für die Seele anschaulich mit diesen Sprüchen der «Erdentiefen», der «Weltenweiten» und der «Himmelshöhen» kontrastieren. Wir treten vor den Hüter der Schwelle, lebhafte Gedankenvorstellungen sollen in unserer Seele walten. Der Hüter der Schwelle zeigt uns das dritte der Tiere, von dem wir in den letzten Stunden gesprochen haben. Es klingt in uns das, was dieses dritte der Tiere charakterisiert: «Des dritten Tieres glasig Auge ...». (s. S. 49). Das ist das Hinunterziehende. Dem entreißen wir uns, indem wir uns in tapferer Seele sagen: «Fühle wie die Erdentiefen ...». Da sind sie für den Anblick wenig voneinander unterschieden – wenn wir auf das dritte Tier hinschauen und dann auf das hinschauen, was uns entreißt. Bedenken wir, wie das eine Mantram ähnlich dem anderen klingt, wie beide das Hinunterziehende charakterisieren, nur schildert das eine konkret das Tier, das andere das Aufmerksamwerden darauf.

Aber gehen wir zum zweiten Tier und nehmen wir das, was uns dem zweiten Tier entreißt. Stellen wir die beiden mantrischen Sprüche nebeneinander: Ganz und gar verschieden wird die Stimmung. Das eine Mal die grausige Schilderung des zweiten Tieres, das andere Mal der Appell an die Götter, die im Lichtgewand an uns herankommen. Hören wir nebeneinander diese zwei mantrischen Sprüche, wie verschieden sie in ihrer ganzen Stimmung sind: «Des zweiten Tieres Spottgesicht ...» (s. S. 49) – «Fühle wie aus Weltenweiten ...». Indem wir das dritte Tier charakterisieren, müssen wir uns mit diesem mantrischen Spruch wie neben dieses dritte Tier hinstellen; wir vermögen uns nicht loszureißen, wir hören nur die Aufforderung, uns bewusst zu werden, wohin uns dieses Tier führen will. Indem wir uns aber an das zweite Tier und an den helfenden mantrischen Spruch wenden, da ist der helfende Spruch bereits dazu angetan, uns weit von dem Tier hinwegzuführen, das wir in seiner Grausamkeit als Spottgesicht charakterisieren.

Gehen wir jetzt an das erste Tier heran, so sehen wir, wie das Charakteristische des ersten Tieres ist, dass es uns verhindern will, unser menschliches Leben im Aufblick zu den Himmelshöhen zu heiligen – «Des ersten Tieres Knochengeist ...». Wir sehen, wie dieses erste Tier in seinem Wesen charakterisiert ist, und wir sehen, wie wir uns diesem Tier in unserem Innersten entreißen, wenn wir uns an jenen mantrischen Spruch wenden, der uns in die Himmelshöhen hinaufweist. Wie wenn wir das verbrennen wollten, was in diesem Spruch gesagt ist, und uns in den Flammen erheben wollten, so steht ihm gegenüber der andere Spruch – «Fühle wie in Himmelshöhen ...» –, der durch unsere eigene tapfere Seelenkraft tröstend und begnadend gegenüber dem sein soll, was das erste Tier ist.

Haben wir das letzte Mal gesehen, dass wir einen innerlichen Rhythmus aufnehmen müssen, wenn wir in das Weben der Lichtwesenheit der Welt mit unserem eigenen Wesen hineinkommen wollen, so sollen wir heute uns damit bekannt machen, dass die Dinge, die in der Esoterik an uns herantreten, einen inneren Zusammenhang haben, und dass wir jedes Mal auf das Frühere zurückgreifen müssen, aber nicht nur mit Bezug auf den Sinn der Worte, denn der bleibt immer irdisch, sondern durch die Stimmung zurückgreifen müssen. Und diese Stimmung, sie wird uns aus dem Ganzen entgegenkommen, sie wird uns aber auch aus den Einzelheiten entgegenkommen. Denn nehmen wir den ersten Spruch: «Fühle wie die Erdtiefen»: Wir werden an die Erdtiefen verwiesen, und der andere Spruch weist uns auf «des dritten Tieres glasig Auge» hin. Sie stehen nebeneinander. Im zweiten Spruch «Fühle wie aus Weltenweiten»: Wir fühlen die Götter wie im Lichtgewand herankommen; hier werden wir erhoben, wenn wir es fühlen können, über das, was des Göttlichen spottet in der Welt. «Des zweiten Tieres Spottgesicht»: Es wird wahrhaftig durch den hellen Sonnenschein ausgelöscht, wenn wir den hellen Sonnenschein geistig ergreifen wollen. Und gar der dritte Spruch, der da beginnt: «Des ersten Tieres Knochengeist», er erstarrt uns; wir werden nur warm, wenn wir uns aus der Erstarrung lösen durch den Aufblick in die Himmelshöhen. Und so können wir auch sagen: Erblickst du des dritten Tieres glasig Auge – so stehe fest und fühle, was die Erdtiefen von dir wollen; schaust du des zweiten Tieres Spottgesicht – so empfange liebend Sonnenlicht; erstarrst du durch des ersten Tieres Knochengeist – so erwarme dich menschlich als Mensch, indem du zu den Himmelshöhen dein Herz erhebst. So sollen wir uns allmählich in das geistige Leben einfühlen, und unsere Seele wird diesem geistigen Leben immer verwandter werden.

Meine lieben Freunde! Es ist notwendig, dass ich einen kleinen Satz anfüge, denn die Schule selbst muss im Ernst leben, und die Dinge, die ich gesagt habe an jenem Mittwoch, wo ich über die Bedingungen der Schule gesprochen habe, müssen im Ernst erfasst werden. Ich bin genötigt gewesen, einer Persönlichkeit, die, weil sie unterlassen hat, was sie hier im Dienst hätte tun sollen, ein großes Unglück hätte bewirken können, das Zertifikat für diese erste Klasse zu entziehen. Ich erwähne dieses aus dem Grund, weil ich damit andeuten will, dass Ernst gemacht werden wird mit dem, was bei der Weihnachtstagung hier als Absichten angedeutet worden ist. Und ich bitte, in der Zukunft dies nicht als irgendeine bloße Redensart aufzufassen, wenn geltend gemacht wird, dass diese esoterische Schule in vollem Ernst als von der geistigen Welt gewollt gedacht wird, und dass in dem Augenblick, wo irgendjemand nicht in rechter Weise ein Repräsentant der anthroposophischen Bewegung sein will, die Schule das Recht haben muss, ihm das Zertifikat für diese Schule zu entziehen. Ich möchte in allem Ernst darauf hinweisen, und unterlasse es deshalb nicht zu erwähnen, dass bereits – wenigstens für eine gewisse Zeit, bis der Betreffende das Gegenteil wiederum durch sein Verhalten bezeugt – einer Persönlichkeit das Zertifikat entzogen werden musste. Wir werden in diese Schule nur in richtiger Weise hineinwachsen, wenn wir abkommen von all den spielerischen Anschauungen über die anthroposophische Bewegung, die gerade so großes Unheil innerhalb dieser anthroposophischen Bewegung angerichtet haben. Wir müssen in den vollen Ernst des Esoterischen hineinwachsen. Und es ist – ich muss es auch heute wieder sagen – noch nicht in jeder Seele das aufgegangen, was mit der Weihnachtstagung gemeint war. Aber die Leitung der Schule wird wachsam sein und sie wird mit dem Ernst der Schule Ernst machen. Wollen wir auch das als etwas zur heutigen Stunde Gehöriges in unsere Seele aufnehmen.

Fühle wie die Erdentiefen
Ihre Kräfte deinem Wesen
In die Leibesglieder drängen.
Du verlierest dich in ihnen,
Wenn du deinen Willen machtlos
Ihrem Streben anvertrauest;
Sie verfinstern dir das Ich.

Fühle wie aus Weltenweiten
Göttermächte ihre Geisteshelle
Dir ins Seelenwesen leuchten lassen.
Finde dich in ihnen liebend,
Und sie schaffen weisheitwebend
Dich als Selbst in ihren Kreisen
Stark für gutes Geistesschaffen.

Fühle wie in Himmelshöhen
Selbstsein selbstlos leben kann,
Wenn es geisterfüllt Gedankenmächten
In dem Höhenstreben folgen will
Und in Tapferkeit das Wort vernimmt,
Das von oben gnadevoll ertönet
In des Menschen wahre Wesenheit.

Fühle wie die Erdentiefen
Ihre Kräfte deinem Wesen
In die Leibesglieder drängen.
Du verlierest dich in ihnen
Wenn du deinen Willen machtlos
Ihrem Streben anvertrauest.
Sie verfinstern dir das Ich

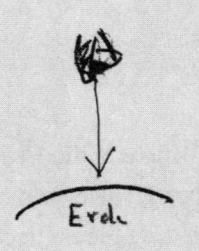

Fühle wie aus Weltenweiten
Göttermächte ihre Geisteshelle
Dir ins Seelenwesen leuchten lassen.
Finde dich in ihnen liebend.
Und sie schaffen Weisheitwebend,
Dich als Selbst in ihrem Kreisen
Stark für gutes Geistesschaffen.

Fühle wie in Himmelshöhen
Selbstsein selbstlos leben kann
Wenn es geisterfüllt Gedankenmächten
In dem Höhenstreben folgen will.
Und in Tapferkeit das Wort vernimmt,
Das von oben gnadevoll ertönet
In des Menschen wahre Wesenheit.

Fünfte Stunde

Dornach, 14. März 1924

Meine lieben Freunde! Wir haben gesehen, welche Veränderungen mit dem Menschen vorgehen, wenn er mit dem Wesen des Hüters der Schwelle bekannt wird. Und von der Auffassung dieses Wesens vom Hüter der Schwelle hängt es ab, ob der Mensch an die geistige Welt herantreten kann, zum Verständnis dieser geistigen Welt kommen kann. Wir haben gesehen, wie das, was das menschliche Innere ausmacht – das Denken, das Fühlen und das Wollen –, wie das im Bereich des Hüters der Schwelle eine wesentliche Veränderung durchmacht. Und insbesondere in der letzten Klassenstunde konnte es uns klar werden, dass beim Betreten der geistigen Welt Denken, Fühlen und Wollen verschiedene Wege gehen, dass sie bei diesem Betreten andere Verwandtschaften eingehen als die sind, in denen sie für das gewöhnliche Erdbewusstsein des Menschen stehen. Wir haben gesehen, wie der Mensch seinem Wollen nach stark auf seinen Erdzusammenhang hingewiesen wird. In dem Augenblick, wo der Mensch an die geistige Welt herantritt, trennen sich in der Seele Denken, Fühlen und Wollen, und dieses Wollen, das dann in einer viel größeren Selbstständigkeit in der Seele lebt als vorher, erweist sich für den Menschen im hohen Grad als mit jenen Kräften verwandt, die den Menschen zur Erde hinunterziehen. Das Fühlen erweist sich mit jenen Kräften verwandt, die den Menschen im Umkreis der Erde halten, in jenem Umkreis der Erde, den das Licht durchflutet, wenn es morgens erscheint und den Tag erhellt, wenn es abends wieder an der entgegengesetzten Seite für den Anblick des Menschen verschwindet. Das Denken aber, es ist die Kraft, die den Menschen nach oben, nach dem Himmlischen weist. Sodass in demselben Augenblick, in dem der Mensch vor den Hüter der Schwelle hintritt, dieser Hüter ihn darauf aufmerksam macht, wie er der ganzen Welt angehört: durch sein Wollen der Erde, durch sein Fühlen dem Umkreis, durch sein Denken den oberen Mächten.

Aber das ist es überhaupt, meine lieben Freunde, was mit dem Eintritt in das geistige Leben für den Menschen klar werden muss, dass durch das Geistesleben ein Zusammenwachsen mit der ganzen Welt eintritt. Wir stehen für das gewöhnliche Bewusstsein so in der Welt da, dass da draußen außer uns Mächte walten, die im Pflanzen-, Mineral- und Tierreich, im physischen Menschenreich tätig sind, dass da Mächte walten, zu denen wir durch unsere Sinne den Zugang haben, und die keine Verwandtschaft mit dem Menschen zeigen. Da stehen wir als Mensch abseits. Wir blicken dann in uns hinein und werden unser Denken, Fühlen und Wollen gewahr. Wir werden gewahr, dass dieses Denken, Fühlen und Wollen etwas von der äußeren Natur Getrenntes ist, etwas für sich Bestehendes ist. Wir fühlen eine tiefe Kluft zwischen unserem Menschenwesen und der sich ausbreitenden Natur. Aber diese Kluft müssen wir überbrücken. Denn diese Kluft, die wir im gewöhnlichen Bewusstsein nur ihrer Äußerlichkeit nach gewahr werden, diese Kluft ist gerade die Schwelle. Das Gewahrwerden der Schwelle beruht darauf, dass wir aufhören, jene Unbewusstheit hinzunehmen, die uns nur auf uns zurückweist, wenn wir in unser Inneres schauen, und die uns auf eine äußere, menschenfremde Natur hinweist, wenn wir den Blick nach außen richten. Das ist die Kluft, die uns nur sichtbar zu werden braucht, um in ihrer ganzen Größe und Bedeutung nicht nur für das Menschenleben, sondern auch für das Weltleben hervorzutreten.

In dem Augenblick, wo wir das Esoterische betreten, müssen wir eine Brücke schaffen über diese Kluft hinüber, über diesen Abgrund. Wir müssen mit der Natur zusammenwachsen. Wir müssen aufhören, uns zu sagen: Da draußen ist die Natur, die geht eigentlich das moralische Leben nichts an. Wir fragen nicht bei den Mineralien nach dem Moralischen, an dem unsere Seele das höchste Interesse hat, wir fragen nicht bei den Pflanzen, wir fragen nicht bei den Tieren nach dem Moralischen. Und im materialistischen Zeitalter haben wir auch bei dem Menschen aufgehört, nach dem Moralischen zu fragen, weil wir den Menschen nur nach seiner physischen Wesenheit nehmen. Und wiederum, wenn wir in den Menschen hineinschauen, dann erblicken wir für das gewöhnliche Bewusstsein das passive Denken, durch das wir uns die Welt bildlich vergegenwärtigen, das aber machtlos dasteht. Der Gedanke, der in uns ist, er ist nur unser Eigentum, durch das wir die Dinge der Welt erkennen. Er hat als Gedanke keine Macht. Unser Fühlen ist nur unser inneres Leben, wir stehen mit ihm getrennt, gesondert von der Welt da. Und unser Wollen teilt sich der äußeren Welt mit, aber gerade dadurch, dass es sich der äußeren Welt mitteilt, bekommt diese äußere Welt etwas ihr Fremdes.

Ein Großes muss an den Menschen herantreten, wenn er den Abgrund zwischen sich und der Natur gewahr wird, wenn er in die Nähe des Hüters der Schwelle kommt – ein Großes. Und dieses Große ist das, was schon seit alten Zeiten mit Worten ausgedrückt worden ist – mit Worten aber, die nach jedem Zeitalter neu verstanden werden müssen –, und diese Worte sind: Die Natur muss göttlich erscheinen, und der Mensch muss magisch wirken. Was heißt es: Die Natur muss göttlich erscheinen? So wie sie den Sinnen erscheint, wie sie der Verstand erfasst, ist sie wahrhaftig nicht göttlich. Die Göttlichkeit verbirgt sich in der Natur, die Natur erscheint nur ihrer Äußerlichkeit nach. Wir sehen höchstens im Traum etwas von einer Verwandtschaft

Fünfte Stunde

der Natur mit dem menschlichen Innenleben. Wir können da gewahr werden, wie eine Unregelmäßigkeit in unserem Atmungsprozess nach der einen oder nach der anderen Seite uns freudig erregte Träume oder Furcht- und Angstträume bereitet. Wir können gewahr werden, wie die rein natürliche Überhitztheit eines Zimmers in Träumen zum Vorschein kommt, die eine Art moralisch-seelischen Inhalt haben. Der Traum rückt das Natürliche an das Moralisch-Seelische heran. Aber wir wissen auch: Im Traum ist unser Bewusstsein hinuntergetaucht, der Traum ist nicht das, was uns das Geistige unmittelbar vermitteln kann. Wir wissen, dass sich das Natürliche dem wachen, nicht dem träumenden Bewusstsein darstellt.

Im Natürlichen haben wir, meine lieben Freunde, eine Verwandtschaft unseres physischen Leibes mit dem Festen in der Natur, mit dem, was Erdwesenheit in sich trägt. Wir haben eine Verwandtschaft des Ätherleibes (s. Fachausdrücke S. 480) des Menschen mit dem, was wässrige Wesenheit in sich trägt. Aber die Verwandtschaft des physischen Leibes mit dem Erdigen und des Ätherleibes mit dem Flüssigen, mit dem Wasserförmigen, sie liegt tief unterhalb dessen, was der Mensch erlebt. Das, was dem Menschen nahesteht, ist erst sein Atmungsprozess, der im Luftförmigen waltet. Erst vom Atmungsprozess nach aufwärts beginnt jene Region, in der der Mensch, wenn er an das Geistige herantritt, sich mit der Natur verwandt fühlt. Wir haben, indem wir auf den Atmungsprozess hinschauen, das Luftförmige, in dem wir wesen und leben. Wir haben dann über dem Luftförmigen das Wärmehafte, und über dem Wärmehaften das Lichtwesenhafte – den Wärmeäther und den Lichtäther (s. Tafelzeichnung S. 321: «Luft», «Wärme», «Licht»). Wenn wir dann höher hinaufsteigen, kommen wir wieder in eine Region, die dem Menschen nicht so nahe steht, und die wir später besprechen wollen.

Dass der Mensch im Luftelement webt und lebt, das ist auch für eine ganz äußerliche Betrachtung offenliegend. Denn wir brauchen nur auf die Träume hinzuschauen, wie sie in gewissen Gestaltungen abhängig sind von Abnormitäten, von Unregelmäßigkeiten des Atmungsprozesses. Wenn der Atmungsprozess im wachen Leben verläuft, achten wir seiner nicht, weil wir nicht auf das achten, was im Leben normal verläuft. Dass für den Menschen das Wärmeelement, das Leben in der Wärme, etwas wesenhaft Durchgreifendes bedeutet, kann auch wieder aus einer oberflächlichen Betrachtung klar werden. Wenn wir uns mit einem kalten Körper, mit einer kalten Stricknadel betupfen, die kälter ist als unser eigener Leib, so empfinden wir kalte Stellen, die sehr nah sind, als scharf getrennt. Wir sind sehr empfindlich für das Kalte. Wenn wir uns aber mit einem Gegenstand betupfen, der wärmer ist als unser eigener Leib, dann merken wir den Unterschied nicht so stark. Wir können zwei kalte Stricknadeln ganz nahe aneinander halten – wir merken getrennt die Kälte beider; wenn wir warme Stricknadeln nahe aneinander halten, so fließen die Berührungen in einen Punkt zusammen. Wir müssen mit den warmen Stricknadeln sehr weit auseinandergehen, um die Eindrücke als getrennt wahrzunehmen. Wir sind für die Kälte viel empfindlicher als für die Wärme. Warum? Wir ertragen die Wärme leichter, weil wir ein Wärmewesen sind, weil die Wärme unsere eigene Natur ist, weil wir in der Wärme weben und leben. Die Kälte ist uns fremd, für die sind wir außerordentlich stark empfindlich.

Was das Licht betrifft, ist es für das gewöhnliche Bewusstsein schwieriger auseinanderzusetzen. Wir wollen heute in Bezug auf diese Dinge in das Esoterische eindringen, und so mag es genügen, dass wir auf das Luftförmige und auf das Wärmeartige für das gewöhnliche Bewusstsein hingewiesen haben.

Im gewöhnlichen Erleben fühlt der Mensch die Luft als etwas Äußerliches, Naturhaftes, er fühlt die Wärme als etwas, was ihn von außen berührt in irgendeiner Weise, und er fühlt auch das Licht als etwas, was von außen an ihn herankommt. In dem Augenblick aber, wo der Mensch jenen Ruck in seinem Leben durchmacht, der ihn in die Nähe des Hüters der Schwelle bringt, in dem Augenblick wird er gewahr, wie er mit dem innig verwandt ist, dem er sonst fremd gegenübersteht.

Wir haben öfter darauf aufmerksam gemacht, dass wir in jedem Augenblick unseres Lebens auch für das gewöhnliche Bewusstsein gerade in unserem Verhältnis zur Luft unsere Verwandtschaft gewahr werden können. Da ist die Luft draußen; dieselbe Luft, die jetzt draußen ist, habe ich etwas später in mir drinnen; dann ist sie wieder draußen, dieselbe Luft, die in mir drinnen war. Wir werden aber nicht gewahr, dass wir – während wir unsere Muskeln und unsere Knochen immer in uns tragen, ihr Entstehen nur im Embryonalleben und ihr Vergehen nur im Tod gewahr werden –, dass wir fortwährend, indem wir ein Luftmensch sind, nach außen das entlassen, was wir in uns tragen, dann das Äußere wieder in uns hereinnehmen, sodass wir eins werden mit dem ganzen Weben und Wesen des Luftartigen, in dem wir als Erdmenschen sind. Das werden wir nicht gewahr. In dem Augenblick aber, wo wir in das geistige Gebiet eintreten, bleibt das nicht mehr so. In diesem Augenblick fühlen wir, dass wir mit jeder Ausatmung mitgehen, dass wir auf den Flügeln der ausgeatmeten Luft in die Weiten der Welt hinausdringen, in die sich die ausgeatmete Luft zerstreut. Wir fühlen, dass wir mit jeder Einatmung die Geister, die im Luftumkreis leben, in uns hereinnehmen. Die geistige Welt fließt mit jeder Einatmung in uns ein, unser eigenes Wesen fließt mit jeder Ausatmung in die Welt aus.

So ist es aber nicht nur mit dem Luftartigen, so ist es auch, und zwar in einem noch höheren Grad, mit dem Wärmeartigen. Wie wir eins sind mit dem Umkreis der Luft, die die Erde umgibt (s. Tafelzeichnung S. 321, äußerer Umkreis, gelb), wie wir als Luftmensch ein Wesen damit ausmachen, so ist es in einem noch höheren Grad mit dem Wärmewesen, das die Erde umgibt und durchdringt (innerer Umkreis, rot). Mit ihm sind wir eins. Und während wir, wenn wir an die geistige Welt herantreten, das Erlebnis haben, mit der Einatmung Geistiges in uns hereinzubekommen, mit der Ausatmung unser eigenes Wesen in die Weltweiten hinauszuentlassen – also ein geistiges Weben mit der Einatmung und der Ausatmung durchzumachen –, ist es beim Wärmewesen so, dass wir noch intensiver fühlen, dass wir mit dem Steigen der Wärme, insofern wir selbst in dem Wärmeelement sind, mehr Mensch werden, mit dem Sinken der Wärme weniger Mensch werden. Da hört dann die Wärme auf, etwas bloß Naturhaftes zu sein. Da fühlen wir so, dass wir uns sagen: Wir erkennen das innere Seelenhafte der Wärme, das Geisteswirkliche der Wärme, wir fühlen es innig mit unserem Menschsein verwandt. Wir fühlen, dass eine Steigerung oder Verminderung der Wärme vonseiten der in dem Wärmeelement wirkenden Geister bedeutet: Ich gebe dir durch das Wärmeelement dein Menschentum, ich nehme dir durch das Kälteelement dein Menschentum weg.

Und gehen wir gar an das Licht heran, dann weben und leben wir im Licht, nur bemerken wir das nicht, weil wir im gewöhnlichen Bewusstsein keine Ahnung davon haben, dass in unserem Denken das innere Leben des Lichtes enthalten ist, dass jeder Gedanke aufgefangenes Licht ist – aufgefangenes Licht beim physisch Sehenden, aufgefangenes Licht auch beim physisch Blinden. Das Licht ist ein Objektives. Das Licht nimmt nicht nur der physisch Sehende auf, das Licht nimmt auch der physisch Blinde auf, wenn er denkt. Denn der Gedanke, den wir innerlich in uns festhalten, der Gedanke, den wir innerlich in uns einfangen, er ist in uns vorhandenes Licht.

Treten wir vor den Hüter der Schwelle hin, so ermahnt uns dieser Hüter der Schwelle in der folgenden Art: O Mensch, indem du denkst, ist dein Wesen nicht in dir, es ist in dem Licht. O Mensch, indem du fühlst, ist dein Wesen nicht in dir, es ist in der Wärme. O Mensch, indem du willst, ist dein Wesen nicht in dir, es ist in der Luft (s. handschriftliche Bemerkungen S. 110). Bleibe nicht in dir, o Mensch. Denke nicht, dass dein Denken im Kopf ist. Denke daran, dass dein Denken nichts anderes ist als dein Erlebnis mit dem die Welt durchflutenden und durchwebenden Licht. Denke daran, dass dein Fühlen nichts anderes ist, als das in dir zur Wirkung kommende Weben und Leben des allgemeinen Wärmeelementes. Denke daran, dass dein Wollen nichts anderes ist als das in dir zur Wirkung kommende Weben und Leben des allgemeinen Luftelementes. Das müssen wir stark ins Bewusstsein aufnehmen, dass wir vor dem Hüter der Schwelle in die Weltelemente zerteilt werden, dass wir unser Wesen nicht mehr so zusammenhalten können, wie wir es dunkel, chaotisch im gewöhnlichen Bewusstsein zusammenhalten. Das ist das große Erlebnis, das die Einweihungserkenntnis dem Menschen gibt, dass er aufhört, ernst zu nehmen, dass er in seiner Haut eingeschlossen ist. Das ist nur ein Zeichen dafür, dass wir da sind als Mensch. Es ist vor dem geistigen Bewusstsein eine Illusion, was sich da innerhalb der Haut konzentriert, denn der Mensch ist so groß wie das ganze Weltall. Sein Denken reicht so weit wie das Licht, sein Fühlen reicht so weit wie die Wärme, sein Wollen reicht so weit wie die Luft.

Wenn ein dem Bewusstsein nach entsprechend entwickeltes Wesen von irgendeinem anderen Weltkörper heruntersteigen würde, so würde es den Menschen in ganz anderer Weise ansprechen, als die Menschen auf der Erde im gewöhnlichen Bewusstsein einander ansprechen. Ein solches Wesen würde sagen: Differenziert ist das Licht, das die Erde umwebt, da sind viele einzelne Wesenhaftigkeiten im Licht drinnen. Wir müssen uns das so vorstellen, dass in diesem Erdlicht, das die Erde umgibt, das die Erde umwebt und umwallt (s. Tafelzeichnung S. 321, weiße Kreise), trotzdem alles in einem Raum ist, dass in diesem einen Raum viele Wesenhaftigkeiten sind, so viele als Menschen auf der Erde sind. Sie alle stecken ineinander in der Lichtwelt der Erde. Alle Gedanken sind für ein solches Wesen, das von einem fremden Weltkörper zur Erde käme, alle Gedanken der Menschen sind in dieser Lichthülle, in diesem Lichtgewand der Erde drinnen. Alle Gefühle der Menschen sind in der Wärmehülle drinnen, und alle ihre Willensregungen sind in der Atmosphäre, in der Lufthülle drinnen. Dann würde ein solches Wesen sagen: Da habe ich ein Wesen rein qualitativ differenziert; dass das da ist, wird mir durch den Leib «a» (s. Zeichnung) angezeigt. Ein anderes Wesen, das wieder in der ganzen Umhüllung ist, wird mir durch den Leib «b» angezeigt, und so weiter. Das sind nur die äußeren Zeichen, dass das da ist. Die wirklichen Menschenwesen aber stecken alle ineinander in Licht, Wärme und Luft, und sie umgeben die Erde.

Das ist für den, der vor den Hüter der Schwelle hintritt, keine Spekulation, das ist Erfahrung. Und darin besteht das geistige Vorrücken, dass der Mensch mit der umgebenden Welt zusammenwächst. Es ist wenig getan, wenn diese Dinge theoretisch ausgesprochen werden. Es ist keine besonders tiefe Mystik, wenn wir davon sprechen, dass wir eins sind mit der Welt – wenn wir nur den Gedanken im Auge haben und wir nicht beginnen, innerlich erlebend gewahr zu werden, wie wir, indem wir denken, im Licht der Erde leben, eins werden mit dem Licht

Fünfte Stunde

der Erde, und wie wir dadurch, dass wir eins werden mit dem Licht der Erde, als Mensch in einem göttlich-geistigen Sein aufgehen, durch alle Poren unserer Haut heraustreten und eins werden mit dem Erdwesen selbst. Und ebenso ist es mit den anderen Elementen der Erdwesenheit. Das ist es, was in ganz ernster Weise von dem erfasst werden muss, der ein Verhältnis zur geistigen Welt gewinnen will.

Zuerst muss das Licht moralisch wirken. Der Mensch muss im esoterischen Erleben der Welt gewahr werden, wie er dem Licht und das Licht ihm verwandt ist. Dann aber tritt klar vor das Bewusstsein, dass in dem Augenblick, wo der Mensch die Schwelle betritt, das Licht recht wesenhaft wird und einen harten Kampf gegen die finsteren Mächte zu bestehen hat. Da werden Licht und Finsternis real. Da tritt etwas vor dem Menschen auf, durch das er sich sagt: Wenn ich ganz mit meinem Denken im Licht aufgehe, dann verliere ich mich an das Licht. Denn in dem Augenblick, wo ich mit meinem Denken in das Licht aufgehe, erfassen mich Lichtwesen, die zu mir sagen: O Mensch, wir lassen dich nicht wieder aus dem Licht los, wir halten dich im Licht zurück. Das drückt das Wollen dieser Lichtwesen aus: Sie wollen fortwährend durch das Denken den Menschen an sich ziehen, ihn mit dem Licht eins machen, ihn allen Erdmächten entreißen und mit dem Licht verweben. Es gibt um den Menschen herum Lichtwesen, die ihn in jedem Augenblick seines Daseins von der Erde hinwegreißen wollen, die ihn mit dem über der Erde hinwellenden Sonnenlicht verweben wollen. Da leben sie, diese Lichtwesen, im Umkreis der Erde und sagen: O Mensch, du sollst nicht mit deiner Seele in deinem Leib bleiben, du sollst des Morgens mit dem ersten Strahl der Sonne im Licht auf die Erde hin selbst leuchten, du sollst mit der Abendröte untergehen, du sollst weiter als Licht die Erde umkreisen! Immer finden sich da verlockend diese Lichtwesen. In dem Augenblick, wo wir die Schwelle betreten, werden wir gewahr: Immer wieder verlocken diese Lichtwesen den Menschen und wollen ihn von der Erde hinwegziehen. Sie wollen ihm klarmachen, dass es seiner nicht würdig ist, in den Fesseln der Erde zu verbleiben, durch die Schwere an die Erde gefesselt zu sein. Sie wollen ihn in das Licht der Sonne aufnehmen. Für das gewöhnliche Bewusstsein scheint die Sonne da oben, wir stehen hier unten, und wir lassen uns als Menschen von der Sonne bescheinen. Für das entwickelte Bewusstsein steht die Sonne am Himmel als der große Verlocker, der uns immer mit seinem Licht vereinen will, der uns von der Erde losreißen will, der uns immer in das Ohr flüstert: O Mensch, du brauchst nicht auf der Erde zu bleiben, du kannst ein Wesen im Sonnenstrahl selbst sein – dann wirst du die Erde bescheinen und beglücken können, dann brauchst du dich nicht mehr auf der Erde bescheinen und beglücken zu lassen!

Das ist das Wesenhafte, das uns bei der Begegnung mit dem Hüter der Schwelle entgegentritt, dass die Natur, die vorher ruhig außer uns war und keinen Anspruch an uns für unser gewöhnliches Bewusstsein gemacht hat, dass diese Natur die Kraft gewinnt, in moralischer Weise zu uns zu sprechen. Diese Natur tritt auf in der Sonne als eine Verlockerin. Was erst nur ruhig scheinendes Sonnenlicht war, wird sprechend, wird verlockend, wird verführend und versuchend. Die erste Art, wodurch wir von dem Sonnenlicht gewahr werden, dass Geistiges in diesem Sonnenlicht webt und lebt, die erste Art ist, dass uns im Licht der Sonne die verlockenden, die versuchenden Wesen erscheinen, die uns von der Erde hinwegtragen wollen. Denn diese Wesen sind im fortwährenden Kampf mit dem, was das Erdinnere ausmacht, mit der Finsternis. Und da verfallen wir in das andere Extrem. Wir tun das, weil die Erlebnisse vor dem

Hüter der Schwelle real sind, die Menschenseele tiefgehend ergreifend sind. Wenn wir gewahr werden, wie verlockend das Sonnenlicht durch seine Lichteswesen ist, dann wollen wir davon los, wenn wir noch eine Erinnerung daran haben, dass wir Mensch sein sollen. Diese Erinnerung dürfen wir nicht verlieren (s. S. 110*). Würden wir sie verlieren, dann wären wir seelisch gelähmt, wenn wir noch das physische Leben auf der Erde fortleben würden. Aber wenn wir gewahr werden, dass das Sonnenlicht verlockend, verführend ist, dann wenden wir uns zu der entgegengesetzten Seite, dann wollen wir vor diesen Verlockungen Ruhe finden in der Finsternis, mit der das Licht immer kämpft. Und wandeln wir von dem Licht zu der Finsternis hin, dann verfallen wir in das entgegengesetzte Extrem. Dann droht uns in der Finsternis unser Selbst, das die eine Seite des Daseins ins hell scheinende Sonnenlicht hinaustragen wollte, dann droht uns unser Selbst in der Finsternis einsam zu werden, von allem übrigen Sein getrennt zu werden.

Wir Menschen können nur in der Gleichgewichtslage zwischen Licht und Finsternis leben. Das ist das große Erlebnis vor dem Hüter der Schwelle: dass wir der Verlockung des Lichtes gegenüberstehen, dass wir der entselbstenden Gewalt der Finsternis gegenüberstehen. Licht und Finsternis werden moralische Mächte, die moralische Gewalt über uns haben. Und wir Menschen müssen uns sagen: Es ist gefährlich, das reine Licht zu schauen, es ist gefährlich, die reine Finsternis zu schauen. Und wir werden innerlich erst beruhigt an der Schwelle, wenn wir sehen, wie die mittleren Götter, die guten Götter, die Götter des normalen Fortschritts, uns das Licht zum hellen Gelb, zum hellen Rot abdämpfen – wenn wir sehen, dass wir für die Erde nicht verloren sind, wenn wir nicht das Licht gewahr werden, das uns im Verlocken verblendet, sondern die Farbe gewahr werden im Geist, die abgedämpftes Licht ist. Und ebenso gefahrvoll ist es, uns der reinen Finsternis hinzugeben. Und wir werden innerlich befreit, wenn wir im Geisterland nicht der reinen, schwarzen Finsternis gegenüberstehen, sondern wenn wir der aufgehellten Finsternis in dem Violetten, in dem Blauen gegenüberstehen. Gelb und Rot sagen uns im Geisterland: Es wird dich das Licht nicht durch seine Verlockungen von der Erde hinwegheben können! Violett und Blau sagen uns: Es wird dich die Finsternis nicht als Seele in die Erde begraben können, du wirst dich dem gegenüber halten können, was die Schwere der Erde auf dich wirkt! Das sind Erlebnisse, wo Natürliches und Moralisches in eins verwachsen, wo Licht und Finsternis wesenhaft werden. Und ohne dass Licht und Finsternis wesenhaft werden, werden wir nicht die wirkliche Natur des Denkens gewahr. Daher sollen wir die Worte hören, die der Hüter der Schwelle spricht, indem wir ihm begegnen mit unserem selbstständig gewordenen, im Seelenleben getrennten Denken:

> Es kämpft das Licht mit finstren Mächten
> In jenem Reiche, wo dein Denken
> In Geistesdasein dringen möchte.
> Du findest, lichtwärts strebend,
> Dein Selbst vom Geiste dir genommen;
> Du kannst, wenn Finstres dich verlockt,
> Im Stoff das Selbst verlieren.

Das ist das Gewahrwerden der Zweiheit, in die wir hineingestellt sind und zwischen der wir im Denken den Ausgleich, die Harmonie finden müssen. Wir müssen die Impulse, die aus solchen Worten kommen, stark in das Denken aufnehmen. Wir müssen am äußeren Licht empfinden, wie dieses Licht nur ertragen wird, wenn es zur Farbe abgedämpft wird. Und wir müssen dann im geistigen Anschauen erleben, wie das Denken in diesen Kampf zwischen Licht und Finsternis versetzt ist: wie es, wenn es ins Licht kommt, aufgenommen wird, ganz verwoben wird in das Licht; wie es, wenn es ins Finstere kommt, erlischt. Wollen wir in die Materie hinein, in die finstere Materie, dann erlischt uns das Denken, dann leben wir uns in das Geistige hinein. Und wir müssen, um solches zu erleben, Mut haben, inneren Mut, meine lieben Freunde. Sagen wir uns nicht, dass wir Mut brauchen, leugnen wir ab, dass wir Mut brauchen, dann wissen wir überhaupt nicht, um was es sich handelt. Dann denken wir: Man braucht Mut, um sich einen Finger abschneiden zu lassen, aber man braucht keinen Mut, um das abgesonderte Denken in jenen Strudel hineinströmen zu lassen, von dem es ergriffen wird, wenn es an der Schwelle in den Kampf zwischen Licht und Finsternis verstrickt wird. Es steht immer da drinnen. Nur bedeutet Erkenntnis, dass das, was immer da ist, wir auch gewahr werden. In jedem wachen Augenblick stehen wir mit unserem Denken in einer solchen Gefahr drinnen, dass es auf uns benachbarten Weltkörpern geistige Wesen gibt, die da wissen, wie es in jedem Zeitalter, in jedem Jahrhundert möglich ist, dass für den Menschen das Licht über die Finsternis oder die Finsternis über das Licht siegt. Meine lieben Freunde! Für den Menschen erscheint das Leben im gewöhnlichen Bewusstsein so gefahrlos wie für den Nachtwandler, der nicht gerufen wird: Er fällt nicht herunter. Für den, der in das Leben hineinschaut, für den besteht ein Kampf, und er kann gar nicht mit Bestimmtheit sagen, ob in hundert Jahren das Licht oder die Finsternis den Sieg davongetragen haben wird, ob das Menschengeschlecht auf der Erde überhaupt noch in einem menschenwürdigen Dasein existieren wird. Und er kann ganz gut wissen, warum sich manche Katastrophen in der bisherigen Entwicklung der Menschheit auf der Erde vollzogen haben.

Wir können noch einen anderen Vergleich gebrauchen. Wenn wir einen Seiltänzer auf dem Seil sehen, dann haben wir das Bewusstsein, dass er jeden Augenblick herunterfallen kann, nach links oder nach rechts. Dass wir selbst auf einem solchen Seil gehen, dass jeder Mensch immer nach links oder nach rechts abstürzen kann, davon ist im gewöhnlichen Leben kein Bewusstsein vorhanden, weil wir den Abgrund links und rechts nicht sehen. Das ist eine Wohltat, die der Hüter der Schwelle den Menschen gewährt, dass er ihnen den Abgrund nicht sichtbar werden lässt, bis sie durch seine Ermahnungen dafür vorbereitet sind. Das war auch das Geheimnis aller Mysterien zu allen Zeiten, dass den Menschen dieser Abgrund gezeigt wurde, und dass erst dadurch die Menschen in die Lage kamen, sich die Kräfte anzueignen, die für die Erkenntnis der geistigen Welt notwendig sind.

Wie es mit dem Licht in Bezug auf das Denken ist, so ist es mit der Wärme in Bezug auf das Fühlen. Derjenige, der in Bezug auf das Fühlen vor den Hüter der Schwelle hintritt, der wird gewahr, dass er in einen Kampf zwischen dem Warmen und dem Kalten eintritt, dass das Warme fortwährend unser Fühlen verlockt, denn es möchte dieses Fühlen in sich aufsaugen. Wie die Lichtwesen, die luziferischen (s. Fachausdrücke S. 480) Lichtwesen mit uns von der Erde fortfliegen wollen, zum Licht wollen, so wollen die luziferischen Wärmewesen unser Fühlen in die allgemeine Weltwärme aufsaugen. Alles Fühlen soll den Menschen verlorengehen und in die allgemeine Weltwärme aufgesogen werden. Und verlockend ist es aus dem Grund, weil das vorhanden ist, was der die Einweihungswissenschaft Empfangende gewahr wird, wenn er mit seinem Fühlen vor die Schwelle hintritt: Dann erscheinen die Wärmewesen, die in Überfülle, im Übermaß das dem Menschen geben wollen, was sein Element ist, in dem er lebt: die Wärme. Sie wollen sein

Fünfte Stunde

ganzes Fühlen von der Wärme aufsaugen lassen. Der Mensch wird gewahr: Er tritt vor die Schwelle hin, diese Wärmewesen sind da, er wird warm, er wird selbst ganz Wärme, er fließt in Wärme über. Das ist eine reine Lust, das ist eine Verlockung. All das rieselt fortwährend durch den Menschen. Und all das muss man wissen, denn ohne dass man weiß, dass diese Verlockung der Wärmelust da ist, ist es unmöglich, eine freie Aussicht in das Geisterland zu gewinnen. Und die Feinde dieser luziferischen Wärmewesen sind die ahrimanischen Kältewesen. Die ahrimanischen Kältewesen, sie ziehen den Menschen an, der ein Bewusstsein davon erhält, wie gefährlich es ist, in der Wärmelust zu verschweben. Er möchte dann in eine gesunde Kälte eintauchen. Da gerät er in das andere Extrem, da kann ihn die Kälte verhärten. Dann entsteht, wenn die Kälte in dieser Situation, in dieser Lage an den Menschen herantritt, dann entsteht ein unendlicher Schmerz, der gleich dem physischen Schmerz ist. Physisches und Psychisches, Stoffliches und Geistiges werden eins. Der Mensch erlebt die Kälte als sein ganzes Wesen in Anspruch nehmend, ihn in maßlosem Schmerz zerreißend. Dass das hinter dem Menschen steht, dass der Mensch fortwährend in diesem Kampf zwischen Wärme und Kälte drinnen lebt, das ist es, was wir uns als die Ermahnung des Hüters der Schwelle klarmachen sollen in Bezug auf das Fühlen:

> Es kämpft das Warme mit dem Kalten
> In jenem Reiche, wo dein Fühlen
> Im Geistesweben leben möchte.
> Du findest, Wärme liebend,
> Dein Selbst in Geisteslust verwehend;
> Du kannst, wenn Kälte dich verhärtet,
> Im Leid das Selbst verstäuben.

Mit dem Wollen taucht der Mensch in eine Welt ein, die ihm anscheinend nahe liegt. Sie liegt ihm auch recht nahe. Es ist die Welt der Luft, die Welt, die unseren Atmungsprozess unterhält. Wir ahnen nicht, wie innig verwandt das menschliche Wollen mit der Luft ist, in der wir atmen. Von unserem Atmen hängt unser Wollen ab. Und in der Luft, meine lieben Freunde, liegt Leben und Tod, liegt der belebende Sauerstoff, liegt der ertötende Stickstoff. Da haben wir es, ich möchte sagen, handgreiflich. Der Chemiker sagt mit seiner schrecklichen Abstraktion: Die Luft besteht aus Sauerstoff und Stickstoff. Solange wir im gewöhnlichen Bewusstsein verweilen, sagen wir: Sauerstoff und Stickstoff. Treten wir aber an den Hüter der Schwelle heran, so wird uns klar: Sauerstoff, das ist die äußere Offenbarung von lauter Geisteswesen, von jenen Geisteswesen, die den Menschen das Leben geben; Stickstoff, das ist die äußere Offenbarung von lauter Geisteswesen, von jenen Geisteswesen, die dem Menschen den Tod geben – auch den Tod, der in jedem Augenblick unseres wachen Lebens uns partiell abtötet, uns abbaut, indem wir denken, indem wir das Seelenleben entwickeln. Auch in der Luft ist ein Kampf: Da kämpfen die luziferischen Sauerstoffgeister mit den ahrimanischen Stickstoffgeistern. Die Luft besteht, solange wir nicht an die Schwelle hingetreten sind, aus jenen Abstraktionen, die der Chemiker kennt: aus Sauerstoff und Stickstoff. Treten wir an die Schwelle heran, so besteht sie aus Ahriman und Luzifer. Der Sauerstoff ist die äußere Maske Luzifers, der Stickstoff ist die äußere Maske Ahrimans. Ein harter Kampf wird in der Luft gekämpft. Verdeckt ist dieser Kampf für das gewöhnliche, illusionäre Bewusstsein. Wir treten in ihn ein, wenn wir an die Schwelle herankommen.

Und wiederum, wenn wir das erfassen wollen, was da in den Sauerstoffgeistern lebt, was in dem Lebenselement lebt, wenn wir

Fünfte Stunde

unser Wollen mit dem Geistesschaffen verbinden wollen, wenn wir von den Sauerstoffgeistern zu immer wackererem Schaffen bewegt werden wollen, da tritt wieder die Gefahr ein, dass wir mit unserem Schaffen in das Geistesschaffen aufgenommen werden, dass wir aufhören, ein Mensch zu sein, dass das, was wir an Kraft zum Wollen haben, von der geistigen Welt, von der luziferischen Welt, in Anspruch genommen wird. Und wenden wir uns nach der entgegengesetzten Seite hin, dann locken uns die Stickstoffmächte, die ahrimanischen Mächte. Dann lockt uns das, was als Tod im Luftelement waltet. Dann ist uns der Tod nicht mehr das, was wir bloß im Physischen schauen, mit dem wir aber nicht verwandt werden können. Dann werden wir mit dem Tod verwandt. Fangen wir an, den Tod als etwas zu betrachten, mit dem wir uns einen wollen, dann kommen wir von ihm nicht mehr los. Während im Lebenselement die Geister uns ergreifen wollen, sodass ihre Taten die Taten der Menschen in sich aufnehmen, werden wir nach der entgegengesetzten Seite zu den ahrimanischen Stickstoffgeistern geworfen. Da werden wir in die Vernichtung des Lebens geworfen. Wir wollen dann im Tod unser Tun entfalten, wir wollen im Tod handeln, im Nichts handeln. Wir krampfen uns, statt dass wir handeln, wir verkrampfen im Selbst. Wiederum ist der Mensch zwischen diese zwei Gegensätze hineingestellt, die er in Bezug auf sein Wollen gewahr werden muss:

> Es kämpft das Leben mit dem Tode
> In jenem Reiche, wo dein Wollen
> Im Geistesschaffen walten möchte.
> Du findest, Leben fassend,
> Dein Selbst in Geistesmacht verschwinden;
> Du kannst, wenn Todesmacht dich bändigt,
> Im Nichts das Selbst verkrampfen.

Und wenn der Mensch sagt, meine lieben Freunde: Da möchte ich lieber vor dem Erkennen fliehen! Warum soll ich mir das antun, dass ich vor den Hüter der Schwelle hintrete, wenn das, was sonst wohltätig dem Menschen verhüllt ist, vor mir auftritt? Kann es dem Menschen ersprießlich sein, dass er diese furchtbaren Wahrheiten gewahr wird? Es ist naheliegend, dass des Menschen Bequemlichkeit diesen Einwand macht, dass er sagt: Was soll man mit solchen Wahrheiten anfangen! Wenn einem das gesagt wird, so wird einem etwas gesagt, was man lieber nicht wissen möchte!

Aber, meine lieben Freunde, die Aufgabe der gegenwärtigen Zeit ist die, dass der Mensch in die Wirklichkeit eindringt, dass der Mensch nicht feige vor der Wirklichkeit zurückschreckt, dass er in die Wirklichkeit eindringt, damit er sich mit dem vereinigt, was sein Wesen ausmacht. Denn wir können nur so lange unseren Kopf in den Sand stecken und von diesen Wahrheiten nichts wissen, solange wir dieses kurze Erdleben durchmachen. Das dürfen wir aber nicht mehr, wenn wir nach dem Tod in ein anderes Zeitalter eintreten, in dem der Mensch nur gedeiht, wenn er sich hier im Erdleben ein Bewusstsein von dem angeeignet hat, was er nach dem Tod erlebt.

Und wie wird es nach dem Tod sein? Wenn der Mensch durch die Todespforte tritt, indem er sein Bewusstsein noch unerlöscht hat und zurückblickt, indem der Rückblick anfängt, ihm bewusst zu werden, so raunen geistige Wesenheiten in dieses Rückblicken hinein, sodass es als ein leiser Nebenton da ist. Der Mensch schaut da zurück – die paar Tage nach dem Tod, in denen der Ätherleib sich im allgemeinen Weltäther auflöst –, er schaut zurück, schaut die Bilder des verlebten Erdlebens. Da raunen gewisse Geister hinein: «Es kämpft das Leben mit dem Tode ...». Jetzt weiß er, das ist eine Realität. Das eine und das andere kann ihm geschehen, wenn er nicht die Richtung mittendurch kennt, sondern nur die Richtung nach links oder nur die Richtung nach rechts kennt.

Und wiederum, wenn der Mensch nach dem Tod durch die Zeit des Schlafens hindurchgeht, wenn er in das Bewusstsein eintritt, wo er das durchlebte Erdleben in einer Zeit durchwandert, die ein Drittel des Erddaseins ausmacht, wie wir es in den allgemeinen anthroposophischen Vorträgen beschrieben bekommen, dann tritt, wenn das Bewusstsein dieses Rückwärtslebens beginnt, dieses Erleben an ihn heran: Immer wieder treten, wie an Meilensteinen dieses Erlebens, die mahnenden Geister auf, die zu ihm sprechen: «Es kämpft das Warme mit dem Kalten ...». Dieses gedenkend habe ich so manchem, der da gefragt hat, wie er sich den Verstorbenen gegenüber verhalten soll, die ihm nahegestanden haben, da habe ich geraten, jene Gedanken an die Verstorbenen zu richten, die den Sinn haben: Meine Liebe wandle zu dir, dass sie deine Kälte erwärme, dass sie deine Wärme lindre – weil, während des ganzen nach rückwärts gelenkten Lebens, das Warme und das Kalte jene Rolle spielen. Aber auch dem Menschen wird zugerufen, dass sie die ganze Zeit über jene Rolle spielen. Die Dinge sind durchaus Realitäten.

Und wenn wir dann aus diesem Rückwärtserleben in jenes Leben übertreten, wo wir im freien Geisterland sind und uns für das nächste Erdleben vorbereiten, dann treten an den Meilensteinen dieses Lebens die mahnenden Geister wieder auf und rufen uns ohne Ende zu: «Es kämpft das Licht mit finstren Mächten ...». «Lichtwärts strebend»: Da ist das Streben eine rechte Realität. Wir können auch nach rechts, wir können auch nach links streben.

Meine lieben Freunde! Als der Mensch noch ein instinktives Hellsehen hatte, da war es so, dass, wenn er durch die Pforte des Todes ging, er gerade durch dieses instinktive Hellsehen die Worte verstehen konnte, die ihm an den drei Stationen des Lebens nach dem Tod gesprochen wurden. In dem Zeitalter, durch das der Mensch durchgehen musste, um sich die Freiheit zu erringen, wurde es immer weniger möglich, das zu verstehen, was da dem Menschen zugerufen wird. Und jetzt leben wir in jenem Zeitalter, in dem die Menschen, wenn sie nicht während des Erdlebens auf den Sinn dieser Worte aufmerksam gemacht werden, diese Worte in der Geistessprache nach dem Tod zugerufen erhalten, und sie nicht verstehen. Das ist es aber, was dem Menschen passieren kann, wenn er der Zukunft entgegenlebt, dass er nach dem Tod durch eine Welt hindurchgehen muss, in der ihm diese Worte entgegengerufen werden, und er sie nicht versteht – und dass er alle Qualen des Nichtverstehens erleben muss. Und all diese Qualen des Nichtverstehens, was bedeuten sie? Sie bedeuten für die Seele das immer stärkere Überhandnehmen der Angst, den Zusammenhang mit den schaffenden Geistesmächten zu verlieren und am Ende der Tage nicht bei jenen Mächten anzukommen, denen wir das Dasein verdanken, sondern bei fremden Mächten seinen Menschenursprung zu verlieren.

In die Esoterik eindringen bedeutet nicht, meine lieben Freunde, einen bloßen Unterricht, eine bloße Theorie aufzunehmen – es bedeutet, eine ernste Angelegenheit des Lebens an sich heranzunehmen. Wer in Esoterik eintaucht, taucht nicht in eine Lehre, er taucht nicht in eine Theorie ein, er taucht in das Leben ein. Das Leben, das unsere Sinne gewahr werden, ist nur die äußere Offenbarung, hinter der in jeder Stunde die geistige Welt ist. Wir dringen nicht in sie, wenn wir uns vor dem verschließen, was in solchen Worten liegt. Vertiefen wir uns aber meditierend in solche Worte, dann erstarken unser Denken, unser

Fünfte Stunde

Fühlen und unser Wollen, dann werden unser Denken, Fühlen und Wollen in die Lage kommen, den Geist, in den wir als Menschen eindringen müssen, diesen Geist wirklich zu ergreifen.

Die Fortsetzung dann am nächsten Freitag. Morgen und übermorgen ist dann um acht Uhr der allgemeine anthroposophische Vortrag, Sonntag um fünf Uhr eine Eurythmie-Vorstellung.

> «Weitere Rede des Hüters» (s. nächste Seite) –
> Transkription der Bemerkungen rechts

Mit dem Denken in das Licht – [Erinnerung wird leuchtend]
Man fühlt sich darinnen hingenommen,
die Lichtwesen (E) kommen herbei – sie
nehmen das Selbst – oder dies Selbst
verliert sich an den Stoff.*

*Mit dem Fühlen in die Wärme –
Man verrinnt darinnen – die [Lust wird warm]
Wärmewesen (EE) kommen herbei – sie
lassen das Selbst verwehen lustvoll – oder
das Selbst verhärtet im Leid der
Kälte.*

*Mit dem Wollen in das Leben –
Man verschwindet darin [Schlaf wird Eigenwollen]
Die Luftwesen [A] kommen herbei – sie
lassen das Selbst verschwinden – in
den Weltenschlaf sinken – oder es
wird eins mit dem Tode und
verkrampft im Schaffen innerhalb
des Wesenlosen*

---

* «Erinnerung»: s. S. 100.

Fünfte Stunde

Weitere Rede des Hüters:

Es kämpft das Licht mit finstren Mächten
In jenem Reiche, wo dein Denken
In Geistesein dringen möchte.
Du findest lichtwärts strebend
Dein Selbst vom Geiste dir genommen;
Du kannst, wenn Finstres dich verlockt,
Im Stoff das Selbst verlieren.

Es kämpft das Warme mit dem Kalten
In jenem Reiche, wo dein Fühlen
Im Geistesweben leben möchte.
Du findest Wärme liebend
Dein Selbst in Geisteslust verwesend;
Du kannst, wenn Kälte dich verhärtet,
Im Leid das Selbst verstauben.

Es kämpft das Leben mit dem Tode
In jenem Reiche, wo dein Wollen
Im Geistesschaffen walten möchte.
Du findest Leben fassend
Dein Selbst in Geistesmacht verschwinden
Du kannst, wenn Todesmacht dich bändigt
Im Nichts das Selbst verkrampfen.

[Marginal notes:]

wird leuchtend
Mit dem Denken in das Licht – [Stimmung]
Man fühlt sich darinnen hingenommen,
die Lichtwesen kommen herbei – sie
nehmen das Selbst – oder dies Selbst
verliert sich an den Stoff.

wird warm
Mit dem Fühlen in die Wärme –
Man verrinnt darinnen – die [Lust]
Wärmewesen kommen herbei – sie
lassen das Selbst verwesen – oder
das Selbst verhärtet im Leid der
Kälte.

wird Eigenwollen
Mit dem Wollen in das Leben –
Man verschwindet darin [Schlaf]
Die Lebewesen kommen herbei – sie
lassen das Selbst verschwinden – in
den Weltenschlaf sinken – oder es
wird eins mit dem Tode und
verkrampft im Schaffen innerhalb
des Wesenlosen.

Es kämpft das Licht mit finstren Mächten
In jenem Reiche, wo dein Denken
In Geistesdasein dringen möchte.
Du findest, lichtwärts strebend,
Dein Selbst vom Geiste dir genommen;
Du kannst, wenn Finstres dich verlockt,
Im Stoff das Selbst verlieren.

Es kämpft das Warme mit dem Kalten
In jenem Reiche, wo dein Fühlen
Im Geistesweben leben möchte.
Du findest, Wärme liebend,
Dein Selbst in Geisteslust verwehend;
Du kannst, wenn Kälte dich verhärtet,
Im Leid das Selbst verstäuben.

Es kämpft das Leben mit dem Tode
In jenem Reiche, wo dein Wollen
Im Geistesschaffen walten möchte.
Du findest, Leben fassend,
Dein Selbst in Geistesmacht verschwinden;
Du kannst, wenn Todesmacht dich bändigt,
Im Nichts das Selbst verkrampfen.

Sechste Stunde

Dornach, 21. März 1924

Meine lieben Freunde! Es sind die Wahrheiten, die der Mensch von dem Hüter der Schwelle lernt, an die wir in diesen gegenwärtigen Betrachtungen herantreten. Und das, was die fortwährende Ermahnung des Hüters der Schwelle ist, besteht darin, dass der Mensch gewahr wird, dass er im geistigen Leben vorwärtskommt, wenn er sich sein wahres Verhältnis zur Welt zum Bewusstsein bringt. Der Mensch lernt im gewöhnlichen Bewusstsein die Welt erkennen, indem er um sich herum die Reiche der Natur sieht, jene Reiche der Natur, die außerhalb seiner eigenen Wesenheit liegen. Der Mensch lernt das Tierreich, das Pflanzenreich und das Mineralreich kennen. Durch das Verhältnis, das sich ihm darbietet, wird er dazu aufgefordert, Pflanzen, Tiere und Mineralien kennenzulernen, sie zu bewundern, sich ihrer zur Ausführung seiner Willensimpulse zu bedienen. Der Mensch lernt im gewöhnlichen Bewusstsein die ganze Welt als eine äußere Welt kennen und wird nur wenig gewahr, wie er aus dieser ganzen Welt herausgewachsen ist, wie es in ihm eine tiefe Verwandtschaft zu dieser Welt gibt. Er kann auch nicht seine Verwandtschaft mit den Reichen der Welt fühlen, wenn er den Blick nur über diese äußere Welt herumschweifen lässt. Er muss zu einem selbsterkennenden Sich-Hineinfühlen in die Welt fortschreiten. Und dann darf er nicht, wenn er zu diesem selbsterkennenden Sich-Hineinfühlen in die Welt kommen will, dann darf er nicht, meine lieben Freunde, dabei stehenbleiben, die Dinge so anzusehen, wie sie sich dem äußeren Anblick darbieten. Dann muss der Mensch zu dem zurückgehen, was sich hinter den Dingen offenbart. Seit der neueren Phase der Menschheitsentwicklung sieht man nur noch wenig auf das hin, was sich hinter den Dingen offenbart. Man sieht nur auf die äußere Wesenheit der drei Reiche der Natur.

Aber uns, meine lieben Freunde, ist bekannt, dass wir hinter den Reichen der Natur als reale Wesenheit das zu sehen haben, was wir die Welt der Elemente nennen. Unsere Füße treten auf den Boden der festen Erde, und das, was als feste Erde unsere Füße trägt, das sendet seine Substanzen auch in Tiere, Pflanzen und Mineralien hinein, auch in unseren physischen Menschenleib hinein. Und wenn wir unseren Blick von dem Boden erheben, auf den unsere Füße treten, wenn wir auf das hinblicken, was von gleicher Höhe mit uns ist, so ist da nicht bloß das Luftartige vorhanden, sondern das Luftartige ist immer von dem Wässrigen durchsetzt. Zwar ist die Lebensweise des Menschen auf der Erde so geworden, dass er dieses Wässrige nur in der feinen Auflösung in der Luft um sich herum empfindet und es zu seinem eigenen Gebrauch im Organismus erst verdichten muss, aber wir können doch sagen: Der Mensch lebt in diesem wässrigen Element. Und der Mensch lebt dann im luftförmigen Element, indem er seine Atmung zu vollziehen hat (s. Tafelzeichnung S. 322 links oben: «Erde», «Wasser», «Luft»).

In dem Augenblick, wo wir auf diese Elemente hinschauen, können wir nicht so sprechen, wie wir von den Wesenheiten der Naturreiche sprechen müssen, die wir in scharfen Konturen vor uns sehen. Wir sehen die einzelnen festen Körper scharf konturiert, aber vom Festen als solchem, vom Erdigen, können wir nur sagen, dass wir in ihm leben. Wir sind zu verwandt mit dem Erdigen, als dass wir es besonders unterscheiden können. Das, was zu uns selbst gehört, das unterscheiden wir nicht von uns. Ein Tisch, ein Stuhl, die außer uns stehen, die unterscheiden wir von uns. Das, was in uns ist, das schauen wir nicht als etwas Abgegrenztes an. Wir schauen unsere Lunge, unser Herz nicht als etwas Abgegrenztes in uns selbst an. Nur wenn wir sie wie ein Außending zum Objekt machen, wie in der Anatomie, schauen wir sie so an. Aber ebenso, wie wir verwandt sind mit unserem eigenen Leib, so sind wir in einem größeren Umfang mit dem verwandt, was die Elemente sind. Wir leben in Erde, wir leben in Wasser, wir leben in Luft, wir leben in Wärme. Sie gehören zu uns. Sie stehen uns zu nahe, um sie innerhalb der Welt als ein scharf Konturiertes zu erfassen. Legen wir uns einmal das vor, was als elementarische Welt um uns herum und zugleich in uns ist, sodass wir es als Inhalt der Welt und als Inhalt von uns selbst betrachten, dann haben wir zuerst das, was wir als Erde bezeichnen, dann das, was wir als Wasser bezeichnen, das, was wir als Luft bezeichnen und das, was wir als Wärme bezeichnen. Wenn wir aus dem dichteren Substanziellen weiter in das Ätherische hinaufgehen, kommen wir von der Wärme, die schon ätherisch ist, in das Licht und in das hinein, was wir mit einem trockenen, abstrakten Ausdruck immer den chemischen Äther mit seinen Wirkungen genannt haben – wir wollen heute, weil dadurch die Ordnung der Welt hervorgerufen wird, die Gestaltung der Welt hervorgerufen wird, wir wollen den Chemismus des Kosmos als «Weltgestaltung» bezeichnen. Es ist schwer, einen richtigen Ausdruck dafür zu finden. Und wir wollen das, was dann im Ätherischen als das Höchste zu bezeichnen ist, das «Weltleben» nennen: Lebensäther oder Weltleben.

Wir werden aber aus der letzten Klassenstunde die Anschauung gewonnen haben, meine lieben Freunde, dass der Mensch, so wie er auf der Erde lebt, nicht in gleicher Art in all diesen Elementen mit innerer Verwandtschaft drinsteht. Innerlich voll verwandt lebt der Mensch nur im Element der Wärme, und es ist notwendig für den geistigen Fortschritt, sich einer solchen Sache voll bewusst zu werden. Bedenken wir nur, wie unmittelbar, so recht unmittelbar wir Wärme und Kälte als unser Eigenes empfinden. Wir machen ganz stark den Unterschied von Wärme und Kälte mit. Schon das, was im Luftkreis vorgeht, machen wir nur in einer mittelbaren Weise mit. Wenn die Luft schlecht oder auch gut ist, merken wir das erst mittelbar an der Wirkung auf unseren Organismus. Und ebenso ist es bei den Wirkungen des Lichtes. Dennoch steht der Mensch Luft und Licht noch außerordentlich nah – außerordentlich nah steht er ihnen. Aber unter den dichteren Elementen steht der Mensch dem wässrigen Element schon verhältnismäßig fern, trotzdem er mit ihm verwandt ist. Und doch bedeutet das wässrige Element etwas, was mit dem Menschenleben tief verwandt ist. Schauen wir nur einmal hin, meine lieben Freunde, auf einen recht lebendigen Angsttraum, und untersuchen wir, wie solch ein Angsttraum sich in unserer Transpiration, in der Absonderung des wässrigen Elementes zeigt, wie er sich darin offenbart. Wir merken, wie das wässrige Element überhaupt eine Rolle im Schlaf spielt, wir merken, welche bedeutsame Rolle da die Absonderung des wässrigen Elementes spielt. Der Mensch lebt im wässrigen Element. Was in seiner Umgebung aufgelöste Flüssigkeiten sind, das hat eine große Bedeutung für ihn, aber keine so unmittelbare wie die Wärme. Wenn es kalt wird oder warm wird, fühlt das der Mensch gleich als sein Eigenes. Er wird mit kalt, er wird mit warm. Dass eine Nebelbildung, wenn wir in einen Nebel eintreten, einen ebenso bedeutenden, aber indirekten Einfluss auf unser Menschenwesen hat, das merkt das gewöhnliche Bewusstsein nicht so stark. Aber es ist so: Treten wir in eine Nebelbildung ein, dann verschwimmt unser eigenes wässriges Element mit dem wässrigen Element der Außenwelt. Und wir fühlen dann bei diesem sanfteren Übergang von unserem eigenen wässrigen Element in das wässrige Element der Außenwelt –

anders als beim Übergang unseres wässrigen Elementes in trockene äußere Luft –, wir fühlen bei diesem Übergang, dass wir mit dem ganzen Kosmos zusammenhängen. Trockene Luft lässt uns mehr innerlich als Mensch empfinden, wässrige Luft lässt uns mehr unsere Abhängigkeit vom Kosmos fühlen. Nur haben wir heute keine Schulung in diesen Dingen. Ich habe einmal in einem Zyklus in Den Haag,* der auch gedruckt ist, über diese Abhängigkeiten des Menschen von den Elementen im Einzelnen gesprochen. Sie sind da, und es gehört zum esoterischen Leben, sich dieser Abhängigkeiten praktisch bewusst zu werden. Noch tiefer im Unterbewussten liegt das Verhältnis des Menschen zum erdigen Element. Was weiß der Mensch viel von seinem Verhältnis zum erdigen Element! Er weiß, dass Salz salzig ist, dass Zucker süß ist. Sie gehören zum erdigen Element. Aber was Salz und Zucker in seinem Organismus für besondere Metamorphosen durchmachen, wie er im Auflösen des Zuckers oder des Salzes innerhalb seines Organismus in Verbindung mit dem Kosmos steht, wie gewisse Kräfte aus dem Kosmos in den Organismus hereinwirken, wenn die Süßigkeit des Zuckers oder die Salzigkeit des Salzes durch seinen Leib rollt, das merkt der Mensch nur an dem geringfügigen Reflex des Salzigen und des Süßen für seinen Geschmack. Das sind aber Prozesse tiefgehender Art, die sich da abspielen. Die ganze Welt hat für gewisse Kräfte ihre Tore geöffnet, wenn der Mensch Zucker auf der Zunge löst und in den Organismus überführt.

So wie diese dichteren Elemente einen indirekten Einfluss auf den Menschen haben, ist es wieder so, dass auch die ätherisch-dünnen Elemente – Weltgestaltung und Weltleben –, einen indirekten Einfluss auf den Menschen haben, einen verborgenen Einfluss. Der offenbarste Einfluss auf den Menschen geht von dem mittleren Element, von der Wärme aus. Stark vorhanden für das gewöhnliche Bewusstsein sind auch noch die Einflüsse von Licht und Luft. Im Unbewussten aber liegen auf der einen Seite die Einflüsse von Wasser und Erde, auf der anderen Seite die Einflüsse von Leben und chemischer Weltgestaltung, von chemischer Gestaltung im Kosmos (s. Schema). Daher ist es auch so, dass der Mensch sich klarmachen soll, dass er während seines Erdlebens mit seinem Bewusstsein in diesen mittleren Elementen lebt, und dass sein Verhältnis zu Wasser und Erde, zu Weltgestaltung und Weltleben sich seinem Bewusstsein entzieht (s. Tafelzeichnung S. 322).

Weltenleben ×)	Luzifer
Weltgestaltung ×	
Licht ×	
Wärme ×	
Luft ×	
Wasser ×)	Ahriman
Erde ×	

Daher war es immer so, dass, als noch das alte instinktive Bewusstsein geherrscht hat, dem immer eine Nuance von Hellsichtigkeit beigemischt war, dass da in den Mysterien die Schüler auf einer bestimmten Stufe ihrer Entwicklung die Mahnung erhielten: Vertraue dem Feuer, vertraue der Luft, vertraue dem Licht; doch werde vorsichtig der Unterwelt gegenüber – dem Wasser und der Erde –, werde vorsichtig der Oberwelt gegenüber – der Weltgestaltung und dem Weltleben. Weil da die Beziehungen stark ins Unbewusste hineingestellt sind, treten in Weltleben und Weltgestaltung die Verlockungen Luzifers auf, und es treten in Erde und Wasser die Verführungen Ahrimans auf. Die esoterische Anleitung hat immer in den Mysterien auch darin bestanden, dass der Mensch das richtige Verhältnis zu diesen Elementen finden soll, in richtiger Weise seine Verwandtschaft mit diesen Elementen fühlen soll. Wenn der Mensch zum imaginativen Leben aufsteigt, dann fühlt er gerade diese Verwandtschaft mit den Elementen. Im gewöhnlichen Bewusstsein schauen wir hinaus in die Welt, lernen Tiere, Pflanzen und Mineralien als außer uns stehend kennen. Wollen wir aber die Elemente in ihrer Verwandtschaft mit uns erkennen, dann dürfen wir nicht in die Welt hinausschauen, sondern wir müssen das fühlen, das erleben, was zugleich in uns und in der Welt ist. Dann können wir, wenn wir ins imaginative Leben aufsteigen, auch unsere Verwandtschaft mit dem Erdigen fühlen. Da machen wir uns dann, wenn wir in der richtigen Weise dieses Gefühl entwickeln, ein intensives Geständnis. Und im Machen von diesem Geständnis besteht die fortschreitende Selbsterkenntnis des Menschen.

Wir werden gewahr: Der Mensch ist nur Mensch, wenn er aus der Welt, mit der er innerlich zusammenhängt, in diese Welt der Erde entlassen ist, in der er einsam dasteht, wo Tiere, Pflanzen und Mineralien außerhalb von ihm stehen, ihm fremd sind. Wird er durch imaginative Erkenntnis seiner Verwandtschaft mit der Erde gewahr, dann fühlt er sich nicht mehr in seiner «Menschheit», dann fühlt er sich in der «Tierheit», dann fühlt er die innige Verwandtschaft des Menschen mit dem ausgebreiteten Wesen der Tierheit. Und fühlt er sich eins mit dem Wassersein der Erde, dann wird er gewahr: Du bist mit der «Pflanzenheit» verwandt, es ist etwas in dir, was so schlafend, so träumend ist wie die Welt der Pflanzen. Wird er seiner Verwandtschaft mit der Luft gewahr, dann fühlt er das «Mineralsein» in sich, dann fühlt er, wie wenn ihn etwas vom Mineralischen durch die ganze Haut erfüllte. Er fühlt sich, sobald er mit der Imagination in die Welt der Elemente eintritt, mit Tier, Pflanze

Sechste Stunde

und Stein verwandt. Und er fühlt gegenüber diesen Reichen der Natur anders, wenn er sich so ihnen angehörig fühlt. Er fühlt die innige Verwandtschaft, die er mit diesen Reichen hat, in der folgenden Weise.

Der Mensch schaut hinaus auf das Tierreich. Er schaut die trägen Tiere, die langsam einen Schritt nach dem anderen machen, er schaut die regsamen Tiere, die flatternden Vögel. Er schaut all das, was in der Tierheit so in Bewegung ist, dass es aus dem eigenen Wesen heraus die Welt mit Bewegung erfüllt. Dann sagt er sich: In all dem, was da aus dem innersten Wesen der Tierheit heraus sich regt, ist dasselbe ersichtlich, dasselbe offenbar, wie dein eigener Wille. Der Mensch fühlt die Verwandtschaft des eigenen Willens mit der Tierheit. Aber er fühlt eines noch zugleich: Er bekommt Furcht vor sich selbst. Und das ist es, was man so gerne möchte: dass gerade derjenige, der in das esoterische Leben eintritt, diese Furcht vor sich selbst fühlt – nicht damit er in ihr steckenbleibt, sondern damit er sie in eine höhere Seelenkraft verwandelt.

Wenn wir gewahr werden, dass diese Menschengestalt nur dadurch in uns da ist, dass wir einsam dastehen und die Reiche der Natur außer uns sind, dass wir sie von außen anschauen, dann fühlen wir: Die Erde, so wie sie als Element ist, macht uns noch nicht zum Menschen, sie macht uns zum Tier. Da sind wir Tier. Von Erden wegen sind wir Tier. Und da das Erdige immer da ist, so ist immer die Gefahr vorhanden, dass wir in die Tierheit hinuntersinken. Und wenn wir das nicht bloß mit abstrakter, theoretischer Erkenntnis auffassen, wie man es heute gewohnt ist, sondern wenn wir es fühlen, dann bekommen wir Angst, in jedem Augenblick in die Tierheit hinunterzufallen. Aber gerade diese Angst muntert uns auf, uns immerfort über die Tierheit erheben zu wollen, aus dem elementarischen Leben heraus in das Leben hineinzutreten, das uns zwar mit einer fremden Welt umgibt, das uns aber zugleich in das Menschliche hineinführt. Unser Verhältnis zur Welt fühlend zu erkennen, das ist es, was in die wirkliche Esoterik hineinführt.

Und wiederum, wenn wir unsere Verwandtschaft mit der Wasserwelt, mit dem Wasserelement fühlen, dann werden wir gewahr: Von Wasser wegen wären wir nicht Menschen, wir wären Pflanzen. Und unser Fühlen, das ein träumendes Wesen hat, wie wir oft auseinandergesetzt haben, meine lieben Freunde, unser Fühlen hat fortwährend die Tendenz, pflanzenhaft zu sein (s. Notizbucheintragung S. 50). Versuchen wir, uns gerade in die innigsten, in die leisesten Gefühle zu vertiefen: Wir werden das Pflanzenhafte des Gefühlslebens empfinden können. Und dann werden wir das Gefühl bekommen: Es droht uns nicht nur die Gefahr, in die Tierheit hinunterzusinken, sondern es droht uns auch die Gefahr, wie eine Pflanze mit gelähmtem Bewusstsein, schlafend, träumend dahinzuleben. Aber dieses Gefühl der Lahmheit, das in den Tiefen des Bewusstseins sitzt, das müssen wir in das Gefühl verwandeln, uns für das Menschsein erwecken zu wollen. Die Furcht vor dem Tiersein müssen wir in den Mut verwandeln, uns zum Menschen zu erheben; das Gefühl der Lahmheit im Pflanzensein müssen wir in den inneren Weckruf, in die innere Kraft verwandeln, uns in der Welt zum erwachten Menschen zu bringen.

Und wenn wir gewahr werden, wie wir im Luftelement leben, wenn wir das gewahr werden, dann schauen wir, wie alles Denken – das wissen die Menschen nur nicht –, wie alles Denken nichts anderes ist als ein verfeinertes Atmen. Denken ist ein verfeinertes Atmen. Die Gedanken, in denen wir leben, sind ein verfeinerter Atmungsprozess. Der Einatmungsstrom, das Atemhalten und das Ausatmen, sie wirken auf der einen

Seite im Groben in unsere Blutzirkulation hinein, auf der anderen Seite aber verfeinert in das Vibrieren der Gehirnorgane. Und wie da das Atmen verläuft, das ist das Denken in der physischen Welt. Denken ist sublimiertes Atmen. Wer zur Imagination vorschreitet, der glaubt nicht mehr an dieses abstrakte Denken, das da wie etwas ganz Dünnes im Gehirn sein soll. Wer zur Imagination vorschreitet, der empfindet bei der Einatmung das Ausbreiten des Atems im Gehirn, der fühlt, wie der Atem sich da ausbreitet. Wenn der Atem sich so ausbreitet, dass er sich abschließt, entstehen die geschlossenen Begriffe, die geschlossenen Vorstellungen; wenn der Atem etwas anderes umschließt und wellig wird, entstehen die Vorstellungen des Sichbewegens. Es ist nur ein verfeinerter Atmungsprozess, der in uns webt und west, was wir als Vorstellen, als Denken bezeichnen. Geradeso, wie ich fühle: Ich atme ein, ich ziehe den Atem bis hinauf in das Gehirn, so fühle ich: Lasse ich den Atem an mein Ohr stoßen, so lebt mir der Atem als Gedanke das aus, was ich als Ton, was ich als Schall, was ich als Klang höre; lasse ich den Atem an mein Auge stoßen, so lebt mir der Atem als Gedanke das aus, was ich als Farbe sehe. Es ist die innere Sprache des Atems, was als Vorstellungen wirkt. Wenn der Atem ganz verfeinert an die Sinnesorgane stößt, macht er die Vorstellungen. Aber werden wir das gewahr, werden wir uns selbst als Atmer und zugleich als Denker gewahr, dann fühlen wir diese zum Denken verfeinerten Atmungsprozesse wie einen organischen Mineralisierungsprozess, wie einen organischen Versteinerungsprozess, der uns erfüllt. Wir wissen, dass Sauerstoff sich im Menschen in Kohlensäure umwandelt. Dieses Erfassen des Kohlenstoffes in den feinen Verzweigungen des Atems im menschlichen Haupt, das stellt sich wie ein Abfangen der Kohlensäure dar. Das ist ein Mineralisierungsprozess. Und je mehr wir in der Lage sind, uns innerlich durch den Sauerstoff in das Abfangen des Kohlenstoffes zu vertiefen, umso mehr erleben wir den Mineralisierungsprozess. Wir ergreifen die Kohle in uns, den Kohlenstoff in uns. Und die Kohle ist der Stein der Weisen – innerlich im Menschen ist die Kohle der Stein der Weisen. Lesen wir nach bei alten instinktiven Hellsehern, wie sie den Stein der Weisen beschreiben. Überall finden wir, dass sie beschreiben: Der Stein der Weisen – die Menschen kennen ihn nur nicht –, er ist überall zu finden, man kann ihn überall erzeugen. Man kann finden, wo er seine Fundstätten hat. Er ist in der Erde zu finden. Es wird ganz genau beschrieben, wie man die Kohle erzeugt, indem man Holz verbrennt. Er kann überall erzeugt werden, der Stein der Weisen. Kohle ist er. Er ist in den Kohlengruben der Kohlenbergwerke enthalten. [Lückenhafte Stelle im Stenogramm, von der Stenografin Helene Finckh wie folgt rekonstruiert: «Dann wird er eben ergriffen von dem verfeinerten Atmungsprozess. Das ist aber im Menschen Naturprozess, der Verbrennungsprozess der Kohle, der lebendigen Kohle, ein mineralischer Prozess. Man fühlt sich innerlich versteint in dem Vermineralisieren»] durch das Leben im Luftwesen, wie man sich innerlich pflanzenhaft fühlt, in der Pflanzenheit fühlt, durch das Leben im Wasserwesen, wie man sich innerlich in der Tierheit fühlt durch das Leben im Erdwesen. Das ist es, was der Hüter als Ermahnung dem Menschen gibt: sich bewusst zu werden dieser seiner Verwandtschaft mit den Reichen der Natur. Daher haben wir vom Hüter der Schwelle diese Ermahnungen, die wie zum Menschen gesprochene Meditationssätze sind. Und wenn der Mensch sie mit tiefem Gefühl, mit ernster Empfindung auf sein Gemüt wirken lässt, dann wird er etwas von seiner Verwandtschaft mit den Elementen gewahr: mit dem Element der Erde, das verwandt ist mit seinem Willen, mit dem

Element des Wassers, das verwandt ist mit seinem Fühlen, mit dem Element der Luft, das in der Weise, wie wir es geschildert haben, verwandt ist mit seinem Denken, mit seinem Vorstellen:

> Du steigst ins Erden-Wesenhafte
> Mit deines Willens Kraftentfaltung;
> Betritt als Denker du das Erdensein,
> Es wird Gedankenmacht dir dich
> Als deine eigne Tierheit zeigen;
> Die Furcht vor deinem Selbst
> Muss dir in Seelen-Mut sich wandeln.

«Du steigst ins Erden-Wesenhafte»: Das bleibt für das gewöhnliche Bewusstsein ganz unbewusst. Jedes Mal, wenn wir etwas wollen, steigen wir in das Erdelement hinunter, aber das gewöhnliche Bewusstsein weiß nichts davon. In dem Augenblick, wo uns dieses Hinuntersteigen bewusst wird, verwandeln wir uns vom Menschentum ins Tiertum. Dann erscheinen wir uns als irgendeines der Tiere – wenigstens in der ätherischen Gestalt, die wir dann schauen –, verwandt mit irgendeiner Tierheit. Wir werden nicht genau zum Elefanten, zum Stier oder zum Adler, aber es wird in uns das Willenselement zu dem, was wir mit dem Elefantenhaften, mit dem Stierhaften oder dem Adlerhaften zum Ausdruck bringen können. «Betritt als Denker du ... eigne Tierheit zeigen»: Solche Ermahnungen des Hüters der Schwelle, meine lieben Freunde, sind nicht dazu da, um sie als Begriffe, als Theorien aufzunehmen. Sie sind da, um vom ganzen Menschen erlebt zu werden. Schauen wir nach dem, wie der Wille wirkt, dann werden wir der eigenen Tierheit gewahr, dann erleben wir Furcht vor dem Selbst, die sich aber in Seelenmut verwandeln muss. Dann kommen wir weiter, dann kommen wir in die geistige Welt hinein: «Die Furcht vor ... sich wandeln». Da haben wir das erste Hinuntersteigen, das Hinuntersteigen in jenes Reich, wo die ahrimanischen Mächte stark wirken. Unser rechtes Verhalten wird uns durch die Ermahnung des Hüters der Schwelle angedeutet. Es ist das, was wir als das Beste zu unserem geistigen Fortschritt erhalten können, aus etwas hervorgehend, was uns herunterbringt. Wenn wir bezwingen die Furcht vor der eigenen Tierheit, die uns herunterbringt, wenn wir sie in inneren Mut verwandeln, in Seelenmut, dann wird sie der Antrieb zu einer höheren Eigenschaft im Menschen. Sie brauchen wir, um ins Geistige vorzurücken. Das zweite Hinuntersteigen, das Hinuntersteigen in das Wasserelement, wir lernen es durch folgende Ermahnung des Hüters der Schwelle – denn die Worte, die ich hier mitteile, sind die Worte des Hüters der Schwelle –, wir lernen es durch folgende Ermahnung erkennen:

> Du lebest mit dem Wasserwesen
> Nur durch des Fühlens Traumesweben;
> Durchdring erwachend Wassersein,
> Es wird die Seele sich in dir
> Als dumpfes Pflanzendasein geben;
> Und Lahmheit deines Selbst
> Muss dich zum Wachen führen.

Die Verwandlung von diesem schlafenden «Traumesweben» des Fühlens ins Gegenteil, wenn wir da bewusst hinuntersteigen, wird zum Wecker in uns selbst. Wenn der Mensch dann seine Verwandtschaft mit dem Luftelement fühlt, fühlt er auch schon im gewöhnlichen Bewusstsein seine Verwandtschaft genauer. Er steigt da nicht so tief ins Unterbewusste hinunter, aber trotzdem bleibt noch eine Spur von ahrimanischer Verführung auch in diesem Hinuntersteigen. Wir sind, wenn wir in unseren Erinnerungen leben, in unserem Gedächtnis leben, in einer

Sechste Stunde

inneren Atmungstätigkeit. Wenn wir die gewöhnliche Atmung zum Denken dessen verfeinern, was in unserer Umgebung ist, dann ist kaum eine Gefahr vorhanden. Wenn aber der Atem von innen aus wirkt und Erinnerungen aufsteigen, dann ist noch immer eine Gefahr vorhanden, wenn auch diese Gefahr leichter zu beobachten ist. Dieses Hinuntersteigen aus dem Denken in das Sinnen, wo wir es mit unseren Gedächtnisvorstellungen zu tun haben, das ist es, demgegenüber der Hüter der Schwelle uns die folgende Mahnung gibt:

> Du sinnest in dem Lüftewehen
> Nur in Gedächtnis-Bilderformen;
> Ergreife wollend Lüftewesen,
> Es wird die eigne Seele dich
> Als kalterstarrter Stein bedrohn;
> Doch deiner Selbstheit Kälte-Tod,
> Er muss dem Geistesfeuer weichen.

Das können wir, meine lieben Freunde, wenn wir mit ebensolcher inneren Aktivität, mit Impulsivität einen Gedanken an den anderen reihen, wie wir das sonst gegenüber den äußeren Handlungen tun. Der Mensch ist gewöhnt, einen Stuhl von einem Ort zum anderen zu stellen, indem er sich anstrengt. Der Mensch ist nicht gewöhnt, einen Gedanken von einer Stelle an die andere mit Anstrengung zu rücken. Er möchte nur am Leitfaden der äußeren Erscheinungen denken, wie sich ihm die Dinge ergeben. Er möchte, dass ihm das Buch die Folge der Gedanken zeigt. Er möchte, dass ihm die Zeitung die Folge der Gedanken zeigt. Und er ist beruhigt, wenn das der Fall ist. Das wäre geradeso, wie wenn wir erwarten würden, dass all das, was wir in der äußeren Willensentfaltung tun, erst von einer objektiven Macht angeregt werden sollte: wie wenn uns der Arm von außen bewegt werden sollte, damit wir einen Stuhl ergreifen, wie wenn ein Geist dastehen sollte und uns fortwährend die Beine eins vor das andere stellen sollte, damit wir gehen können. In Bezug auf das Denken ist der Mensch so, wie wenn er darauf rechnete, dass ihm jemand ein Bein vor das andere stellt, damit er gehen kann. «Ergreife wollend Lüftewesen...»: Wer nicht die Imagination kennt, der weiß nicht, wie hart das gewöhnliche Denken ist. Das gewöhnliche Denken ist steinhart. Wir fühlen das Denken mit Ecken und Kanten, wenn wir den Eintritt in die geistige Welt erlangen. Das Denken tut weh, wenn es in seinen besonderen Abstraktionsformen auftritt. Wer spirituelles Leben hat, kann noch mit dem leben, was aus dem menschlichen Gefühl heraus gedacht wird, was aus der menschlichen Impulsivität heraus gedacht wird. Er kann selbst mit dem leben, dass sich Hasses- und Zornesausbrüche aus menschlicher Wesenheit heraus in Gedanken äußern. Aber er fühlt sich innerlich wie durch Ecken und Kanten verwundet, wenn die abstrakten Gedanken der heutigen Zivilisation in seine Organisation hineingehen. Was an den heutigen Gedanken gelitten werden kann, das macht sich derjenige nicht klar, der diesen Satz nicht kennt: «Es wird die eigne Seele dich als kaltstarrter Stein bedrohn». Aber wenn wir bewusst in das Reich der Erinnerungen, in das Reich des Luftwesens hinuntersteigen, wenn wir den Atem vom Vorstellen aus ergreifen, dann wird das so, wie wir es geschildert haben. Aber dieser innere Tod im Denken, dieser Kältetod, der muss uns wieder zu einer Gegenkraft anfeuern, dazu anfeuern, im Denken aus innerer Kraft das belebende Geistesfeuer hervorzurufen: «Doch deiner Selbstheit Kälte-Tod, er muss dem Geistesfeuer weichen».

Das sind die drei Ermahnungen gegenüber der Unterwelt, gegenüber der Welt der unteren Elemente, die der Hüter der

Schwelle an den richtet, der an die Schwelle kommt, indem er ihm zeigt, dass der Mensch seine innere Verwandtschaft mit den drei Reichen der Natur gewahr werden muss, wenn er ein Erkennender werden will: dass er durch seine Verwandtschaft mit dem Erdwesen seine eigene Tierheit und damit das Wesen der Tiere in seiner Umgebung gewahr werden muss; dass er durch seine Verwandtschaft mit dem Wasserwesen seine eigene Pflanzenheit und damit das Wesen der Pflanzen in seiner Umgebung gewahr werden muss; dass er durch seine Verwandtschaft mit dem Luftwesen das eigene Mineralreich, das eigene Mineralwesen, das eigene Steinwesen und damit die Wesenheit des Mineralreichs in seiner Umgebung gewahr werden muss.

Furcht, Lahmheit und Tod müssen sich dabei als die negativen Eigenschaften entwickeln. Sie müssen sich aber metamorphosieren in die positiven, ins Geistige hineinführenden Eigenschaften von Seelenmut, Weck- oder Aufwachkraft und belebendem Geistesfeuer. Das ist es auch, was der Hüter der Schwelle in dem an ihm Vorbeischreitenden hervorruft: Nach dem inneren Angstgefühl vor dem Hinuntersteigen in die Tierheit, nach dem inneren Ohnmachtsgefühl in der Lahmheit des Pflanzenseins, dann gegenüber dem eiskühlen, eiskalten Steindasein die Sehnsucht, das geistige Feuer zu entwickeln. So lautet die Ermahnung des Hüters der Schwelle: «Du steigst ins Erden-Wesenhafte ... Er muss dem Geistesfeuer weichen».

Wie wir da in Ahrimans Reich kommen und durch den Hüter der Schwelle ermahnt werden, wie wir uns vor den Versuchungskünsten Ahrimans retten, so dringen wir auf der anderen Seite in Luzifers Reich, indem wir im Erdleben stehen und in das Esoterische hineinwollen: Wir dringen in Licht, in Weltgestaltung und in Weltleben.

Wir nehmen das Licht auf. Wir wissen nicht, dass das Licht, wenn es durch das Auge dringt, sich mit dem Atem verbindet – nur die Wärme liegt dazwischen. Die Atemluft verbindet sich mit dem Licht, und es entsteht über der Wahrnehmung die Vorstellung. Wir leben im Licht, indem wir Gedanken in uns bilden, ebenso wie wir nach der anderen Seite, nach dem unteren Reich, in der Luft leben im Atmen. Wir halten von dem Licht die Gedanken zurück. Wir wissen nicht, dass die Gedanken in uns nur leben können, wenn sie vom Licht beleuchtet werden, wenn der Atem vom Licht beleuchtet wird. Für den, der zur Imagination aufsteigt, ist das Denken ein leises Atemhauchen, das vom Licht, das innerlich aufgenommen wird, durchleuchtet wird, durchglänzt, durchvibriert wird. Da gehen die verdünnten Atmungswellen hin (s. Tafelzeichnung S. 322 links, blaue Welle), sie leuchten auf im Licht. Als Licht wird in der Geisteswissenschaft alles bezeichnet, was überhaupt durch die Sinne wirkt. Nicht nur das, was durch das Auge wirkt, auch das, was im Ton wirkt, ist Licht. Auch das, was in der Tastempfindung wirkt, insofern wir es wahrnehmen, ist Licht. Das ganze durch die Sinne Wahrgenommene ist Licht. Wenn wir aber gewahr werden, wie dieses Denken, dieses Leben in Gedanken, ein feines Atmen ist, in dem das Licht wellt und webt, dann ist es so, wie wenn wir eine Meeresoberfläche sehen würden und auf der Meeresoberfläche, auf den Wellen, das Sonnenlicht erglänzen – aber wie wenn wir selbst da drinnen wären, wie wenn wir in uns spüren würden, fühlen würden das Licht auf den Wellen (gelb), das Glänzen darauf (rot). So ist alles Wahrnehmen, wenn wir es innerlich erleben. Da tritt die Verlockung Luzifers an uns heran. Denn das ist etwas ungeheuer Schönes, das ist etwas, was uns ungeheure Lust, ungeheures Wohlbehagen bereitet. Eine innere Wollust überkommt da den Menschen. Er verfällt leicht den

Sechste Stunde

Verlockungen, den Versuchungen Luzifers, der ihn weg von seiner Welt und in die Schönheit dieser Welt hineinziehen will, in der er selbst herrscht. Er will den Menschen den irdischen Elementen entreißen und ihn ins Engelreich, ins Geisterreich hinaufheben, sodass er nach jedem Schlaf nicht mehr in den physischen Leib heruntersteigen will. Da tritt die luziferische Versuchung ein, so wie gegenüber den dichteren Elementen die ahrimanische Versuchung eintritt. Aber da handelt es sich darum, dass wir die Mahnung des Hüters der Schwelle hören und uns nicht in dieses Reich hineinbegeben, ohne dass wir den festen Entschluss in uns bewahren, alle Erdnöte nicht zu vergessen. Dann wird sich fest gestalten das Band mit dem Erddasein, das wir durchwandern müssen. Daher lautet die Mahnung des Hüters der Schwelle:

> Du hältst von Lichtes-Scheines-Macht
> Gedanken nur im Innern fest;
> Wenn Lichtesschein in dir sich selber denkt,
> So wird unwahres Geisteswesen
> In dir als Selbstheitwahn erstehn;
> Besinnung auf die Erdennöte
> Wird dich im Menschensein erhalten.

Der Mensch wird durch die Imagination ganz verwandt dem Schein des Lichtes, er hat die Gedanken nicht mehr in ihrer Abstraktheit, sondern als spielendes Licht über den Atemwogen: «So wird unwahres Geisteswesen ...».

Steigen wir dann weiter hinauf in den chemischen Äther, wird die luziferische Verlockung noch intensiver. Da werden nicht nur unsere Gedanken in Betracht kommen, in denen wir uns verhältnismäßig leicht zurechtfinden, sondern da wird das dumpfe Element des Fühlens in Betracht kommen. Denn der

Mensch hält von der Weltgestaltung, von dem, was im chemischen Äther als das Substanzielle kosmisch wirkt und webt, nur Gefühle in seinem Inneren fest. Und wenn er imaginativ hinaufsteigt, wenn er sich in diese Weltchemie hineinfügt, da geht es nicht so zu, wie in einem irdischen gemütlich-philiströsen chemischen Labor, wo der Chemiker am Labortisch steht und alles außerhalb von ihm ist. Da muss er, der Mensch, in alle Stoffe hinein, er muss im Mischen und Entmischen selbst drinnen sein. Da wird er selbst zum kosmischen Chemiker, er ist mit allen chemischen Prozessen verwebt. Da fühlt er in diesem Verwebtsein mit der Weltgestaltung die luziferische Versuchung in der Gestalt eines Ohnmächtigwerdens. Erst wird der Mensch in die innere Wollust versetzt, reiner Geist zu sein, der nicht mehr zurück will, wenn er sich nicht auf die Erdnöte besinnt; dann wird er ohnmächtig gemacht, sodass er nicht mächtig ist, in sein irdisches Menschenwesen wieder hineinzukommen. Er muss sich vor dieser Seelenohnmacht bewahren, indem er an diese Welt nur herantritt, nachdem er sich die Liebe zu den Erdwerten erworben hat, die Liebe zu all dem, was wertvoll auf der Erde ist. So sagt der Hüter der Schwelle:

> Du hältst vom Weltgestalten
> Gefühle nur im Innern fest;
> Wenn Weltenform in dir sich selber fühlt,
> So wird ohnmächtig Geist-Erleben
> In dir das Selbstheitsein ersticken;
> Doch Liebe zu den Erdenwerten
> Wird dir die Menschenseele retten.

«Ohnmächtig Geist-Erleben»: das ist das, was von Luzifer kommt. Wir können unser kosmisches Ziel nur erreichen, wenn wir zur rechten Zeit Engel werden. Während des Jupiter-Daseins steigen die jetzigen Menschen zum Engeldasein hinauf. Luzifers Verführung besteht darin, dass er den Menschen zur Unzeit, noch während des Erddaseins, zum unreifen Engel machen will, zum verkümmerten Engel. Dann wäre die Menschenseele verloren und eine verkümmerte Engelseele wäre entstanden. Die Mahnung des Hüters der Schwelle sollen wir hören: «Doch Liebe zu den Erdenwerten, wird dir die Menschenseele retten».

Am intensivsten ist die Verlockung Luzifers, wenn wir in das letzte Element aufsteigen, in das Weltleben, in das allgemeine Weltleben. Daraus halten wir das Wollen fest, das aber wie im Schlaf im Menschen enthalten ist, wie wir oft gesagt haben. Wird es aufgeweckt in der Imagination, werden wir statt unseres irdisch engbegrenzten Lebens, das in unserer Haut eingeschlossen ist, unser Mitleben mit dem Weltleben gewahr – in dem Augenblick sind wir tot. Denn im allgemeinen Weltleben bewusst leben heißt, als einzelnes Wesen den Tod erfahren. Das universelle Leben tötet uns, wenn es uns ergreift. Wie das Insekt, das aus Gier nach dem Feuer, nach dem Licht, in die Flamme fliegt und in dem Augenblick, wo es hineinfliegt, stirbt, so stirbt das einzelne Lebende in dem allgemeinen Weltleben, wenn es bewusst mit seinem eigenen Geist da eintritt. Wie das Tier aus einer ungeheuren Lust in die Flamme hineinflattert, so geht der Mensch als einzelnes Wesen sterbend in das allgemeine, kosmische Leben hinein mit seinem Geist – in einer ungeheuren Lust, die aber das Aufflackern eines Momentes ist. Wir dürfen uns nicht einmal denkend in dieses Element hineinwagen, wenn wir nicht in uns ein gottergebenes, ein geistergebenes Erdwollen ausgebildet haben, das heißt, uns voll bewusst sind, dass wir auf der Erde die Absichten der Götter ausführen. Durchdringen wir uns bis zu hingebender Liebesglut mit diesem gottergebenen Erdwollen, dann werden wir uns nicht dazu verlocken lassen, ein degenerierter Engel zu werden, statt ein Mensch zu bleiben, solange das Menschsein notwendig ist für jenes Wesen, das in uns lebt. Daher heißt die Mahnung des Hüters der Schwelle:

Du hältst vom Weltenleben
Das Wollen nur im Innern fest;
Wenn Weltenleben dich voll erfasst,
So wird vernichtend Geistes-Lust
In dir das Selbst-Erleben töten;
Doch Erdenwollen geist-ergeben,
Es lässt den Gott im Menschen walten.

Hier haben wir die dreifache Mahnung des Hüters der Schwelle gegenüber dem Oberen, gegenüber den drei Elementen des Äthers: «Du hältst von Lichtes-Scheines-Macht ... Du hältst vom Weltgestalten ... Du hältst vom Weltenleben ...». Es ist die Praxis des Erkennens, die uns in diesen Stunden, meine lieben Freunde, vorgeführt wird. Das, was uns gegeben wird, haben wir nicht so aufzufassen, als wenn es zu uns bloß wie eine Schilderung von theoretischen Dingen dringen würde, sondern wir werden auch das Herzhafte der Sache erleben, wenn wir die wahre Voraussetzung haben. Wenn wir die wahre Voraussetzung haben, dann ist es so, dass das, was uns in diesen Stunden gesagt wird, die Unterweisung des Hüters der Schwelle selbst ist, unmittelbar aus dem entstanden ist, was wir im Gespräch mit dem Hüter der Schwelle erhalten. Denn nicht das ist die Absicht, meine lieben Freunde, in diesen Klassenstunden Theorien zu geben, sondern das ist die Absicht, die geistige Welt selbst sprechen zu lassen. Deshalb wurde in der ersten Klassenstunde davon gesprochen, dass diese Schule angesehen werden soll als aus der geistigen Welt selbst eingesetzt. Das ist

Sechste Stunde

das Wesen aller Mysterienschulen gewesen, dass in ihnen die Menschen als Beauftragte der geistigen Welt gesprochen haben. Das muss das Wesen der Mysterienschulen bleiben. Deshalb ist so stark an den Ernst gemahnt worden, den ein jeglicher Angehöriger dieser Klasse in sich rege machen und bewahren soll. Ohne diesen Ernst kann niemand Mitglied dieser Schule des geistigen Lebens sein. Das ist dasjenige, was ich als eine ernste Mahnung noch einmal an uns, meine lieben Freunde, richten möchte. Nehmen wir diese Schule als konstituiert unmittelbar aus dem Wollen der geistigen Welt selbst heraus – aus jenem Wollen, das nur versucht wird in der richtigen Weise zu interpretieren für unser Zeitalter, in das wir eingetreten sind, nachdem die Finsternis vorüber und ein Licht wiedergekommen ist, ein Licht, das sich nur mangelhaft auf der Erde äußert, weil die Menschen noch die alte Finsternis bewahrt haben. Aber es ist da. Und nur derjenige, der versteht, dass das Licht da ist, wird das Wesen und das Wollen dieser unserer Geistesschule im wahren Sinne erfassen können.

Ich musste Sie heute etwas länger hierbehalten, weil jetzt durch meine Reise nach auswärts, durch die Vorträge, die auswärts sind, die zwei nächsten Freitagsstunden ausfallen müssen und der nächste Freitag-Vortrag, die nächste Klassenstunde, am Karfreitag erst sein kann. Morgen ist der Vortrag für die Anthroposophische Gesellschaft. Am Sonntag wird außerdem um fünf Uhr eine eurythmische Darstellung sein, zuerst eine Darstellung von Eurythmie jüngerer Eurythmisten, Kinder und junger Damen. Und dann wird eine Darstellung sein, die von Herren, namentlich Herren unserer Wache gegeben wird im zweiten Teil. Das also Sonntag um fünf Uhr. Sonntag um acht Uhr dann der zweite der Vorträge, die gegeben werden Samstag und Sonntag um acht Uhr.

Du steigst ins Erden-Wesenhafte
Mit deines Willens Kraftentfaltung;
Betritt als Denker du das Erdensein,
Es wird Gedankenmacht dir dich
Als deine eigne Tierheit zeigen;
Die Furcht vor deinem Selbst
Muss dir in Seelen-Mut sich wandeln.

Du lebest mit dem Wasserwesen
Nur durch des Fühlens Traumesweben;
Durchdring erwachend Wassersein,
Es wird die Seele sich in dir
Als dumpfes Pflanzendasein geben;
Und Lahmheit deines Selbst
Muss dich zum Wachen führen.

Du sinnest in dem Lüftewehen
Nur in Gedächtnis-Bilderformen;
Ergreife wollend Lüftewesen,
Es wird die eigne Seele dich
Als kalterstarrter Stein bedrohn;
Doch deiner Selbstheit Kälte-Tod,
Er muss dem Geistesfeuer weichen.

Du hältst von Lichtes-Scheines-Macht
Gedanken nur im Innern fest;
Wenn Lichtesschein in dir sich selber denkt,
So wird unwahres Geisteswesen
In dir als Selbstheitwahn erstehn;
Besinnung auf die Erdennöte
Wird dich im Menschensein erhalten.

Du hältst vom Weltgestalten
Gefühle nur im Innern fest;
Wenn Weltenform in dir sich selber fühlt,
So wird ohnmächtig Geist-Erleben
In dir das Selbstheitsein ersticken;
Doch Liebe zu den Erdenwerten
Wird dir die Menschenseele retten.

Du hältst vom Weltenleben
Das Wollen nur im Innern fest;
Wenn Weltenleben dich voll erfasst,
So wird vernichtend Geistes-Lust
In dir das Selbst-Erleben töten;
Doch Erdenwollen geist-ergeben,
Es lässt den Gott im Menschen walten.

Siebte Stunde

Dornach, 11. April 1924

Meine lieben Freunde! Es sind eine ganze Anzahl neuer Mitglieder dieser Schule heute hier eingetroffen und deshalb obliegt es mir, wenigstens mit wenigen Worten noch einmal einiges über die Prinzipien dieser Schule zu sagen. Zunächst handelt es sich bei dieser Schule darum, dass sie den esoterischen Einschlag jener anthroposophischen Bewegung bildet, die mit der Weihnachtstagung am Goetheanum hier ihre Erneuerung gefunden hat. Früher sind einzelne esoterische Kreise dagewesen. Alle diese esoterischen Kreise müssen nach und nach in dieser Schule aufgehen, denn es handelt sich darum, dass mit der Weihnachtstagung ein neuer Geist eingezogen ist in die anthroposophische Bewegung, insofern sie durch die Anthroposophische Gesellschaft strömt. Ich habe wiederholt jetzt auch auswärts die Worte gesprochen, die darauf hindeuten sollen, was der Unterschied ist zwischen der anthroposophischen Bewegung von vor Weihnachten und der Bewegung, die wir seit Weihnachten haben. Es war früher die Anthroposophische Gesellschaft eine Art Verwaltungsgesellschaft für anthroposophische Lehre, für anthroposophischen Inhalt. Anthroposophie wurde innerhalb der Anthroposophischen Gesellschaft gepflegt. Seit Weihnachten handelt es sich darum, dass durch die Anthroposophische Gesellschaft nicht nur Anthroposophie gepflegt wird, sondern dass sie getan wird. Das heißt, dass all das, was durch die Anthroposophische Gesellschaft an Handlungen, an Gedanken geht, selbst Anthroposophie ist. Das, was damit an Erneuerung geschehen ist, das muss nur, meine lieben Freunde, tief genug erfasst werden; und es muss vor allen Dingen auch mit dem tiefsten Ernst erfasst werden. Denn es wird sich unterscheiden die Anthroposophische Gesellschaft im Allgemeinen und diese esoterische Schule innerhalb der Anthroposophischen Gesellschaft. Die Anthroposophische Gesellschaft wird im Sinne des Öffentlichkeitsprinzips, das geltend gemacht worden ist bei der Goetheanum-Weihnachtstagung, sie wird nichts weiter von den Mitgliedern verlangen können, als dass sie sich in ehrlicher Weise zu dem bekennen, was Anthroposophie ist, und dass sie Zuhörer dieser Anthroposophie sind, dass sie aus dieser Anthroposophie all das machen, was ihnen ihr Herz, ihre Seele eingibt. Anders steht es mit der Schule. Wer dieser Schule als Mitglied beitritt, erklärt damit, dass er ein Repräsentant der anthroposophischen Bewegung sein will. In dieser esoterischen Schule, die allmählich auf drei Klassen erweitert werden wird, in dieser esoterischen Schule muss jene Freiheit herrschen, die für jedes Mitglied innerhalb der Anthroposophischen Gesellschaft gilt; aber auch für den Vorstand am Goetheanum, der für diese Schule verantwortlich ist, auch für diesen Vorstand muss völlige Freiheit herrschen. Das heißt aber in diesem Fall: Es muss in dieser Schule nur demjenigen das gegeben werden, was ihr Inhalt ist, den diese Schule als ein richtiges Mitglied derselben anerkennen kann. Daher wird es sich darum handeln, dass bei einem Mitglied dieser Schule in all dem, was durch dieses Mitglied zutage tritt, die anthroposophische Sache vor die Welt hintritt. Und es muss der Entscheidung des Vorstandes am Goetheanum anheimgestellt sein, auch für Mitglieder, die ihm so erscheinen, dass sie nicht Repräsentanten der anthroposophischen Bewegung sind, für diese Mitglieder die Mitgliedschaft der Schule zu streichen. Es muss ein gegenseitiges Verhältnis sein. Daher wird auch in der Handhabung dieser Schule immer mehr ein sehr ernster, strenger Geist einziehen müssen. Wir können sonst mit der anthroposophischen Bewegung nicht weiterkommen, wenn wir nicht uns als Schule so fühlen, wie wenn wir einen Fels für Anthroposophie erbauen wollten. Wir werden es mit Anthroposophie noch recht schwer haben, und die Mitglieder der Schule müssen wissen, dass sie es mit Schwierigkeiten aufzunehmen haben. Sie sind nicht bloß Anthroposophen, sie sind Mitglieder einer esoterischen Schule. Und es muss wie eine Verpflichtung, eine innerlichste Verpflichtung angesehen werden, dass auch die Einsetzung des Vorstandes, wie er jetzt zusammengesetzt ist, als eine esoterische Sache angesehen wird. Das muss immer mehr zum Bewusstsein der Mitglieder kommen. Es ist noch nicht überall zum Bewusstsein gekommen. Es muss dafür gesorgt werden, dass dies zum Bewusstsein kommt. Es ist damit, dass aus Esoterik heraus selbst ein Vorstand geschaffen worden ist, sehr viel gesagt. Das Weitere ist, dass all diejenigen, die sich als rechtmäßige Mitglieder der Schule betrachten, diese Schule als nicht von Menschen begründet ansehen, sondern als eine aus dem Willen der heute die Welt regierenden geistigen Mächte begründete – als etwas ansehen, was aus der geistigen Welt eingesetzt ist und was im Sinne der geistigen Welt wirken will: was sich nur dieser geistigen Welt gegenüber verantwortlich fühlt, aber auch im strengsten Sinne sich dieser geistigen Welt gegenüber verantwortlich fühlt. Daher wird jedes Nicht-ernst-Nehmen dieser Schule, wenn es zutage tritt, unweigerlich dahin führen, dass für solche die Sache nicht ernst nehmenden Mitglieder die Mitgliedschaft gestrichen wird. Es ist so, dass Lässigkeit in ganz besonderem Maße in den letzten Jahren in die Anthroposophische Gesellschaft eingezogen ist. Dass sie wiederum aus ihr auszieht, das wird die Aufgabe, das wird mit eine der Aufgaben der Mitglieder dieser Schule sein. Wir sollen bis zu dem Wort, das wir sprechen, uns verantwortlich fühlen, sollen uns dafür verantwortlich fühlen, dass ein jegliches Wort, das wir sagen, im allerernstesten Sinne so weit von uns geprüft wird, dass wir es als Wahrheit vertreten können. Denn nicht-wahre Aussagen, auch wenn sie aus gutem Willen hervorkommen, sind etwas, was innerhalb einer okkulten Bewegung zerstörend wirkt. Darüber darf keine Täuschung sein, sondern darüber muss völligste Klarheit herrschen. Nicht Absichten sind es, auf die es ankommt, denn die nimmt der Mensch oft sehr leicht, sondern objektive Wahrheit ist es, auf die es ankommt. Und zu den ersten Pflichten eines esoterischen Schülers gehört es, dass er sich nicht bloß dazu verpflichtet fühlt, das zu sagen, wovon er glaubt, dass es wahr ist, sondern dass er sich verpflichtet fühlt, zu prüfen, ob das, was er sagt, objektive Wahrheit ist. Denn nur, wenn wir im Sinne der objektiven Wahrheit den göttlich-geistigen Mächten dienen, deren Kräfte durch diese Schule gehen, werden wir durch all jene Schwierigkeiten hindurchsteuern können, die sich der Anthroposophie bieten werden. Man darf nicht außer Acht lassen – meine lieben Freunde, ich sage das hier im Umkreis der Schule; das, was im Umkreis der Schule gesprochen wird, bleibt innerhalb des Umkreises der Schule –, man darf nicht vergessen, dass jetzt von maßgebenden Persönlichkeiten etwa das Folgende gesprochen wird. Von maßgebenden Persönlichkeiten wird gesagt: Diejenigen, die das Prinzip der römischen Kirche vertreten, werden alles daransetzen, in der nächsten Zeit die einzelnen Staaten des ehemaligen Deutschen Reiches selbstständig zu machen und aus den selbstständigen Staaten, mit Ausschließung – ich erzähle nur – der Vorherrschaft von Preußen, das Heilige Römische Reich Deutscher Nation* wieder aufzurichten, das sich, wenn es von so hervorragender Seite aufgerichtet wird, in seiner Macht über die umliegenden Nachbargebiete erstrecken wird. Denn – so sagen die betreffenden Leute – wir haben es nötig, auf diesem Weg die allergefährlichsten, allerschlimmsten Bewegungen, die es heute gibt, mit Stumpf und Stiel auszurotten. Und – so fügen diese Leute dazu – wenn es nicht gelingen sollte, das Heilige Römische Reich Deutscher Nation aufzurichten, und es wird gelingen – so sagen die Leute –, wenn es nicht

Siebte Stunde

gelingen sollte, so werden wir andere Mittel finden, die widerstrebendsten, die gefährlichsten Bewegungen der Gegenwart mit Stumpf und Stiel auszurotten, und das sind die anthroposophische Bewegung und die Bewegung zur religiösen Erneuerung. Ich zitiere fast wörtlich. Und Sie sollen sehen, dass die Worte, die ich von Zeit zu Zeit immer spreche – dass die Schwierigkeiten nicht kleiner werden, sondern mit jeder Woche größer –, dass diese Worte auf einem festen Untergrund gebaut sind. Ich möchte sie gerade heute zu Herzen derjenigen bringen, die aus ihrem Herzensernst heraus sich zur Mitgliedschaft dieser Schule bekennen. Nur wenn wir aus solchem vollen Ernst heraus Mitglieder der Schule sind, aber aus einem aktiven Ernst heraus, werden wir den Fels errichten können, den wir nötig haben, wenn wir durch die Schwierigkeiten der Zukunft hindurchwollen. Sie sehen aber daraus, dass gewichtiger von den Gegnern genommen wird Anthroposophie – denn die religiöse Erneuerung ist ja nur ein Zweig von ihr –, dass gewichtiger genommen wird Anthroposophie von den Gegnern als von vielen derer, die innerhalb der Mitgliedschaft leben. Denn wenn man heute erfahren kann, dass das im Jahr 1806 untergegangene Heilige Römische Reich Deutscher Nation wieder aufgerichtet werden soll, um solch eine Bewegung wegzuschaffen, so bedeutet das, dass man die Sache sehr ernst nimmt. Es handelt sich bei einer Bewegung, die im Geist gründet, nicht darum, meine lieben Freunde, wie viel Mitglieder sie zählt, sondern es handelt sich darum, welche Kraft ihr innewohnt gerade aus der geistigen Welt heraus. Das sehen die Gegner, dass ihr eine starke Kraft innewohnt. Deshalb wählen sie nicht leichte, sondern wählen scharfe und starke Mittel.

Meine lieben Freunde! Die Betrachtungen dieser Klassenstunden haben sich hauptsächlich auf das bezogen, was über die Begegnung mit dem Hüter der Schwelle mitgeteilt werden kann, jene Begegnung mit dem Hüter der Schwelle, die die erste Erfahrung, das erste Erlebnis für das Erringen wahrer übersinnlicher Erkenntnis bedeutet. Ich möchte heute zu den Betrachtungen, die hier schon gepflegt worden sind, einiges hinzufügen.

Nicht eher können wir davon sprechen, dass die Begegnung mit dem Hüter der Schwelle wirksam erfolgt sei, bis wir nicht die Erfahrung gemacht haben, was es heißt, mit seiner menschlichen Wesenheit – mit dem Ich und dem astralischen Leib – außerhalb des physischen Leibes zu sein. Denn der Mensch kann, wenn er mit seinem Wesen im physischen Leib eingeschlossen ist, nur das in seinem Umkreis wahrnehmen, was er durch die Werkzeuge des physischen Leibes wahrnimmt. Und durch die Werkzeuge des physischen Leibes kann nur die Sinnenwelt wahrgenommen werden, die ein Abglanz einer geistigen Welt ist, die aber für die Sinne nicht enthüllt, wovon sie ein Abglanz ist.

Es ist für den Menschen nicht schwierig, aus seinem Leib herauszugehen. Er tut das jedes Mal, wenn er einschläft. Er ist dann außerhalb seines Leibes. Aber wenn er im Schlafzustand außerhalb seines Leibes ist, dann ist auch sein Bewusstsein bis zur Unbewusstheit herabgedämpft. Nur die illusorischen oder auch nicht-illusorischen Träume wogen aus dieser Bewusstlosigkeit herauf. Aber es handelt sich bei der Erringung höherer Erkenntnis darum, dass dieses Herausgehen aus dem physischen Leib mit vollbewusster Besonnenheit vollzogen wird, sodass der Mensch dann außerhalb seines physischen Leibes so um sich herum wahrnehmen kann, wie er innerhalb seines Leibes mithilfe der physischen Sinne die physische Welt wahrnimmt. Er nimmt außerhalb des physischen Leibes die geistige Welt wahr, aber im Schlaf ist er zunächst bewusstlos. Unter den gewöhnlichen Verhältnissen wird ihm nicht mitgeteilt, was er schauen kann, wenn er außerhalb seines Leibes ist. Und dass er das nicht kann, rührt gerade daher, dass der Mensch geschützt ist davor, unvorbereitet an die geistige Welt heranzutreten.

Ist der Mensch genügend vorbereitet, was geschieht dann mit ihm? Wenn der Mensch an den Abgrund zwischen Sinnenwelt und geistiger Welt tritt (s. Tafelzeichnung S. 323: «Sinne»,

«Geist»), dann nimmt der Hüter der Schwelle, wenn der Mensch so vorbereitet gefunden wird, wie das in den letzten Stunden angedeutet worden ist, dann nimmt der Hüter die wahre Wesenheit des Menschen heraus. Sie kann den Abgrund (rote Linie tief nach unten) mit jenen Mitteln überflügeln (gelbe Linie oberhalb), die in den letzten mantrischen Sprüchen angedeutet worden sind. Und es kann dann der Mensch von jenseits der Schwelle sein eigenes sinnliches Wesen, sein physisches Wesen betrachten. Das ist der erste große Eindruck wirklicher Erkenntnis, meine lieben Freunde, wenn der Hüter der Schwelle zum Menschen sagen kann: Siehe, da drüben, da bist du so, wie du äußerlich in der physischen Welt erscheinst. Bei mir bist du so, wie du deinem inneren Wesen nach bist. Und dann erklingt wieder vom Hüter der Schwelle ein bedeutsames Wort. Es erklingt vom Hüter der Schwelle das bedeutsame Wort, das dem Menschen zugerufen wird – jetzt über den Abgrund hinüber –, um ihm zu vergegenwärtigen, wie anders er sich schaut, wenn er jenseits des Abgrundes steht. Er schaut sich anders, er schaut sich als eine Dreiheit. Er schaut sich als eine Dreiheit, die sich seelisch ausdrückt in Denken, Fühlen und Wollen. Das sind eigentlich drei Menschen – der denkende Mensch, der fühlende Mensch und der wollende Mensch –, die in jedem Menschen stecken und die nur durch den physischen Leib für die physische Welt in eins zusammengehalten werden. Und das, was der Mensch da schaut, ertönt in folgender Weise von den Lippen des Hüters der Schwelle:

> Schau die Drei,
> Sie sind die Eins,
> Wenn du die Menschenprägung
> Im Erdendasein trägst.

△ Erlebe des Kopfes Weltgestalt
⨯ Empfinde des Herzens Weltenschlag
▽ Erdenke der Glieder Weltenkraft

Sie sind die Drei,
Die Drei, die als das Eins
Im Erdendasein leben.

«Menschenprägung» – oder auch «Menschenformung»: Wir müssen die Worte aus der okkulten Sprache übersetzen. Es wird hier von dem Hüter der Schwelle darauf hingedeutet, wie die Drei, die sich sofort voneinander trennen, wenn der Mensch seinen physischen Leib verlässt, wie die Drei im Verhältnis zu diesem physischen Leib aussehen. Hingelenkt wird der Blick auf den physischen Leib, auf Kopf, Herz und Gliedmaßen (s. Zeichnung, links gelb), und es wird von dem Hüter der Schwelle gesagt: Wenn du das menschliche Haupt in seiner kosmischen Wirklichkeit schaust, so ist dieses menschliche Haupt ein Abbild des himmlischen Weltalls. Du musst in die Weiten hinaufschauen, wo die Welt dir durch den Geist begrenzt erscheint – wo sie auch in Wirklichkeit durch den Geist begrenzt ist, denn sie ist nicht so, wie es sich physikalische Einfalt vorstellt. Du musst da hinaufschauen, und du musst dich beim Hinaufschauen erinnern, dass dein Haupt in seiner Rundung ein Abbild dessen ist, was draußen als die himmlische Welt ist. Und wir fügen hinzu, indem wir uns das mantrische Wort «Erlebe des Kopfes Weltgestalt» zum Bewusstsein bringen, wir fügen hinzu das Zeichen, mit dem wir bei diesem Satz des mantrischen Spruches haltmachen, um die Richtung nach oben in die Weltweite – und überall um die Erde herum ist die Weltweite nach oben –, um diese Richtung uns zu vergegenwärtigen (Dreieck nach oben). Dann

Siebte Stunde

wird uns gesagt: «Empfinde des Herzens Weltenschlag»: Durch diese kosmisch-himmlische Lage geht der Weltrhythmus, der als Weltmusik ertönt. Wenn wir das menschliche Herz schlagen fühlen, scheint es so, als ob dieses menschliche Herz nur durch das schlagen würde, was im menschlichen Organismus vorgeht. In Wirklichkeit ist das, was im Herzen schlägt, ein Widerschlag dessen, was als Weltrhythmus nicht bloß durch Jahrtausende, sondern durch Jahrmillionen kreist. Daher machen wir wieder halt – so sagt uns der Hüter der Schwelle – bei dem Wort «Empfinde des Herzens Weltenschlag»: Empfinde das, was im Herzen sowohl nach unten als auch nach oben wirkt (zwei Dreiecke). Das verbindet das, was oben ist, mit dem, was unten ist. Und als Drittes: «Erdenke der Glieder Weltenkraft». Die Weltkraft ist die Kraft, die in der Schwerkraft und in den anderen irdischen Kräften von unten konzentriert ist. Wir müssen mit unserem Denken – das so, wie es als Erddenken ist, geeignet ist, nur das Irdische zu begreifen – hinunterschauen, dann begreifen wir das, was von der Erde ausströmt, um im Menschen zu wirken. Wieder machen wir halt bei dem «Erdenke der Glieder Weltenkraft» mit dem Dreieck, das nach unten gerichtet ist (Dreieck nach unten). Und wir werden das Wort des Hüters in der Art fühlen, wie es auf das menschliche Herz, auf die menschliche Seele heute wirken soll, wenn wir diesen mantrischen Spruch in der entsprechenden Weise in uns rege machen und wirken lassen:

> Schau die Drei,
> Sie sind die Eins,
> Wenn du die Menschenprägung
> Im Erdendasein trägst.

«Erlebe des Kopfes Weltgestalt»: Wir sagen den Spruch, indem wir vor dem Haupt das Zeichen machen; «Empfinde des Herzens

Weltenschlag»: Wir sagen den Spruch, indem wir vor der Brust das Zeichen machen; «Erdenke der Glieder Weltenkraft»: Wir sagen den Spruch, indem wir nach unten das Zeichen machen.

Sie sind die Drei,
Die Drei, die als das Eins
Im Erdendasein leben.

Wir versuchen, nachdem wir diesen mantrischen Spruch auf die Seele haben wirken lassen, die Sinne stumpf zu machen, die Augen zu schließen, mit den Ohren nichts zu hören, nichts wahrzunehmen, eine Weile Dunkel um uns zu haben, sodass wir ganz und gar in der Atmosphäre dessen leben, was durch diese Worte ertönt. Und wir werden uns auf diese Weise in jene Sphäre versetzen, die bei der Einweihung in aller Realität erlebt wird bei der Begegnung mit dem Hüter der Schwelle. Das ist die eine Verrichtung, durch die der Mensch den ersten Schritt jenseits der Schwelle machen kann.

Aber wir müssen dann ein weiteres Wort des Hüters in vollem Ernst auf uns wirken lassen. Dieses weitere Wort des Hüters, es weist darauf hin, dass in dem Augenblick, wo wir über die Schwelle hinüberkommen, alles anders wird, als es in der Sinnenwelt ist. In der Sinnenwelt, da denken wir, dass das Denken, das Vorstellen im Haupt des Menschen sitzt. So ist es für die Sinnenwelt. Aber diesem Vorstellen, diesem Denken des Hauptes ist immer – auch für das gewöhnliche Bewusstsein wahrnehmbar – ein klein wenig Wollen beigemischt. Denn indem wir von einem Gedanken zum anderen schreiten, müssen wir ebenso wollen, wie wenn wir einen Arm bewegen, ein Bein bewegen oder überhaupt etwas tun. Aber es ist ein leises, ein feines Wollen, das einen Gedanken in den anderen überführt. So ist es, wenn wir in der Sinnenwelt sind: der ganz weite Umfang des Denkens an das Haupt gebunden und darin nur ein wenig Wollen, ein leises Wollen. Sobald wir über die Schwelle hinüberkommen und an den Hüter herantreten, wird es umgekehrt: ein wenig Denken an das Haupt gebunden und ein weit ausgebreitetes Wollen. Und in diesem Wollen, das sonst schlafend im Menschen ist, spüren wir den Geist, wie er aus dem Kosmos heraus, aus der Himmelswelt heraus, das menschliche Haupt in allen Einzelheiten als sein kugeliges Abbild gestaltet. Daher ruft der Hüter der Schwelle, wenn wir hinübergekommen sind jenseits der Schwelle, uns die Worte zu:

> Des Kopfes Geist,
> Du kannst ihn wollen;
> Und Wollen wird dir
> Der Sinne vielgestaltig Himmelsweben;
> Du webest in der Weisheit.

«Des Kopfes Geist, du kannst ihn wollen»: Jetzt sehen wir, dass Wollen etwas ganz anderes ist, als es vorher war. Vorher waren die Sinne die Vermittler der Sinnesempfindungen, und wir haben kein Bewusstsein davon gehabt, dass durch das Auge ein Wollen geht, dass durch das Ohr ein Wollen geht, dass durch den Wärmesinn, durch jeden anderen Sinn ein Wollen geht. Jetzt sehen wir, dass all das, was die Augen als mannigfaltige Farben empfinden, was die Ohren als mannigfaltige Töne hören, was der Mensch als Wärme und Kälte wahrnimmt, als Rauheit und Glätte, alle Gerüche, Geschmäcke und so weiter, dass all das in der geistigen Welt ein Wollen ist: «Und Wollen wird dir der Sinne vielgestaltig Himmelsweben» (Es werden einzelne Wörter farbig unterstrichen: s. Tafel S. 324).

Hat der Mensch jenseits der Schwelle durch den Anblick seines Hauptes erkannt, dass Wollen durch das Haupt geht, dass die Sinne ein Wollen darstellen, dann wird er weiter darauf gewiesen, dass das Herz die Seele birgt und dass wir die Seele im Herzen so fühlen können, wie wir des Kopfes Geist wollen können gegenüber dem Kopf. Und erst, wenn wir das Denken nicht als eine Eigenschaft des Kopfes betrachten, sondern als eine Eigenschaft des Herzens, der Seele, erst dann wissen wir, dass das Denken nicht dem einzelnen Menschen, sondern der Welt angehört. Dann erleben wir im Denken das Weltleben, das da kreist als Weltmusik:

> Des Herzens Seele,
> Du kannst sie fühlen;
> Und Fühlen wird dir
> Des Denkens keimerweckend Weltenleben;
> Du lebest in dem Scheine.

«Du lebest in dem Scheine»: nicht im wesenlosen Schein, sondern in dem Weltschein, das heißt in dem, was als das Wesen der Welt erscheint. Zusammenfassend das, was sich auf des Kopfes Geist bezieht: «Du webest in der Weisheit»; zusammenfassend das, was sich auf des Herzens Seele, auf das Fühlen bezieht: «Du lebest in dem Scheine». Wie wir die Sinne als ein Wollen erkennen, so erkennen wir das Denken als ein Fühlen gegenüber dem Weltdasein, wenn wir die Drei schauen, die nur in der Sinnenwelt eins sind. Und als Drittes fügt der Hüter der Schwelle hinzu:

> Der Glieder Kraft,
> Du kannst sie denken;
> Und Denken wird dir
> Des Wollens zielerfassend Menschenstreben;
> Du strebest in der Tugend.

Siebte Stunde

Jetzt haben wir die völlige Umkehrung: Während wir sonst das Denken im Kopf konzentriert haben, ist jetzt das Wollen im Kopf konzentriert, so wie wir es vorhin angeführt haben. Das Fühlen bleibt im Herzen, wie es auch in der Sinnenwelt gefühlt wird, denn das, was innere Kraft des Herzens ist, geht hinüber in die geistige Welt. Und mit den Gliedmaßen wird jetzt gerade das Denken in Zusammenhang gebracht, umgekehrt als in der Sinnenwelt: «Und Denken wird dir des Wollens zielerfassend Menschenstreben». Das Wollen wird zum Denken. Und wieder zusammenfassend: «Du strebest in der Tugend».

Wir haben in der geistigen Welt eine völlige Umkehrung, durch den Hüter der Schwelle uns vorgeführt. Während wir sonst im Menschen von unten nach oben Wollen, Fühlen und Denken unterscheiden, haben wir zu unterscheiden, wenn der Mensch als eine Dreiheit von jenseits angeschaut wird: das Wollen oben im Kopf, das Fühlen in der Mitte, das Denken unten in den Gliedmaßen. Da erfahren wir, wie das Wollen, das im Kopf konzentriert ist, die webende Weltweisheit ist, in der wir leben; wie das Fühlen, das in der Mitte erscheint, der Weltschein ist, in dem alle Geisteswesen erstrahlen; und wie das Denken, das in den Gliedern geschaut wird, das Menschenstreben ist, das als Tugend im Menschen lebt. Die Drei erscheinen vor dem geistigen Blick:

<blockquote>
Des Kopfes Geist
Des Herzens Seele
Der Glieder Kraft
</blockquote>

So ist der mantrische Spruch gebaut. Und diese innere Kongruenz ist es, der wir uns bewusst sein müssen. Wir müssen uns ferner bewusst sein, dass an den Menschen herandringt, wenn er so diesen mantrischen Spruch auf sich wirken lässt:

Himmelsweben, Weltleben, Menschenstreben. Sodass diese Worte des Hüters der Schwelle Worte sind, mit denen uns die Drei, die aus der Eins werden, vor das geistige Auge geführt werden, indem wir in die Welt jenseits der Schwelle hinübertreten: «Des Kopfes Geist... Des Herzens Seele... Der Glieder Kraft...». Das sind die Empfindungen, die durch die Seele ziehen müssen, wenn wirkliche Erkenntnis errungen werden soll.

Das sind die Ermahnungen, die der Hüter der Schwelle ertönen lässt in dem Augenblick, wo er uns zugleich sagt:

Tritt ein
Das Tor ist geöffnet
Du wirst
Ein wahrer Mensch werden.

Das sind die Worte, die seit ungezählten Jahrtausenden an allen Pforten in die geistige Welt hinein ermahnend und zugleich aufmunternd erklungen sind.

Stellen wir uns vor, meine lieben Freunde, wir sagen uns das erste Mal: Ich will ernst nehmen diese Worte des Hüters der Schwelle. Ich will bekennen, dass ich noch nicht ein Mensch bin, ich will bekennen, dass ich es erst durch die Einsicht in die geistige Welt werde. Stellen wir uns vor, meine lieben Freunde, wir sagen uns zum zweiten Mal: Oh, ich habe das erste Mal diese Worte nicht ernst genug genommen. Ich will mir sagen, dass ich nicht eine, dass ich zwei der Stufen brauche, um von meiner jetzigen Wesenheit aus, da ich noch kein wahrer Mensch bin, ein wahrer Mensch zu werden. Und stellen wir uns dann vor, wir sagen uns zum dritten Mal: Ich will bekennen, dass ich drei der Stufen brauche von dem Punkt aus, an dem ich stehe, an dem ich noch kein wahrer Mensch bin, um ein wahrer Mensch zu werden.

Siebte Stunde

Ernst ist die erste Mahnung, die wir uns selbst geben. Ernster ist die zweite der Mahnungen. Aber des Ernstes höchste Prägung muss die dritte der Mahnungen tragen. Und wenn wir diesen dreifachen Ernst in den Tiefen unserer Seele aufbringen, dann werden wir eine Ahnung davon bekommen, was es für den Menschen heißt, durch Erkenntnis erst ein Mensch zu werden. Und dann werden wir zurückkehren, wie wir heute in dieser Klassenstunde zurückkehren wollen, zurückkehren zu der ersten Mahnung, die als ein uns verwandelnder Spruch in unserer Seele leben soll: «Schau die Drei ... im Erdendasein leben».

So ist es erklungen, meine lieben Freunde, in den Herzen all derjenigen, die, seit es ein Menschendasein auf der Erde gibt, um Erkenntnis gerungen haben. Es war eine Pause in diesem Ringen seit dem Heraufkommen der 5. nachatlantischen Kulturperiode. Diese Pause ist nach dem Willen der die Menschheit leitenden göttlich-geistigen Wesen zu Ende. An uns wird es sein, dass in würdiger Weise in Menschenherzen das wieder erklingt, wodurch die weisen Leiter der Menschheit, seitdem es ein Menschendasein auf der Erde gibt, die Menschenherzen zum Schauen dessen hinaufgeleitet haben, was als Geist in der Welt wirkt, was als Geist durch die Welt im Menschen als der Welt Krone wirkt.

Schau die Drei,
Sie sind die Eins,
Wenn du die Menschenprägung
Im Erdendasein trägst.

Erlebe des Kopfes Weltgestalt
Empfinde des Herzens Weltenschlag
Erdenke der Glieder Weltenkraft

Sie sind die Drei,
Die Drei, die als das Eins
Im Erdendasein leben.

Des Kopfes Geist,
Du kannst ihn wollen;
Und Wollen wird dir
Der Sinne vielgestaltig Himmelsweben;
Du webest in der Weisheit.

Des Herzens Seele,
Du kannst sie fühlen;
Und Fühlen wird dir
Des Denkens keimerweckend Weltenleben;
Du lebest in dem Scheine.

Der Glieder Kraft,
Du kannst sie denken;
Und Denken wird dir
Des Wollens zielerfassend Menschenstreben;
Du strebest in der Tugend.

TRITT EIN
DAS TOR IST GEÖFFNET
DU WIRST
EIN WAHRER MENSCH WERDEN.

11. April 1924:

Schau die Drei
Sie sind die Eins
Wenn du die Menschenprägung
Im Erdendasein trägst.

Erlebe des Kopfes Weltgestalt △
Empfinde des Herzens Weltenschlag ⊠
Erdenke der Glieder Weltenkraft ▽

Sie sind die Drei
Die Drei, die als das Eins
Im Erdendasein leben

Tritt ein

Des Kopfes Geist,
Du kannst ihn <u>wollen</u>;
Und Wollen wird dir:
Der Sinne vielgestaltig Sinnesweben. —
    Du webest in der Weisheit

Des Herzens Seele,
Du kannst sie <u>fühlen</u>;
Und Fühlen wird dir
Des {Denkens} Keimerweckend Wellenleben
  {Wollens}
    Du lebest in dem Schein.

Der Glieder Kraft
Du kannst sie denken
Und Denken wird dir:
Des Wollens ziel-erfassend Menschenstreben
    Du strebest in der Jugend.

<u>Tritt ein</u>

Das Tor ist geöffnet
  <u>Du wirst</u>
Ein wahrer Mensch werden.

> Tritt' ein
> Das Tor ist geöffnet
>
> Du wirst
> Ein wahrer Mensch
>   werden.

An die Tafel geschrieben (s. S. 323)

Achte Stunde

Dornach, 18. April 1924 (Karfreitag)

Meine lieben Freunde! Da heute eine größere Anzahl von anthroposophischen Freunden in der Klasse hier erscheinen, die vorher noch nicht anwesend waren, so obliegt es mir, mit einigen einleitenden Worten über die Einrichtung der Schule zu sprechen. Es ist in allem Ernst festzuhalten, dass mit der Weihnachtstagung am Goetheanum hier ein neuer Zug in die anthroposophische Bewegung gekommen ist. Und dieses Eintreten eines neuen Zuges muss in das Bewusstsein insbesondere der Mitglieder unserer Freien Hochschule für Geisteswissenschaft übergehen. Ich habe es öfter angedeutet, aber ich weiß, wie viele anthroposophische Freunde heute hier sind, die die Sache noch nicht gehört haben, sodass ich sie noch einmal betonen muss. Es ist so, dass bis zur Weihnachtstagung es immer wieder betont werden musste: Streng auseinanderzuhalten sind anthroposophische Bewegung und Anthroposophische Gesellschaft. Anthroposophische Bewegung stellte dar das Einfließen in die Menschheitszivilisation der geistigen Weistümer und geistigen Lebensimpulse, die unmittelbar für unsere heutige Zeit aus der geistigen Welt geschöpft werden können und auch geschöpft werden sollen. Diese anthroposophische Bewegung, sie ist da, nicht weil es Menschen so gefällt, dass sie da ist, sondern sie ist da, weil es den geistigen Mächten, die die Welt lenken und leiten, die die Menschheitsgeschicke bewirken, weil es diesen geistigen Mächten als das Richtige erscheint, das Geisteslicht, das durch Anthroposophie kommt, heute in der entsprechenden Weise in die Menschheitszivilisation einfließen zu lassen. Dazu war dann die Anthroposophische Gesellschaft begründet, um als eine Verwaltungsgesellschaft das Weisheits- und Lebensgut zu verwalten. Und immer musste betont werden, dass Anthroposophie etwas Übergesellschaftliches ist und dass die Anthroposophische Gesellschaft die exoterische Verwalterin ist. Das hat sich seit der Weihnachtstagung am Goetheanum hier geändert. Seit dieser Weihnachtstagung ist das Gegenteil der Fall. Und nur weil dieses Gegenteil der Fall ist, konnte ich mich bereit erklären, mit dem Vorstand, der auf der Weihnachtstagung gebildet worden ist und mit dem die entsprechende Arbeit geleistet werden kann, konnte ich mich bereit erklären, mit diesem Vorstand zusammen den Vorsitz der damals zu Weihnachten begründeten Anthroposophischen Gesellschaft zu übernehmen. Denn das, was dadurch geschehen ist, kann ich in einen Satz kleiden. Dieser Satz ist der: Bis dahin wurde Anthroposophie durch die Anthroposophische Gesellschaft verwaltet; jetzt muss all das, was durch die Anthroposophische Gesellschaft geschieht, selbst Anthroposophie sein. Es muss seit Weihnachten Anthroposophie in der Anthroposophischen Gesellschaft getan werden. Jedes einzelne Tun muss dadurch unmittelbar einen esoterischen Charakter haben. Die Einsetzung des Dornacher Vorstandes auf der Weihnachtstagung war daher eine esoterische Maßnahme, eine Maßnahme, die unmittelbar gedacht werden muss als aus der geistigen Welt heraus geworden. Nur wenn dies im Bewusstsein unserer anthroposophischen Freunde liegt, kann die Anthroposophische Gesellschaft gedeihen, die damals begründet worden ist. Sodass anthroposophische Bewegung und Anthroposophische Gesellschaft identisch geworden ist. Daher ist der Dornacher Vorstand, wie schon auf der Weihnachtstagung betont wurde, ein Initiativ-Vorstand. Selbstverständlich muss verwaltet werden, aber das Verwalten ist nicht das, was er in erster Linie als seine Aufgabe betrachtet, sondern er betrachtet es als seine Aufgabe, Anthroposophie durch die Anthroposophische Gesellschaft fließen zu lassen und all das zu tun, was zu diesem Ziel führen kann. Damit aber ist auch die Stellung des Dornacher Vorstandes innerhalb der Anthroposophischen Gesellschaft gegeben. Und es muss klar sein, dass jedes Verhältnis innerhalb der Anthroposophischen Gesellschaft nicht auf irgendwelchen Bürokratismus gebaut werden kann, sondern dass es gebaut wird auf Menschliches. Man hat daher auf der Weihnachtstagung nicht Statuten vorgelegt, die Paragrafen enthalten: Das muss man bekennen, wenn man ein Mitglied ist; zu dem muss man seine Zustimmung geben oder dergleichen – sondern es wurde in den Statuten erzählt, mitgeteilt, was der Vorstand am Goetheanum will. Und so ist die Anthroposophische Gesellschaft heute konstituiert. Auf das menschliche Verhältnis ist sie begründet. Es ist eine Kleinigkeit, aber ich muss es immer wieder betonen: Es wird jedem Mitglied eine Mitgliedskarte ausgehändigt, die von mir selbst unterschrieben ist, sodass wenigstens, wenn das auch eine abstrakte Sache ist, gleich das persönliche Verhältnis in irgendeiner Weise vorhanden ist. Es wurde mir nahegelegt, einen Stempel mit meinem Namenszug aufdrucken zu lassen. Ich tue das nicht, trotzdem es nicht gerade eine Bequemlichkeit ist, zwölftausend Mitgliedskarten nach und nach zu unterschreiben, aber ich tue es nicht, weil das erste persönliche Verhältnis zu jedem einzelnen Mitglied dadurch begründet wird, dass einmal, wenn auch nur für Augenblicke, das Auge auf dem Namen dessen ruht, der die Mitgliedskarte trägt. Selbstverständlich werden alle anderen Verhältnisse noch menschlicher, aber es beginnt damit das konkrete Wirken innerhalb unserer Gesellschaft. Daher muss auch – ich muss das auch betonen – klar sein, im Bewusstsein aller Mitglieder liegen, dass – ich betone es, weil dagegen schon gesündigt worden ist –, es muss im Bewusstsein der Mitgliedschaft liegen, dass, wenn der Name «Allgemeine Anthroposophische Gesellschaft» gebraucht wird, dass dann erst die Zustimmung des Vorstandes am Goetheanum eingeholt wird. Ebenso, wenn irgendetwas, was vom Goetheanum in Dornach ausgeht und als ein Esoterisches weiter verwendet wird, dass dies nur auf Grundlage einer Verständigung mit dem Vorstand am Goetheanum geschieht. Sodass nichts anerkannt werden wird, was im Namen der Allgemeinen Anthroposophischen Gesellschaft auftritt, von uns hier nichts als berechtigt anerkannt wird, was hier an Formeln und Lehren vom Goetheanum aus gegeben wird, wenn nicht eine Verständigung mit dem Vorstand am Goetheanum stattfindet. Es wird kein abstraktes Verhältnis in der Zukunft möglich sein, sondern nur ein konkretes Verhältnis. Das, was vom Goetheanum ausgeht, muss konkret vom Goetheanum entgegengenommen werden. Daher ist für den Gebrauch des Titels «Allgemeine Anthroposophische Gesellschaft», den man etwa über Vorträge setzt, die irgendwo gehalten werden, oder für den Gebrauch von Formeln und dergleichen, die hier gegeben werden und die man als tätiges Mitglied der Anthroposophischen Gesellschaft weiter mitteilen will, an den Schriftführer der Anthroposophischen Gesellschaft am Goetheanum zu schreiben, an Frau Wegman, um die Zustimmung des Vorstandes am Goetheanum dazu zu erhalten. Es ist nötig, dass der Vorstand am Goetheanum in der Zukunft als Mittelpunkt der anthroposophischen Bewegung aufgefasst wird. Das wiederum, was das Verhältnis dieser Schule zur Anthroposophischen Gesellschaft ist, muss genau in das Bewusstsein der Mitgliedschaft übergehen. Mitglied der Anthroposophischen Gesellschaft wird man, wenn man den inneren Herzensdrang hat, das kennenzulernen, mit dem mitzuleben, was als anthroposophisches Weisheitsgut und Lebensimpuls durch die Welt gehen will. Man übernimmt keine anderen Verpflichtungen als die, die sich einem für Seele und Herz aus der Anthroposophie heraus selbst ergeben. Aus dieser allgemeinen Mitgliedschaft kann man dann, wenn eine gewisse Zeit – vorläufig ist das Minimum zwei Jahre festgesetzt –, wenn eine gewisse Zeit der Mitgliedschaft in

Achte Stunde

der Allgemeinen Anthroposophischen Gesellschaft verflossen ist, dann kann um die Mitgliedschaft in der Freien Hochschule für Geisteswissenschaft angesucht werden.

Bei dieser Hochschule für Geisteswissenschaft handelt es sich darum, dass man auch ernste Verpflichtungen für die anthroposophische Sache übernimmt, das heißt, dass man als Mitglied ein echter Repräsentant der anthroposophischen Sache vor der Welt sein will. Das ist heute notwendig. Unter anderen Bedingungen kann die Leitung der Freien Hochschule für Geisteswissenschaft sich nicht bereit erklären, mit jemandem zusammen als Mitglied zu arbeiten. Sagen Sie nicht, meine lieben Freunde, das sei eine Beschränkung der Freiheit. Freiheit bedingt, dass alle, die daran beteiligt sind, frei sind. Und ebenso wie man Mitglied der Schule sein kann und frei sein soll in dieser Beziehung, so muss auch die Leitung der Schule frei sein, das heißt erklären können, mit wem sie zusammenarbeiten will und mit wem nicht. Wenn daher die Leitung der Schule aus irgendeinem Gesichtspunkt heraus die Ansicht haben muss, dass ein Mitglied nicht ein Repräsentant der anthroposophischen Sache vor der Welt sein kann, so muss es dieser Leitung der Schule möglich sein, entweder, wenn um die Aufnahme angesucht wird, diese Aufnahme nicht zu bewilligen, oder auch, wenn die Aufnahme stattgefunden hat, wenn der Betreffende schon Mitglied geworden ist, zu sagen, dass die Mitgliedschaft erlöschen muss. Das muss unbedingt im strengsten Sinne in der Zukunft eingehalten werden, sodass ein freies Zusammenwirken der Leitung der Schule und der Mitglieder dadurch gegeben sein wird. Wir werden Schritt für Schritt – das alles ist in den Mitteilungen, die dem *Goetheanum* beigegeben werden, ausgesprochen –, wir werden Schritt für Schritt versuchen, auch diejenigen, die nicht am Goetheanum an der fortlaufenden Arbeit der Schule teilnehmen können, in irgendeiner Weise an ihr teilnehmen zu lassen. Es wird – wir können immer nur den fünften Schritt nach dem vierten machen, nicht den siebten Schritt nach dem ersten; wir müssen eins nach dem anderen machen, und es ist seit der Weihnachtstagung sehr viel hier zu tun –, aber es wird schon alles eingeleitet werden in dem Maße, als wir das können. Wir werden zu Rundbriefen kommen, durch die diejenigen, die auswärts sind – als auswärtige Mitglieder –, an dem teilnehmen können, was in der Schule hier vorgeht. Beginnen konnten wir zunächst nur damit, dass die an der Schule beteiligten Mediziner in einem Rundbrief, den Frau Dr. Wegman verschickt hat, an der Arbeit der Schule teilnehmen konnten.

Die Dinge werden aber schon ihren Fortgang nehmen, je nach den Möglichkeiten. Ich bitte Sie, in Bezug darauf Geduld zu üben. Das Weitere, was noch zu erwähnen ist, das ist dieses, dass diese Schule aufgefasst werden muss nicht als die Einsetzung durch menschlichen Impuls, sondern als die Einsetzung vonseiten der geistigen Welt. Ein Ratschluss der geistigen Welt ist mit den Mitteln, die möglich sind, eingeholt worden, sodass diese Schule als eine Institution der geistigen Welt für die Gegenwart aufzufassen ist, wie es immer zu allen Zeiten in den Mysterien der Fall war. Sodass heute gesagt werden darf: Diese Schule muss sich zu dem entwickeln, was in unserer Zeit eine wirkliche Mysterienschule sein kann. Dadurch wird sie die Seele der anthroposophischen Bewegung sein. Damit ist aber auch schon angedeutet, in welchem Sinne die Mitgliedschaft zu dieser Schule ernst aufzufassen ist. Es ist selbstverständlich, dass all das, was an esoterischer Arbeit vorher geleistet worden ist, in die Arbeit dieser Schule einläuft. Denn diese Schule ist der esoterische Grundstock und Grundquell alles esoterischen Wirkens innerhalb der anthroposophischen Bewegung. Und es müssen daher diejenigen Persönlichkeiten, die aus irgendwelchen Untergründen heraus vermeinen, irgendetwas Esoterisches in der Welt zu begründen ohne den Zusammenhang mit dem Vorstand am Goetheanum, sie müssen sich entweder mit dem Vorstand am Goetheanum voll verständigen oder aber sie können unmöglich irgendetwas, was vom Goetheanum ausgeht, in ihre Lehren oder in ihre Impulse einfließen lassen. Wer Esoterik unter anderen Bedingungen als den eben ausgesprochenen betreiben will, kann nicht Mitglied dieser Schule sein. Er muss dann außerhalb dieser Schule, nichtanerkannt von dieser Schule, seine Esoterik betreiben – er muss sich aber klar sein darüber, dass in ihr nichts enthalten sein kann, was von dieser Schule ursprünglich ausgeht. Die Verbindung mit der Schule muss als eine konkrete aufgefasst werden. Sodass also jedes Mitglied der Freien Hochschule für Geisteswissenschaft am Goetheanum in Dornach, sodass jedes Mitglied sich klar sein muss: Die Schule muss der Meinung sein können, das Mitglied sei ein wirklicher Repräsentant der anthroposophischen Sache vor der Welt und ein jedes Mitglied vertrete exoterisch die Anthroposophie so, wie es sie vertreten muss als Mitglied der Schule. Es ist versucht worden in der Zeit, als ich noch nicht selbst die Leitung hatte, nicht den Vorsitz der Anthroposophischen Gesellschaft hatte, das Goetheanum nach den anderen Hochschulen zu bilden. Aber das geht unter den gegebenen Verhältnissen nicht. Hier wird man jenes

Achte Stunde

Esoterische finden, das man an sonstigen Hochschulen nicht finden kann. Und es wird gar nicht angestrebt werden, irgendwie in Konkurrenz mit den Hochschulen der Welt zu treten, sondern gerade da zu beginnen, wo der ehrlich strebende Mensch heute auf irgendeinem Gebiet des Lebens dazu kommt, Fragen aufzuwerfen, die außerhalb der Esoterik nicht beantwortet werden. Es muss daher insbesondere für die Mitglieder der Schule in der Zukunft – diese Dinge sind so: Weil mit der Weihnachtstagung etwas geschehen ist, muss man das, was mit ihr geschehen ist, ernst nehmen; es ist so, dass in der Zukunft deshalb, weil die Impulsivität, die von dieser Stätte hier am Goetheanum ausgehen soll, im ernstesten Sinne ihre Aufgabe erfüllen muss, sich unbedingt auf den Standpunkt stellen muss, dass die Aufgabe erfüllt werden muss –, es muss daher insbesondere für die Mitglieder der Schule klar sein, dass in der Zukunft all der Firlefanz aufhören muss, für die Mitglieder der Schule aufhören muss, der da immer wieder davor zurückzuckt, sich frank und frei dazu zu bekennen: Ich bin da als Repräsentant der vom Goetheanum ausgehenden Anthroposophie. Wer das nicht will, wer in einer nicht-freien, nicht freimütigen Weise immer wieder nur damit kommt, man müsse erst schweigen über Anthroposophie, man müsse die Leute langsam vorbereiten, wer in irgendeiner Weise nach dieser Richtung Politik treiben will und glaubt, dass er weiterkommt damit, dass er uns erst verleugnet, um dann zu uns zu führen – es führt ja gewöhnlich nicht zu uns –, der möge lieber seine Mitgliedschaft zur Schule sogleich aufgeben. Ich kann Ihnen versprechen, dass die Mitgliedschaft zur Schule in der Zukunft im allerernstesten Sinne genommen werden wird. Das wird, wie ich glaube, jenen Mitgliedern der Schule, die es mit ihrem Wirken um der Anthroposophie willen halten, nicht aus irgendeinem anderen Grund halten, um der Anthroposophie willen halten mit ihrem Wirken, es im Sinne der Anthroposophie halten mit ihrem Wirken, denen wird es etwas Herzliebes sein. Diejenigen, die aber immer wieder mit der Phrase kommen: Man kann den Leuten nicht gleich mit Anthroposophie kommen, man muss ihnen nach dem Mund reden oder dergleichen –, die können wählen, ihren Standpunkt außerhalb der Schule zu nehmen. Das ist das, was vorausgesetzt werden muss. Und es musste heute erwähnt werden, weil zahlreiche anthroposophische Freunde da sind, die bisher nicht an den Arbeiten dieser Schule teilgenommen haben. Gerade aus dem Grund, weil heute so viele Freunde neu gekommen sind, mussten wir so lange auf den Beginn dieser Stunde warten, mussten auch hier, noch bevor diese Stunde beginnt, diese Einleitung hören. Es ist daher diese heutige Stunde eine Art Vorbereitung. Ich werde eine zweite Stunde halten, deren Zeitpunkt ich noch angeben werde, aber an dieser zweiten Stunde werden keine anderen Freunde teilnehmen können als diejenigen, die heute schon da sind. Also ich bitte diejenigen zu beruhigen, die später kommen. Wir kommen sonst überhaupt nicht weiter, wenn jedes Mal, wenn eine Stunde hier gehalten wird, immer wieder Neue ankommen. Mit der heutigen Stunde muss das erschöpft sein, was Mitgliedschaft zunächst sein kann. Man kann Mitglied werden, aber an der nächsten Stunde können nur diejenigen teilnehmen, die auch heute schon da sind. Sie wird nur die Fortsetzung der heutigen sein.

Nun möchte ich heute damit beginnen, dass wir zunächst nur anhören, ohne dass wir irgendetwas notieren, dass wir nur aussprechen jene mantrische Formel, die auf das hinweist, was durch alle Zeiten, von den Mysterien ausgehend – aber für die Mysterien von der in den Sternen, im ganzen Kosmos geschriebenen Schrift ausgehend –, was durch alle Zeiten in die Menschenseele, in das Menschenherz hereintönt, hereintönt als die große Aufforderung an den Menschen, nach der Erkenntnis seiner selbst zu streben. Diese Aufforderung: «O Mensch, erkenne dich selbst!», sie ertönt aus dem ganzen Kosmos heraus. Blicken wir zu den Ruhesternen hinauf, zu jenen Sternen, die in besonders deutlicher Schrift im Tierkreis stehen, zu jenen ruhenden Sternen, die durch ihre Lagerungen in gewissen Formen die großen kosmischen Schriftzüge zum Ausdruck bringen, dann wird für den, der diese Schrift versteht, der Inhalt des Weltwortes angeschlagen: «O Mensch, erkenne dich selbst!» Blicken wir dann zu dem auf, was die Wandelsterne in ihren Bewegungen ausführen, blicken wir zur Sonne und zum Mond auf, aber auch zu den anderen Wandelsternen, die zu Sonne und Mond gehören, dann offenbart sich in den Bewegungen dieser Wandelsterne – wie sich in den Formen der Ruhesterne der

Inhalt des weltkräftigen, seelengewaltigen Weltwortes offenbart –, dann offenbart sich in den Bewegungen der Wandelsterne der Herzensinhalt, der Gemütsinhalt der Welt. Und durch all das, was wir in den Elementen erleben – in Erde, Wasser, Luft und Feuer –, die im Umkreis der Erde um uns sind und an denen wir teilnehmen, die auch in uns einziehen und in unserem eigenen Körper wirken – durch unsere Haut, durch unsere Sinne, durch all das, was wir in uns haben –, durch all das wird der Willensimpuls der Welt in diese Worte ergossen. Und so können wir dieses zum Menschen ertönende Weltwort auf unsere Seele wirken lassen bei den mantrischen Worten:

O Mensch, erkenne dich selbst!
So tönt das Weltenwort.
Du hörst es seelenkräftig,
Du fühlst es geistgewaltig.

Wer spricht so weltenmächtig?
Wer spricht so herzinniglich?

Wirkt es durch des Raumes Weitenstrahlung
In deines Sinnes Seinserleben?
Tönt es durch der Zeiten Wellenweben
In deines Lebens Werdestrom?

Bist du es selbst, der sich
Im Raumesfühlen, im Zeiterleben
Das Wort erschafft, dich fremd
Erfühlend in Raumes Seelenleere,
Weil du des Denkens Kraft
Verlierst im Zeitvernichtungsstrome.

Meine lieben Freunde! Es gibt kein Erkennen, das nicht an die geistige Welt herandringt. All das, was man Erkennen nennt und was nicht entweder aus der geistigen Welt heraus erforscht ist oder von solchen mitgeteilt wird, die in der geistigen Welt forschen können, das ist kein wirkliches Erkennen. Der Mensch muss sich klar sein darüber, wenn er in der Welt, in den Reichen der Natur herumschaut, wenn er das schaut, was Farbe an Farbe west, was Glanz an Glanz sich offenbart, was oben in den strahlenden Sternen west, was in der wärmenden Sonne lebt, was unten aus den Tiefen der Erde heraus sprosst, er muss sich klar sein darüber: Es ist in alldem Erhabenes – Großes, Schönes und Weisheitsvolles –, und er würde höchst unrecht tun, wenn er an diesem Großen, Schönen und Weisheitsvollen vorbeigehen würde. Der Mensch muss, auch wenn er Esoteriker ist, auch wenn er an wirkliche Erkenntnis herandringt, er muss einen Sinn für das haben, was ihn in der Welt umgibt: einen offenen, freien Sinn. Während der Zeit zwischen Geburt und Tod, während seines irdischen Daseins, obliegt es ihm, aus den Kräften der Erde heraus seine eigene Kraft zu ziehen, in die Kräfte der Erde hinein seine Arbeit zu leisten. Aber so wahr es ist, dass der Mensch an all dem teilnehmen muss, was Farbe an Farbe, Ton an Ton, Wärme an Wärme, Wolke an Wolke, Stern an Stern, Naturwesen an Naturwesen ihn im äußeren Reich umgibt, so wahr ist es, dass der Mensch, wenn er zu all dem hinausschaut, was ihm an Großem, Schönem und Weisheitsvollem seine Sinne übermitteln, dass er da nicht das findet, was er selbst ist. Gerade dann, wenn er einen rechten Sinn für das Erhabene und Gewaltige in seiner Umgebung im Erdleben hat, gerade dann wird er darauf aufmerksam: In diesem lichten, hellen Reich der Erde ist der innerste Urquell deines eigenen Seins nicht vorhanden. Der ist woanders.

Und das volle Erfühlen davon, das bringt den Menschen dazu, jenen Bewusstseinszustand aufzusuchen, der ihn an das versetzt, was wir die Schwelle zur geistigen Welt nennen. Diese Schwelle, die unmittelbar vor einem Abgrund steht, an sie müssen wir herantreten. Und an ihr müssen wir uns daran erinnern, dass in all dem, was uns auf der Erde umgibt im irdischen Dasein zwischen Geburt und Tod, der Urquell des Menschen nicht liegt. Dann müssen wir wissen: An dieser Schwelle steht eine Geistesgestalt, die wir den Hüter der Schwelle nennen. Jener Hüter der Schwelle, er sorgt in einer dem Menschen wohltätigen Weise dafür, dass der Mensch nicht unvorbereitet – nicht ohne in der Seele jene Empfindungen in aller Tiefe durchlebt zu haben, von denen wir gesprochen haben –, dass der Mensch nicht unvorbereitet an diese Schwelle herantritt. Dann aber, wenn der Mensch mit innerlichem Ernst für Geisteserkennen vorbereitet ist – sei es, dass er es im hellseherischen Bewusstsein erwirbt, sei es, dass er es für den gesunden Menschenverstand mitgeteilt erhält, denn beides ist möglich, er muss in Bezug auf den Hüter der Schwelle entweder schauen oder wissen –, dann ist es möglich, dass der Hüter der Schwelle die weisende Hand ausstreckt und den Menschen über den Abgrund hinüberschauen lässt. Da aber, wo der Mensch seinem innersten Wesen nach urständet, wo er seinen Ursprung hat, da ist zunächst, jenseits der Schwelle, die schwärzeste Finsternis.

Meine lieben Freunde! Licht suchen wir, um in dem Licht unser eigenes menschliches Wesen seinem Ursprung nach zu sehen. Finsternis aber breitet sich zunächst aus. Das Licht, das wir suchen, es muss aus der Finsternis herausstrahlen. Und es strahlt aus der Finsternis nur heraus, wenn wir gewahr werden, wie das, was die drei Grundimpulse unseres Seelenlebens sind – das Denken, das Fühlen und das Wollen –, hier in diesem Erddasein durch unseren physischen Leib zusammengehalten werden. Verbunden sind Denken, Fühlen und Wollen im physisch-irdischen Dasein. Soll ich schematisch zeichnen, wie sie verbunden sind, so muss ich das so zeichnen (s. Tafelzeichnung S. 325, drei Farbflächen links oben): hier das Denken (gelb); in das Denken hinein erstreckt sich das Fühlen (grün); in das Fühlen hinein erstreckt sich das Wollen (rot). Die Drei sind im irdischen Dasein für den Menschen miteinander verbunden. Es muss der Mensch empfinden lernen, dass die Drei sich voneinander lösen. Er wird merken, wenn er immer mehr jene Meditationen, die ihm von der Schule aus empfohlen werden, zum kraftvollen Inhalt seines Seelenlebens macht, er wird merken, dass dieses an ihn herantritt: Das Denken wird frei, es löst sich aus der Verbindung mit dem Fühlen heraus; das Fühlen wird für sich frei, das Wollen wird für sich frei (rechts die Drei getrennt). Der Mensch lernt, ohne seinen physischen Leib wahrzunehmen. Der physische Leib hat Denken, Fühlen und Wollen zusammengehalten (großer Kreis links); hier (rechts) ist der physische Leib nicht vorhanden.

Der Mensch kommt allmählich durch die Meditationen, die er von der Schule empfängt, dazu, sich außerhalb seines Leibes zu fühlen. Er kommt in jenen Zustand, in dem das, was Welt war, für ihn zum Selbst wird, und das, was Selbst war, für ihn zur Welt wird. Stehen wir hier auf der Erde in unserem irdischen Dasein, so fühlen wir uns als Mensch. Wir sagen, indem wir uns innerlich gewahr werden: Dies ist mein Herz, dies ist meine Lunge, dies ist meine Leber, dies ist mein Magen. Was wir unsere Organe nennen, was wir die physische Menschenorganisation nennen, das bezeichnen wir als unser Eigenes. Und wir weisen nach außen und sagen: Da ist die Sonne, da ist der Mond, da sind die Sterne, die Wolken, da ist der Baum, da ist der Fluss. Wir bezeichnen diese Wesenheiten als außerhalb von uns stehend. Wir sind in unserem Organismus drinnen, wir sind außerhalb dessen, worauf wir da draußen hinweisen: Da ist die Sonne, da ist der Mond, da sind die Sterne und so weiter. Wenn wir aber unsere Seele genügend dazu vorbereitet haben, dass sie ohne den Leib, das heißt außerhalb des Leibes, in der Geisteswelt wahrnehmen kann, dann tritt für uns gerade das umgekehrte Bewusstsein ein. Wir sprechen von der Sonne, wie wir hier im irdischen Dasein von unserem Herzen sprechen. Wir sagen von der Sonne: Dies ist mein Herz. Wir sagen vom Mond: Dies ist der Schöpfer meiner Gestalt. Wir sprechen von den Wolken so, wie wir auf der Erde von unseren Haaren sprechen. Wir nennen unseren Organismus das, was für den irdischen Menschen die Glieder des Weltalls sind. Wir weisen darauf hin: Siehe da oben – ein menschliches Herz, eine menschliche Lunge, eine menschliche Leber. Das ist objektiv, das ist die Welt. So wie wir hier vom Menschen aus nach Sonne und Mond sehen, wenn wir im physischen Leib die Welt schauen, so sehen wir vom Weltall aus auf den Menschen hin, der unsere Außenwelt ist, so, dass Sonne und Mond, Sterne und Wolken, Flüsse und Berge in uns selbst sind. Die Schwierigkeit ist nur in den Raumesverhältnissen gegeben. Und diese Schwierigkeit wird überwunden.

So nehmen wir wahr, sobald wir mit unserem Denken aus unserem physischen Leib herausgetreten sind: Dieses Denken ist eins mit all dem, was sich in den Ruhesternen offenbart. Wie wir hier das Gehirn unser eigen nennen, es als Werkzeug unseres Denkens ansprechen, so beginnen wir die Ruhesterne, namentlich die ruhenden Sterne des Tierkreises, als unser Gehirn zu empfinden, wenn wir draußen in der Welt sind und auf den Menschen als auf das außerhalb von uns Stehende herniederschauen. Und das, was als Wandelsterne herumkreist, empfinden wir als das, was unser Fühlen ist. Unser Fühlen weht dann mit dem Lauf der Sonne, mit dem Lauf des Mondes, mit dem Lauf der anderen Wandelsterne. Es ist die Sonne in uns selbst zwischen dem, was wir als Weltdenken in den Ruhesternen erleben, und dem Fühlen. Und zwischen dem Fühlen und dem Wollen liegt der Mond, den wir auch in uns fühlen (s. Tafelzeichnung S. 325, Sonne und Mond in Rot). Indem wir diese Figur meditieren, liegt in dieser Figur die Kraft, uns immer mehr einer geistigen Anschauung zu nähern. Wir müssen nur darauf kommen, dass das, was mit diesen Worten ausgesprochen ist, innerlich erlebt wird: das Herausgehen aus dem physischen Leib, das Sichausdehnen über den Kosmos, das Fühlen der Glieder des Kosmos – Sonne und Mond, Sterne und so weiter – als die eigenen Organe, das Hinschauen auf den Menschen als auf unsere Außenwelt. Das aber muss uns völlig klar werden: Unser Denken, unser Fühlen und unser Wollen werden aus einer Einheit, die sie nur durch den physischen Leib auf der Erde sind, eine Dreiheit. Wir lernen diese Dreiheit empfinden, wenn wir vor allen Dingen auf das Denken selbst hinschauen.

Meine lieben Freunde! Dieses Denken, das der Mensch hier auf der Erde zwischen Geburt und Tod übt, es ist ein Leichnam, es lebt nicht. Was auch der Mensch durch sein Gehirn ausdenken mag an noch so Schönem, Erhabenem und Großem über die irdische Welt seiner Umgebung: Diese Gedanken leben nicht. Gelebt haben sie im vorirdischen Dasein. Gelebt haben sie, diese Gedanken, als wir noch nicht in die physische Welt heruntergestiegen waren, sondern als geistig-seelische Wesen oben in der geistigen Welt gelebt haben. Da waren die Gedanken lebendig, die wir hier auf der Erde haben, und unser physischer Leib ist das Grab, in dem die abgestorbene Gedankenwelt begraben worden ist, als wir auf die Erde heruntergestiegen sind. Hier tragen wir in uns die Gedankenleichname. Mit

Gedankenleichnamen, nicht mit lebendigen Gedanken, denken wir das, was in der sinnlichen Umgebung hier auf der Erde ist. Aber bevor wir heruntergestiegen sind, da war in uns ein lebendiges Denken.

Meine lieben Freunde! Wir brauchen uns nur mit der allerstärksten inneren Kraft immer wieder mit dieser Wahrheit zu durchdringen: Wir kommen dazu, im Bewusstsein ein Wissen zu entwickeln, dass das so ist. Wir lernen so den Menschen erkennen. Wir lernen ihn so erkennen, dass wir sagen: Da ist das menschliche Haupt; dieses menschliche Haupt ist der Träger und Boden für das irdische Leichnamdenken. Da sprossen heraus, aber tot, die Gedanken, die sich über das durch die Augen Wahrgenommene ergießen, über das durch die Ohren Wahrgenommene, durch den Wärmesinn, durch die anderen Sinne Wahrgenommene ergießen. Da schauen wir hin auf das Denken, das sich auf die Erde bezieht. Aber wir lernen allmählich durch dieses Denken hindurchzuschauen. Dahinter in der Geisteszelle des menschlichen Hauptes, da ist noch der Nachklang des wahren, lebendigen Denkens, in dem wir gelebt haben, bevor wir in die physische Welt heruntergestiegen sind. Schauen wir hin auf den Menschen (s. Tafelzeichnung S. 325, links: Kopf), so schauen wir auf sein totes Denken. Aber hinter diesem toten Denken ist in der Geisteszelle des Kopfes das lebendige Denken. Und dieses lebendige Denken hat die Kraft mitgebracht, unser Gehirn erst zu bilden. Das Gehirn ist nicht der Erzeuger des Denkens, sondern es ist selbst das Produkt des vorgeburtlichen, lebendigen Denkens. Schauen wir mit dem richtig entwickelten Bewusstsein auf den Menschen hin: Er offenbart an der Oberfläche seines Hauptes das irdisch-tote Denken; schauen wir aber hinein in die Geisteszelle dahinter (gelb ganz links), dann schauen wir auf das lebendige Denken, das so ist wie das

Wollen, das wir in dem motorischen System als jenes Wollen gewahr werden, das schlafend in uns ist, denn wir wissen nicht, wie der Gedanke hinuntergeht, wenn wir die Absicht haben, dies oder jenes zu tun, wie er in unsere Muskeln hinuntergeht und so weiter. Wir schauen auf das, was als Wollen in uns lebt. Wir schauen das Wollen als Denken in der Geisteszelle hinter dem auf das Sinnliche gerichteten Denken. Dieses Wollen, das wir als Denken da gewahr werden, ist schöpferisch auch für unser Denkorgan. Da ist das Denken nicht mehr menschliches Denken, da ist das Denken Weltdenken. Können wir den Menschen so verstehen, dass wir durch das irdische Denken hindurch auf jenes Denken blicken, das im Gehirn erst die Grundlage für das irdische Denken geschaffen hat, dann verfließt das sinnliche Denken ins Weltnichts, und es aufersteht das schaffende Weltdenken wie ein Wollen. Das alles bringen wir uns zum Bewusstsein, wenn wir die mantrischen Worte in uns wirken lassen:

> Sieh hinter des Denkens Sinneslicht,
> Wie in der finstren Geisteszelle
> Wollen sich hebt aus Leibestiefen;
> Lasse fließen durch deiner Seele Stärke
> Totes Denken in das Weltennichts;
> Und das Wollen, es erstehet
> Als Weltgedankenschaffen.

Diese Imagination muss vor uns stehen, meine lieben Freunde, diese Imagination, dass vom Kopf das Tote der Gedanken ausstrahlt, die auf die Sinnenwelt gerichtet sind; dahinter liegt, zunächst wie als Finsternis, das durch die Sinnesgedanken hindurchscheinende wahre Denken, das das Gehirn erst schafft, wenn der Mensch aus der geistigen Welt in die physische Welt heruntersteigt. Das ist aber wie ein Wollen. Und wir sehen dann, wie das Wollen heraufsteigt, sich im Menschen ausbreitet und im Haupt zum Weltdenken wird (rote Fläche von unten bis oben), weil das, was im Wollen als Denken lebt, Weltdenken ist.

Wir suchen immer besser zu verstehen, immer mehr zu begreifen, immer mehr zur Bildhaftigkeit zu bringen die mantrischen Gedanken, die wir mit diesen Worten in die Seele hineinlegen: «Sieh hinter des Denkens...». Wir müssen «hinter» das Denken schauen, wir müssen in der Seele stark werden und das gewöhnliche Denken zerfließen lassen: «Lasse fließen... totes Denken». In diesen sieben Zeilen ist das Geheimnis des menschlichen Denkens in seinem Zusammenhang mit dem Weltall enthalten.

Wir müssen nicht Anspruch darauf machen, diese Dinge mit dem Intellekt zu erfassen. Wir müssen diese Dinge als Meditation im Gemüt leben lassen. Diese Worte haben Kraft, sie sind harmonisch gebaut: «Denken» und «Wollen»; «Weltennichts», «Wollen» und «Weltgedankenschaffen» (Worte werden unterstrichen) sind so zu einem Gedankenorganismus zusammengefügt, dass sie auf das imaginative Bewusstsein wirken können.

Ebenso wie wir auf das menschliche Haupt hinschauen, wie uns das Haupt ein Mittel wird, in das Weltgedankenschaffen hineinzuschauen, so können wir auf das menschliche Herz hinblicken, als den physisch-imaginativen Repräsentanten der menschlichen Seele. Wie der Kopf der Repräsentant des menschlichen Denkens ist, so können wir auf das menschliche Herz als den Repräsentanten des Fühlens hinblicken. Wieder können wir in das Fühlen, wie es im irdischen Dasein zwischen Geburt und Tod dem Erdwesen zugewandt ist, wir können in dieses Fühlen hineinschauen – jetzt nicht hinter das Fühlen, sondern in das Fühlen. Wie wir in der Geisteszelle hinter dem Denken das Weltgedankenschaffen wahrnehmen, so nehmen wir im Fühlen, dessen Repräsentant das Herz ist, so nehmen wir unser Fühlen durchströmend (großes Oval mit Wellen gefüllt), etwas wahr, was vom ganzen Kosmos im Menschen ein- und ausgeht: Wir nehmen das Weltleben wahr, das Weltleben, das im Menschen zum Seelenleben wird. Muss im ersten Mantram stehen: «hinter des Denkens Sinneslicht», so muss es jetzt im zweiten Mantram, das mit dem ersten organisch zusammengewoben werden muss, so muss es jetzt heißen: «in des Fühlens Seelenweben» (handschriftlich: S. 174 «-weben» in «-wehen» geändert; S. 175 erst «-weben», dann «-wehen», zuletzt wieder «-weben»):

Sieh in des Fühlens Seelenweben,
Wie in dem Träumedämmern
Leben aus Weltenfernen strömt;
Lass in Schlaf durch die Herzensruhe
Menschenfühlen still verwehen;
Und das Weltenleben geistert
Als Menschenwesensmacht.

Das Fühlen ist nur ein wachendes Träumen. Die Gefühle werden dem Menschen nicht so bewusst wie die Gedanken, sie werden ihm so bewusst wie die Bilder des Traumes. Das Fühlen ist ein Träumen im Wachen. Daher heißt es: «Sieh in des Fühlens Seelenweben, wie in dem Träumedämmern». Im ersten Mantram strömt «Wollen ... aus Leibestiefen» herauf; im zweiten Mantram strömt «Leben aus Weltenfernen» in das Seelenleben herein. Wie im ersten Mantram das Denken durch Seelenstärke ins Weltnichts zerfließen soll, so handelt es sich im zweiten Mantram darum, dass wir die Träume des Fühlens verwehen lassen, dafür aber im Seelenweben des Fühlens das wahrnehmen, was als Weltleben hereinströmt. Wenn das Träumen des Fühlens ganz in Schlaf verweht, wenn das einzelne menschliche Fühlen aufhört, dann strömt Weltleben in den Menschen

Achte Stunde

herein (zwei lange waagerechte Linien): «Leben aus Weltenfernen strömt; lass in Schlaf durch die Herzensruhe ...». Im ersten Spruch brauchen wir Seelenstärke, im zweiten Spruch brauchen wir vollständige innere Ruhe, dann verwehen im Schlaf die Träume des Fühlens, und das göttliche Weltleben strömt in die menschliche Seele herein: «Lass in Schlaf ... als Menschenwesensmacht». In diesen sieben Zeilen ist das ganze Geheimnis des menschlichen Fühlens enthalten, wie es sich aus der Einheit in die Dreiheit verselbstständigt.

Ebenso können wir hinschauen auf die menschlichen Glieder, in denen sich das Wollen äußert. Da können wir, wenn wir auf die menschlichen Glieder hinschauen, in denen sich das Wollen äußert, da können wir nicht sagen: «Sieh hinter» oder: «Sieh in», da müssen wir sagen: «Sieh über», denn vom Haupt herunter strömt das Denken in das Wollen (weißer Pfeil), ohne dass es der Mensch im gewöhnlichen Bewusstsein schauen kann. Es strömt vom Haupt in die Glieder der Gedanke, damit in den Gliedern das Wollen wirken kann. Dann aber, wenn wir das Wollen wirkend in den Gliedern schauen, wenn wir in jeder Armbewegung, in jeder Beinbewegung sehen, wie der Strom des Wollens strömt, dann werden wir auch gewahr, wie in diesem Wollen ein geheimes Denken lebt, ein Denken, das im Menschen unmittelbar das irdische Sein ergreift (zwei weiße Linien schräg nach unten). Es ist unser Wesen aus früheren Erdleben, das durch die Glieder das irdische Dasein ergreift, damit wir in diesem Ergreifen das gegenwärtige Dasein haben. Denken senkt sich hinunter in die Glieder, und wenn wir es im Wollen der Glieder sehen, wie es sich da hinuntersenkt, dieses Denken, dann erblicken wir das Denken im Wollen. Dann sehen wir, indem wir mit der Seele hinschauen, wie in den Armen, in den Händen, in den Beinen, in den Füßen, in den Zehen das Denken lebt, das uns sonst verborgen bleibt. Dann sehen wir, wie dieses Denken Licht ist. Es strömt das Denken als Licht durch Arme und Hände, durch Beine und Zehen. Und es verwandelt sich das Wollen, das sonst in den Gliedern als ein schlafendes Wollen lebt: Dieses Wollen verwandelt sich, und das Denken erscheint als «Willenszauberwesen», das den Menschen aus früheren, zu Geist gewordenen Erdleben in das gegenwärtige Erdleben hereinversetzt:

Sieh über des Wollens Leibeswirken,
Wie in schlafende Wirkensfelder
Denken sich senkt aus Haupteskräften;
Lass durch die Seelenschau zu Licht
Menschenwollen sich verwandeln;
Und das Denken, es erscheinet
Als Willenszauberwesen.

Es «zaubert», das heißt, es wirkt magisch das unsichtbare Denken im Wollen der Glieder. Derjenige erst versteht den Menschen, der da weiß, dass der Gedanke, weil wir im Wollen schlafen, dass der Gedanke, der im Wollen nicht geschaut wird, magisch wirkt in den Gliedern als Wollen. Derjenige versteht erst wahre Magie, der diese Magie zunächst in dem Denken schaut, das durch Arme und Hände, durch Beine und Zehen wirkt. Darin ist das Geheimnis des menschlichen Wollens enthalten, wie es als solches Wollen aus dem Weltall schaffend, magisch schaffend im Menschen wirkt.

Und so wollen wir dies als eine Grundlage betrachten, meine lieben Freunde, und auf dieser Grundlage wollen wir weiterbauen, indem wir uns immer wieder diese mantrischen Worte durch die Seele meditierend ziehen lassen: «Sieh hinter des Denkens Sinneslicht... Sieh in des Fühlens Seelenweben... Sieh über des Wollens Leibeswirken».

O Mensch erkenne dich selbst
So tönt das ~~Geistes~~ Weltenwort.
Du hörest es seelenkräftig –
~~Du fühlest es~~ geistgewaltig
Wer spricht so weltenmächtig?
Wer spricht so herzinniglich?
Wirkt es durch
~~Sind~~ des Raumes Weitenstrahlung
In deines Sinnes Sinneserleben?
~~Des Rätselwortes Träger~~
Tönt es durch der Zeiten Wellenweben
In deines Lebens Werdestrom?
Bist du es selbst, der sich ~~sehnend~~
~~Der sich verloren hat~~
Im Raume ~~rastlos~~ fühlen, im Zeiterleben
Das Wort erhascht, ~~sich sehnend~~ dich fremd
Erfüllend in Raumes Seelenleere
Weil ~~du~~ ~~die~~ des Denkens Kraft
Verlierst im Zeitvernichtungsstrom.

O Mensch, erkenne dich selbst!
So tönt das Weltenwort.
Du hörst es seelenkräftig,
Du fühlst es geistgewaltig.

Wer spricht so weltenmächtig?
Wer spricht so herzinniglich?

Wirkt es durch des Raumes Weitenstrahlung
In deines Sinnes Seinserleben?
Tönt es durch der Zeiten Wellenweben
In deines Lebens Werdestrom?

Bist du es selbst, der sich
Im Raumesfühlen, im Zeiterleben
Das Wort erschafft, dich fremd
Erfühlend in Raumes Seelenleere,
Weil du des Denkens Kraft
Verlierst im Zeitvernichtungsstrome.

Sich' hinter des Denkens Sinnes Licht
Wie in der finstren Geisteszelle
Wollen sich hebt aus Leibestiefen
Lasse dunkler deiner Seele Stärke
Totes Denken in das Weltennichts
Und das Wollen es ersteht
Als Weltgedanken schaffen

Sich in des Fühlens Seelenwesen
Wie in dem Träumen dämmern
Götter Leben aus Weltenfernen strömt
Lasse in Schlafes dunk Herzensstille
Menschenfühlen still verwehen;
Und das Weltenleben geistert
Als Menschenwesens macht —

Sich über des Wollens Leibeswirken
Wie im schlafenden Wirkensfelder
Denken sich senkt aus Hauptes Kräften
Lass' im Licht dunk Seelenpfau
Menschenwollen sich verwandeln
Und das Denken, es erscheinet
Als Willenszauberwesen. —

Sieh hinter des Denkens Sinneslicht,
Wie in der finstren Geisteszelle
Wollen sich hebt aus Leibestiefen;
Lasse fließen durch deiner Seele Stärke
Totes Denken in das Weltennichts;
Und das Wollen, es erstehet
Als Weltgedankenschaffen.

Sieh in des Fühlens Seelenweben,
Wie in dem Träumedämmern
Leben aus Weltenfernen strömt;
Lass in Schlaf durch die Herzensruhe
Menschenfühlen still verwehen;
Und das Weltenleben geistert
Als Menschenwesensmacht.

Sieh über des Wollens Leibeswirken,
Wie in schlafende Wirkensfelder
Denken sich senkt aus Haupteskräften;
Lass durch die Seelenschau zu Licht
Menschenwollen sich verwandeln;
Und das Denken, es erscheinet
Als Willenszauberwesen.

Sieh in des Fühlens Seelenweben,
Wie in dem Träumedämmern
Leben aus Weltenfernen strömt;
Lass' in Schlaf durch die Herzensruhe

Zum 18. April

Mond

I. Strophe

Sonne

Erde Schwere

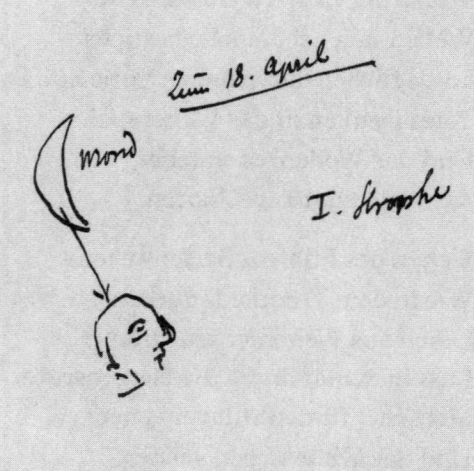

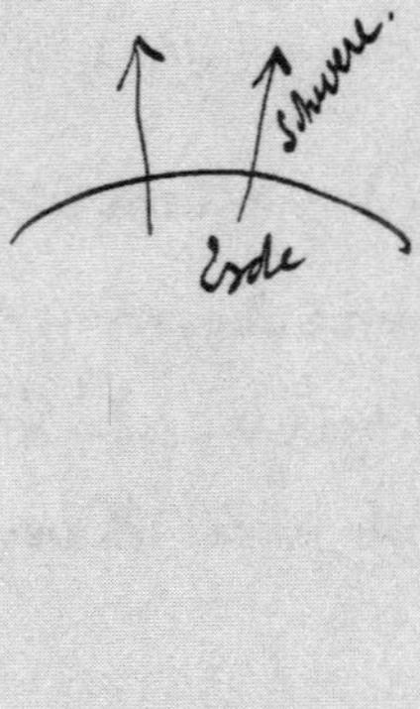

Neunte Stunde

Dornach, 22. April 1924

Meine lieben Freunde! Wir lassen zuerst, ohne dabei irgendetwas zu notieren, an unserem Gemüt jene Ermahnung an die Menschenseele vorüberziehen, die den Menschen auf das uraltheilige Wort des Erkennens hinweist: *«O Mensch, erkenne dich selbst! ...»* (s. S. 173).

Wir können, meine lieben Freunde, in die Weiten der Sterne hinaufschauen und unseren Blick auf dem ruhen lassen, was uns aus den Weltweiten in den Ruhesternen entgegenleuchtet, was uns aus den Sternen entgegenglänzt, die in ihren Gruppierungen bestimmte Formen uns entgegenbringen. Wir werden, wenn wir uns in das Erhabene hineinversetzen, das da aus den Weltfernen auf uns wirkt, eine immer stärkere innere Kraft gewinnen. Und wir werden insbesondere dann, wenn wir die Kraft brauchen, die Seele von dem Körperlichen frei zu erhalten, wir werden dann besonders darauf angewiesen, diesen Blick auf die Sternenwelt so zu richten, dass wir ihn rein innerlich richten. Innerlich, damit ist gemeint: Wir haben den Anblick der Sterne oft gehabt, wir haben ihn in unserem Gemüt bewahrt; wir sind nicht mehr darauf angewiesen, auf den äußeren Sternenhimmel zu schauen, um in unserem Bewusstsein das gewaltige Bild des Himmelsdoms regsam zu machen, der uns sternenbesät entgegenleuchtet. Wenn dieses Bild aus unserem eigenen Inneren auftaucht, wenn die Seele sich dazu erkraftet, dieses Bild in sich selbst zu erschaffen, dann wird sie erst recht in der Lage sein, durch diese erstarkte Kraft ihr Seelisches vom Körperlichen frei zu bekommen. Und wir können auf all das hinschauen, was uns von den wandelnden Sternen durchstrahlt und durchströmt, die einen Umkreis um die Erde machen, die in ihrem

Umkreisen auch das mitreißen, was auf der Erde an Wind und Wetter webt und west. Und wir können uns wieder von alldem ein Bild machen, wenn wir es im Gemüt bewahren, sodass wir dieses Hineinverwobensein in die Bewegungen des Umkreises als ein Zweites erleben. Und wir können dann, wenn wir auf all das aufmerksam werden, was uns an die Erde fesselt, was da macht, dass wir ein schwerer Körper unter anderen schweren Körpern sind, was in uns als Empfindung unseres Erdgebundenseins lebt, wir können auch das in der Seele rege machen. Und es wird das ein Drittes sein.

Und aus diesen drei inneren Erlebnissen – aus dem, was wir wie einen, aber jetzt in uns erglänzenden, in uns webenden und wesenden Gedanken an den Ruhesternen gewonnen haben; aus dem, was wir haben, wenn wir in dem Gang unserer eigenen Erde durch das Weltall aufgehen, in all dem aufgehen, was die Wandelsterne uns in ihren Bewegungen bedeutungsvoll vom Raum herein sagen, wenn wir uns selbst durch den Kosmos in Bewegung gekommen fühlen, wie wir uns den Ruhesternen gegenüber als ruhender Mensch empfinden; und zum Dritten aus dem, was wir haben, wenn wir uns an die Erde gebunden fühlen, uns als ein durch die Kräfte der Erde an die Erde gezogener Teil dieser Erde fühlen –, aus diesen drei inneren Erlebnissen werden wir immer mehr dazu kommen, den Anfang damit zu machen, in die geistige Welt einzutreten. Diesen Anfang kann heute jeder Mensch machen.

Da kann die Frage aufgeworfen werden: Wie kommt es denn, dass ihn so wenige Menschen machen? Darauf muss die Antwort gegeben werden: Die meisten Menschen wollen nicht so innig erleben, um in das Geistige hineinzukommen. Sie verschmähen es, so innig zu erleben. Sie möchten tumultuarisch erleben, so erleben, dass ihnen die geistige Welt mit allen

Eigenschaften der sinnlichen Welt entgegentritt. Die Menschen wären heute leicht von der geistigen Welt zu überzeugen, wenn ihnen aus der geistigen Welt ein Tisch entgegentreten würde. Aber Tische gibt es in der geistigen Welt nicht, sondern nur geistige Wesen gibt es in der geistigen Welt. Die müssen mit dem im Menschen wahrgenommen werden, was selbst geistig ist. Geistig ist das, was wir in den ruhenden Sternen lesen können, geistig ist das, was wir an den Bewegungen der wandelnden Sterne fühlen können, geistig ist das, was wir an Kräften, mit denen uns die Erde hält, um uns zum Menschen der Erde zu machen, was wir da erleben können. Deshalb muss es jeder, der da will, im richtigen Sinne verstehen, innerlich verstehen. Mit dem gesunden Menschenverstand kann man alles Anthroposophische verstehen, aber es innerlich verstehen heißt, es immer mehr auch ins innere Erleben überführen. Wer das haben will, dieses Überführen ins innere Erleben als innerliches Verstehen, der muss sich dazu entschließen, zu einer solchen inneren, innigen Übung zu kommen, wie sie sich in diesen drei Gefühlen oder Erlebnissen – wie wir es nennen ist gleichgültig –, in diesen drei Gefühlen oder Erlebnissen ergibt.

Und da möchte heute das, was aus der geistigen Welt durch diese Schule zu uns fließt, meine lieben Freunde, das möchte zu uns von dem sprechen, wie wir durch eine innige Übung an unserem Menschenwesen mehr gewahr werden können von dem Zusammenhang des Menschen mit der Welt, als wir gewöhnt sind, im äußeren Bewusstsein wahrzunehmen. Zuerst handelt es sich darum, dass wir uns als Mensch im späteren Leben zu dem wieder machen, was wir als Kind sind. Wir sind als Kind ganz Sinnesorgan, ganz Auge und Ohr. Das Kind nimmt alles, was in seiner Umgebung geschieht, so wahr, wie wenn sein ganzer Körper ein Sinnesorgan wäre. Deshalb macht es alles nach, weil alles in

Neunte Stunde

ihm weitervibriert und in derselben Weise, wie es in ihm vibriert, durch seinen Leib wiederum aus ihm herauswill. Das Kind behält diese Sinnesart seines ganzen Leibes nur so lange, als wir es davor bewahren, mit seinem Leibessinn das zu machen, was wir später als erwachsener Mensch mit diesem Leibessinn machen. Das Kind entwickelt diese innere Sinnenfähigkeit so lange, als wir es tragen, als wir es immer so bewahren, dass es noch nicht den Kräften der Erde ausgesetzt ist. Und es ist etwas ganz Wunderbares im Heranwachsen des Menschen, dass dieses Sinnesorgan-Sein so lange besonders lebendig ist, solange sein Leibessinn vor der Einwirkung der Erdkräfte bewahrt wird. In dem Augenblick, wo das Kind sich auf seine Füße stellt und anfängt, sich so zu bewegen, dass seine Bewegungen in die Kräfte der Erde hineinfallen, wo das Kind sein eigenes Gleichgewicht halten muss, in dem Augenblick hört auch das innige Sinnensein des Kindes auf. Der Mensch, der sich nicht bis zu dieser ersten Stufe des Menschentums zurückerinnert, weiß gar nicht, was es heißt, sich als ganzer Mensch wie ein Sinnesorgan zu fühlen. Aber wir müssen uns, wenn wir den Menschen immer mehr in uns erleben wollen, als ganzer Mensch als ein solches Sinnesorgan fühlen und erleben. Dann aber müssen wir uns auch als Tastorgan erleben, als jenes einzige große Tastorgan, das unser ganzer Leib ist. Wir greifen irgendetwas an, es drückt auf uns, wir nehmen den Druck wahr. Oder wir nehmen die Beschaffenheit einer Oberfläche wahr, indem wir tasten. Aber wir tasten in Wirklichkeit fortwährend, indem wir uns durch unseren ganzen Körper von oben nach unten auf die Erde stellen und die Erde unten mit unseren Fußsohlen betasten. Wir sind es nur so gewöhnt, dass wir es nicht beachten. Wenn wir beginnen, es zu beachten, dann fühlen wir uns erst als Mensch in den Erdkräften drinstehen. Daher die Ermahnung an der Schwelle zur geistigen Welt:

O Mensch, ertaste in deines Leibes ganzem Sein,
Wie Erdenkräfte dir im Dasein Stütze sind.

Damit haben wir die erste Stufe dieses inneren Erlebens in uns wirken lassen. Jetzt können wir uns wiederum als der Mensch fühlen, der da tastet. Wir können dieses Tasten erleben, können uns als den Menschen innerlich fühlen, in dem dieses Tasten webt und lebt. Wenn wir dazu aufsteigen, dieses Tasten selbst zu empfinden, dann nehmen wir nicht nur die Erdkräfte wahr, sondern wir fangen an, die in uns vibrierenden Wasserkräfte wahrzunehmen, die Flüssigkeitskräfte, die als Blut und andere Säfte in unserem Körper wellen und weben. Und in diesen Kräften fühlen wir dann, wie all das, was in uns flüssig ist, was in uns als Flüssiges wellt und webt, mit dem Äther der Welt zusammenhängt:

O Mensch, erlebe in deines Tastens ganzem Kreis,
Wie Wasserwesen dir im Dasein Bildner sind.

Wären in uns nur die von uns als ganzer Mensch zu ertastenden Erdkräfte, dann würden wir etwas darstellen, was immer nach unten zerfällt. Die Wasserkräfte, die in uns sind, bilden uns aus dem Weltäther zu einem gestalteten Menschenleib. Auf das, was in uns fest ist, was in uns feste Erdkräfte sind, hat nur die Erde Einfluss; auf das, was in uns flüssig ist, hat die ganze weite Welt des Äthers Einfluss. Dann aber können wir uns auf der dritten Stufe wiederum in das versenken, was in der Flüssigkeit webt und lebt. Wir können das innerlich fühlen, wenn wir den Atem fühlen. Dann werden wir entdecken, dass wir als Menschen von den Wesen des Atems, von den Wesen der Luft fortwährend «gepflegt» werden. Wir wären hilflose Kinder in der Welt, wenn wir nicht fortwährend von den Atemkräften durchströmt würden, die uns pflegen, die uns aus hilflosen Kindern erst zum Menschen machen:

> O Mensch, erfühle in deines Lebens ganzem Weben,
> Wie Luftgewalten dir im Dasein Pfleger sind.

Und dann können wir, nachdem wir so zur dritten Stufe des inneren Erlebens aufgestiegen sind, zu der vierten Stufe kommen, wo wir uns innerlich durchwärmt fühlen, wo wir auf unsere eigene, uns erfüllende Wärme aufmerksam werden, die im Atem lebt, die in all dem lebt, was luftförmig in uns ist. Denn nur durch das, was luftförmig in uns webt und lebt, wird die Wärme in uns erzeugt, die uns auch körperlich verinnerlicht. Das aber, was da innerlich als Wärme in uns lebt, das können wir mit dem Gedanken erreichen. Und hier ist ein sehr bedeutsames Geheimnis der Menschennatur gegeben.

Meine lieben Freunde! Wir können nicht mit dem Gedanken erreichen, wie die Erdkräfte auf uns wirken und uns Stütze sind, sondern nur mit dem Tastgefühl; wir können nicht mit dem Gedanken erreichen, wie die Wasserkräfte in uns plastische Bildner sind, sondern nur mit dem innerlichen Erleben; wir können nicht mit dem Gedanken erreichen, wie die Luftgewalten in uns Pfleger sind, sondern wir können es nur innerlich fühlen – wir können diesen Pflegern dankbar sein, wir können diese Pfleger lieben, aber wir können sie nicht mit dem Gedanken unmittelbar erreichen. Aber das können wir meditierend mit dem Gedanken erreichen, dass wir uns in unsere Wärme hineinversenken, dass wir uns innerlich als ein Wärmewesen erleben. Der Arzt kommt mit dem Fieberthermometer, er misst die Wärme von außen. Wie die Wärme an den einzelnen Körperstellen verschieden ist, so ist die Wärme im Inneren, in den einzelnen Organen verschieden. Und wir können den Gedanken zu den einzelnen Organen hinunterlenken, wir können den ganzen inneren Wärmeorganismus differenziert in uns fühlen. Wir können uns als Wärmeorganismus mit dem Gedanken erreichen. Dann aber, wenn wir das tun, haben wir ein ganz bestimmtes Gefühl. Dieses Gefühl, meine lieben Freunde, ist hier an dieser Stelle vor unsere Seele hinzubringen. Denken wir uns, wir erreichen es, dass wir vom Denken ausgehend den Gedanken in unseren Organismus hineinversenken, sodass wir die sich differenzierende Wärme erreichen: die Wärme der Lunge, die Wärme der Leber, die Wärme des Herzens, die alle gottgeschaffene Wesenheiten in uns sind. Wir erreichen das mit dem Gedanken. Da erst wissen wir, was der Gedanke ist. Vorher haben wir nicht gewusst, was der Gedanke ist. Da wissen wir erst, dass der Gedanke, indem er in die Wärme hineinzieht, die vorherige bloße Wärme zur Flamme macht, zum Feuer macht. Der Gedanke erscheint uns im gewöhnlichen Leben, in seiner Innerlichkeit unwahrnehmbar, als abstrakter Gedanke. Wenn wir uns aber in den eigenen Leib hineinversenken, erscheint uns der Gedanke so, dass er leuchtend, strahlend in die Lunge, in das Herz, in die Leber einzieht. Wie sich das Licht, das von unserer Stirn ausgeht, nach unten erstreckt, so durchleuchtet der Gedanke, sich in die verschiedenen Farbennuancen differenzierend, die einzelnen Organe. Wir können nicht bloß sagen: Ich durchdenke mich nach den Verschiedenheiten meiner Wärme, sondern wir müssen sagen: Ich durchleuchte mich durch den Gedanken nach den Verschiedenheiten meiner Wärme:

> O Mensch, erdenke in deines Fühlens ganzem Strömen,
> Wie Feuermächte dir im Dasein Helfer sind.

Das Ganze kann dann zusammengefasst werden. Was in diesen acht Zeilen liegt, es kann zusammengefasst werden, indem wir das, was wir da innerlich durchgemacht haben, zusammenfassen und auf unsere Seele wirken lassen in den Worten:

> O Mensch, erschaue dich in der Elemente Reich.

(Es werden rechts die Elemente «Erde», «Wasser», «Luft» und «Feuer» zugeteilt.) So durchmessen, durchkraften und durchstrahlen wir uns in Bezug auf den Leib. Aber bemerken wir, wie dieses Durchmessen, wie dieses Durchkraften und Durchstrahlen aus dem mehr physischen Fühlen in das Moralische übergeht. Wir haben zuerst die «Stütze» des Menschen, die physische Stütze; dann haben wir die plastischen «Bildner» – es ist noch etwas Physisches, obwohl vom Ätherischen durchzogen; dann haben wir die «Pfleger» – es ist schon etwas Moralisches, denn kommen wir vom Wasser herauf zur Luft, so empfinden wir: Die Wesen, die in der Luft sind, sind schon von Moralität durchzogen. Aber im Feuer haben wir nicht nur Pfleger, sondern «Helfer» – wie Kameraden, wie Wesen, die gleichartig mit uns sind.

Ebenso, wie wir den Leib in dieser Weise erleben, können wir auch die Seele selbst erleben. Da müssen wir uns aber nicht auf die Elemente konzentrieren, da müssen wir uns auf das konzentrieren, was in den Wandelsternen um die Erde herum kreist und Luft- und Meeresströmungen mitreißt. Unser Leibliches fühlen wir in seiner Geistigkeit, wenn wir in der Weise, wie wir es auseinandergesetzt haben, den Leib durchmessen. Unser Seelisches aber erleben wir an den Wandelsternen. Die weiteren Details sollen in späteren Stunden entwickelt werden, heute soll nur kurz das hingeschrieben werden, was das Durchfühlen unserer Seele erleben lässt:

> O Mensch, so lasse walten in deiner Seele Tiefen
> Der Wandelsterne weltenweisende Mächte.

Wieder kann das in dem Satz zusammengefasst werden:

O Mensch, erwese dich durch den Weltenkreis.

Das, wodurch wir auch das Geistige in uns erleben, das erreichen wir, wenn wir den Geist zu den Ruhesternen erheben, zu jenen Sternen, die in ihren Gruppierungen uns Formungen, Gestaltungen entgegensenden, und so zu einer Himmelsschrift für uns werden. Wenn wir das gewahr werden, was im Sternenhimmel eingeschrieben ist, dann werden wir unserer eigenen Geistigkeit gewahr, jener Geistigkeit, die nicht persönlich vom Menschen spricht, sondern vom ganzen Weltall spricht:

O Mensch, erhalte dir in deines Geistes Schaffen
Der Ruhesterne himmelkündende Worte.

Und wieder zusammenfassend:

O Mensch, erschaffe dich durch die Himmelsweisheit.

Nicht mit allgemeinen Sätzen, nicht mit allgemeinen Empfindungen kommen wir dazu, mit unserem Seelischen immer mehr aus dem Leib herauszukommen und in alle Welt überzugehen, sondern nur dadurch kommen wir dazu, dass wir in bestimmter Weise die Elemente, die Bewegungen der Wandelsterne und den Sinn der Ruhesterne ergreifen. Wir verbinden uns mit der Welt, indem wir das tun. Und wir werden bemerken, indem wir das tun, dass wir durch eine solche Übung, indem wir ihren ersten Teil absolvieren, das Leben in uns fühlen, das Leben der Welt. Indem wir den zweiten Teil absolvieren, fühlen wir in uns die Liebe zu aller Welt. Indem wir den dritten Teil absolvieren, fühlen wir in uns das Frommsein. («Leben», «Liebe», «Frommsein» wird an die Tafel geschrieben.) Es ist ein Hinaufheben des Menschen vom Leben durch die Liebe bis zum Frommsein, zum religiösen Welterleben, was an solchen mantrischen Worten durchgemacht wird.

Dann aber, wenn das so durchgemacht wird, wenn wir durch eine solche Übung im Frommsein enden, dann hört für uns die Welt auf, physisch zu sein. Dann sagen wir uns in aller inneren Wahrheit: Das Physische in der Welt ist nur Schein, nur Maja. Die Welt ist durch und durch überall Geist, und wir gehören als Mensch zu diesem Geist. Wenn wir uns als Geist in einer Geisteswelt fühlen, dann sind wir jenseits der Schwelle zur geistigen Welt. Dann aber, wenn wir jenseits der Schwelle zur geistigen Welt sind, dann empfinden wir, dass hier unser Leib durch seine äußerliche Leibeskraft Denken, Fühlen und Wollen zusammenhält, dass aber in dem Augenblick, wo wir in unserem Erleben leibfrei werden, das Denken, das Fühlen und das Wollen nicht mehr eins sind, sondern eine Dreiheit. Denn es ist so, wie wenn wir, indem wir uns mit den Erdgewalten in Erde, Wasser, Luft und Feuer verbinden, wie wenn wir da unser Wollen der Erde zuführen und durch unser Wollen eins mit der Erde werden. Es ist weiter so, indem wir in unserer Seele die Liebe zu den Bewegungen der Wandelsterne fühlen – das heißt zu den Geisteswesen, die darin leben –, es ist so, dass wir dann die kreisenden Gewalten des Weltraums im Fühlen erleben. Wenn wir sagen: Die Sonne bewegt sich im Fühlen des Weltraums, der Merkur bewegt sich im Fühlen des Weltraums, der Mars bewegt sich im Fühlen des Weltraums, dann haben wir das Fühlen in seinem Weltdasein ergriffen – getrennt vom Denken und getrennt vom Wollen. Und wenn wir dann das Denken so erfassen, dass wir den Gedanken vom physischen Dasein freibekommen, dann ist es so, wie wenn unser Denken weit zu den Ruhesternen hinauf fliegen und in den ruhenden Sternen selbst ruhen würde. Und wir sagen uns, wenn wir jenseits der Schwelle angekommen sind: Mein Denken ruht in den Ruhesternen, mein Fühlen bewegt sich mit den Wandelsternen, mein Wollen gliedert sich den Kräften der Erde ein. Denken, Fühlen und Wollen sind im Weltall aufgeteilt, und sie müssen wieder zusammengefügt werden. Hier auf der Erde braucht der Mensch nicht Denken, Fühlen und Wollen zusammenzubinden, denn sie sind dadurch, dass der physische Leib eine Einheit ist, für den physischen Menschen zusammengebunden. Denken, Fühlen und Wollen würden fortwährend auseinanderfallen, wenn sie nicht durch den physischen Leib zusammengehalten würden, ohne dass der Mensch es beabsichtigt oder will. Jetzt aber sind Denken, Fühlen und Wollen so getrennt, dass das Denken oben bei den Fixsternen ruht, das Fühlen mit den Planeten kreist, und das Wollen unten den Kräften der Erde sich eingliedert. Und wir müssen uns mit festem inneren Erkraften hinstellen und die Drei, die weit auseinanderliegen, durch unsere eigene Kraft zu einer Einheit zusammenfassen. Dazu müssen wir, wie wir das durch eine solche mantrische Formel können, dazu müssen wir Denken, Fühlen und Wollen so empfinden, dass wir dem Denken, das zu den Ruhesternen gegangen ist, etwas vom Wollen und vom Fühlen mitteilen, dass wir dem Fühlen, das mit den Wandelsternen kreist, etwas vom Denken und vom Wollen mitteilen, und dass wir dem Wollen, das an die Erde gebunden ist, etwas vom Denken und vom Fühlen mitteilen.

Wir müssen, hinaufschauend zu den Ruhesternen, andächtig uns sagen: Da ruht mein Denken – aber ich bringe diesen ganzen Sternenhimmel in Bewegung, wie es sonst das Gefühl mit den Planeten tut. Ich bewege mich im Geist zu dem Sternenhimmel hin. Ich will hinauf, ich will als ganzer Mensch mit dem Sternenhimmel eins werden. So habe ich Fühlen und Wollen dem an die Ruhesterne gebundenen Denken einverleibt. Jetzt schaue

Neunte Stunde

ich hin auf die Wandelsterne und fühle: Mit diesen Wandelsternen wandelt mein eigenes Fühlen. Aber ich will mich bemühen, den Augenblick, den ich erlebe und der sich in den Wandelsternen immer verändert, festzuhalten, wie sonst nur die Fixsterne feststehen. Ich will mit meinem ganzen mittleren Menschen, mit all dem, was zu Herz und Lunge gehört, mit dem ganzen Planetensystem eins werden. Dann habe ich das Denken und das Wollen dem Fühlen zugesellt. Und werde ich durch diese mantrische Formel gewahr, dass ich als Mensch an die Erde gebunden bin, dann soll ich diesem Gebundensein an die Erde Fühlen und Denken beimischen. Ich soll in Gedanken die Erde in Bewegung setzen, sodass ich mit ihr wie mit einem Wandelstern fortkreise und ihre Schwere nicht wahrnehme. Die Gebundenheit an die Erde wird mir so, wie wenn ich die Erde durch den Weltraum tragen würde. So mische ich dem Wollen das Fühlen bei. Das Denken mische ich dann bei, wenn ich mich mit der Erde in Gedanken fortbewegen, aber auch wieder stillstehen kann – und die Erde selbst durch meine eigene Gedankenkraft meditierend zum Ruhestern mache. Wenn ich eine solche Meditation durchführe, immer wieder durchführe, dann komme ich dazu, mich nach und nach als Mensch außerhalb des Leibes im Weltall zu fühlen. Dazu lassen wir, meine lieben Freunde, eine mantrische Formel wirken, die besonders kräftig auf die Seele wirken kann:

> Trag' in Denk-Erleben
> Das als reines Sinnen
> In der Seele lichtvoll
>   glänzt
> Fühlen und Wollen
> Und du bist Geist
> Unter reinen Geistern.

Trag' in Fühlenskräfte
Die als edle Liebe
Durch die Seele wärmend
weben
Denken und Wollen
Und du bist Seele
Im Reich der Geister.

Trag' in Willensmächte
Die als Geistestriebe
Um die Seele wirkend
leben
Denken und Fühlen
Und du schaust dich selbst
Als Leib aus Geisteshöhen.

«Das als reines Sinnen», das heißt: als Meditieren, als Sinnen. (Zum ganzen Spruch:) Erst so angeschaut erscheint der Leib des Menschen in seiner wahren Gestalt. Wenn das, was aus der geistigen Welt erkundet wird, was der Eingeweihte in der geistigen Welt erlebt, wenn das in Worte gefasst wird, dann sind es mantrische Worte, und derjenige, der es nacherlebt, wird in die geistige Welt hineingeführt. Daher ist es eine wirkliche Führerschaft in die geistige Welt hinein, wenn unsere Seele auf sich die Worte wirken lässt: «Trag' in Denk-Erleben ... Trag' in Fühlenskräfte ... Trag' in Willensmächte ...». Wenn uns immer klarer wird, meine lieben Freunde, was in solchen mantrischen Worten liegt, dann werden wir, wenn wir immer wieder zu diesen Stunden kommen, mit immer größerem Verständnis, das heißt mit immer größerem Welterleben, hier die Worte hören: «*O Mensch, erkenne dich selbst!* ...» (s. S. 173).

O Mensch ~~erfühle~~ taste in deines Leibes ganzem Sein
Wie Erdenkräfte ~~dich~~ dir im Dasein Stütze sind
O Mensch erlebe in deines ~~Fühlens~~ Tastens ganzem Kreis
Wie Wasserwesen dir im Dasein Bildner ~~sind ist~~ sind
O Mensch erfühle in deines Lebens ganzem ~~Wirken~~ Weben
Wie Luftgewalten dir im Dasein Pfleger sind
O Mensch erdenke in deines Fühlens ganzem Strömen
Wie Feuermächte dir im Dasein Helfer sind

— O Mensch erschaue dich in der Elemente Reich

O Mensch lasse walten in deiner Seele Tiefen so
Der Wandelsterne Welten~~kreise~~ weisende Mächte

— O Mensch erwebe dich durch den Weltenkreis.

O Mensch, erhalte ~~dich~~ dir in deines Geistes Schaffen
Der Ruhesterne Himmel~~kündende~~ Worte
— O Mensch, erschaffe dich durch die Himmels ~~weisheit~~ weisheit

O Mensch, ertaste in deines Leibes ganzem Sein,
Wie Erdenkräfte dir im Dasein Stütze sind.
O Mensch, erlebe in deines Tastens ganzem Kreis,
Wie Wasserwesen dir im Dasein Bildner sind.
O Mensch, erfühle in deines Lebens ganzem Weben,
Wie Luftgewalten dir im Dasein Pfleger sind.
O Mensch, erdenke in deines Fühlens ganzem Strömen,
Wie Feuermächte dir im Dasein Helfer sind.

O Mensch, erschaue dich in der Elemente Reich.

O Mensch, so lasse walten in deiner Seele Tiefen
Der Wandelsterne weltenweisende Mächte.

O Mensch, erwese dich durch den Weltenkreis.

O Mensch, erhalte dir in deines Geistes Schaffen
Der Ruhesterne himmelkündende Worte.

O Mensch, erschaffe dich durch die Himmelsweisheit.

Trag' in Denk-Erleben
Das als reines Sinnen
In der Seele lichtvoll
    glänzt
Fühlen und Wollen
Und du bist Geist
Unter reinen Geistern.

Trag' in Fühlenskräfte
Die als edle Liebe
Durch die Seele wärmend
    weben
Denken und Wollen
Und du bist Seele
Im Reich der Geister.

Trag' in Willensmächte
Die als Geistestriebe
Um die Seele wirkend
    leben
Denken und Fühlen
Und du schaust dich selbst
Als Leib aus Geisteshöhen.

Zehnte Stunde

Dornach, 25. April 1924

Meine lieben Freunde! Es kommt in der esoterischen Entwicklung – und das ist: in der wirklichen Erkenntnis – alles darauf an, dass der Mensch den Weg findet, ein Verständnis dafür zu gewinnen, was es heißt, in einer Welt zu sein, in einer Welt zu leben, zu der die physischen Sinne und die ganze körperliche Organisation keine Vermittler sind, in einer geistigen Welt mit dem Geistig-Seelischen zu leben, das des Menschen wahre Wesenheit ist. Um allmählich dahinzukommen, so in der geistigen Welt mit dem Geistig-Seelischen zu leben, gibt es die verschiedensten mehr oder weniger auf das Meditative hinauslaufenden Übungen unserer Seele, Anstrengungen unserer Seele. Und ein Bild dessen, was eine Menschenseele auf dem Weg vom Leben in der sinnlichen Welt, in der sinnenfälligen Welt, zum Leben in der geistigen Welt durchmacht, soll in diesen Klassenstunden gegeben werden durch die verschiedenen Betrachtungen und durch die Zusammenfassung dieser Betrachtungen in einzelnen Sprüchen, die dann, je nach Möglichkeit und Bedarf, von dem einen und dem anderen meditiert werden können. Wenn eine Zeit verflossen sein wird, werden sich die Mitteilungen dieser Klassenstunden, die Mitteilungen aus der geistigen Welt sind, wie wir öfter schon betont haben, sie werden sich so zusammenfügen, dass diejenigen, die diese Betrachtungen mitgemacht haben – es ist das auch ein Karma für diejenigen, die da sein können –, dass diejenigen, die diese Betrachtungen mitgemacht haben, in ihnen ein abgeschlossenes Bild der ersten Stufe esoterischer Entwicklung haben. Aus den verschiedensten Betrachtungen, die hier gepflegt worden sind, geht hervor, dass der Mensch dadurch, dass er sich über sein Erddasein zu einem

Miterleben des Kosmos erhebt, die Gefühle, die Empfindungen entwickeln kann, die ihn in jene Weiten der Welt hinaustragen, aus denen ihm dann das Geistige entgegenkommt. Solange der Mensch sich darauf beschränken will, nur durch seine Sinne und durch seinen Verstand mit dem in Verbindung zu treten, was ihn umgibt, so lange ist es unmöglich, dass er sich in seinem Geistig-Seelischen so frei macht, dass dieses Geistig-Seelische für sich das erfasst, was der Inhalt der dem Menschen zugänglichen Wirklichkeit ist. Wir haben öfter betont, meine lieben Freunde: Der gesunde Menschenverstand kann all das begreifen, was in der Anthroposophie dargeboten wird, wenn er sich nur genügend anstrengt und sich von Vorurteilen frei macht. Aber es ist mit Bezug auf dieses Begreifen des gesunden Menschenverstandes schon ein Prüfstein dafür vorhanden, ob jemand durch sein Karma heute berufen ist, an Anthroposophie teilzunehmen, oder ob er es nicht ist. Es sind zwei Fälle möglich. Der eine Fall ist der, dass der Mensch von dem Inhalt der anthroposophischen Wahrheit hört, dass er diesen Inhalt anthroposophischer Wahrheit auf sich wirken lässt und ihn einleuchtend findet. Es ist eine Selbstverständlichkeit, dass all die Freunde, die hier sitzen, zu dieser Gruppe von Menschen gehören. Denn derjenige, der nicht zu dieser Gruppe von Menschen gehört und an dieser Klasse als Mitglied teilnehmen wollte, der wäre in seiner Teilnahme nicht ehrlich. Und um die Ehrlichkeit handelt es sich in allem esoterischen Leben: um die restlose, das ganze seelisch-geistige Wesen des Menschen durchdringende Ehrlichkeit. Es gibt dann eine andere Gruppe von Menschen: Die finden das, was heute von Anthroposophie dargeboten wird, fantastisch, dem Visionären angehörig. Diese Gruppe von Menschen zeigt durch dieses ihr Verhalten, dass sie karmagemäß nicht in der Lage ist, den gesunden Menschenverstand so weit von der Körperlichkeit und von den

Sinnen zu lösen, um eine sinnenfreie Wahrheit, eine sinnenfrei gewonnene Erkenntnis zu begreifen. Es ist also das Gebundensein oder das Nicht-Gebundensein des gesunden Menschenverstandes an die Körperlichkeit, was heute eine Scheidung zwischen den Menschen hervorbringt. Denn wenn wir in ehrlicher Weise einen solchen gesunden Menschenverstand unser Eigen nennen, der die Anthroposophie begreift, dann ist dieser gesunde Menschenverstand in dem Moment, wo er die Anthroposophie begreift, unabhängig von der Leiblichkeit. Und dieser gesunde Menschenverstand, der die Anthroposophie begreift, der ist überhaupt der Anfang des esoterischen Strebens. Und wir sollten das schätzen, dass der die Anthroposophie begreifende gesunde Menschenverstand der Anfang des esoterischen Strebens ist. Wir sollten das nicht übersehen. Dann werden wir, wenn wir von diesem Begreifen durch den gesunden Menschenverstand ausgehen und uns nach den Anleitungen richten, die in den dazu berufenen Schulen gegeben werden, dann werden wir auch immer mehr in den esoterischen Weg hineinkommen. Wir können, je nachdem wir das für uns geeignet finden, den einen oder den anderen der Sprüche, die hier gegeben werden, auf uns anwenden. Wir müssen nur auch die Betrachtungen zusammenhalten, die die ganze Stellung eines solchen Spruches zum inneren menschlichen Leben charakterisieren.

Heute möchte ich wieder eine der Hilfen geben, die den Menschen aus dem Leib herausbringen können, sei es auch nur durch einen solchen Ruck, den er selbst gar nicht bemerkt oder schätzt. Da handelt es sich darum, dass wir uns mit tieferem Empfinden in unserem Gemüt hinstellen – es kann auch bloß in Gedanken geschehen – und die mineralische Umgebung um uns herum betrachten, die Umgebung der Pflanzen und der Tiere betrachten, und was sonst in unserer nächsten irdischen

Umgebung ist, und dass wir uns recht bewusst machen, wie diese irdische Umgebung mit uns zusammenhängt, wie wir als Erdmensch dadurch, dass wir eine physische Leiblichkeit an uns tragen, mit all dem zusammenhängen, was an Mineralien, Pflanzen und Tieren um uns herum ist. Und dann fragen wir uns in aller inneren Ehrlichkeit: Wozu ist das alles? Warum nehme ich die physischen Substanzen der Erde auf, nachdem ich geboren worden bin? Warum schleppe ich mich durch das Erdleben von der Geburt bis zum Tod, um mit dem Tod das physische Erdleben zu beenden, wenn mein Organismus nicht mehr fähig ist, die irdischen Stoffe in sich zu verarbeiten? Wir müssen, ausgehend von einem solchen persönlichen Menschenrätsel, unseren Zusammenhang mit der physischen Umgebung recht tief empfinden. Dann empfinden wir aber auch immer mehr das, was Ausgangspunkt des esoterischen Lebens ist.

Dann fühlen wir uns innerhalb dessen, was wir im physischen Erdleben tun, wie blind, wie im Finsteren tappend. Betrachten wir die Menschen, meine lieben Freunde, die mit der heute landläufigen Erziehung, nachdem sie geboren worden sind, in das irdische Leben hineingestellt werden, die durch rein äußere Verhältnisse zu dieser oder jener irdischen Arbeit im Leben berufen werden: Den Zusammenhang dieser Arbeit mit dem ganzen menschlichen Dasein begreifen sie nicht. Sie wissen vielleicht nicht viel mehr, als dass sie arbeiten, um zu essen. Sie wissen nicht, dass in der Pflanze, die sie essen, kosmische Kräfte aus den Weltweiten enthalten sind, die den Weg durch den menschlichen Organismus nehmen und dadurch auch eine kosmische Entwicklung durchmachen. Nicht einmal diesen ersten Blick können sich viele Menschen heute wegen des Materialismus der Zeit aneignen. Aber uns zu gestehen, dass wir durch die bloße Betrachtung dessen, was irdische Verhältnisse sind, geistig blind im Leben dastehen, in Finsternis leben, das ist der Ausgangspunkt einer esoterischen Entwicklung.

Wir wenden dann den Blick von dem ab, was uns im irdischen Leben umgibt, und wir wenden den Blick hinauf zu dem sternenbesäten Himmel – entweder in Gedanken oder, wenn wir davon unterstützt sein wollen, auch in Wirklichkeit. Wir schauen die Wandelsterne, wir schauen die Fixsterne, wir durchdringen uns mit der unendlichen Erhabenheit dessen, was uns da aus dem Weltall entgegenglänzt. Und wir sagen uns: Als Mensch hängen wir ebenso mit dem zusammen, was da aus den Weltweiten herunterglänzt, wie wir mit dem zusammenhängen, was uns in der irdischen Welt umgibt. Da haben wir bei diesem Aufblicken zu dem sternenbesäten Himmel das Gefühl, dass wir nicht im Finsteren leben, sondern dass wir von dem Leben in der Finsternis frei werden, indem wir uns mit unserem geistig-seelischen Dasein zu den Sternen aufschwingen, uns zu dem aufschwingen, was die Sterne in ihren Gruppierungen darstellen. Und wenn wir uns in diesen Anblick des Sternenhimmels versenken, dann wird der Sternenhimmel zu einer ganzen Fülle von Imaginationen.

Wir kennen die alten Bilder, in denen man nicht bloß Sternengruppen gemalt hat, sondern in denen man die Sternengruppen symbolisch in Tiere zusammengefasst hat. Man hat nicht bloß die Gruppe der Sterne, die im Widder sind, die Gruppe der Sterne, die im Stier sind, als Sternengruppen aufgezeichnet, sondern man hat symbolisch das Bild des Widders, das Bild des Stieres und so weiter hineingestellt. Heute denken sich die Menschen: Nun ja, das ist eine Willkür bei den älteren Erdbewohnern gewesen, weil die Sternbilder mit Tiernamen benannt wurden, dann noch das Tierbild dazu zu malen! Aber so ist es nicht, sondern es ist so: In Urzeiten haben die Hirten auf dem Feld mit geschlossenen Augen die Seele gegen den Weltraum gewendet. Sie haben nicht bloß mit dem physischen Auge in den sternenbesäten Himmel hinausgeschaut, sondern auch in Traumesbewusstsein oder in Schlafbewusstsein versunken bei ihren Herden. Und dann sahen sie nicht das, was das äußere Auge als Sternengruppen sieht, sondern dann nahmen sie jene Bilder, jene Imaginationen wahr, die den Weltraum erfüllen – wenn auch etwas anders, als man sie später gemalt hat.

Wir können nicht mehr zu dem zurückkehren, was in instinktivem Hellsehen in der eben beschriebenen Art die einfachen Hirten einmal erlebt haben. Aber wir können etwas anderes machen. Wir können uns mit einer viel größeren Besonnenheit in den Sternenhimmel hineinversenken, entweder in Gedanken oder in Wirklichkeit. Wir können die Tiefe und zu gleicher Zeit das ungeheuer Majestätische empfinden, das uns da entgegenglänzt und entgegenleuchtet. Und wir kommen allmählich in eine innige Verehrung dessen hinein, was sich in den Weltweiten ausdehnt. Und die Verehrung selbst, das Inbrünstige der Verehrung, das ist es, was aus unserer Seele das Erlebnis hervorrufen kann, dass die äußeren Sinnesbilder der Sterne verschwinden, und der Sternenhimmel für uns eine Imagination wird. Dann aber, wenn der Sternenhimmel für uns eine Imagination wird, dann fühlen wir uns von unserem Seelenblick mitgenommen. Noch zu Platons Zeiten fühlte man auch für das physische Auge etwas ganz Besonderes, wenn es schaute. Platon[*] selbst beschreibt das Sehen noch so, dass, wenn der Mensch auf einen Menschen hinschaut, etwas vom Auge ausgeht. Das spürte man in alten Zeiten: Es strömt vom Auge etwas aus und umgreift den angeschauten Menschen. Es strömt das Ätherische aus. So wie ich weiß, wenn ich die physische Hand ausstrecke und etwas ergreife, dass meine physische Hand mit dem Ergriffenen verbunden ist, so wusste man in den Zeiten jenes alten, instinktiven Hellsehens, dass etwas Ätherisches vom Auge ausgeht und das erfasst, was angeschaut wird. Heute glaubt man nur, das Auge ist hier, das Gesehene ist dort; da sendet das Gesehene Ätherbewegungen aus, die trommeln auf das Auge, und das Getrommel wird dann von irgendeiner Seele – von der auch der Materialist spricht, aber er stellt sich nichts darunter vor –, das wird dann von irgendeiner Seele wahrgenommen. Aber so ist es nicht. Es ist nicht bloß eine Einwirkung von dem Gegenstand auf den Menschen, es ist auch ein Hinausströmen des innerlichen Ätherischen des Menschen. Wir nehmen unseren eigenen Ätherleib in seiner Weltzugehörigkeit wahr, wenn der sternenbesäte Himmel für uns das große Blatt der Welt wird, auf dem die imaginativen Geheimnisse des Weltdaseins eingeschrieben sind, wenn wir sie zu schauen in der Lage sind. Und dann kommt uns die Empfindung: Wenn du hier auf der Erde bist, bist du in der robusten sinnlichen Wirklichkeit, aber du bist blind, du lebst im Finsteren. Wenn du dich aber mit deinem Gemüt dazu aufschwingst, so kannst du in dem leben, was dir sonst nur aus den Weiten des Weltalls hereinscheint. Im Schein des weiten Weltalls lebst du, aber du nimmst zu gleicher Zeit dein eigenes ätherisches Dasein in die weit flutenden Ströme dieses Scheines der Welt hinein. Du gehst mit deinem ätherischen Dasein mit.

Und der Schein hört dann auf, ein Schein zu sein. Er kann nicht ein Schein sein, wenn wir uns in ihn hineinversenken. Wir dehnen unsere innerlich erlebte Wirklichkeit in diesen Schein aus. Und das Erleben dessen, was wir eben beschrieben haben, wird zu einem Weben im Schein des Kosmos. Vorher lebten wir blind in der Finsternis des Erddaseins, jetzt leben wir uns hinaus, indem wir mit unserem ätherischen Dasein webend werden in dem Schein des Kosmos. Wenn wir diese Empfindung haben, dann weben wir in dem Schein des Kosmos. Ich werde das bildhaft aufzeichnen (s. Tafelzeichnung S. 326, links): Zuerst das Leben blind in der Finsternis des Erddaseins (weißer Kreisbogen unten); dann das Hinausleben in die Weiten der Welt (gelbe Strahlen), an deren Ende mit der Ehrfurcht vor dem Sternenschein die Weltimaginationen von uns empfunden werden (rote Wellen). Aber jetzt haben wir uns hineingewoben, jetzt sind wir mit unserem ätherischen Sein in diesem imaginativen Weltgewebe drinnen. Wenn wir es dahin bringen, in diesem imaginativen Weltgewebe drinnen zu sein, sind wir nicht mehr in dem physischen Leib. Wir haben uns durch den Äther bis zum Erleben der Weltimaginationen hindurchgerungen. Das ist gerade so, als wenn hier in der physischen Welt jemand etwas hinschreibt, und wir haben lesen gelernt: Wir lesen es. Die Götter haben für uns die Weltimaginationen in den Kosmos hineingeschrieben. Dadurch, dass wir uns in den Kosmos hineinweben, kommen wir da draußen an, sehen diese Weltimaginationen von der anderen Seite (Pfeile oben von außen). Wir leben zuerst hier auf der Erde (zweite Zeichnung unten rechts, kleiner Kreis), wir schwingen uns auf bis zu den Weltimaginationen (welliger Kreis), und da lesen wir sie von außen (Pfeile).

Meine lieben Freunde! Der Tierkreis – Widder, Stier, Zwillinge, Krebs, Löwe und so weiter – spricht eine bedeutungsvolle Sprache, wenn wir ihn nicht von der Erde aus anschauen, sondern wenn wir ihn von außen umkreisen. Und es ist eine Tat unseres Bewusstseins, ihn von außen zu umkreisen. Da fangen wir an, die Weltgeheimnisse zu lesen. Und was wir lesen, das sind die Taten der geistigen Wesen. In einem Roman lesen wir von Menschentaten. Wenn wir von der anderen Seite aus den Tierkreis sehen, den wir von der Erde aus von hinten sehen, dann ist es nicht bloß ein Anstarren, dann wird es ein Lesen. Moses[*] ist bedeutet worden, dass er von der Erde aus immer nur von hinten Gott sehen kann. Die Initiation besteht darin, dass von der anderen Seite gesehen wird. Und das, was wir da lesen, sind die Taten der geistigen Wesen, die das alles zustande gebracht haben. Und wenn wir genügend lange in der Stummheit lesen, wenn wir genügend unser inneres Seelisches in dieses Lesen vertiefen, dann beginnen wir auf geistige Art zu hören. Dann sprechen die Götter zu uns. Dann sind wir in der geistigen Welt drinnen, wenn die Götter zu uns sprechen.

Meine lieben Freunde! Es ist so, dass der Eingeweihte uns sagt: Deine Seele kann sich hinausweiten, sie kann in den Weiten des Kosmos leben. Sie bekommt die Weltimaginationen, sie schaut, von der anderen Seite lesend, die Taten der Geister an. Sie wird dann auch fähig, die Sprache der Götter zu hören. Aber wenn wir uns in das vertiefen, was da der Eingeweihte erzählt, sinnig vertiefen, gemütvoll, herzhaft vertiefen – wenn wir das nicht bloß mit Gier aufnehmen und sagen: Wenn ich es auch könnte, würde es mir gefallen, würde es mich interessieren, aber ich kümmere mich nicht darum –, sondern wenn wir es als etwas aufnehmen, von dem uns gesagt wird, dass es jedem möglich ist, wenn wir anfangen, eine solche Sache als etwas zu betrachten, was wir verehren können, was wir lieben können, was wir immer wieder durchmeditieren können, dann ist das der Weg, selbst in das esoterische Leben hineinzukommen. Und wir finden diesen Weg, wenn wir uns meditierend in die Worte vertiefen:

1   Ich lebe in dem finstren Erdbereich,
2   Ich webe in dem Schein der Sterne,
3   Ich lese in der Geister Taten,
4   Ich höre in der Götter Sprache.

Zehnte Stunde

Mit der nötigen Empfindung innerlich meditativ erlebt, wirkt es Wunder in der menschlichen Seele. Es verwandelt die menschliche Seele. Das muss im Rhythmus immer wieder durch die Seele fließen, denn es führt den Menschen durch sein eigenes, in ihm enthaltenes Weltwesen.

Aber es ist notwendig, dass eine solche Sache sich recht verinnerlicht und dass wir uns, nachdem dies mehr zu dem Kopf gesprochen hat, auch mit dem Herzen an dem ganzen Gang beteiligen, den wir da machen in das ätherische Weltall hinaus, dann in das geistige Weltall hinein, das heißt bis zur anderen Seite des Weltalls. Es ist notwendig, dass wir zu einem solchen Gang in unserem Erleben das Herz mitnehmen und in uns die Empfindungen rege machen, die sich naturgemäß an ein solches Sichhinausversetzen angliedern. Wir müssen solche Empfindungen rege machen. Deshalb ist es gut, wenn wir diesen ganzen meditativen Weg so machen: Wir gehen zunächst in einem vollständigen innerlichen Schauen dessen auf, was da liegt in den Worten: «Ich lebe in dem finstren Erdbereich ... in der Götter Sprache». Dann versuchen wir das uns so vorzustellen, als ob es jemand wie aus einer Geistestiefe heraus zu uns sprechen würde, als ob wir es nicht denken würden, sondern als ob wir es hören würden, als ob es ein anderes Wesen zu uns sprechen würde. Wir stellen uns vor, dass ein anderes Wesen aus unbekannten Tiefen zu uns spricht. Dann versuchen wir, die richtigen Gefühle für das zu entwickeln, was wir da hören. Diese richtigen Gefühle leben im zweiten Teil des Spruches:

    5 Sehnend stimmt mich der Erde Finsternis,
    6 Tröstend ist mir der Sterne Schein,
    7 Lehrend sind mir der Geister Taten,
    8 Schaffend ist mir der Götter Sprache.

Indem ich mir bewusst bin, dass ich in der Erde Finsternis wie blind lebe, sehne ich mich hinaus. Der Sterne Schein, der mein Wesen weitet, wird mir zum Tröster. Jetzt von der anderen Seite: «Lehrend sind mir der Geister Taten» – wenn ich in ihnen lese; «schaffend ist mir der Götter Sprache» – wenn ich sie höre. Wir gebrauchen das recht, wenn wir uns lebhaft dieses innere Meditative vorstellen, das wir da durchmachen. Wie wenn es jemand aus Geistestiefen zu uns sprechen würde, so hören wir die Zeilen des oberen Spruches. Wir bringen jeder Zeile die entsprechende Empfindung entgegen, sodass wir in der Meditation erleben: zuerst anhören (1), dann die Empfindung entgegenbringen (5); anhören (2), die Empfindung entgegenbringen (6) – und so weiter:

1 Ich lebe in dem finstren Erdbereich,
5 Sehnend stimmt mich der Erde Finsternis.

2 Ich webe in dem Schein der Sterne,
6 Tröstend ist mir der Sterne Schein.

3 Ich lese in der Geister Taten,
7 Lehrend sind mir der Geister Taten.

4 Ich höre in der Götter Sprache,
8 Schaffend ist mir der Götter Sprache.

Es ist eine Meditation im Zwiegespräch, eine Meditation, bei der wir das Erste verobjektiviert, das Zweite aber wie aus unserem Herzen ausströmend empfinden. Dann aber versuchen wir noch einmal, uns zu vergegenwärtigen, wie das eine in dem anderen wirkt und webt. Wir versuchen, willensgemäß in uns zu erleben, was wir durch das Zwiegespräch erleben. Aus Geistestiefen tönt es: «Ich lebe in dem finstren Erdbereich» – das Herz antwortet: «Sehnend stimmt mich der Erde Finsternis»; und der

Zehnte Stunde

Wille empfindet den Impuls im Zwiegespräch von Zeile 1 und 5 wie folgt: «Der Erde Finsternis verlöschet mich». Wir erinnern uns hinterher, nachdem wir das Zwiegespräch geführt haben, an den Wechsel der Zeilen 2 und 6, das da war: «Ich webe in dem Schein der Sterne, tröstend ist mir der Sterne Schein»; der Wille empfindet: «Der Sterne Schein erwecket mich». Wir erinnern uns nachträglich an das, was aus Geistestiefen heraus tönt, und an die Antwort des Gemüts: «Ich lese in der Geister Taten, lehrend sind mir der Geister Taten»; das Wollen empfindet dabei: «Der Geister Taten rufen mich» – sie rufen mich in die geistige Welt. Und jetzt das Erhabenste, wo wir uns wie im Zwiegespräch mit den Göttern selbst fühlen, wo die Götter uns nicht nur lesen lassen, sondern zu uns sprechen: «Ich höre in der Götter Sprache, schaffend ist mir der Götter Sprache»; und der Wille sagt: «Der Götter Sprache zeuget mich» – sie bringt mich hervor, sie zeugt mich:

9 Der Erde Finsternis verlöschet mich,
10 Der Sterne Schein erwecket mich,
11 Der Geister Taten rufen mich,
12 Der Götter Sprache zeuget mich.

Stellen wir uns diese ganze Meditation vor. Sie verläuft so: Zwiegespräch – Zeile für Zeile – mit einem in dunklen Geistestiefen anwesenden geistigen Wesen, das immer die Zeile zu uns spricht, die oben im ersten Spruch steht (1-4). Das Herz gibt immer im zweiten Spruch die Antwort (5-8). Jetzt erinnere ich mich an jedes Einzelne und füge mit dem dritten Spruch den Ausdruck des Willens hinzu (9-12) wie eine Erinnerung an das Abgelaufene:

1 Ich lebe in dem finstren Erdbereich,
5 Sehnend stimmt mich der Erde Finsternis,
9 Der Erde Finsternis verlöschet mich.

2   Ich webe in dem Schein der Sterne,
6   Tröstend ist mir der Sterne Schein,
10 Der Sterne Schein erwecket mich.

3   Ich lese in der Geister Taten,
7   Lehrend sind mir der Geister Taten,
11 Der Geister Taten rufen mich.

4   Ich höre in der Götter Sprache,
8   Schaffend ist mir der Götter Sprache,
12 Der Götter Sprache zeuget mich.

Das ist die Überzeugung, zu der wir kommen im Zwiegespräch des Meditierens, im herzlichen Erinnern des Zwiegesprächs und im Bekräftigen des Erinnerten aus dem Willen heraus. Wenn wir mit innerer andächtiger Stimmung, sodass wir mit voller Seele, mit innigem Anteil dabei sind, wenn wir das so machen, wie wir es eben beschrieben haben, wenn wir das innerlich erleben, wenn wir es nicht wie ein mechanisches Meditieren, sondern wie ein rechtes Erleben der Seele nehmen, dann wirkt diese Herstellung der Beziehung zur geistigen Welt weckend auf die Seele. Wir müssen nur auch beim dritten Spruch (9-12), der in der Art, wie wir es angedeutet haben, im Willen erlebt werden soll im Erinnern an Rede und Gegenrede – an die Rede des Geistes, an die Gegenrede des Herzens –, wir müssen auch da richtig empfinden, wie wir das Bewusstsein, das wir erringen wollen, zuerst wie ausgelöscht finden durch die Finsternis der Erde. Wir müssen fühlen, wie wenn ein Moment des auslöschenden Schlafes über das Bewusstsein käme (9), dann bei der zweiten Zeile (10) ein Erwachen da wäre, und nach dem Erwachen der Ruf der Geister zu sich hin von uns gehört würde (11), wie wenn wir

Zehnte Stunde

nachher fühlen würden: Die Geister haben uns gerufen, damit sie uns aus ihres eigenen Wesens Wort heraus, aus dem Weltwort heraus, als geistig-seelisches Wesen in die geistige Welt hineinstellen, in der geistigen Welt uns hervorbringen, uns zeugen (12).

Wenn solche Nuancen des inneren Erlebens in der Seele ablaufen – dazu die Vorstellung, dass es geistige Wesen sind, die zu uns sprechen –, in der Lebendigkeit unseres Herzens, das den geistigen Wesen seine Hingabe entgegenbringt, dann sind das in unserer Seele Regungen, die diese Seele allmählich auf den esoterischen Weg bringen. Und wir müssen uns nur klar darüber sein, dass, während wir, so gut wir es können, diese drei Sprüche in der Art in unserer Seele erleben, wie wir es eben beschrieben haben, im Unterbewussten unsere Seele etwas Mächtiges durchmacht. Wenn wir nur ehrlich in diesen drei Sprüchen leben, so macht unsere Seele unbewusst das durch, dass sie immer, wenn die erste Zeile ertönt, am Ausgangspunkt des Erdlebens ist, da, wo der Ätherleib erst gebildet wird. Können wir uns recht lebhaft vorstellen, dass aus dem Geist heraus tönt: «Ich lebe in dem finstren Erdbereich» (1), dann nähern wir uns im Geist mit diesem Hören unbewusst jenem Moment, wo unser Ätherleib gebildet worden ist. Und aus dem vorirdischen Dasein, aus dem Dasein zwischen Tod und neuer Geburt heraus wirkt die Kraft, mit der wir in unserem Herzen dem entgegenbringen: «Sehnend stimmt mich der Erde Finsternis» (5). Denn das Sehnen nach dem Geistigen haben wir als Erbschaft aus dem vorirdischen Dasein, und es ist wieder so, dass wir an den Anfang des Erddaseins versetzt werden. Was da herzlich aus uns heraus spricht, das ist das, wozu wir aus dem vorirdischen Dasein befeuert werden. Wir werden dann wieder an den Anfang unseres Erddaseins versetzt: «Ich webe in dem Schein der Sterne» (2). Den richtigen Trost, den uns der Sterne Schein geben kann, empfinden wir in der Antwort unseres Herzens, dadurch, dass wir wieder zurückversetzt werden: «Tröstend ist mir der Sterne Schein». (6). Dann ist wieder ein Zurückversetzen an den Erdanfang: «Ich lese in der Geister Taten» (3), dann ein Erinnern, wie wir belehrt worden sind im vorirdischen Dasein: «Lehrend sind mir der Geister Taten» (7), unter denen wir selbst gelebt haben, bevor wir heruntergestiegen sind auf die Erde. Dann wieder im vorirdischen Leben: «Ich höre in der Götter Sprache» (4) – wir haben sie gehört zwischen dem Tod und einer neuen Geburt. Wir empfinden, dass das, was die Götter sprechen, nicht bloß mitteilend ist wie das, was die Menschen sprechen. Wir nehmen wahr, dass der Götter Sprache schaffend ist: «Schaffend ist mir der Götter Sprache» (8).

Dann aber, wenn wir das so wahrnehmen können, dann bekommen auch die Zeilen des dritten Spruches den rechten Sinn. «Der Erde Finsternis verlöschet mich» (9): Der Erde Finsternis tilgt mein gegenwärtiges Erdleben aus. Ich werde durch den Bereich zwischen Tod und neuer Geburt hindurch in meine frühere Inkarnation zurückgeführt. Da ahne ich: Deshalb erlöscht mein Bewusstsein, denn mein Bewusstsein war bisher das der gegenwärtigen Inkarnation. In einem Moment des Schlafens werde ich zurückversetzt, sodass ich ahne: Meine frühere Erdinkarnation weckt mich: «Der Sterne Schein erwecket mich» (10). Ich werde zurückversetzt und werde in dem erweckt, was ich in der vorigen Inkarnation war. Es geht mir das Karma auf, es geht mir der Schicksalszusammenhang auf – es geht mir von der anderen Seite auf. «Der Geister Taten rufen mich» (11): Sie rufen mich zur Erfüllung meines Karmas mit den Kräften, die aus meinem vorigen Erdleben stammen. «Der Götter Sprache zeuget mich» (12): Das, was ich bin, wird mir klar, wenn mein früheres Erddasein das gegenwärtige durchwirkt, durchglänzt, durchlebt und durchwebt. Denn das bin ich. Mein jetziges Ich ist erst ein Werdendes. Es ist ein Keim, der seinen Sinn bekommen wird, wenn ich durch die Pforte des Todes durchgegangen sein werde. Das, was mir aus dem vorigen Erddasein in das gegenwärtige hereinwirkt, hereinglänzt, hereinlebt und hereinwebt, das macht mich zum seienden Menschenwesen, das zeugt mich als seiendes Menschenwesen.

Durchdringen wir uns damit, dass das so ist, dass, während wir glauben, nur in der gewöhnlichen Welt des physischen Erddaseins zu sein, unsere Seele diesen Gang zurück bis in das vorige Erdleben macht, dann werden wir uns der Gewichtigkeit dessen bewusst, was wir mit einer solchen Meditation erleben. Und im Bewusstsein dieser Gewichtigkeit, die wie ein warmer, leuchtender Strom durch unser ganzes Denken, Fühlen und Wollen strömt, werden wir mit jenem innerlichen Zaubergefühl unsere Meditation durchsetzen, das notwendig ist, damit die Meditation in der richtigen Weise wirkt. Wir dürfen es ein innerliches Zaubergefühl, ein magisches Gefühl nennen aus dem Grund, weil es sich mit keinem Gefühl vergleichen lässt, das wir sonst auf der Erde haben, weil es ganz unabhängig von aller Körperlichkeit gefühlt ist. Wenn wir auch noch nicht mit unserem Denken, mit unserem Vorstellen, aus dem physischen Leib hinauskommen können – dieses Zaubergefühl, dieses magische Gefühl, das wir aus der Gewichtigkeit dessen erleben, was wir da seelisch tun, das steht in der reinen geistigen Welt. In diesem Zaubergefühl, in diesem magischen Gefühl leben wir rein geistig-seelisch. Wir stehen in der geistig-seelischen Welt drinnen. In der Art, wie wir erleben, erfüllt sich uns das esoterische Streben. Und das ist es, was ich heute verpflichtet war, auf unsere Seele zu legen, meine lieben Freunde.

Ich möchte nur noch am Schluss eine Mitteilung machen. Es sollte nicht sein, dass, ohne dass jemand anfragt, ob er das tun dürfe, das, was hier als

Sprüche und auch als Mitteilungen gegeben wird, dass er das weiter mitteilt. Es muss ein realer Zusammenhang sein, sodass nur nach Anfrage von dem einen zu dem anderen mitgeteilt werden kann – nicht Gruppen mitgeteilt werden kann. Insbesondere aber soll es streng verpönt sein, meine lieben Freunde, dass irgendetwas von diesen Sprüchen oder auch von ihrer Interpretation per Post versendet wird. Per Post dürfen die Dinge nicht versendet werden, und ich bitte, das recht ernst und streng einzuhalten.

25. April

1. Ich lebe in dem finstern Erdbereich
2. Ich webe in dem Scheine der Sterne
3. Ich lese in der Geister Taten
4. Ich höre in der Götter Sprache

5. Sehnend stimmet mich der Erde Finsternis
6. Tröstend ist mir der Sterne Schein
7. Lehrend sind mir der Geister Taten
8. Schaffend ist mir der Götter Sprache

1. 5. 9.   Der Erde Finsternis verköpfet mich
2. 6. 10. Der Sterne Schein erwecket mich
3. 7. 11. Der Geister Taten rufen mich
4. 8. 12. Der Götter Sprache zeuget mich.

1 Ich lebe in dem finstren Erdbereich,
2 Ich webe in dem Schein der Sterne,
3 Ich lese in der Geister Taten,
4 Ich höre in der Götter Sprache.

5 Sehnend stimmt mich der Erde Finsternis,
6 Tröstend ist mir der Sterne Schein,
7 Lehrend sind mir der Geister Taten,
8 Schaffend ist mir der Götter Sprache.

9 Der Erde Finsternis verlöschet mich,
10 Der Sterne Schein erwecket mich,
11 Der Geister Taten rufen mich,
12 Der Götter Sprache zeuget mich.

Elfte Stunde

Dornach, 2. Mai 1924

Meine lieben Freunde! Wir sind heute morgen erschüttert worden durch die Nachricht von dem Hinweggehen Miss Maryons von dem physischen Plan – ein Ereignis, das lange voraus gewusst werden konnte und das nach einem Leiden erfolgte, das ein sehr schweres war und mehr als ein Jahr gedauert hat. Ich werde morgen, wenn die Mitglieder der Anthroposophischen Gesellschaft anwesend sind, das hier sagen, was ich über diesen Hinweggang Miss Maryons von dem physischen Plan zu sagen habe. Für heute sei nur das gesagt, dass die erste Klasse eine ihr treu ergebene Schülerin verloren hat, denn unter denjenigen, die mit innigem Fleiß und mit wahrer Innigkeit gehangen haben an dem, was diese erste Klasse gegeben hat, war Miss Maryon obenan. Sie hat trotz ihrer schweren Krankheit nicht nur Anteil genommen an dem, was hier esoterisch entwickelt worden ist, sondern auch die Übungen, die hier gegeben worden sind, auf sich wirken lassen und mit ihnen in einer außerordentlich innigen Weise gelebt. Das alles beruhte bei ihr darauf, dass sie schon als Esoterikerin zu uns gekommen ist. Sie gehörte einer esoterischen Schule ganz anderer Richtung an, bevor sie den Übergang zur Anthroposophischen Gesellschaft gefunden hat, und hat aus dieser esoterischen Schule heraus in einer raschen Weise die vollständige Verwandlung in das Anthroposophische hinein vollzogen, sodass ihr das Esoterische das Wesentliche war und sie in diesem ganz besonders intensiv gelebt hat die Jahre, in denen sie bei uns auf dem physischen Plan war und leben wird, nachdem sie von dem physischen Plan, aber nicht, ganz gewiss nicht von der Anthroposophie weggegangen ist. Nur das sei heute gesagt, mehr geziemt sich nicht, da die Hingegangene den physischen Plan erst verlassen hat. Und ich werde dann die Aufgabe haben, morgen, wenn die Mitglieder, die Freunde versammelt sind, das hier zu sagen, was zu sagen ist.

Meine lieben Freunde! Es handelt sich darum, dass innerhalb des esoterischen Strebens der Mensch wenigstens das überschauen kann, was, indem es auf ihn wirkt, ihn die Wege leitet, auf denen Erkenntnis in geistigen Dingen zustande kommt. Wie weit der eine oder der andere in der Verfolgung dieses Weges kommt, das hängt von seinem Karma ab, das hängt davon ab, welche Bedingungen er aus früheren Erdleben mitbringt. Aber es hängt nicht nur von dem ab, sondern – wie es auch aus exoterischen Vorträgen hervorgeht, die hier gehalten worden sind – es hängt auch davon ab, welche Leiblichkeit und welche Weltsituation der Mensch in diesem Erdleben schicksalsgemäß vorfindet. Da sind mancherlei alte karmische Reste abzutragen, die verhindern, all das zu verfolgen und zu erreichen, was in der Anlage vorhanden sein kann. Und so kann manches, was vielleicht ohne diese karmischen Reste in kurzer Zeit erreicht werden könnte, nur in einer langen Zeit erreicht werden. Niemals sollen wir aber verzagen, meine lieben Freunde, die Geduld oder die Energie verlieren, sondern wir sollen unseren Weg gehen. Wenn die rechte Zeit herangekommen ist, werden wir finden – wir werden das finden, was uns vorgezeichnet ist. Denn jedem Menschen ist sein Lebensweg, trotz der Freiheit oder gerade wegen der Freiheit, für gewisse Linien des Lebens vorgezeichnet. Jeder Mensch ist zu seiner Weltaufgabe aufgerufen und kann sie vollenden, wenn er den guten Willen dazu hat.

Hier in dieser Hochschule für Geisteswissenschaft soll all das wieder aufleben, aufleben in der rechten Form für unsere Zeit und für die nächste Zukunft, was in den Mysterien gelebt hat, als diese Mysterien in ihrer Blüte waren. Auf die Blütezeit der Mysterien, die schon vergangen war, als sich das größte und am meisten verhüllte Mysterium, das Mysterium von Golgota, vor die Weltgeschichte hinstellte, auf diese Blütezeit der Mysterien, die schon vorüber war, folgte dann die Zeit, in der die Mysterien in der geistigen Entwicklungsgeschichte der Menschheit zurückgegangen sind, in der die Menschen, gerade weil die Mysterien zurückgegangen sind, immer mehr in jene Strömung des Weltgangs aufgenommen werden konnten, die ihnen die Freiheit gibt. Aber jetzt ist die Zeit gekommen, in der die Mysterien in der Form, in der sie heute sein müssen, wieder in vollstem Sinne des Wortes aufzuleben haben. Und man wird einmal, wenn in der richtigen Weise über diese Dinge in der Welt gedacht wird, die Aufgabe des Goetheanum würdigen, indem man erkennen wird, dass es diesem Goetheanum oblag, die Mysterien zu erneuern. Und nur, meine lieben Freunde, wenn wir uns mit dem Willen durchdringen, diese Schule so aufzufassen, dass sie durch uns eine Erneuerung der Mysterien darstellen soll, stehen wir in der richtigen Weise in diesen Mysterien und auch in dieser Schule drinnen.

Gerade wenn wir uns an das erinnern, was in der letzten Klassenstunde hier vorgebracht worden ist, kann das eben Gesagte recht lebendig in unserem Gemüt werden. Denn da ist bereits der Übergang dazu gemacht worden, die Meditation unmittelbar in das Erleben des Menschen hineinzustellen, sodass der Mensch sich in der Meditation von den engen Grenzen seiner Persönlichkeit loslöst. Wir haben in dem dreistrophigen Aufbau der letzten Meditation gesehen, wie sich der Mensch so in den Weltgang hineinstellt, dass er innerhalb der Meditation sich nicht nur dem gegenüberstellt, was aus seiner Seele spricht, sondern dem, was zu dieser Seele spricht, was sich in eine allgemeine Weltsprache, in ein allgemeines Weltwort eingliedert. Nur so, wenn allmählich eine Loslösung des Menschen von seiner Persönlichkeit zustande kommt, wenn der Mensch sich hineinfindet, in einer immer objektiveren Weise zu meditieren, nur so wird er auch jenen innigen, subtilen Gang gehen können, der der wahre Gang der menschlichen Erkenntnis ist.

Wir kennen alle, meine lieben Freunde, das, was öfter als die dreigliedrige Menschennatur dargestellt worden ist: der Nerven-Sinnes-Mensch, hauptsächlich durch das menschliche

Haupt repräsentiert; der rhythmische Mensch, hauptsächlich durch die Brust repräsentiert, in der die Atmungs- und Zirkulationsorgane konzentriert sind – diese Organe sind im Organismus überall, aber sie sind an einzelnen Stellen stärker vorhanden als an anderen; und dann die Gliedmaßen- und Stoffwechsel-Organisation, zentralisiert, lokalisiert nach unten und nach außen hin. Das, was so erkannt wird, dass das Erkennen theoretisch bleibt, das kann meditativ gegenständlich werden. Und wenn es meditativ gegenständlich wird, dann geht es in das Esoterische hinein. Deshalb müssen wir uns meditativ recht intensiv und innig diesen dreigliedrigen Menschen vor Augen stellen.

Da haben wir in der Organisation des Kopfes eine Nachbildung des ganzen Kosmos; dann haben wir die Brustorganisation, die nicht so unmittelbar in ihrer Form das Bild des Kosmos zeigt; und am wenigsten zeigt das Bild des Kosmos die Gliedmaßen- und Stoffwechsel-Organisation. Aber wie er sich mit jeder dieser Organisationen in den Kosmos hineinstellt, dessen muss sich der Mensch innig bewusst werden. Er muss sich klar werden darüber, was in seinem Kopf, in seinem Haupt, wirkt und west. Wir spüren es unmittelbar: Wenn wir denken, ist unser Haupt in Tätigkeit. Wir spüren, wenn das Haupt leidend ist, dass die Denktätigkeit ausgeschaltet wird. Wir spüren in normalen und nicht-normalen Verhältnissen die Zusammengehörigkeit des Hauptes mit der klarsten, mit der hellsten menschlichen Erdtätigkeit. Es ist damit nicht gesagt, dass das Haupt auch in Wirklichkeit der Träger der hellsten menschlichen Erdtätigkeit ist, aber was wir erleben, nimmt sich so aus. Was liegt da aber vor? Wann betrachten wir uns selbst in unserem Haupt in der rechten Art? Nur dann, meine lieben Freunde, wenn wir uns bewusst werden: Dieses menschliche Haupt wäre nicht da, wenn sich nicht über uns der Sternenhimmel wölben würde –

was die Astronomie dazu sagt, das wollen wir im Augenblick nicht anfechten, wir wollen das nehmen, was sich dem Augenschein darbietet: der Sternenhimmel, der erhabene Sternenhimmel, von dem in den letzten Stunden viel gesprochen worden ist. Die Sterne stehen oben, ihr Strahlenglanz kommt uns entgegen, wenn wir zu ihnen aufschauen. Aber er kommt uns nicht nur entgegen, wir nehmen ihn in unser Haupt auf. Das, was wir vom Strahlenglanz der Sterne in unser Haupt aufnehmen, das verschließen wir in diesem Haupt. Und aus dem sprießt und sprosst das, was unsere menschlichste Tätigkeit auf der Erde ist: unser Denken. Und so müssen wir uns vorstellen: Da draußen sind die Sterne, unser Haupt nimmt die Wirkung des Strahlenglanzes der Sterne auf. Das schaut da draußen so aus, als ob die Sterne nur ihre Strahlen heruntersenden würden. Aber das Haupt nimmt diese Strahlen auf – dann ist das, was aufgenommen ist, in unserem Haupt drinnen. Da nimmt es sich ganz anders aus als da draußen, aber es ist dasselbe, wie in einem zusammengerollten Zustand: der ganze Sternenhimmel in unserem Haupt.

Aber nur der Sternenhimmel? Nein, nicht nur der Sternenhimmel. Denn was sind die Sterne? Was ist all das, was uns in den einzelnen ruhenden Sternen im Weltraum entgegenstrahlt? Das sind die Wohnungen der Götter. Das sind die Stätten, wo die Götter wohnen. Da wurden die Götter in all den Zeiten gesucht, in denen ein instinktives Hellsehen wusste, wo die Götter wohnen, welche Wohnstätten der Götter würdig sind. In den Zeiten, in denen es ein solches Hellsehen gab, schaute man nicht hinauf zu brennenden Punkten im Kosmos, sondern man schaute hinauf zu Götterwohnungen. Und man hatte damit eine wahrere Vorstellung von dem, was im weiten Weltraum ist, als heute, wo man in der Astronomie hinaufschaut und Lichtpunkte nach ihrem Ort und ihrer Winkelstellung zueinander berechnet.

Aber indem der Mensch ein dreigliedriges Wesen ist, spricht und wirkt durch alle drei Glieder seines Wesens das, was ihn zusammenfasst, sein Ich: durch das Nerven-Sinnes-System, durch das Haupt; durch das rhythmische System, durch die Brust; durch das Stoffwechsel-System, durch die Gliedmaßen. Nur wird das dadurch zusammengefasst, dass der physische Leib eine Einheit ist. Aber der Mensch sendet sein Ich immer in die drei einzelnen Glieder, und wir müssen heute unterscheiden lernen, wie er dieses Ich in die einzelnen Glieder sendet.

Der Mensch spricht das Ich durch seine Gedanken aus dem Innersten seines Wesens zunächst in seinen Kopf hinein. Das, was sich draußen als Strahlenglanz der Sterne entfaltet (s. Tafelzeichnung S. 327, blauer Bogen oben mit Sternen und Strahlen), es wirkt auch im Menschenhaupt (kleiner gelber Bogen), es ist auch da drinnen (rote Punkte). Der Mensch spricht sein Ich aus dem Zentrum seines Wesens in diesen zusammengerollten Weltraum hinein, der das Innere seines Hauptes ist («Ich»). Und er soll sich bewusst werden: Wenn er in das eigene Menschenwesen hineinspricht das Ich, das ein Abbild der Götterwohnungen ist, dann wirken in ihm die Götter selbst, die die Götterwohnungen bewohnen. Wir meditieren dann richtig, wenn wir uns bewusst werden: Wenn wir durch die Kraft unseres Hauptes «Ich» sagen, sprechen in uns die Götter des Weltraumes und der Weltzeit. Das ist keine Lehre, die uns auf der Erde gegeben wird, das ist eine Lehre, meine lieben Freunde, die uns von den Wesen der höheren Hierarchien selbst gegeben wird, von den Wesen, die uns Erdmenschen am nächsten stehen: von den Wesen der Engel, und im Hintergrund von den sie dirigierenden Erzengeln. Dieses Glied der Menschennatur, dieses Ich, das da in solcher Beziehung zu den Wohnstätten der Götter ist, die in den strahlenden Sternen sind, das da aus den Götterwesen selbst heraus spricht, dieses Ich soll sich über seine Wesenheit von den Wesen belehren lassen, die wir immer in unseren Hierarchienbezeichnungen als Engel angesprochen haben. Wir vollbringen diese Meditation in der richtigen Weise, wenn wir sie so vollbringen: Wir schauen hinauf, wir lassen uns vom Glanz der Sterne beeindrucken, wir leben in unserem Sinnen so, als ob der Weltraum selbst uns Worte entgegentönte. Und diese Worte sollen sein:

Welten-Sternen-Stätten,
Götter-Heimat-Orte!

Das ertönt im Umkreis. Wir stellen uns vor, wir hören aus den Weltweiten: «Welten-Sternen-Stätten, Götter-Heimat-Orte!» Für uns wird das zum Echo in uns. Wir behandeln es wie einen Aufruf, aber einen Aufruf, der in uns so erregt wird, dass alle Himmel in diesen Worten ertönen. So meditieren wir. Und dann werden wir uns dessen bewusst, was wir selbst aus dem Innigsten unserer Seele dazu zu sagen haben, wo wir still aus der Seele heraus auf den Weltposaunenklang antworten:

Spricht in Haupteshöhe
Menschen-Geistes-Strahlung
Das «Ich bin»:

Das sagen wir. Wenn das Ich so spricht, wenn das Ich «Ich bin» spricht, dann antwortet der Engel, der zu uns gehört, in unserer meditativen Vorstellung:

So lebet Ihr im Erdenleibe
Als Menschen-Wesenheit.

– «Ihr» sind die Götter. Das ist der Sinn dieser Meditation: Wir hören es wie einen die Welt umspannenden Posaunenklang von allen Seiten hereintönend: «Welten-Sternen-Stätten,

Götter-Heimat-Orte!» Wir antworten innig, still betend aus uns selbst: «Spricht in Hauptesöhe Menschen-Geistes-Strahlung das ‹Ich bin›». Der Engel antwortet, zu dem Ausgangsort des Posaunenklangs hinaufschauend: «So lebet Ihr im Erdenleibe als Menschen-Wesenheit». Und wir nehmen diese letzten zwei Zeilen, die der Engel spricht, in unserer meditativen Vorstellung als Belehrung auf. «Menschen-Geistes-Strahlung» ist die Sternenstrahlung zusammengerollt in der Menschenstrahlung, in dem «Ich bin». Der Engel als geistiger Lehrer sagt: «So lebet Ihr» – das heißt, die Welten-Sternen-Stätten, die Götter-Heimat-Orte – «im Erdenleibe als Menschen-Wesenheit». Das ist das erste Zwiegespräch mit dem Kosmos und mit der dritten Hierarchie. So aufgefasst ist es eine ungeheuer tief in den menschlichen Geist, in die menschliche Seele, in den menschlichen Leib eingreifende Meditation.

Und wir gehen weiter, zu der rhythmischen Organisation des Menschen. Wir denken an Lunge und Herz, an dieses wunderbare Pulsieren, an diesen Rhythmus des Atmens, der durch seine eigene Wesenheit verrät, wie er ein Ausdruck der tiefsten Weltgesetzmäßigkeit ist. Wir spüren in uns die Bewegung. Wir versenken uns meditativ in unser Haupt: Wir spüren die Ruhe; wir versenken uns meditativ in unsere Brust: Wir spüren die Bewegung. Und diese Bewegung, sie ist ein Abbild von dem Gang der Wandelsterne, von den Bewegungen der Wandelsterne, von der Bewegung von Mond, Sonne, Mars, Merkur, Jupiter, Venus und Saturn – aber ein Repräsentant dieser Bewegungen ist die Sonne, die uns auch am nächsten steht. Die Sonne wandelt einmal jeden Tag um unsere Erde herum, sie kann als Repräsentant dastehen. Aber geradeso wie wir die Welten-Sternen-Stätten, die Götter-Heimat-Orte in uns zusammengerollt tragen, so sind die Bewegungen des ganzen Planetensystems, repräsentiert durch die Sonne, in unserer Atmung, in unserer Blutzirkulation zusammengerollt, in all dem zusammengerollt, was in unserem Organismus Bewegung ist. Daher müssen wir uns vorstellen, dass so, wie uns zuerst die Herrlichkeit der Wohnstätten der Götter im Posaunenklang von allen Seiten der Welt verkündet worden ist, jetzt durch unseren Körper wie ein melodisches Erklingen das zieht, was uns die Bewegungen der Wandelsterne, repräsentiert durch die Sonne, zu sagen haben:

Welten-Sonnen-Kreise,
Geister-Wirkens-Wege!

Das ist das Zweite: still, im Verhältnis zu dem lauten Posaunenklang der Weltumgebung. «Welten-Sternen-Stätten, Götter-Heimat-Orte!» – das tönt majestätisch von allen Seiten, so müssen wir es meditieren. Aber wie unser Inneres beglückend, entzückend, tönt es, den Gang der Sonne und den Gang der anderen Wandelsterne in unserer Atmung, in unserer Blutzirkulation nachahmend: «Welten-Sonnen-Kreise, Geister-Wirkens-Wege!» Jetzt sagen wir wieder innig, wenn wir als Veranlassung nehmen, was da melodisch aus dem Sternenkreisen in unseren eigenen Leib hineintönt, jetzt sagen wir innig aus uns heraus:

Tönt in Herzensmitte
Menschen-Seelen-Weben
Das «Ich lebe»:

Und der Engel antwortet, indem er jetzt zu den auf Wandelsternenwegen wandelnden Göttern spricht:

So schreitet Ihr im Erdenwandel
Als Menschen-Schöpferkraft.

Wie die Menschenwesenheit selbst auf der Erde dadurch lebt, dass in sie das hineinstrahlt, was aus den Götterwohnungen kommt, so lebt die Menschenschöpferkraft im Wandel des Menschen auf der Erde dadurch, dass die Wirkensströmung der Götter in den Bewegungen der Wandelsterne lebt, aber von dem ganzen rhythmischen System des Menschen aufgenommen wird. Und so haben wir wieder einen dreigliedrigen Spruch: das objektive Raunen durch unseren Leib im Sinne des Wandels der Wandelsterne: «Welten-Sonnen-Kreise ...»; dann unsere eigene innige Aussage: «Tönt in Herzensmitte ...»; dann die Antwort des Engels: «So schreitet Ihr im Erdenwandel ...». Oben, im ersten Spruch, heißt es «spricht», hier, im zweiten Spruch, «tönt»; oben heißt es «Hauptesöhe», hier «Herzensmitte»; oben «Ich bin», hier «Ich lebe». Dreiteilig muss jeder dieser Sprüche empfunden werden. Beteiligt müssen wir denken am Zustandekommen des Spruches: ein objektives Erklingen; unsere eigene innige Aussage wie das Echo in uns; die Sprache des Engels. Dann wirkt es in uns recht.

Dann aber, wenn wir zum dritten Glied des Menschen gehen, zu dem, was in Armen und Beinen lebt und sich im Stoffwechsel nach innen fortsetzt, dann hören wir nicht die Weltweiten im Posaunenklang, dann hören wir nicht das Melos der Wandelsterne, dann hören wir das dumpfe Rollen des Weltgrundes. Und dieses dumpfe Rollen des Weltgrundes ist das, in dem dasjenige lebt, was uns zum Erdmenschen macht. Unbeteiligt an unserem Geistesmenschen sind die Gliedmaßen. Sie sind ganz nach den Erdkräften gestaltet – Arme und Hände nur mitgestaltet nach den Luftkräften, aber alles nach den Erdkräften gestaltet, nach jenen Kräften gestaltet, die aus dem Weltgrund von unten herauf den Menschen durchströmen. Dessen müssen wir uns bewusst werden. Wie wir in der ersten Strophe majestätisch aus dem Weltumfang die Sprache des Kosmos selbst erklingen hören, wie wir in der zweiten Strophe die Sprache des Umkreises hören, so vernehmen wir in der dritten Strophe die raunende Sprache des grollenden Weltgrundes aus den Erdtiefen:

> Welten-Grundes-Mächte,
> Schöpfer-Liebes-Glänzen!

Es ist ein Glänzen nicht von Licht, es ist ein Glänzen von Liebe. Denn in dem Ort, wo das, was im Umfang ist, sich in einem Mittelpunkt sammelt, liegt auch der Ursprung der Liebesmächte. Da können wir im Echo nicht mit «spricht», auch nicht mit «tönt» antworten, da müssen wir mit der Tat antworten, mit dem, was aus dem Willen fließt. Da müssen wir nicht «sprechen», nicht «tönen» – da müssen wir «schaffen». Deshalb antworten wir aus unserem Inneren, Wille in unsere Worte gießend:

> Schafft in Leibesgliedern
> Menschen-Wirkens-Strömung
> Das «Ich will»:

Jetzt antwortet der Engel wieder, indem er seine Augen zu dem hinuntersenkt, was aus dem Weltgrund heraufgrollt – «grollen» nicht im antipathischen Sinne hier gemeint, sondern nur in der Dumpfheit des Tönens. Er antwortet den Mächten, die in Weltgrundestiefen waltend ertönen:

> So strebet Ihr im Erdenwerke
> Als Menschen-Sinnes-Taten.

Wieder ist der Spruch dreigliedrig: «Welten-Grundes-Mächte ...; Schafft in Leibesgliedern ...; So strebet Ihr im Erdenwerke ...». «Spricht», «Tönt», «Schafft»; «Höhe», «Mitte», «Glieder» – das, was von der Mitte nach auswärts strebt; «Ich bin», «Ich lebe», «Ich will»; «Erdenleibe», «Erdenwandel», «Erdenwerke»;

Elfte Stunde

«Wesenheit», «Schöpferkraft», «Sinnestaten» – das heißt, sinnlich zu sehende Taten.

Das wahre Meditieren, das wahre Üben der Seele liegt nicht im theoretischen, intellektuellen Inhalt eines Meditationsspruches, es liegt in dem mantrischen Charakter. Der mantrische Charakter wird dadurch gegeben, dass der Sinn sich in Situation und Geschehen auflöst, dass der Mensch sich von dem theoretischen, von dem intellektuellen Inhalt loslöst, dass der Mensch aus sich herausgeht, dass er nicht bloß irgendetwas in seinen Gedanken hat, sondern die Vorstellung hat: der Himmel, der Umkreis, die Erdtiefen ertönen; er antwortet auf dieses Ertönen aus seinem eigenen Inneren; der Engel interpretiert lehrend. Wir versetzen uns in ein solches geistiges Geschehen hinein, wir machen die Meditation zu etwas, was wir nicht bloß denken, fühlen oder wollen, sondern zu etwas, was uns umschwebt und umschwirrt, was uns umströmt und umstrahlt – und was aus diesem Umschweben, Umschwirren, Umströmen und Umstrahlen wieder in das Leben des Herzens zurückkehrt, und im Herzen webend und strömend, strebend und strahlend vibriert, sodass wir uns in das Weben und Leben der Welt hineinverwoben fühlen. Unser Meditieren ist etwas, was für unsere Empfindung nicht bloß in uns lebt, sondern was in uns und in der Welt lebt, was uns und die Welt auslöscht und im Auslöschen uns und die Welt eins macht, sodass wir ebenso gut sagen können: Es spricht die Welt, wie wir sagen können: Wir sprechen. Das erweitert den Charakter des Meditierens. Das Meditieren, so geübt, gibt dem Menschen allmählich die Möglichkeit, mit der im Inneren erlebten Auflösung dessen, was ihm als sein gewöhnliches Selbst erscheint, für seine eigene Auffassung Geist zu werden.

Dadurch aber, dass wir in solche Erkenntniswege eintreten, dass wir ehrlich solche Erkenntniswege gehen und wissen: Wir sind im Meditieren nicht allein in der Welt, sondern wir sind im Zwiegespräch mit der geistigen Welt, dadurch nähern wir uns immer mehr dem, was eine Erinnerung an das Mysterienwesen ist. Äußere Tempel standen da, standen da gerade an solchen Lokalitäten der Erde, von denen man heute sagt, dass sie die unzivilisiertesten Gegenden sind. Äußere Tempel standen da, frühere Menschen brauchten äußere Tempel. Aber diese äußeren Tempel waren nicht die einzigen, sie waren auch nicht die wichtigsten, denn die wichtigsten, die wesentlichsten Tempel haben nicht einen Ort, haben nicht eine Zeit, sondern wir kommen zu ihnen nur mit Überwindung von sechzig Meilen.[*] Wir kommen zu ihnen, wenn wir in der Weise unsere Seele üben, wie es hier angedeutet ist, und wie es zu allen Zeiten in den Mysterien angedeutet worden ist.

Darum sollen wir uns klar darüber sein, meine lieben Freunde: Leben wir in einer solchen mantrischen Formel, dann ist es so: Hier stehe ich – so sagt jeder von sich mit Recht –, um mich ist die alltägliche, gewöhnliche Welt. Philiströse Wände, philiströse Stühle sind um mich herum, oder auch ein naturhafter Wald, sichtbare Bäume oder Häuser. Das ist um mich, das ist zunächst da. Ich bin mir dessen voll bewusst: Das ist meine Umgebung, das ist das, was ich sehe, was ich greife. Die Meditation geht aber in meiner Seele auf, während ich in der äußerlichen trockenen Sinnenwelt bin, die Meditation geht in mir auf: «Welten-Sternen-Stätten ... als Menschen-Wesenheit». Was spüre ich weben? Was spüre ich über mir sich wölben? Es ist etwas, es ist nichts. Wände spüre ich, ich sehe sie aber nicht. Die Meditation geht weiter: «Welten-Sonnen-Kreise ... als Menschen-Schöpferkraft». Was ich vorher gespürt habe – das Seelenweben, das Tempelgewölbe, das sich oben wölbt, das Tempeldach, um mich die Tempelwände: Es beginnt, für den Seelensinn sichtbar

Elfte Stunde

zu werden, es schwebt heran und es macht, dass die gewöhnliche Welt unsichtbar wird. Die Welt der sichtbaren Bäume und Wolken, all das, was sonst sichtbar ist, wird unsichtbar. Ein neues Sichtbares steht da. Der Tempel, den ich erst nur gespürt habe, wird bei der zweiten Strophe sichtbar. Und ich höre dann das Raunen und Rauschen und Grollen von unten: «Welten-Grundes-Mächte ... als Menschen-Sinnes-Taten». Der Tempel hat sich vollendet, er hat seinen Boden gewonnen. Und in ihm sind jene Wesen da, mit denen wir als geistige Wesen in Verbindung treten wollen. Der Tempel ist da, er ist sichtbar für den Seelensinn, er ist gefunden. Unsere Meditation verläuft nicht so, dass wir nur eine Vision haben. Sie führt uns in die geistige Welt hinein. Die geistige Welt ersteht. Ich schildere, meine lieben Freunde, wie die Meditation verlaufen soll: Webendes Tempelgewölbe nach der ersten Strophe spüren; mit dem Seelensinn in der zweiten Strophe den Tempel um sich schauen; in der dritten Strophe ist der Tempel fertig. Und die Wesen, mit denen wir als den göttlichen Lehrern der Menschen in Verbindung treten wollen, sie sind da. Wir sind im Tempel drinnen, bewirkt durch die erste, zweite und dritte Strophe einer mantrischen Meditation. Es ist der Weg zum geistigen Tempel, es ist ein Geistesweg. Dann, wenn wir uns dessen bewusst werden, dass wir den Tempel finden, dann verstehen wir recht, wie das gemeint ist, was der Inhalt dieser esoterischen Schule sein soll.

Aus Gründen, die darin liegen, dass vielen derjenigen Freunde, die gerade gern an diesen esoterischen Hochschulstunden teilnehmen, dies auf die Dauer am Freitag nicht möglich wäre, sollen die Freitagsstunden verlegt werden auf Sonntagvormittag von elf bis zwölf Uhr. Das nächste Mal werde ich diese Stunde also schon am Sonntagvormittag von elf bis zwölf Uhr halten – nicht diesen Sonntag, sondern Sonntag in acht Tagen. Es ist aus dem Grund, weil dann die Freunde aus der Nähe, die beschäftigt sind, am Sonnabendabend oder -nachmittag – wo die meisten schon kommen können – kommen können und dann diese Stunden auf die Dauer mitmachen können. Es war vielen ein großes Opfer, an Freitagen da sein zu können. Auf die Dauer können wir es nicht machen, und so sollen diese Stunden auf Sonntag von elf bis zwölf Uhr verlegt werden.

> Welten – Sternen – Stätten
> Götter – Heimat – Orte
> Spricht in Hauptes-Höhe
> Menschen – Geistes – Strahlung
> Das „Ich bin"
> So lebet ihr im *Erdenleibe*
> als Menschenwesenheit.
>
> Welten – Sonnen – Kreise
> Geister – Wirkens – Wege
> Tönt in Herzensmitte
> Menschen – Seelen – Weben
> Das „Ich lebe"
> So schreitet ihr im *Erdenwandel*
> als *Menschen – Schöpferlauf*
>
> Welten – Gründer – Mächte
> Schöpfer – Liebes – Glänzen
> *Schafft in Leibesgliedern*
> Menschen – Wirkens – Strömung
> Des „Ich will"
> So strebet ihr in *Erdenwerke*
> als Menschen – *Sinnes Taten*.

(Der Tempel wird um den Menschen auferbaut)

Welten-Sternen-Stätten,
Götter-Heimat-Orte!
   Spricht in Haupteshöhe
   Menschen-Geistes-Strahlung
      Das «Ich bin»:
So lebet Ihr im Erdenleibe
Als Menschen-Wesenheit.

Welten-Sonnen-Kreise,
Geister-Wirkens-Wege!
   Tönt in Herzensmitte
   Menschen-Seelen-Weben
      Das «Ich lebe»:
So schreitet Ihr im Erdenwandel
Als Menschen-Schöpferkraft.

Welten-Grundes-Mächte,
Schöpfer-Liebes-Glänzen!
   Schafft in Leibesgliedern
   Menschen-Wirkens-Strömung
      Das «Ich will»:
So strebet Ihr im Erdenwerke
Als Menschen-Sinnes-Taten.

Zwölfte Stunde

Dornach, 11. Mai 1924

Meine lieben Freunde! Wir sprechen zuerst den Spruch, der uns an das ermahnt, was aus dem Weltall selbst wie eine Aufforderung zur Selbsterkenntnis kommt: «*O Mensch, erkenne dich selbst!* ...» (s. S. 173).

Selbsterkenntnis ist das, meine lieben Freunde, was im geistigen Sinne zur Welterkenntnis führt. Und oft ist es gesagt worden, dass Verständnis da sein muss für das Herausströmen einer wahren Welterkenntnis aus der geistigen Welt selbst heraus; dass der Mensch Verständnis dafür haben muss, dass von denen, die eine solche Erkenntnis der geistigen Welt vermitteln, an die Schwelle herangetreten werden muss; dass an der Schwelle der Hüter steht, jener Hüter der Schwelle, der den Menschen im gewöhnlichen Bewusstsein davor bewahrt, unvorbereitet in die geistige Welt hineinzutreten. Aber gerade wenn wir diesen Hüter kennenlernen – zunächst durch das Verständnis mit dem gesunden Menschenverstand, dann später, nachdem wir das Verständnis mit dem gesunden Menschenverstand haben vorangehen lassen, in seiner wahren Gestalt, in seiner wirklichen Wesenheit kennenlernen –, dann stellt dieser Hüter das dar, was als Ermahnungen an uns herantritt, wenn wir im rechten Sinne in die geistige Welt eintreten wollen und dann im Erleben der geistigen Welt drinstehen wollen.

Es ist auch oft gesagt worden: Dieses Drinstehen in der geistigen Welt wird zumeist unrichtig vorgestellt, weil man etwas anderes als dieses Drinstehen in der geistigen Welt haben will. Man will etwas haben, was ähnlich ist der Sinnenwelt, aber so ist nicht das Drinstehen in der geistigen Welt. Es ist übersinnlich, und es kann nicht bloß zu einem Anschauen führen, das dem sinnlichen Anschauen ähnlich ist. Auch das imaginative Anschauen ist nur Bild, das erst zu einem wirklichen Erleben der geistigen Welt führen muss. Und von diesem Erleben der geistigen Welt haben viele von uns, meine lieben Freunde, viel mehr als wir denken. Wir sind nur nicht aufmerksam darauf, wir geben nicht acht, wie im Inneren des seelischen Erlebens das Geistige waltet und webt. Das Geistige waltet und webt darin, und es handelt sich darum, dass wir die innige Aufmerksamkeit aufbringen, dieses Walten und Weben wahrzunehmen. Daher sollen immer wieder, weil unmittelbar aus der geistigen Welt heraus in diesen Klassenstunden die Erkenntnisse zu uns fließen sollen, meine lieben Freunde, es sollen immer wieder reale Anhaltspunkte gegeben werden, um uns dieses Drinstehen der Seele des Menschen in der geistigen Welt fühlbar zu machen. Und ein solcher Anhaltspunkt kann auch der folgende sein.

Nehmen wir irgendeines der Mantren oder irgendetwas anderes Spruchartiges und sprechen wir das, was in einem solchen Mantram liegt. Es kommt gar nicht darauf an, welches es ist, sondern es ist ein Mantram, das wir gut kennen. Für unsere Meditation nehmen wir irgendein Mantram und sprechen es einmal in der schönsten Art, in der wir es sprechen können, für uns vor. Wir machen es so: Wir sprechen uns irgendein Mantram vor, nicht gerade in lautem Ton, sondern in einem sanften, stillen Ton:

    O Mensch, erkenne dich selbst!
    So tönt das Weltenwort.
    Du hörst es seelenkräftig,
    Du fühlst es geistgewaltig.

Und jetzt, wenn wir uns ein solches Mantram vorgesprochen haben, versuchen wir zu spüren, wie das in uns kraftet, wie das

Sprechen in uns ist. Versuchen wir darauf zu kommen, dass wir das Sprechen spüren, dass wir spüren, was für ein Unterschied in unserem Leib ist zwischen dem Zustand, wo wir schweigen, und dem Zustand, wo wir sprechen. Wir versuchen das Sprechen zu spüren, wie es in unseren Organen verläuft. Wir werden es als allerlei Druck- und Wellenzüge in den Sprachorganen spüren. Und wenn wir das gespürt haben, dann fragen wir uns: Wenn ich etwas denke, wozu ich in der Gegenwart durch etwas veranlasst bin, was mir ein Mensch sagt, oder dadurch, dass irgendein äußeres Ereignis auf mich einen Eindruck macht, wenn ich etwas denke, wozu ich in der Gegenwart veranlasst werde, wie ist das? Kann ich das auch spüren? Wenn wir gelernt haben, das Sprechen zu spüren, dann werden wir auch das Denken spüren können, das unmittelbar in der Gegenwart veranlasst ist. Wir können auch das Denken spüren. Es ist leichter, leiser im Spüren als das Sprechen, aber es ist zu spüren. Wir können am Spüren des Sprechens das Spüren des Denkens, das Empfinden des Denkens lernen. Dann werden wir, so wie wir das Sprechen spüren, auch das Denken spüren, das Denken tasten, innerlich tasten, innerlich wahrnehmen. Und wenn das Sprechen so zu spüren ist, dass es hierher an diese Stelle verlegt werden muss (s. Tafelzeichnung S. 328, Kopfumriss, Rot an der Kehle), werden wir das Denken über dieser Stelle, also hier oben spüren (grün). Etwas gegen das Hinterhaupt zu gelegen werden wir das Denken spüren. Es ist gut, eine solche Übung zu machen, denn es leitet eine solche Übung überhaupt dazu an, innige Selbstbeobachtung zu machen.

Und jetzt gehen wir so weiter, meine lieben Freunde, dass wir einen Gedanken in uns regsam machen, der ein Erinnerungsgedanke ist, etwas, was wir vor Tagen, Wochen oder Monaten erlebt haben, was wir aber jetzt in uns wieder regsam machen. Wir versuchen, einen solchen Erinnerungsgedanken zu spüren, zu empfinden. Und wir werden das Gefühl haben: Den Erinnerungsgedanken empfinden wir unter der Sprachlokalität, den empfinden wir hier unten, unterhalb der Sprachlokalität (gelb). Wir werden uns sagen: Wenn ich spreche, erlebe ich das in der Gegend meiner Sprachorgane; wenn ich denke, erlebe ich das darüber im Haupt; wenn ich mich an etwas erinnere, erlebe ich das unterhalb des Sprechens (s. auch Zeichnung S. 8).

Wird das für uns eine innige Erfahrung, fühlen wir wirklich so, dann haben wir etwas geistig erfasst, was überhaupt der Anfang eines weitgehenden geistigen Erfassens sein kann. Nur ist große Abgeschlossenheit von den anderen Erlebnissen des Tages notwendig, um so etwas zu erleben. Es ist aber nicht gut, sich zu sagen: Damit ich eine solche Abgeschlossenheit erreichen kann, muss ich mich einmal für ein paar Wochen dort zurückziehen, wo gar keine Menschen sind, wo mich nichts stört, wo ich absolute Ruhe habe, meinetwillen nach einer Hütte am Montblanc mich zurückziehen, um dies zu vollbringen! Es ist nicht gut, so zu denken, wir kommen nicht weiter, wenn wir so denken, sondern das Beste ist: Mitten im Trubel des Lebens drinstehen, allem ausgesetzt sein, was das Leben von morgens bis abends bringt, und dennoch durch die eigene Kraft der Seele eine Zeit aussondern, die noch so kurz sein kann, wo wir ganz außerhalb des Trubels der Welt sind – mittendrin stehen und doch ganz außerhalb sind, rein durch die Kraft unseres Inneren ganz außerhalb sind. Das ist das Beste. In die Einsamkeit sich zurückziehen, um Ruhe zu haben, das ist nicht das, was wirksam ist, sondern: durch seine eigene Kraft die Einsamkeit erzeugen, das ist dasjenige, was unbedingt und sicher zum Ziel führt. Dann wird so etwas eine gute Grundlage sein, um in jener Art meditieren zu können, die notwendig ist.

Wir haben Mantren kennengelernt, meine lieben Freunde, die still aus der Seele heraus gesprochen werden. So sind die ersten Mantren während dieser Klassenstunden gewesen. Wir sind dann aber zu solchen Mantren vorgeschritten, die zum Teil aus der Seele heraus klingen, zum Teil als ein Ertönen vorgestellt werden, das aus den Weltweiten an uns herankommt – wo wir also nicht innerlich meditierend sprechen, sondern wo wir innerlich meditierend hören, wo wir uns in die Lage versetzt denken, dass wir etwas hören, was zu uns gesprochen wird – sei es aus den Weiten, sei es von Geisteswesen. Und gerade auf dieses Sichhineinversetzen in eine Lage, wo andere Wesen zu uns sprechen, gerade auf dieses Sichhineinversetzen in eine solche Lage kommt es an, um innerlich die Seelenverfassung zu erzeugen, die sich in der geistigen Welt drinnen fühlt. Zu diesem Ziel soll das heutige Mantram gegeben werden.

Da soll die Seele sich vorstellen, dass sie ganz schweigt, dass sie absolut schweigt. Aber es soll sich die Seele vorstellen, dass sie schon jenseits der Schwelle ist, schon in der geistigen Welt drinnen vor dem Hüter steht. Die Seele vernimmt dreierlei Töne, indem sie selbst ganz schweigt. Sie vernimmt dreierlei Worte: Das erste Wort erklingt aus den Weiten der Welt; das zweite Wort kommt von dem Hüter; das dritte Wort kommt von den Wesen, die wir dann während des Mantrams bezeichnen werden. So soll das gedacht werden, was als Mantram heute vor unsere Seele tritt. Aus den Weiten der Welt ertönt, von allen Seiten herankommend:

Vernimm des Denkens Feld.

Es handelt sich darum, über die wahre Wesenheit des Denkens durch ein geistig-seelisches Welterlebnis aufgeklärt zu werden. Dann spricht der Hüter: Nachdem das erklungen ist, was aus den

Weiten der Welt an uns herantönt – wir müssen in dieser Situation geistig drinnen leben –, dann spricht der Hüter. Die nächsten drei Zeilen sagt der Hüter:

> Es spricht, der dir die Wege
> Von Erdensein zu Erdensein
> Im Geisteslichte weisen will.

Das ist des Hüters Sprache. Dann spricht das Engelwesen, das uns den Weg von Erdsein zu Erdsein geleitet:

> Blick' auf deiner Sinne Leuchtewesen.

Das ist das Wesen, das uns als Engelwesen von Inkarnation zu Inkarnation leitet. Es spricht diese Zeile. Wir hören sie in innerem, sinnendem Leben. Dann spricht wieder der Hüter:

> Es spricht, der dich zu Seelen
> Im stoffbefreiten Seinsgebiete
> Auf Seelenschwingen tragen will.

Und es spricht dann das für uns sorgende Wesen aus der Hierarchie der Erzengel die nächste Zeile:

> Blick' auf deines Denkens Kräftewirken.

Da geht es dort hinauf, wo die Erzengel sind. Zuerst hat der Engel gesagt: Blick auf das Leuchten deiner Sinne. Wir denken im gewöhnlichen Bewusstsein, dass die Sonne leuchtet und die Sinne nicht leuchten. In Wirklichkeit ist es aber so, dass auch unsere Sinne leuchten. Nur wird dieses Leuchten, während unsere Sinne leuchtend wahrnehmen, von uns nicht bemerkt. Da ermahnt uns das Wesen, das aus dem Reich der Engel zu uns gehört: «Blick' auf deiner Sinne Leuchtewesen». Im gewöhnlichen Bewusstsein denken wir, aber wir erfassen nicht das Denken, wir spüren es nicht, wir empfinden es nicht. Das Wesen aus dem Reich der Erzengel, das zu uns gehört, ermahnt uns: «Blick' auf deines Denkens Kräftewirken». Dann geht es hinauf zu dem Reich, wo die Archai, die Zeitgeister sind. Der Hüter ermahnt wieder in drei Zeilen, wir sollen mit seiner Mahnung das Wesen aus der Reihe der Zeitgeister hören:

> Es spricht, der unter Geistern
> Im erdenfernen Schöpferfelde
> Den Daseinsgrund dir geben will.

Wir könnten auch sagen: «der ... den Daseinsthron dir geben will», aber besser ist: «der ... den Daseinsgrund dir geben will», der dich auf einen Geistesboden im geistigen Feld stellen will, geradeso wie du hier im sinnlichen Feld auf einem physischen Boden stehst. Nachdem der Hüter der Schwelle so gesprochen hat, spricht das Wesen aus der Reihe der Zeitgeister:

> Blick' auf der Erinnerung Bildgestalten.

Das ist das Dritte. Zuerst sollen wir auf das Leuchten der Sinne sehen, dann auf des Denkens Kräftewirken in uns, dann auf das, was tief unten liegt, was unterhalb der Sprache in den Erinnerungsbildern liegt.

Da haben wir mit schweigender Seele ein dreifaches Sprechen zu uns gehört. Wir haben das Sprechen aus dem Kosmos in der allerersten Zeile gehört: «Vernimm des Denkens Feld»; wir haben in den jeweiligen drei Zeilen, die vor den Ermahnungen der Hierarchien liegen, den Hüter sprechen gehört; und wir haben dann die Wesen selbst gehört, die aus den Reichen der Hierarchien zu uns gehören – immer die eine paradigmatische Zeile, die zum Tiefsten unseres Wesens sprechen soll. Sodass der ganze Zusammenhang – ich werde ihn dann aufschreiben

(s. Tafel S. 328, ganz links) – dieser ist: «Vernimm des Denkens Feld ... der Erinnerung Bildgestalten».

Damit haben wir das, was als Ermahnung für unsere Selbsterkenntnis aus den drei niederen Hierarchien heraustönt, innerlich seelisch erlebt: das Erste aus der Hierarchie der Engel, das Zweite aus der Hierarchie der Erzengel, das Dritte aus der Hierarchie der Zeitgeister. Bevor die Übung angestellt wird, kann die Konzentration in der Seele dadurch bewirkt werden, dass wir uns ein ganz bestimmtes Bild vor die Seele rücken, dieses Bild (s. Tafel S. 328, links oben): ein Auge, das nach oben blickt, das den Kreis der höheren Hierarchien vernimmt (Kreisbogen), die in das Auge die Kräfte der Welt einströmen lassen (Strahlen), ein Auge, das dann den Kreis der unteren Hierarchien (Wellenlinie) vernimmt, die sich zu den höheren Hierarchien hinaufranken, und die Strahlen weiter zum Menschen schicken (Strahlen unten). Dieses Bild, wir rufen es uns vor die Seele, sodass dasteht: Das hinaufblickende Auge, die beiden Linien – die runde Linie und die Wellenlinie –, und die Strahlen, die heruntergehen. Und wir stellen uns vor: Während wir die Übung machen, ohne dass wir weiter an dieses Bild denken, während wir die Übung machen, wird vor der Seele dieses Bild stehenbleiben, das Bild dieses hinaufblickenden Auges.

Dann vernehmen wir wieder das Tönen von allen Seiten des Kosmos:

Vernimm des Fühlens Feld.

Es spricht dann wieder der Hüter die nächsten drei Zeilen:

Es spricht, der als Gedanke
Aus Geistes-Sonnenstrahlen
Dich zum Weltendasein ruft.

Es ist eine höhere Sprache, die Sprache, die aus einer höheren Hierarchie herausklingt. Während wir beim ersten Mantram immer nur auf das aufmerksam gemacht werden, was in uns ist, werden wir in diesem Mantram vom Hüter so angesprochen, dass wir nicht nur zum Schauen unserer Sinne, unseres Denkens und unserer Erinnerung aufgerufen werden, sondern aufgerufen werden zu vernehmen, wie wir in die Welt, in das Weltdasein hinausgerufen werden, wie das aus der Hierarchie der Geister der Form heraus ertönt. Dann spricht es aus dem Wesen, das aus der Hierarchie der Geister der Form zu uns gehört:

> Fühl' in deines Atems Lebensregung.

Es spricht wieder der Hüter die nächsten drei Zeilen:

> Es spricht, der Weltendasein
> Aus Sternen-Lebenskräften
> Dir in Geistesreichen schenket.

Dann spricht es aus einem Wesen aus der Hierarchie der Geister der Bewegung:

> Fühl' in deines Blutes Wellenweben.

Da müssen wir das Weben der Welt fortgesetzt fühlen im Wellenweben unseres Blutes. Und wieder spricht der Hüter, jetzt uns ermahnend, dass wir das hören sollen, was ein Wesen aus der Reihe der Geister der Weisheit spricht:

> Es spricht, der dir den Geistes-Sinn
> In lichten Götter-Höhenreichen
> Aus Erdenwollen schaffen will.

Dann spricht zu uns dieses Wesen aus der Reihe der Geister der Weisheit:

Zwölfte Stunde   235

Fühl' der Erde mächtig Widerstreben.

Nur wenn wir dieses mächtige Widerstreben der Erdkräfte fühlen, können wir richtig in die rein geistige Welt hineindringen. Sodass das Erleben dieses Mantrams so erklingen muss: «Vernimm des Fühlens Feld ... Fühl' der Erde mächtig Widerstreben».

Es ist das Hinaufsteigen in das Reich der zweiten Hierarchie, wo Selbsterkenntnis dadurch in uns angeregt wird, dass wir zuerst von einem Wesen aus der Reihe der Geister der Form ermahnt werden, das zu uns gehört – vom Hüter werden wir ermahnt, dass ein solches Wesen zu uns sprechen wird. Wir denken im Erdleben, und unsere Gedanken sind Nichtigkeiten. Wenn aber ein Wesen aus der Reihe der Geister der Form denkt, so denkt er uns. Unser Ich wird von ihm gedacht, es ist seiend als Gedanke eines Wesens aus der Reihe der Geister der Form. Wenn wir auf der Erde «Ich» zu uns sagen, worauf schauen wir? (s. Zeichnung S. 328, gelber Kreis mit «Ich»): Wenn wir «Ich» sagen, schauen wir in der Erinnerung zurück (rote Pfeile) und sprechen das Wort Ich aus. Aber ein Wesen aus der Reihe der Geister der Form (grüne Linie), bei dem ist dieses Ich ein Gedanke, aber ein realer, ein gegenwärtiger Gedanke. Wir sind dadurch, dass wir von einem Wesen aus der Reihe der Geister der Form gedacht werden. Wenn wir selbst zu uns «Ich» sagen, so konstatieren wir, dass wir von Götterwesen gedacht werden. In diesem Gedachtwerden von Götterwesen besteht unser wahres Sein. Danach ermahnt uns ein Wesen aus der Reihe der Geister der Bewegung, dass wir von ihm das Geistesdasein aus den Lebenskräften geschenkt erhalten, die es den Sternen entnimmt. Und dann ermahnt uns ein Wesen aus der Reihe der Geister der Weisheit, dass das, was in uns als Wollen auf der

Erde lebt, in die Himmelshöhen hinaufgetragen wird und in der Verwandlung, die es da erfährt, uns als unser Erdwollen wiedergegeben wird, sodass wir es dann als Geisteswollen brauchen können. Erdwollen ist nur eine Verwandlung des Geisteswollens. Das Wollen wird stetig hinunter- und hinaufgetragen. Oben ist es Himmelswollen, unten ist es Erdwollen. Daran ermahnt uns zum Schluss der Hüter, dass das Wesen aus der Reihe der Geister der Weisheit sagt: «Fühl' der Erde mächtig Widerstreben». Wenn wir den Widerstand der Erde empfinden, empfinden wir als Wohltat die weisheitsvolle Erteilung von Kräften aus den Himmelshöhen. So ist der Verlauf dieses zweiten Mantrams «Vernimm des Fühlens Feld ... mächtig widerstreben»: Das Erste ertönt aus der Reihe der Geister der Form, das Zweite aus der Reihe der Geister der Bewegung, das Dritte aus der Reihe der Geister der Weisheit.

Und zum Schluss, damit wir uns erinnern, was für ein Bild wir vor uns hingestellt haben, nachdem das alles in uns abgelaufen ist, damit wir ein deutliches Erleben davon haben, stellen wir wieder dieses Bild – von dem wir uns aber vorstellen, dass es während der ganzen Übung immer vor unserer Seele gestanden hat –, stellen wir wieder dieses Bild vor unsere Seele hin (die Zeichnung mit dem Auge wird rechts unten wiederholt). Das Hinaufsteigen in das Reich der Seraphim, Cherubim und Throne soll in der nächsten Klassenstunde hinzugefügt werden. Jetzt aber ist es begreiflich zu machen, noch deutlicher zu machen, was das Ganze für einen Sinn hat.

Meine lieben Freunde! Im Beginn der heutigen Klassenstunde ist an uns die Formel herangetreten, die uns aus dem Weltdasein, aus dem Weltwesen heraus zu Selbsterkenntnis ermahnt. Es ist uns gesagt worden: Selbsterkenntnis führt zur Welterkenntnis, aber nur, wenn wir das Selbst in Verbindung mit der

Welt setzen. Das Selbst steht in einer ihm eigentümlichen Beziehung zu keinem äußeren Naturwesen oder Naturvorgang, sondern nur zu dem, was in der geistigen Welt ist. Das sind die Wesen der Hierarchien. Wollen wir in unser Selbst eindringen, in unser Ich, dann dürfen wir nicht mit der äußeren Natur zusammenleben, sondern dann müssen wir mit den Wesen der Hierarchien zusammenleben. Denn das, was wir von der äußeren Natur als unser Ich ansprechen, das ist nur der äußere, nichtige Abglanz des Ich. Das wahre Ich ist in demselben Reich, in dem diese Wesen der höheren Hierarchien sind. Sobald wir in die wahre Selbsterkenntnis eintreten, müssen wir in die Reiche der höheren Hierarchien eintreten. Dann müssen wir die Sprache dieser höheren Hierarchien vernehmen. Dass wir das mit aller Kraft tun, dass wir das nicht zu einer bloßen Theorie machen, sondern dass wir es mit aller Kraft tun, dazu sind die Ermahnungen des Hüters da, die immer dazwischen stehen. Dass das Ganze in der Meditation mit der nötigen Majestät an uns herantritt, dazu sind die zwei – und wie wir demnächst hören werden, drei – gewaltigen Ermahnungen aus dem Kosmos da: «Vernimm des Denkens Feld», «Vernimm des Fühlens Feld» – «Vernimm des Willens Feld». Nur wenn wir uns lebendig in dieser dreifachen Art der Ansprache drinnen fühlen, wenn wir uns in der geistigen Welt in dieser Art mantrisch erleben, nur dann werden uns die Dinge vorwärtsbringen, denn nur dann haben wir den Dingen gegenüber die richtige Stimmung. Diese Stimmung müssen wir vor allen Dingen suchen. Denn die innere Weihe, die da sein muss, wenn die Meditation zur Einweihung beitragen soll, diese innere Weihe, sie kommt nur durch die Stimmung – durch jene Stimmung, durch die wir gegenüber der äußeren Welt für eine Weile wie entrückt sind, einzig und allein in dem leben, was Inhalt und Gegenstand der Meditation ist. Wenn wir uns darin ganz lebendig hineinversetzen, wenn Selbsterkenntnis nicht nur ein Hineinbrüten in unser Inneres ist, sondern ein aufschlussreiches Gespräch mit der Welt ist, mit dem Hüter und den Hierarchien, dann finden wir uns in wahre Selbsterkenntnis hinein. Es sollte von uns vermieden werden, an eine solche Sache zu denken, wenn wir nicht zugleich die Stimmung dafür aufbringen können. Wir sollten gerade eine solche Sache, wie die heute vorgebrachte, nur dann denken, wenn wir im Inneren der Seele die Stimmung aufbringen können, die darin liegt, dass wir empfinden, wie ein Majestätisches aus Weltweiten, aus kosmischen Fernen mit einem Weltdonner zu uns dringt; wie dazwischen mit sanft uns ermahnender Stimme das ertönt, was vom Hüter der Schwelle kommt; und wie dann in eindringlicher Weise ein Wesen der Hierarchien selbst zu unserer Seele spricht. Wir sollen immer nur dann, wenn wir uns auch an dieses erinnern, und wenn wir die Gefühle aufbringen, die mit dieser Erinnerung zusammenhängen, wir sollen nur dann an solche Mantren denken, uns innerlich mit solchen Mantren in Verbindung setzen, damit wir sie nicht entweihen – in ihrer Kraft nicht dadurch entweihen, dass wir sie mit dem trockenen, philiströsen Denken denken, mit dem wir denken, wenn wir uns nicht erst in die entsprechende Seelenstimmung versetzen. Und wir sollen daraus, dass das so ist, auch die innere Seelenstimmung bekommen, zu fühlen, dass Selbsterkenntnis für den Menschen etwas Feierliches, Ernstes und Heiliges ist, und dass diese Mantren nur so von der Seele innerlich gesprochen werden sollen – geschweige denn äußerlich –, dass sie als ein Ernstes, Feierliches und Weihevolles empfunden werden.

Ein großes Hindernis, auf einem esoterischen Weg weiterzukommen, ist dieses, dass vielfach im Cliquenwesen von diesen Dingen gesprochen wird, wo nicht diese ernste, feierliche und weihevolle Stimmung zugleich entwickelt wird, sondern sogar mit einem Anflug von Eitelkeit diese Dinge beschwätzt werden. Man bedenkt dabei nicht, wie im esoterischen Leben alles darauf beruht, dass Wahrheit, volle Wahrheit herrscht. Der kann im esoterischen Leben überhaupt nichts machen, der nicht diese Erkenntnis hat, dass im esoterischen Leben Wahrheit, volle Wahrheit herrschen muss, dass man nicht von der Wahrheit bloß sprechen und dann die Dinge so auffassen kann, wie man sie im äußerlichen, profanen Leben auffasst. Das tut man, wenn man die Sache zum Gegenstand des gewöhnlichen Geschwätzes macht. Und dieses, was vielfach getrieben wird, dieses gewöhnliche Beschwätzen, das ist es, was Hindernisse und Hemmnisse auf den esoterischen Weg wirft. Wir müssen all das, was mit Selbsterkenntnis zusammenhängt, auch mit dieser ernsten, feierlichen, weihevollen Stimmung in unserer Seele zusammenbringen. Dann werden wir im rechten Sinne das Wort auf unsere Seele wirken lassen, das jetzt am Ende wieder gesprochen werden soll, wie es am Anfang der heutigen Klassenstunde gesprochen worden ist: «*O Mensch, erkenne dich selbst!* ...» Das ist eine Anleitung zur Selbsterkenntnis, das ist im Grunde eine Frage. Und die Antwort ist in solchen Mantren gegeben.

VERNIMM DES DENKENS FELD:

Es spricht, der dir die Wege
Von Erdensein zu Erdensein
Im Geisteslichte weisen will:
  Blick' auf deiner Sinne Leuchtewesen.

Es spricht, der dich zu Seelen
Im stoffbefreiten Seinsgebiete
Auf Seelenschwingen tragen will:
  Blick' auf deines Denkens Kräftewirken.

Es spricht, der unter Geistern
Im erdenfernen Schöpferfelde
Den Daseinsgrund dir geben will:
  Blick' auf der Erinnerung Bildgestalten.

I.) Vernimm des Denkens Feld:

1) Es spricht, der dir/die Wege
Von Erdensein zu Erdensein   Angeloi
Im Geisteslichte weisen will:

  Blick' auf deiner Sinne Leuchtewesen.

2.) Es spricht, der dich zu Seelen
Im stoffbefreiten Seinsgebiete   Archangeloi
Auf Seelenschwingen tragen will:

  Blick' auf deines Denkens Kräftewirken.

3.) Es spricht, der unter Geistern
Im erdenfernen Schöpferfelde   Archai
Den Daseinsgrund dir geben will:

  Blick' auf der Erinnerung Bildgestalten.

VERNIMM DES FÜHLENS FELD:

Es spricht, der als Gedanke
Aus Geistes-Sonnenstrahlen
Dich zum Weltendasein ruft:
Fühl' in deines Atems Lebensregung.

Es spricht, der Weltendasein
Aus Sternen-Lebenskräften
Dir in Geistesreichen schenket:
Fühl' in deines Blutes Wellenweben.

Es spricht, der dir den Geistes-Sinn
In lichten Götter-Höhenreichen
Aus Erdenwollen schaffen will:
Fühl' der Erde mächtig Widerstreben.

Dreizehnte Stunde

Dornach, 17. Mai 1924

Meine lieben Freunde! Es wird zuerst wieder das aus dem Geistigen des Weltalls an unsere Seele herandringende Wort gesprochen, das uns zur selbstbeobachtenden Erkenntnis unseres Wesens ermahnt: «*O Mensch, erkenne dich selbst!* ...» (s. S. 173).

Meine lieben Freunde! Wir haben in diesen Stunden das letzte Mal versucht, jene inneren Seelenworte zu finden, die den Menschen mit dem in Verbindung bringen, was sich aus den Hierarchien offenbart, mit denen des Menschen geistig-seelisches Wesen in Verbindung steht. Wir haben dabei vor unsere Seele hingestellt, wie wir durch eine besondere Vertiefung in das, was des Denkens Feld werden kann, wie wir durch eine besondere Vertiefung in das Feld des Denkens in jenes Gebiet hinaufgelangen, das die Wesen der dritten Hierarchie bewohnen: die Engel, die Erzengel und die Zeitgeister. Dabei ist nicht jenes Denken gemeint, das wir im Alltag gebrauchen, sondern jenes Denken, das hinter diesem Denken des Alltags verläuft, jenes Denken, das wir aus unserer Gesamtorganisation heraus nur schaffen können, wenn wir uns meditierend in solche Worte vertiefen, wie sie vorgebracht worden sind als die Worte, die damit beginnen: «Vernimm des Denkens Feld». Wir haben das letzte Mal auch angedeutet, dass dieses Denken im menschlichen Organismus selbst über dem Sprachgebiet empfunden werden kann, während das Feld der Erinnerungsgedanken unter dem Sprachgebiet gefühlt werden kann.

Wir fühlen das Sprachgebiet, wenn wir recht innerlich, lebensvoll irgendetwas laut oder auch halblaut vor uns hinsagen. Wir fühlen das Sprechen in uns, und wir können den Ort bezeichnen, an dem wir das Sprechen in uns fühlen. Wir haben da einen Anhaltspunkt, denn das Sprechen ist am leichtesten zu erleben. Über dem Sprechen, mehr gegen den Hinterkopf zu, können wir das Denken empfinden, durch das wir die Engel entdecken; im Sprechen selbst entdecken wir die Erzengel; und unter dem Sprechen, in der Erinnerung, entdecken wir die Zeitgeister. Der mantrische Spruch, der uns zu so etwas führt, verläuft in der Gestalt, die das vorige Mal geschildert worden ist.

Wir stellen uns durch diesen Spruch vor, wie zuerst die kosmischen Weiten zu uns sprechen, wie das Weltall selbst ertönt, und wie dann in dieses Weltall das hineinspricht, was uns der Hüter der Schwelle sagt. Er macht uns darauf aufmerksam, dass wir auf das hinhorchen sollen, was das zu uns gehörige Wesen aus der Reihe der dritten Hierarchie, aus der Reihe der Engel, zu uns zu sprechen hat. Und ein Zweites ist dann, dass der Hüter der Schwelle uns wieder ermahnt, auf das zu uns gehörige oder auf die zu uns gehörigen Wesen aus der Reihe der Erzengel hinzuhören. Und an dritter Stelle ermahnt uns wieder der Hüter, auf die zu uns gehörigen Wesen aus der Reihe der Zeitgeister hinzuhören. Wir sollen uns diese mantrischen Sprüche so vorstellen, dass wir hören: das Weltall aus den Weiten zu uns tönen, den Hüter zu uns sprechen, die Hierarchien zu uns sprechen.

Wenn wir uns immer wieder in dieser Situation fühlen – die Weltweiten zu uns sprechen hören, den Hüter der Schwelle und die Reiche der Hierarchien zu uns sprechen hören –, wenn wir uns das ganz lebhaft vorstellen, als wenn es um uns wäre, in Verbindung mit dem Bild, das wir das letzte Mal an die Tafel gezeichnet haben, dann kommen wir dazu, jenes Denken oberhalb der Sprache im Hinterkopf zu fühlen, durch das wir uns dem Weben und Leben der dritten Hierarchie nähern. Wir setzen uns durch diesen mantrischen Spruch in Verbindung mit den Wesen der dritten Hierarchie. Ebenso setzen wir uns in Verbindung mit den Wesen der zweiten Hierarchie durch den zweiten mantrischen Spruch, der angeführt worden ist, und der wieder in einer solchen Weise gefühlt, geistig wahrgenommen werden soll. Wir sollen ganz davon absehen, dass wir selbst das sagen, wir sollen uns ganz in die Situation versetzen, die wir geschildert haben: «Vernimm des Fühlens Feld ... mächtig Widerstreben» (s. S. 242). Da kommen wir dazu, unsere Verbindung mit den Geistern der Form, mit den Geistern der Bewegung und mit den Geistern der Weisheit herzustellen. Es wird eine innerliche Verbindung zwischen der Gefühlssphäre – dem Atmen und der Blutzirkulation, denen der Wille entspricht, der als Wille aber nur gefühlt wird –, es wird eine innerliche Verbindung hergestellt zwischen alldem in unserem Menschenwesen und den Wesen der zweiten Hierarchie.

Es bleibt uns für heute zu betrachten, meine lieben Freunde, das Feld des Wollens. Dieses Feld des Wollens, es ist das, was den Menschen am kräftigsten beherrscht, was im Menschen am kräftigsten wirkt, was aber zu gleicher Zeit von dem Menschen am wenigsten mit Aufmerksamkeit erlebt wird. Denn der Mensch weiß gewöhnlich wenig, wie sein Wollen verläuft. Nehmen wir das am menschlichen Organismus, wo das Wollen zum Ausdruck kommt dadurch, dass der Organismus in Bewegung gerät, sich in Bewegung versetzt. Wir müssen, meine lieben Freunde, uns solche innigen Vorstellungen aneignen, wenn wir zu dem vordringen wollen, zu dem uns der Geist weisen will, der durch diese esoterische Schule spricht. Stellen wir uns vor, wir gehen, wir bewegen unsere Beine. Da denkt der Mensch gewöhnlich, dass er seine Beine bewegt und die Beine ihn weitertragen. Das ist aber die bequemste Vorstellung, die man haben kann. Man denkt, irgendeine unbekannte Kraft – es

Dreizehnte Stunde

ist eine unbekannte Kraft, denn kein Mensch kann aus dem gewöhnlichen Bewusstsein von dieser Kraft etwas wissen –, irgendeine unbekannte Kraft wird in die Beine hineinströmen gelassen, die ein Bein vor das andere setzt. Sie soll uns durch die Welt tragen.

So ist es aber nicht. Die Beine haben ganz und gar nicht die Aufgabe, uns durch die Welt zu tragen. Das ist einfach nicht wahr. Wir geraten hier an einen Punkt, wo das gewöhnliche Bewusstsein seine Maja zeigt, denn es ist Maja, wenn wir in dem Glauben leben, dass wir mit den Beinen, mit den physischen Beinen gehen, dass die physischen Beine dazu da sind, um zu gehen. Natürlich handelt es sich nicht darum, meine lieben Freunde, dass wir jetzt hingehen und in die Welt des Philisteriums hinausschreien: Es ist nicht wahr, dass der Mensch seine Beine zum Gehen hat! Man wird davon natürlich nichts verstehen, denn man weiß nicht, in welch tiefem Sinne es wahr ist, dass all das, was sich dem gewöhnlichen Bewusstsein darbietet, Maja ist, die große Illusion ist. Und die große Illusion erstreckt sich nicht nur auf das, was der Mensch im Umkreis schaut, sondern die große Illusion erstreckt sich auch auf das, was der Mensch in sich selbst von der Welt erlebt.

Es handelt sich um Folgendes. Stellen wir uns ganz schematisch vor, das seien die menschlichen Beine (s. Tafelzeichnung S. 329, rechts unten), wo eins vor das andere schreitet. Innerhalb dieser physischen Beine ist der menschliche Ätherleib enthalten (rot), jener Teil des Ätherleibes, der den Beinen entspricht. Da ist auch der Astralleib enthalten (gelb), der den Beinen entspricht, und dann noch die Ich-Organisation (violett). Wir gehen nicht mit den physischen Beinen, wir gehen auch nicht mit den Ätherbeinen, wir gehen nicht einmal mit den astralischen Beinen, sondern wir gehen mit jenen Kräften, die der Ich-Organisation entsprechen. Wir leben mit diesen Kräften, die der Ich-Organisation entsprechen, in den Schwerkräften der Erde, die unsichtbar sind (weißer Halbkreis links mit Pfeilen). Diese Schwerkräfte der Erde erleben wir mit den Kräften unserer Ich-Organisation (kurze Striche zu den Pfeilen). Und das, was dem Willen entspricht, was der Bewegung entspricht, vollzieht sich zwischen der unsichtbaren Ich-Organisation und den unsichtbaren Schwerkräften der Erde. Die Ich-Organisation ist darauf angewiesen, dass sie etwas als Widerstand fühlt, wenn sie mit den Schwerkräften der Erde in Verbindung tritt. Der Astralleib, der Ätherleib und der physische Leib der Beine, sie sind bloß dazu da, dass die Ich-Organisation sich selbst fühlen kann, wahrnehmen kann. Ohne diese Wahrnehmung kann sie nicht mit der Erdorganisation in Verbindung treten, sie muss bewusst mit der Erdorganisation in Verbindung treten. Damit im Schreiten die Ich-Organisation ihrer selbst bewusst wird und mit den Erdkräften in Verbindung tritt, sind die physische Organisation und die anderen Organisationen da.

Das Gehen ist also ein ganz übersinnlicher Vorgang. Die physische Organisation ist beim Gehen nur dazu da, dass das Gehen vom Menschen wahrgenommen wird, weil er so etwas nur ausführen kann, wenn er es wahrnimmt. Wir gehen ebenso wenig mit den physischen Beinen, meine lieben Freunde, wie wir mit den Strümpfen gehen. Wir gehen mit dem, was in den Beinen unserer Ich-Organisation entspricht. Und wie wir die Strümpfe haben, damit sie uns die Wärme geben, so haben wir die physischen Beine, damit sie uns das Bewusstsein für das Gehen geben. Das, was ich jetzt sage, das müssen wir fühlen. Wir müssen im Gehen fühlen lernen, dass das Gehen ein übersinnlicher Vorgang ist, und dass alles Sinnliche nur dazu da ist, um uns ein Bewusstsein davon zu vermitteln. Dieses

Dreizehnte Stunde

Bewusstsein wird während des wachenden Erdlebens in einer unvollkommenen Weise erzeugt, weil auch unsere physischen Beine schwer sind und wir dadurch nicht nur mit den Schwerkräften der Erde in Zusammenhang kommen, sondern auch mit den Schwerkräften, die in unseren physischen Beinen wirken. Deshalb durcheilen wir das Weltall im Ich und im Astralleib in einer viel regsameren Weise, wenn wir die physischen Beine nicht haben, wie im Schlaf, als wenn wir im physischen Leib herumgehen. Wir bewegen uns auch während des Schlafes, nur haben wir kein Bewusstsein davon, weil nur die physischen Beine ein Bewusstsein davon vermitteln können.

Wer ist es denn, der uns in die Möglichkeit versetzt, während des Schlafes und dann auch während der Hellsichtigkeit, uns zu bewegen? Wir haben gesagt: Wir können uns im physischen Dasein dadurch bewegen, dass uns durch die physischen Beine die Bewegung bewusst wird. Wer ist es, meine lieben Freunde, der uns das während des Schlafes ersetzt? Das sind jene Wesen, die während des Schlafes für die Bewegung mit uns in Verbindung treten. Das sind die Throne, die Geister des Willens. Das sind Wesen der ersten Hierarchie. Nur kann der Mensch im gewöhnlichen Bewusstsein, in seinem gewöhnlichen Schlafbewusstsein, die Throne nicht wahrnehmen, daher hilft ihm das nichts. Wenn der Mensch aber durch Intuition (s. Fachausdrücke S. 480) fähig wird, das wahrzunehmen, was im Schlaf geschieht, dann wird er gewahr: Er steht während des Schlafes durch die Throne ebenso mit einer höherbewussten Welt in Verbindung, wie er im physischen Leben durch seine physischen Beine mit dem Erdleben in Verbindung steht. Das alles muss ins Gefühl übergehen. Das alles müssen wir innerlich spüren lernen. Dann spüren wir aber auch die webende und wellende Geisteswelt, in der wir fortwährend drinnen sind.

Und wir können uns wieder zu einem solchen innerlichen Fühlen und Erleben hinaufranken, wenn wir uns so drinnen fühlen in der Situation, wie das bei den anderen Mantren der Fall ist, die wir für das Feld des Denkens und für das Feld des Fühlens angeführt haben, wenn wir uns so drinnen fühlen in der Situation: Aus den Weltweiten dringt etwas wie eine donnerähnliche Stimme zu uns; der Hüter der Schwelle macht uns darauf aufmerksam, dass wir hören sollen, was die Throne zu uns sprechen, was die Throne von dem sagen, was aus den Trieben, wie wir sie nennen, was aus den Seelentrieben heraus in unser Wollen übergeht, wenn wir wollend in der Welt irgendetwas ausführen. Daher werden wir den dritten Teil dieses Mantrams so auf uns wirken lassen, dass zuerst aus den Weltweiten ertönt:

> Vernimm des Willens Feld.

Dann spricht der Hüter der Schwelle:

> Es spricht, der die Weltenkräfte, die dumpfen
> Aus den Erden-Untergründen, den finstren
> In deiner Glieder Regsamkeiten lenket.

Und die Throne sprechen:

> Blick' auf deiner Triebe Feuer-Wesen.

Das ist das Erste. Das Zweite führt uns schon mehr in das Seelische hinein. Wenn wir im Verfolgen der Willensregsamkeit des Menschen weitergehen, dann machen wir in dieser meditativen Verrichtung der Seele eine große Entdeckung. Diese große Entdeckung, die muss einmal über den Menschen kommen, wenn er auf dem Weg seiner Entwicklung vorwärtsschreiten soll. Da müssen wir auf etwas hinweisen, meine lieben Freunde, von dem wir alle schon wissen, denn auch das gewöhnliche Bewusstsein weiß davon. Das ist das, was wir die Stimme des Gewissens nennen. Aber diese Stimme des Gewissens, sie ertönt in einer unbestimmten Weise aus dem menschlichen Wesen in das Bewusstsein herein. Der Mensch kennt gewöhnlich nicht recht das, was da in Bezug auf sein moralisches Verhalten aus geheimnisvollen Untergründen der Seele herauftönt, und was er die Stimme seines Gewissens nennt. Er kommt mit dem gewöhnlichen Bewusstsein nicht so tief in das eigene Wesen hinunter, dass er die Stimme des Gewissens erreicht. Sie kommt herauf, aber der Mensch erreicht sie nicht, er schaut sie nicht von Seelenangesicht zu Seelenangesicht. Und wenn der Mensch dann meditierend weiter vordringt bis zu der Welt der Cherubim, der Wesen, die weisheitsvoll die Welt durchwesen und durchweben, dann macht er die große Entdeckung, dass aus der Welt der Cherubim ein Weltwirken in ihn hereindringt, innerhalb dessen die Stimme des Gewissens lebt. Die Stimme des Gewissens ist von hohem Ursprung, von hoher Wesenheit. Sie lebt in der Welt der Cherubim. Aus dieser Welt der Cherubim webt sie sich in das Menschenwesen hinein und ertönt aus den Tiefen dieses Menschenwesens unbestimmt herauf. Es ist eine große, gewaltige Entdeckung, wenn der Mensch im Intuitionserleben da, wo er sich mit dem Chor der Cherubim in Verbindung setzt, die Welt entdeckt, in der sein Gewissen west und webt. Es ist die größte persönliche Entdeckung, die der Mensch machen kann. Dazu ermahnt uns der Hüter der Schwelle mit den Worten:

> Es spricht, der die Geistesstrahlen, die hellen
> Aus Gottes-Wirkensfeldern, gnadevoll
> In deinem Blute kreisen lässt.

Und die Cherubim sprechen:

> Blick' auf des Gewissens Seelen-Führung.

In Wirklichkeit ist es der Geist, der aus dem Chor der Cherubim heraus im Blut kreist und die Stimme des Gewissens hervorruft. Das Blut ist in allen Gliedern unseres Menschenwesens physisch, aber es trägt, indem es in allen Gliedern unseres Menschenwesens physisch ist, mit der Stimme des Gewissens zugleich etwas anderes: Es weben im seelischen Dasein unseres Blutes die Wellen des cherubinischen Lebens. Wir gewinnen für diese Meditation einen größeren Halt, wenn wir uns die Situation so vorstellen: Es spricht das, was aus den Weltweiten kommt: «Vernimm des Willens Feld». Der Hüter der Schwelle ermahnt uns: «Es spricht, der die Weltenkräfte ...». Dann stellen wir uns vor: webende Wolken (s. Tafelzeichnung S. 329 oben, blau), webende Wolken als Symbolisierung der Throne; und indem wir diese webenden Wolken vorstellen, hören wir aus der ersten Hierarchie die Stimme der Throne: «Blick' auf deiner Triebe Feuer-Wesen». Dann spricht wieder der Hüter der Schwelle: «Es spricht, der die Geistesstrahlen ...». Jetzt stellen wir uns Blitze (rot) vor, die diese Wolken durchzucken, denn Blitze sind die Werkzeuge der Cherubim, die feurigen Schwerter der Cherubim. Und indem diese Blitze durch die Wolken zucken, fühlen wir dieses Zucken in den Worten: «Blick' auf des Gewissens Seelen-Führung». Dann spricht wieder der Hüter der Schwelle:

> Es spricht, der das Menschensein, das vollbrachte
> Durch Tode und Geburten, sinngerecht
> Zum Atmen bringt in gegenwärt'ger Zeit.

«Das Menschensein, das vollbrachte» – das sind die früheren Erdleben. Dabei stellen wir uns vor, wie der ganze Himmel über

den Blitzen aus wehender Wärme, aus wehender Hitze (gelb, ganz oben) die Blitze heruntersendet. Und in dieser wehenden Hitze hören wir aus Weltweiten die Sprache der Seraphim:

Blick' auf deines Schicksales Geistes-Prüfung

– wie sich das Schicksal von Erdleben zu Erdleben bis in dieses gegenwärtige Erdleben herein erstreckt.

Das Mantram ist besonders wirksam, wenn es zugleich mit dem Bild empfunden wird. Und weil der Wille das Geheimnisvollste in uns ist, können wir uns gerade für dieses Mantram dadurch vorbereiten, dass wir alle Trivialität von den Worten abstreifen und das Hinweisende, das Hinlenkende, das Weltrichtung-Gebende an diesem Bild empfinden, indem wir mit einem guten deutschen Wort – das leicht trivial aufgefasst werden kann, aber es muss alle Trivialität davon abgestreift werden, wenn wir es hier gebrauchen –, indem wir mit einem guten deutschen Wort, statt Throne, «Sitze» sagen. Also, wir stellen uns vor, meine lieben Freunde: Wir bilden das Wort «Sitze» – das sind Wolkensitze; wir bilden uns die Vorstellung der Wolken so, dass sie vor uns stehen. Wir bilden dann das Wort «Blitze», wiederum mit der Vorstellung «hineinblitzen»: Die Blitze zucken in die Wolken hinein. Wir bilden dann das Wort «Hitze», Welthitze. Und wir fühlen in diesem dreifachen «i» das Aufsteigen von den Wolkensitzen zu den Blitzen und zu der Welthitze, aus der die Blitze kommen. Wir fühlen vorbereitend zum Mantram: Sitze, Blitze, Hitze. Und dann, nachdem dies vor uns steht, fühlen wir mit dem Bild die Kraft des Mantrams: «Vernimm des Willens Feld ... Geistes-Prüfung».

In einem solchen Spruch ist nichts eine bloße Phrase, sondern hier handelt es sich um der «Glieder Regsamkeiten»: Wir haben es eben geschildert als ein Zusammenwirken der

Ich-Organisation mit den Kräften der Erde. Es ist ein ganz übersinnlicher Vorgang, dessen müssen wir uns im ersten Teil des Mantrams bewusst werden. Im zweiten Teil des Mantrams müssen wir uns der durch den ganzen Organismus gehenden Blutzirkulation bewusst werden, die in ihrem Wellenkreisen das enthält, was das Gewissen ist. Das Schicksal aber, das lebt in unserem Atem, insofern der obere Teil des rhythmischen Systems nicht nur von dem durchströmt ist, was uns heute im Atmen belebt, sondern indem der Atem aus früheren Erddaseinsstufen geformt wird. Das wird uns im dritten Teil des Mantrams bewusst.

Im ersten Teil des Mantrams werden wir von dem Hüter der Schwelle auf die Throne verwiesen, im zweiten Teil auf die Cherubim, im dritten Teil auf die Seraphim. Die Sinnbilder, die wir wählen, um dem Mantram die nötige Stärke und Konzentration zu geben, drücken uns die Offenbarung der ersten Hierarchie in einer sehr schönen Weise aus. Die Wolken sind die Throne, aber zu gleicher Zeit das, aus dem die Throne, wenn wir auf das Geistige in den Wolken hinschauen, aus dem die Throne ihre Substanz nehmen. Sie nehmen ihr eigenes Wesen daraus: «Wolken – Throne – Wesen». Wir blicken auf zu den Blitzen: Die Cherubim sind schon mehr verhüllt. Bei den Thronen kann man spüren, wie sie in den Wolken selbst weben, wie die aufgetürmten Wolken die Substanz der Throne hergeben. So leicht für den Anblick machen es uns die Cherubim nicht, sie verbergen sich mehr als die Throne. Sie zeigen uns in ihren Formungen nicht sich selbst, sie zeigen uns in den Blitzen nicht ihr Wesen, sondern nur ihre Werkzeuge: «Blitze – Cherubine – Werkzeuge». Und steigen wir zu der Welthitze auf – darin verbergen sich tief die Seraphim, viel tiefer als sich die Cherubim hinter ihren Werkzeugen, hinter den Blitzen verbergen. Die Welthitze

Dreizehnte Stunde

ist nur der Schein der Seraphim. Die Throne offenbaren sich durch ihr Wesen, die Cherubim offenbaren sich durch ihre Werkzeuge, die Seraphim offenbaren sich durch den Schein, der aus ihnen ausstrahlt: «Weltenhitze – Seraphine – Schein». So stellen wir die Verbindung her zwischen den Menschen und der ersten Hierarchie im Feld des Wollens: «Vernimm des Willens Feld ... Geistes-Prüfung».

Es kommt aber alles darauf an, dass wir uns so in der Situation drinnen empfinden, als ob wir gar nicht selbst sprechen, denken, fühlen und wollen. Es kommt darauf an, dass wir uns selbst ganz vergessen und uns in dieser Situation in dreifacher Weise angesprochen fühlen. Es ist notwendig, meine lieben Freunde, dass wir solche inneren mantrischen Verrichtungen in vollem Ernst nehmen. Dann bewirken sie, was sie bewirken sollen. Dann bringen sie uns vorwärts auf dem Feld, auf dem dreifachen Feld der geistigen Welt – auf dem Feld des Denkens, auf dem Feld des Fühlens und auf dem Feld des Wollens. Überall handelt es sich darum, dass wir in vollem Ernst in diesen Dingen drinstehen können.

Dazu ist noch etwas notwendig, was auch berücksichtigt werden muss. Der Meditierende wird oft wieder in den Schlendrian des gewöhnlichen Lebens zurückfallen. Er muss das auch, da er zwischen Geburt und Tod ein Erdmensch ist. Das gewöhnliche Bewusstsein muss sich immer wieder finden. Aber wir können so sein im Leben – ich meine jetzt, wir können im negativen Sinne so sein: Wenn wir irgendeinen Schmerz haben, der habituell ist, der chronisch wird, wenn wir ihn haben, dann empfinden wir ihn immer – wir können ihn manchmal übersehen, aber wir empfinden ihn immer. So sollen wir es auch erleben, wenn wir einmal von der Kraft der Meditation erfasst worden sind. Wir sollen uns immer so fühlen, dass wir uns sagen: Dieses gewöhnliche Bewusstsein hat einmal meditiert, es ist einmal von der es durchsetzenden Kraft der Meditation erfasst worden. Wir sollen fühlen, dass die Meditation immer da ist, nachdem wir einmal in ihr waren. Wir sollen ein anderer Mensch geworden sein dadurch, dass wir fühlen, die Meditation macht uns zu etwas anderem. Dadurch, dass wir einmal mit ihr begonnen haben, können wir gar nicht mehr im Leben vergessen, dass wir Meditierende sind – es auch nicht für einen Augenblick vergessen, meine lieben Freunde. Dann ist diese die rechte Stimmung des Meditierenden. Wir sollen uns so in das Meditieren hineinleben – auch wenn wir das Meditieren nur kurz betreiben, ohne dass es uns das übrige Leben stört –, wir sollen uns so hineinleben, dass wir uns immer als Meditierende fühlen. Und wenn wir einmal vergessen, dass wir Meditierende sind, und nachher darauf kommen, dass wir es vergessen haben, dass es Momente im Leben gegeben hat, wo wir das vergessen haben, sollten wir uns das Gefühl aneignen, uns so zu schämen, wie wir uns schämen würden, wenn es uns passieren würde, dass wir ohne Kleider nackt durch eine ganz mit Menschen besetzte Straße laufen würden. Das sollten wir uns aneignen. Wir sollen den Übergang vom Nichtmeditieren zum Meditieren so auffassen, dass es keinen Moment gibt, der so ist, dass, wenn wir ihn hinterher ohne das Bewusstsein entdecken, dass wir Meditierende sind, wir uns nicht seiner schämen würden. Das ist dasjenige, worauf es ankommt. Und dann werden wir wirklich fortschreiten in dem, was uns gesagt wird durch das Weltwort, mit dem wir begonnen haben: «*O Mensch, erkenne dich selbst!* ...»

Aber wir müssen uns auch immer wieder vor die Seele führen, dass Erkennen eine ernste Sache ist, dass die Welt der großen Illusion, dass die Welt der Maja uns das Erkennen nicht liefert, dass wir erst an die Schwelle herankommen müssen, wo der Hüter steht, und dass wir an der Schwelle erst all die Truggestalten überwinden müssen, mit denen die gewöhnliche Sinneswirklichkeit und das gewöhnliche Denken erfüllt sind. Das können wir empfinden, wenn aus denselben Welttiefen, aus denen heraus wir das Weltwort wahrgenommen haben, das eben gesprochen worden ist, es ferner zu uns erklingt:

> *Erkenne erst den ernsten Hüter,*
> *Der vor des Geisterlandes Pforten steht,*
> *Den Einlass deiner Sinnenkraft*
> *Und deines Verstandes Macht verwehrend,*
> *Weil du im Sinnesweben*
> *Und im Gedankenbilden*
> *Aus Raumeswesenlosigkeit,*
> *Aus Zeiten Truggewalten*
> *Des eignen Wesens Wahrheit*
> *Dir kraftvoll erst erobern musst.*

Wenn wir solches gehört haben, kann in uns das Gegenwort aus den Tiefen unserer andächtigen Seele heraus sprechen:

> *Ich trat in diese Sinnes-Welt,*
> *Des Denkens Erbe mit mir führend,*
> *Eines Gottes Kraft hat mich hereingeführt.*
> *Der Tod, er steht an des Weges Ende.*
> *Ich will des Christus Wesen fühlen.*
> *Es weckt in Stoffes-Sterben Geist-Geburt.*
> *Im Geiste find' ich so die Welt*
> *Und erkenne mich im Weltenwerden.*

Es wird also jetzt immer diese Stunde am Sonnabend um dieselbe Zeit sein.

II

Erkenne erst den ernsten Hüter
Der vor des Geisterlandes Pforten steht
Den Einlass deiner Sinnenkraft
Und deines Verstandes Macht verwehrend
Weil du im Sinnesweben
Und im Gedankenbilden
Aus Raumes wesenlosigkeit
Aus Zeiten Trugggewalten
Des eignen Wesens Wahrheit
Die kraftvoll erst erobern müsst.

III.

Ich trat in diese Sinnes-Welt
Des Denkens Erbe mit mir führend
Eines Gottes Kraft hat mich hereingeführt
Der Tod, er steht an des Weges Ende –
Ich will des Christus Wesen fühlen –
Es wecket in Stoffes-Sterben Geist-Geburt
Im Geiste find ich so die Welt
Und erkenne mich im Weltenwerden.

Vernimm des Willens Feld:

Es spricht, der die Weltenkräfte, die dumpfen
Aus den Erden-Untergründen, den finstren
In deiner Glieder Regsamkeiten lenket:
  Blick' auf deiner Triebe Feuer-Wesen.

Es spricht, der die Geistesstrahlen, die hellen
Aus Gottes-Wirkensfeldern, gnadevoll
In deinem Blute kreisen lässt:
  Blick' auf des Gewissens Seelen-Führung.

Es spricht, der das Menschensein, das vollbrachte
Durch Tode und Geburten, sinngerecht
Zum Atmen bringt in gegenwärt'ger Zeit:
  Blick' auf deines Schicksales Geistes-Prüfung.

III. Vernimm des Willens Feld.

1.) Es spricht, der die Weltenkräfte, die dumpfen
Aus den Erden-Untergründen, den finstern   (Throne)
In deiner Glieder Regsamkeiten lenket:

  Blick' auf deiner Triebe Feuer-Wesen.

2.) Es spricht, der die Geistesstrahlen, die hellen
Aus Gottes-Wirkens-Feldern, gnadevoll   (Cherubine)
In deinem Blute kreisen lässt:

  Blick' auf des Gewissens Seelen-Führung

3.) Es spricht, der das Menschensein, das vollbrachte
Durch Tode und Geburten, sinngerecht
Zum Atmen bringt in gegenwärt'ger Zeit: (Serafine)

  Blick' auf deines Schicksales Geistes-Prüfung

Vierzehnte Stunde

Dornach, 31. Mai 1924

Meine lieben Freunde! Wir haben die Stellung des Menschen zum Hüter der Schwelle betrachtet, und wir haben uns stufenweise vor die Seele geführt, wie das Verhältnis des Menschen zum Hüter der Schwelle auf dem Weg der Erkenntnis ist. Wir wollen uns heute die Situation vor dem Hüter der Schwelle ganz lebendig vor die Seele stellen, um in diesen esoterischen Betrachtungen ein Stück weiterzukommen.

Der Mensch verlässt – ich wiederhole situationsgemäß das, was in den bisherigen Stunden betrachtet worden ist –, der Mensch verlässt die physische Welt, in der er sein gewöhnliches Bewusstsein entfaltet. Er wird gewahr, dass diese sinnlich-physische Welt großartig ist – zwar leidvoll, schmerzvoll, aber auch freudevoll –, dass sie majestätisch ist, dass er allen Grund hat, mit seinem Bewusstsein ihr anzugehören. Aber er wird auch gewahr, dass er niemals sich selbst erkennen kann, wenn er den betrachtenden Blick und die empfindende Seele bloß auf diese physische Welt hinlenkt. Er muss sich sagen: So großartig das ist, was sich Farbe an Farbe reiht, was sich Form an Form gliedert – das, was ich selbst meinem Ursprung und meinem Wesen nach bin, das findet sich in den Weiten dieses Umkreises nicht. Da aber tönt von allen Seiten an den Menschen heran das Wort der Selbsterkenntnis als der bedeutsamsten Aufgabe im Leben des Menschen: «*O Mensch, erkenne dich selbst!* ...» (s. S. 173).

Auch das wird dem Menschen klar, dass er im gewöhnlichen Leben davor geschützt ist, unvorbereitet in die Welt hineinzukommen, die die Welt seines Wesens ist. Der Hüter der Schwelle zeigt sich als jene Wesenheit, die den Menschen davor behütet, wenn er jede Nacht im Schlaf in die geistige Welt hineingeht, bewusst das wahrzunehmen, was im Schlaf um ihn herum ist, weil er durch das Wahrnehmen dessen, in dem er im Schlaf ist, solche furchtbaren Erschütterungen durchmachen würde, wenn er es unvorbereitet erlebt, dass er das Wachleben nicht in menschenkräftiger Weise vollenden könnte. Der Hüter der Schwelle macht aber zugleich dem Menschen klar, dass er, der Hüter selbst, das einzige Tor der wahren Erkenntnis ist.

Dabei bemerkt der Mensch, dass er, bevor er in das Reich der Erkenntnis eintritt, an einen Abgrund kommt, dass dieser Abgrund sich als ein Gebiet des Bodenlosen darstellt. Die Stütze hört auf, auf der der Mensch in der physischen Welt steht. Der Mensch kann da nicht hinüberschreiten, er kann diesen Abgrund nur übersetzen, wenn er sich vom Physischen befreit, wenn ihm, symbolisch gesprochen, Flügel erwachsen, sodass er als geistig-seelisches Wesen über den Abgrund hinüberkommt. Der Hüter der Schwelle ruft dem Menschen zu, dass er erst den Abgrund achten soll, dass er auf die Tiere achten soll, die als Geistesgestalten aus diesem Abgrund aufsteigen, dass er sich klar sein soll, dass diese Tiere die Spiegelung seines ungeläuterten Wollens, Fühlens und Denkens sind – und dass diese Tiere erst überwunden werden müssen. Und in einem anschaulichen Bild stellt sich dem Menschen vor Augen, wie sein Wollen, sein Fühlen und sein Denken in drei Tieren sich offenbaren: in einem gespenstischen Tier, in einem gräulich ausschauenden Tier und so weiter. Dann wird von dem Hüter der Schwelle weiter gezeigt, wie sich Denken, Fühlen und Wollen in sich selbst erkraften, nachdem der Mensch sich mit vollem Bewusstsein entschlossen hat, die Tiere zu überwinden. Bis der Mensch dann in die geistige Welt eintreten kann, ist er genötigt, im Anblick der geistigen Welt Situationsmeditationen zu entfalten, um sich in das hineinzufinden, wie der Kosmos zu ihm spricht, wie die Hierarchien zu ihm sprechen, die ihm all das verkünden, was den Menschen drüben in der geistigen Welt erwartet.

Und immer mehr werden wir gewahr durch das, was in den Mantren vor unsere Seele tritt, dass der Mensch ein anderer werden muss, wenn er den Abgrund übersetzen will, wenn er sich in das einleben will, was jenseits des Abgrundes ist. Immer mehr werden wir gewahr: Hier auf der Erde verkehren wir mit den Wesen der drei Naturreiche und mit Menschen; drüben verkehren wir mit den entkörperten Seelen und mit den Geistern der höheren Hierarchien. Ein ganz anderer Umgang ist da, eine ganz andere Seelenverfassung erfordert dieser andere Umgang.

Da ist es noch einmal die Aufgabe des Hüters der Schwelle, den Menschen kräftig darauf hinzuweisen, wie er sich zu verhalten hat gegenüber der Tatsache, dass er, wenn er den Abgrund übersetzen will, wenn er überhaupt etwas von der geistigen Welt in ihrer Wirklichkeit erfahren will, dass er dazu kommen muss, eine ganz andere Seelenverfassung zu haben. Der Mensch wird gewahr, dass zwei Seelenverfassungen in ihm Wirklichkeit sein können: die Seelenverfassung diesseits des Abgrundes mit dem gewöhnlichen Bewusstsein, und die Seelenverfassung jenseits des Abgrundes, außerhalb des physischen und des ätherischen Leibes, die Seelenverfassung in der geistigen Welt.

Da, wo der Unterschied dieser zwei Seelenverfassungen auftritt, erwarten den Menschen große Gefahren – Gefahren, die sich so zeigen, dass wir sie als Abweichungen von der gesunden Seelenverfassung zu schildern haben. Wir bleiben immer innerhalb des seelisch Gesunden, wenn wir sie richtig erleben, aber sie haben ihre Extreme in krankhaften Missbildungen des Seelischen. Es muss immer betont werden: Wenn der Gang in die höheren Welten so angestellt wird, wie er gekennzeichnet ist in den

Vierzehnte Stunde

Büchern *Wie erlangt man Erkenntnisse der höheren Welten?*, in mancher kleineren Schrift, die auf anthroposophischem Gebiet erschienen ist, im zweiten Teil meiner *Geheimwissenschaft*, dann kann ein Abirren von der gesunden Seelenverfassung nicht stattfinden, auch nicht in leiser Weise stattfinden. Der Mensch wird in der Erkenntnis sowohl durch den gesunden Menschenverstand als auch durch die Initiation voll bewusst in die geistige Welt hinübergehen. Aber wissen muss der Mensch, dass er in zweifacher Weise aus der alltäglichen, ihn fest in das Leben hineinstellenden Seelenverfassung herauskommt, wenn er nicht beachtet, was der richtige Weg in die geistige Welt hinein ist.

Hier, diesseits der Schwelle, stehen wir auf der Erde, auf dem festen Erdelement. Der Boden ist unter unseren Füßen, der Boden ist uns eine Stütze. Wir haben dann um uns das wässrige Element, das an unserer eigenen Leibesbildung teilnimmt. Dieses wässrige Element kann uns im gewöhnlichen Leben keine Stütze sein, aber es durchdringt uns, es bildet sich in uns um zu unserem Blut; es ist in unserem Wachstum, in unseren Ernährungskräften enthalten. Wir atmen dann die Luft. Das luftartige, das gasartige Element ist auch um uns herum. Ebenso ist um uns herum die Wärme, das vierte Element. Diese vier Elemente sind im gewöhnlichen Leben voneinander getrennt: Wo feste Erde ist, ist nicht Wasser; wo Wasser ist, ist nicht Luft; wo Luft ist, ist nicht Wasser. Nur das Feuer, die Wärme, durchdringt alles. Es ist das einzige Element, das beginnt, alles zu durchdringen.

In dem Augenblick, wo wir herausgehen – auch nur auf den ersten Anhieb, meine lieben Freunde –, wo wir herausgehen aus dem physischen Leib, hört diese Differenzierung, diese Trennung der Elemente auf. Wir vergrößern uns, wir dehnen uns aus, und wir sind gleichzeitig in Erde, Wasser, Luft und Feuer. Wir können sie nicht mehr voneinander unterscheiden, es hören auf die

Eigenschaften, die diese vier Elemente haben. Die Erde ist uns nicht mehr Stütze, ihre Festigkeit hört auf. Das Wässrige bildet uns nicht mehr, seine formenden Kräfte hören auf. Wie wenn wir uns ins Wasser hineinstürzen und nicht schwimmen würden, sondern uns darin auflösen würden, wie sich das Eis im warmen Wasser auflöst, wie wenn wir mit dem Wasser eins werden würden, so tragen wir nicht mehr das Blut als ein getrenntes Element in den Adern, wenn wir in die geistige Welt hinüberkommen, sondern unser Blut wird eins mit dem allwesenden wässrigen Element des Universums. Ebenso ist es mit der Luft: Sie hört auf, die weckende Atemkraft in uns zu sein. Die Wärme hört auf, uns zu einem Ich zu entflammen, wodurch wir uns innerhalb der Wärme als Selbst fühlen. All das hört auf. Diesem Aufhören der Differenzierung in Erde, Wasser, Luft und Feuer müssen wir die richtige Seelenstimmung entgegenbringen. Wir denken uns, dass wir den Abgrund bereits überflogen haben – wir sind drüben angekommen. Da ruft uns der Hüter der Schwelle zu, wir sollen uns wieder umdrehen und ihm ins Antlitz schauen.

Jetzt stellen wir uns recht lebendig vor, meine lieben Freunde: Der Mensch ist drüben angekommen, da, wo ihm offenbar werden die Wahrheiten, die Erkenntnisse über die geistige Welt. Er steht drüben. Der Hüter der Schwelle veranlasst ihn, sich umzudrehen, um die Ermahnungen entgegenzunehmen, die er jetzt braucht, wo er schon berührt worden ist von der Seelenverfassung, die drüben jenseits der Schwelle innerhalb der geistigen Welt ist, wo er selbst in den vier Elementen drinnen lebt: in Erde, Wasser, Luft und Feuer. Da tritt die eine Gefahr an den Menschen heran, dass er sich verliebt in das Losgelöstsein von der festen Erde, von der bildenden Wasserkraft, von der die Empfindung weckenden Luftkraft, von der die Selbstheit zündenden Wärmekraft – dass er sich wonnig fühlt in der geistigen Seligkeit, an die Wonne des Geistes hingegeben –, und dass er in dieser Seligkeit des Geistes verharren will. Dies überkommt ihn, weil die luziferische Verführung an ihn herantritt. Je nach seinem Karma kann der Mensch mehr oder weniger für diese luziferische Verführung zugänglich sein. Ist er so zugänglich, dass er sich ganz und gar in das Erleben der Auflösung in Erde, Wasser, Luft und Feuer verliebt, dann erfasst ihn das Luziferische, und er will nicht mehr aus dieser Seelenstimmung herauskommen. Er läuft Gefahr, diese Seelenstimmung fortzusetzen, wenn er wieder in das alltägliche Leben zurückkommt. Da muss ihm der Hüter der Schwelle zurufen: Das darfst du nicht! Du darfst nicht Luzifer verfallen, du darfst nicht bloß die Wonnen der Seligkeit in der Auflösung in Erde, Wasser, Luft und Feuer erleben! Du musst dir fest vornehmen, wenn du wieder zurückkehrst in die physische Welt, die Seelenverfassung des gewöhnlichen Bewusstseins anzunehmen, sonst wirst du künftig in der physischen Welt ein verworrener Mensch sein. Das ist die luziferische Gefahr, dass wir bei der Rückkehr aus der geistigen Welt, bei der Rückkehr von jenseits der Schwelle, ein verworrener Mensch sind, uns nicht mehr in der Welt auskennen, ein Schwärmer sind, jemand, der Schwärmerei für Idealismus hält, der das gewöhnliche Bewusstsein verachtet. Das darf der Mensch nicht. Und eindringlich ermahnt der Hüter der Schwelle, dass der Mensch den Entschluss fasst, mit einer jeglichen Welt entsprechend zu leben, sei es die irdische, sei es die überirdische.

Aber eine zweite Mahnung setzt der Hüter der Schwelle dazu. Diese zweite Mahnung ist die, dass der Mensch achten soll, wenn er mit getrenntem Denken, Fühlen und Wollen da drüben angekommen ist, wie viel noch in diesem Denken, Fühlen und Wollen vom Hängen am Irdischen, von irdischen Neigungen vorhanden ist. Da kann der Mensch wiederum die Neigung haben, das, was er dadurch erfahren hat, dass er diesseits die feste Erdstütze hat, erst recht zu verfestigen und mit materialistischer Seelenverfassung ins Jenseits der Schwelle hinüberzugehen, auch mit den erstarrten, verfestigten Bildungskräften des Wassers hinüberzugehen. Er kann von einem irdischen Hochmut gepackt werden, und er kann sich sagen: Ich habe im Erdleben geatmet, ich habe jenen Atem in mich eingesogen, aus dem einst der Vatergott die Menschenseele, die Menschenleiber geschaffen hat. Ich kann das auch, wenn ich von der irdischen Beschränktheit befreit bin. Will aber der Mensch das, was er durch seinen Atem als schaffende Götterkraft hat, in die geistige Welt hinübertragen, dann verfällt er der ahrimanischen Verführung. Dann kann er auch nicht wieder zurückkehren, weil ihn drüben in der geistigen Welt die Ohnmacht erfasst, wenn er zurückkehren will. Er wird mehr oder weniger bewusstlos, das Bewusstsein wird ihm herabgelähmt. Und dadurch, dass ihm das Bewusstsein herabgelähmt wird, wird er ein Werkzeug der ahrimanischen Mächte drüben in der geistigen Welt.

Es ist heute so, dass seit dem Beginn der Michael-Zeit (1879) das geistige Leben den Menschen, der grob im Materialismus erstarrt ist, in die geistige Welt hinüberzieht. Und was das heißt, dass die ahrimanischen Kräfte den Menschen ergreifen, wenn im wachen Zustand sein Bewusstsein herabgelähmt ist, das hat sich ganz energisch gezeigt, meine lieben Freunde, als der große Weltkrieg ausgebrochen ist (1914). Ich habe gar manchem gesagt, als dieser Weltkrieg ausgebrochen ist: Die Geschichte dieses Krieges wird nicht bloß vom physischen Plan aus geschrieben werden können. Dokumente sprechen da nicht die volle Wahrheit aus, weil von den dreißig, vierzig Menschen, die in Europa an der Entstehung dieses Krieges beteiligt waren, eine ganze Anzahl im entscheidenden Moment ein getrübtes

Bewusstsein hatten und diesseits Werkzeuge für die ahrimanischen Mächte wurden – sodass vieles in dem, was im Weltkrieg gelebt hat, von ahrimanischen Mächten angestiftet worden ist. Nur in okkulter Weise kann über diesen Weltkrieg gesprochen werden. Was man diesseits der Schwelle an mancher führenden Persönlichkeit gerade beim Ausbruch dieses Weltkriegs gesehen hat, das kann man an denen wahrnehmen, die die irdischen Gewohnheiten der Seele ins Jenseits der Schwelle hinübertragen und drüben dann gelähmt werden, abgedämpft werden in ihrem Bewusstsein und ein Werkzeug der ahrimanischen Mächte werden. Klar, vollständig besonnen muss der Mensch über dieses sein, dass er die Seelenverfassung vom Jenseits der Schwelle nicht ins Diesseits herübertragen darf, aber auch nicht die Seelenverfassung vom Diesseits der Schwelle ins Jenseits hinübertragen darf – sondern für jedes Gebiet, diesseits und jenseits des Abgrundes, ein menschenstarkes Bewusstsein entwickeln muss. Das tritt für alle vier Elemente in den Ermahnungen des Hüters der Schwelle auf. Diese Ermahnungen sollen wir wieder meditativ verarbeiten.

Wir stellen uns vor, meine lieben Freunde, wir stehen drüben jenseits der Schwelle. Der Hüter hat gewunken, und wir schauen ihm ins Antlitz. Er ruft uns ermahnend zu:

Wo ist der Erde Festigkeit, die dich stützte?

Wir haben die Stütze nicht mehr, unser Herz regt sich innerlich und will eine Antwort geben. Dieses Herz kann aber in dreifacher Weise aus dem Kosmos heraus innerlich zur Antwort angeregt sein. Es kann dieses Herz vom Christus und seiner Kraft angeregt sein. Dann antwortet es:

Ich verlasse ihren Grund, so lang der Geist mich trägt.

«Ihren Grund», das ist «der Erde Festigkeit». Das ist die richtige Stimmung: Ich verlasse diese Stütze der Erde, so lange der Geist mich im Geistesgebiet trägt, so lange ich außerhalb des Leibes bin. Aber das Herz kann auch von Luzifer angeregt sein. Dann antwortet es:

Ich fühle wonnig, dass ich fortan der Stütze nicht bedarf.

Da redet der Mensch in seinem Hochmut, in seinem Stolz so, als wenn er die Stütze auch dann nicht braucht, wenn er wieder in die physische Welt zurückkehrt. Oder das Herz kann von Ahriman angeregt sein. Dann antwortet es:

Ich will durch Geistes Kraft fester noch sie hämmern

– die Stütze, und die gehämmerte Stütze hinübertragen. Wir dürfen nicht davor zurückschrecken, uns immer wieder meditativ alle drei Antworten vor die Seele zu führen, um uns in freier Wahl für die erste Antwort zu entscheiden. Der Mensch muss fühlen: Das Innere schwankt, es will hinneigen zu Luzifer, es will hinneigen zu Ahriman. Das müssen wir uns in der Meditation vor Augen stellen. Daher muss die Meditation für das Erdelement Folgendes enthalten. Der Hüter spricht: «Wo ist der Erde Festigkeit, die dich stützte?» Antworten muss das menschliche Herz. Es antwortet, wenn es vom Christus angeregt ist: «Ich verlasse ihren Grund, so lang der Geist mich trägt». Ist die Seele von Luzifer angeregt, so antwortet sie: Ich fühle wonnig, dass ich der Stütze nicht mehr bedarf. Das «so lang» lässt das Herz aus, es will eine Ewigkeit anstelle der Zeitlichkeit setzen und formt den Satz um. Ist die Seele von Ahriman angeregt, so antwortet sie: Ich will durch die Kraft des Geistes die Stütze noch fester hämmern.

Und weiter: Damit die Seele sich voll dem hingeben kann, was da bevorsteht, kommt die zweite Ermahnung des Hüters

Vierzehnte Stunde

der Schwelle, die sich auf des Wassers Bildekraft bezieht. Die Bildekraft des Wassers formt in uns aus dem flüssigen Element heraus die festen Organe. Auch all das, was wir an Nahrung aufnehmen, muss zuerst flüssig werden, dann werden daraus die Organe geformt. Alles, was der Mensch an scharf konturierten Organen hat, wird aus dem flüssigen Element herausgebildet. Diese formende Kraft hört auf, sobald wir das Gebiet jenseits der Schwelle betreten. Der Hüter ermahnt uns, dass dies der Fall ist. Wenn wir jenseits der Schwelle dastehen und den Blick wieder auf sein strenges Antlitz gerichtet haben, ruft er uns zu:

> Wo ist des Wassers Bildekraft, die dich durchdrang?

Der Mensch antwortet, wenn er in seinem Herzen vom Christus angeregt ist:

> Mein Leben verlöscht sie, so lang der Geist mich formt.

Denn jetzt beginnt der Geist zu formen, wenn wir drüben außerhalb des Leibes sind. «Verlöscht sie», das heißt die Bildekraft. Wiederum in bescheidener Weise ist das «so lang» da. Ist die Seele aber von Luzifer angeregt, dann lässt sie das «so lang» aus, und sie formt den Satz in stolzer, hochmütiger Weise um:

> Mein Leben zerschmilzt sie, dass ich erlöst von ihr werde.

Was ausgelöscht ist, kann wieder angefacht werden, was zerschmolzen ist, bleibt zerschmolzen – «dass ich erlöst von ihr werde». Ist die Seele von Ahriman angeregt, dann antwortet sie:

> Mein Leben befestigt sie, dass ich sie ins Geistgebiet versetze.

Achten wir darauf, meine lieben Freunde, dass in mantrischen Sprüchen alles innerlich sicher und bedeutungsvoll geformt ist.

Im ersten Spruch haben wir: «Ich verlasse», «Ich fühle», «Ich will»: In der Antwort spricht das Ich. Im zweiten Spruch spricht das Ich nicht mehr so egozentrisch, sondern es sagt «mein Leben»: «Mein Leben verlöscht», «Mein Leben zerschmilzt», «Mein Leben befestigt». Es wird durch das Eingehen auf jede Realität sachgemäß gesprochen, wenn im Geistigen richtig gesprochen wird. Jene Lässigkeit im Formulieren von Sätzen, die dem Menschen im physischen Gebiet eigen ist, darf nicht ins Geistesgebiet hinein fortgesetzt werden. Im Geistesgebiet muss exakt, muss genau gesprochen werden. Wir müssen bedenken, meine lieben Freunde, dass es einer Realität entspricht, dass diese esoterische Schule nicht vom Menschenwillen, sondern von der geistigen Welt eingesetzt ist – wie es am Anfang gesagt worden ist –, dass alles, was hier in der esoterischen Schule des Goetheanum vorkommt, nur durch meinen Mund gesprochen wird, aber Diktat der geistigen Welt ist. Das muss in jeder zu Recht bestehenden esoterischen Schule so sein, auch in der Gegenwart, wie es in den uralt-heiligen Mysterien der Fall war. Diese esoterische Schule ist die Michael-Schule, ist die Institution jener geistigen Wesen, die unmittelbar die Inspiration des kosmischen Wesens Michael empfangen.

Gegenüber dem Luftgebiet spricht wieder ermahnend der Hüter der Schwelle:

Wo ist der Lüfte Reizgewalt, die dich erweckte?

– ins Dasein weckte. Wie Jahve durch das Einblasen des lebendigen Odems,[*] durch den Reiz des Atems den Menschen aus einem bloß lebenden Wesen zu einem empfindenden Wesen geformt hat, so wird der Mensch durch seine Sinne, durch die Reize, die die Außenwelt auf die Sinne ausübt, zu einem empfindenden Wesen gemacht. Aber was sind die Sinne, meine lieben Freunde? Die Sinne sind nichts anderes als verfeinerte Atmungsorgane. Auge, Ohr, es ist alles verfeinertes Atmungsorgan. Der Atem breitet sich in allen Sinnen aus. Wie er in der Lunge lebt, lebt er im Auge, nur dass er sich in der Lunge mit dem Kohlenstoff, im Auge mit dem ganz feinen Kiesel verbindet. Im Organismus wird Kohlensäure gebildet (s. Tafelzeichnung S. 330, links), in den Sinnen wird Kieselsäure in ganz verfeinertem Zustand gebildet. Der Mensch lebt nach unten, indem er den Sauerstoff zur Kohlensäure formt; der Mensch lebt nach oben – in das Gebiet seines Sinnes-Nerven-Systems hinein –, indem sich der Sauerstoff mit dem Silicium, dem Kiesel, verbindet und feine Kieselsäure bildet. Der Mensch lebt so, dass er Kohlensäure bildet, wenn der Atem sich in das Blut formt, und Kieselsäure bildet, wenn der Atem sich in die Sinne formt. Nach unten und nach außen durch den Atem: Kohlensäure; nach oben zu den Sinnen und von den Sinnen zurück in den Atmungsprozess hinein in ganz feiner Dosis: Kieselsäure («Kohlens[äure]», «Kiesels[äure]»). Gegenüber dem, was in der Luft ist, ruft uns der Hüter der Schwelle zu: «Wo ist der Lüfte Reizgewalt, die dich erweckte?» Der vom Christus in seinem Herzen angeregte Mensch antwortet:

> Meine Seele atmet Himmelsluft, so lang der Geist um mich besteht.

«Himmelsluft»: nicht mehr Erdluft, sondern Himmelsluft. Das von Luzifer angeregte Herz antwortet:

> Meine Seele achtet ihrer nicht in Geistes Seligkeit.

Sie achtet nicht der Lüfte Reizgewalt. Das von Ahriman angeregte Herz antwortet:

> Meine Seele saugt sie auf, dass ich göttlich schaffen lerne.

Wie Jahve einst mit der Luft geschaffen hat, so saugt der ahrimanisch Gesinnte die Luft auf, um sie mit in die geistige Welt hinüberzutragen.

Dem Feuer- oder Wärmeelement gegenüber spricht der Hüter sein letztes Elementenwort, mahnend, dass der Mensch sich auch nicht im Wärmeelement verlieren soll, aber auch nicht das Wärmeelement, wie es sich im physischen, im irdischen Dasein auslebt, in die geistige Welt hineintragen soll. Vorher will ich aber noch darauf aufmerksam machen, wie der Aufstieg ist: Zuerst sagt der Mensch: «Ich»; dann sagt er: «Mein Leben»; zuletzt sagt er: «Meine Seele». Jetzt spricht der Hüter ermahnend gegenüber dem Feuerelement:

> Wo ist des Feuers Reinigung, die dir das Ich erflammte?

«Reinigung» oder Läuterung. In dem, was uns als Wärme, als Feuer durchdringt, lebt unser Ich. Wir haben in diesen esoterischen Stunden darauf aufmerksam gemacht, dass beim Menschen das feste und auch das flüssige Element im Unbewussten bleiben, obwohl sich der Mensch in seinem Lebensbehagen im flüssigen Element drinnen fühlt, bei der Sättigung oder beim Hunger die Eigentümlichkeit des flüssigen Elementes erlebt. Das luftförmige Element erlebt der Mensch schon seelisch: Er bekommt Atemnot, wenn die Zusammensetzung der Luft nicht in der richtigen Weise ist, und mit der Atemnot bekommt er Angst. Da kommt es schon ins Seelische herein. Die Wärme ist dann etwas, in dem sich der Mensch ganz drinnen fühlt. Er macht seinen warmen und seinen kalten Zustand mit seinem ganzen Ich mit. Das Feuer entflammt das Ich. Das vom Christus angeregte Herz antwortet:

> Mein Ich lodert im Gottesfeuer, so lang der Geist mich zündet.

Vierzehnte Stunde

Der Mensch braucht nicht die irdisch-materielle Wärme, so lange der Geist sein Ich entflammt oder entzündet. Da lodert das Ich im Gottesfeuer, nicht in Erdwärme, nicht in Erdfeuer. Aber das von Luzifer angeregte Herz antwortet:

> Mein Ich hat Flammenmacht durch Geistes Sonnenkraft.

In ungeheurem Stolz will das Ich, durch Luzifer verführt, das an sich reißen, was geistig von der Sonne als das Feuerelement kommt, und will dieses geistige Feuerelement nicht mehr weggeben, in alle Ewigkeit für sich behalten, statt nur für die Zeit, wo der Christus es auflodern lässt. Das von Ahriman angeregte Herz antwortet so, wie wenn es das Feuer, das es auf der Erde empfangen hat, in sich zu seinem Eigentum machen und in die geistige Welt hinübertragen wollte, die geistige Welt mit dem Ich-Feuer der physischen Welt meistern wollte:

> Mein Ich hat Eigenfeuer, das rein durch Selbstentfaltung flammt.

Das Ich will nicht im Geist lodern, sondern da das eigene Feuer entfalten.

Es wird in der Formulierung wiederum aufgestiegen. Der Mensch spricht zuerst «Ich»: «Ich verlasse», «Ich fühle», «Ich will». Er wird dann objektiver, indem er das, was an ihm ist, als «mein» anspricht: «Mein Leben verlöscht», «Mein Leben zerschmilzt», «Mein Leben befestigt». Es geht dann mehr in das Innere hinein, das Innere wird objektiv: «Meine Seele atmet», «Meine Seele achtet nicht», «Meine Seele saugt sie auf». Jetzt steigt der Mensch noch weiter in sich hinein. Bemerken wir den Unterschied, meine lieben Freunde: Früher ist einfach «Ich» gesagt, jetzt wird das Ich objektiv – «mein Ich» –, wie wenn es ein anderes wäre, wie wenn wir vom eigenen Besitz als von einem anderen sprechen würden. Wir sind mehr draußen, wir sind aus dem physischen Leib heraus, der uns veranlasst, ganz egoistisch vom Ich zu sprechen, und wir sagen: «Mein Ich». Wir sprechen vom Ich wie von einem Gegenstand. «Mein Ich»: Das ist hier die richtige Redewendung. Diese Redewendung, wir lernen sie, meine lieben Freunde, in aller Tiefe und Intensität kennen, wenn wir mit solchen Seelen sprechen, die durch die Pforte des Todes gegangen sind und schon eine Weile in der geistigen Welt sind. Sie sagen nicht «Ich», sondern sie sagen immer: «Mein Ich». Ich habe noch nie einen Toten nach dem Tod so sprechen gehört, dass er «Ich» gesagt hätte – nur höchstens gleich nach dem Tod. Aber einige Zeit nach dem Tod sagt der Tote: «Mein Ich», weil er mit dem Auge der Götter sein Ich anschaut. Es wird ihm objektiv, das ist das Charakteristische. Daher kann eine Kundgebung von einem Toten, der längere Zeit verstorben ist, nicht wahr sein, wenn der Tote «Ich» sagt, wenn er nicht sagt: «Mein Ich». Die Seele sagt vor dem Hüter der Schwelle dieses «Mein Ich» an vierter Stelle.

Das, meine lieben Freunde, ist das wunderbare Zwiegespräch an der Schwelle zwischen dem Hüter der Schwelle und der Menschenwesenheit. Und es hat etwas Eigentümliches. Das Eigentümliche, das stattfindet, wenn wir vor dem Hüter der Schwelle in der Situation stehen, wie sie jetzt geschildert worden ist, dieses Eigentümliche müssen wir spüren, wenn wir in richtiger Meditation diesen Dialog entfalten. Wir meditieren diese Worte richtig, die hier heute als mantrische Worte zu uns gekommen sind, meine lieben Freunde, wenn wir uns selbst die Worte sprechen hören, nachdem der Hüter von uns in der Seele gehört worden ist. Wir meditieren so: Wir hören viermal den Hüter der Schwelle bei Erde, Wasser, Luft und Feuer; dann lassen wir die eigene Seele antworten, aber so, dass wir innerlich wie vom Christus beseelt die erste Antwort sprechen. Die zweite Antwort ist dann die Stimme des luziferischen Versuchers, die dritte Antwort die Stimme des materialistischen Ahriman-Geistes, der an den Menschen mit dem Verlangen herantritt, die mineralisierte menschliche Wesenheit ins Geistige hineinzutragen. Daher wollen wir heute die Art, wie dieses zu meditieren ist, als Schluss dieser esoterischen Stunde an uns heranklingen lassen: «Wo ist der Erde Festigkeit ... durch Selbstentfaltung flammt».

Die nächste dieser Klassenstunden darf ich ankündigen auf Samstag, Sonnabend, den 21. Juni, weil ich die Aufgabe habe, einen landwirtschaftlichen Kursus in Schlesien zu halten. Also Samstag, Sonnabend, den 21. Juni, ist die nächste Klassenstunde um halb neun dann.

             H: Wo ist die Stütze der Erde?
das Herz: Chr: Ich bin an der Schwelle außer ihr Gebiet getreten.
Der Kopf: Luc: Ich möchte sie auf ewig vermissen.
Die Glieder: Ahr: Ich möchte sie auf ewig gewinnen.

             H: Wo sind die Bildner des Wassers?
             Chr: Ich fand sie an der Schwelle zerstäubt.
             Luc: Sie sollen mir immer Trugbilder bleiben.
             Ahr: Sie sind glanzvoll überstrahlt, freudespendend die Schwelle. Ihr erhöhter Glanz ...

             H: Wo ist der Erde Festigkeit, die dich stützt?
             Chr: Ich trete, mich selber haltend an der Schwelle aus ihrem Bereich.
             Luc: Ich fühle lustvoll mich an der Schwelle sie entbehrlich.

Wo ist der Erde Festigkeit, die dich stützte?
Ich verlasse ihren Grund, so lang der Geist mich trägt.
Ich fühle wonnig, dass ich fortan der Stütze nicht bedarf.
Ich will durch Geistes Kraft fester noch sie hämmern.

Wo ist des Wassers Bildekraft, die dich durchdrang?
Mein Leben verlöscht sie, so lang der Geist mich formt.
Mein Leben zerschmilzt sie, dass ich erlöst von ihr werde.
Mein Leben befestigt sie, dass ich sie ins Geistgebiet versetze.

Wo ist der Lüfte Reizgewalt, die dich erweckte?
Meine Seele atmet Himmelsluft, so lang der Geist um mich besteht.
Meine Seele achtet ihrer nicht in Geistes Seligkeit.
Meine Seele saugt sie auf, dass ich göttlich schaffen lerne.

Wo ist des Feuers Reinigung, die dir das Ich erflammte?
Mein Ich lodert im Gottesfeuer, so lang der Geist mich zündet.
Mein Ich hat Flammenmacht durch Geistes Sonnenkraft.
Mein Ich hat Eigenfeuer, das rein durch Selbstentfaltung flammt.

Vierzehnte Stunde

1.) Der Hüter: Wo ist der Erde Festigkeit, die dich stützte?

　Christus im Menschen: Ich verlasse ihren Grund, so lang der Geist mich trägt.

　Lucifer im Menschen: Ich fühle wonnig, dass ich fortan der Stütze nicht bedarf.

　Ahriman im Menschen: Ich will durch Geistes-Kraft fester noch sie hämmern.

2.) Hüter: Wo ist des Wassers Bildekraft, die dich durchdrang?
　Chr.: Mein Leben verlöscht sie, so lang der Geist mich formt.
　Luc.: Mein Leben zerschmilzt sie, dass ich erlöset von ihr werde.
　Ahr.: Mein Leben befestigt sie, dass ich sie ins Geistgebiet versetze.

3.) Hüter: Wo ist der Lüfte Reizgewalt, die dich erweckte?
　Chr.: Meine Seele atmet Himmelsluft, so lang der Geist um mich besteht.
　Luc.: Meine Seele achtet ihrer nicht in Geistes-Seligkeit.
　Ahr.: Meine Seele saugt sie auf, dass ich göttlich schaffen lerne.

4.) Hüter: Wo ist des Feuers Reinigung, die dir das Ich entflammte?
　Chr.: Mein Ich lodert im Gottesfeuer, so lang der Geist mich zündet.

　Luc.: Mein Ich hat Flammenmacht durch Geistes-Sonnenkraft.

　Ahr.: Mein Ich hat Eigenfeuer, das rein durch Selbstentfaltung flammt.

Fünfzehnte Stunde

Dornach, 21. Juni 1924

Meine lieben Freunde! Wir werden auch heute mit dem mantrischen Spruch beginnen, der dem Menschen von allen Seiten der Weltwesen und der Weltvorgänge entgegentönt, wenn er mit innerem Herzens- und Seelenverständnis das auffasst, was ihm die einzelnen Wesenheiten der Welt, die einzelnen Vorgänge der Welt zu sagen haben: «*O Mensch, erkenne dich selbst!* ...» (s. S. 173).

Meine lieben Freunde! Es wird notwendig sein, da zu dieser Stunde verschiedene Klassenmitglieder erschienen sind, die vorher nicht die Klasse mitgemacht haben, einiges um des Zusammenhangs willen zu sagen, was nötig ist zu wissen, wenn wir verständnisvoll das aufnehmen wollen, was gerade heute der Inhalt dieser Klassenstunde sein wird. Wir haben es durchgemacht, meine lieben Freunde, wie sich die Bilder des Seelenlebens vor den Menschen hinstellen, wenn er sich zur wahren Erkenntnis jenem Abgrund nähert, der sich auftut zwischen der Welt, in der wir leben, die uns umgibt, und jener Welt, die wir als die Welt erkennen sollen, in der wir unser wahres Wesen, unser wahres menschliches Sein haben. Wir werden gewahr, wenn wir die Welt um uns herum in rechter Weise wahrnehmen, dass diese Welt unsere intensivste Aufmerksamkeit in Anspruch nehmen muss. Wir richten den Blick zum niedersten Wurm bis hinauf zu den glänzenden, funkelnden Sternen des Himmels. Wir schauen überall herum in die Reiche der Natur, aus denen vieles von dem entnommen ist, was wir selbst in uns tragen. Und wir haben allen Grund, das, was da um uns herum im strahlenden, hellen Sonnenlicht ist, so zu sehen, dass wir dessen Größe und Bedeutung, dessen Majestät und Erhabenheit in unserem

Herzen, in unserer Seele fühlen. Und wir sollen durch die Teilnahme an irgendeiner Esoterik, durch die Teilnahme an irgendeiner Geisteswissenschaft nicht dazu verführt werden, uns asketisch vom niederen Wurm oder vom erhabenen Sternenhimmel deshalb abzuwenden, weil diese der Welt der Sichtbarkeit angehören – uns abzuwenden und nicht ihre Größe, ihre Majestät und Erhabenheit zu empfinden, nicht die Bedeutung zu empfinden, die sie für uns haben. Wir sollen das empfinden, wir sollen uns gerade als richtige Bekenner der Geisteswissenschaft ganz in dem drinnen fühlen, was uns als die Welt um uns herum erscheint. Aber wir sollen auch gewahr werden – und wir können es gewahr werden, wenn wir in rechter Weise unser eigenes Herz, unsere eigene Seele zu den Dingen, zu den Wesenheiten und Vorgängen der Welt stellen –, wir sollen auch gewahr werden, dass unser wahres, echtes, höchstes menschliches Sein in all diesen Reichen der Natur nicht zu finden ist; dass es nicht zu finden ist in der sonnenbeglänzten und -erhellten Welt, trotzdem diese Welt groß und erhaben ist; dass wir es in einer Welt suchen müssen, von der uns ein Abgrund in Bezug auf die Wahrnehmung trennt; und dass dasjenige, was jenseits des Abgrundes ist in jener Welt, aus der wir stammen, sich uns als schwärzeste Finsternis darstellt. Wie eine Wand, wie eine schwarze Wand steht der Abgrund vor uns.

Aber das erste Wesen, dem wir begegnen, steht an diesem Abgrund. Wir würden jede Nacht, wenn wir schlafen, in jenem Reich uns finden, dem wir mit dem innersten, wahrsten Wesen unserer Menschlichkeit angehören, denn wir sind dann wirklich da drinnen, das müssen wir immer wieder betonen. Aber wir dürfen in dieses Reich nur in voller Reife eintreten. Dass wir nicht in Unreife eintreten, davor hat uns dieser Hüter der Schwelle zu bewahren, der uns als das erste Geisteswesen begegnet, wenn wir den ernsten Willen haben, in die Welt unseres Ursprungs, unseres Urstands hineinzuschauen und hineinzukommen. Dann ist es der Hüter der Schwelle selbst, der die ersten Worte zu uns spricht, wenn wir den Weg über den Abgrund in das Reich der Geistigkeit betreten, aus dem wir stammen. Dann ist es der Hüter der Schwelle selbst, der uns ermahnt, den Blick zu unserem eigenen Selbst zurückzuwenden, um in der Selbsterkenntnis die Grundlage für die Welterkenntnis zu suchen. Dann aber ist es auch der Hüter der Schwelle selbst, der uns zeigt, wie das, was als unser seelisches Wesen in uns ist – unser Wollen, unser Fühlen und unser Denken –, gegenüber der göttlich-geistigen Welt eine Gestalt hat, die in imaginativer Erkenntnis vor uns hingestellt wird. Da zeigt uns der Hüter die Gestalt, die in unserer Gegenwart, in unserem Zeitalter, unser Denken, unser Fühlen und unser Wollen haben: die Gestalt von drei Tieren, die aus dem Abgrund heraufsteigen. Und das Folgende ist dann eine Ermahnung vonseiten des Hüters der Schwelle, dass wir uns in einer bestimmten Weise zu diesen drei Tieren verhalten sollen, das heißt zu uns selbst, um den Weg zum Verständnis der Welt zu finden, aus der wir urständen.

Das alles ist in mantrischen Sprüchen vor die Seele derer getreten, die an diesen Stunden teilgenommen haben, und das alles hat dann zu dem geführt, was in der letzten Stunde hier vorgebracht worden ist. Da standen wir schon in der Situationsmeditation drinnen. Da sind wir angewiesen worden, uns zu schauen, wie wir bereits jenseits des Abgrundes dastehen, aber noch unter den Ermahnungen des Hüters der Schwelle, der an uns die Worte richtet, die uns zum Verständnis unserer Lage führen sollen, wenn wir den Abgrund überflogen haben und in das Reich eingetreten sind, das für uns zunächst finster ist. Hier, solange wir in dem Reich stehen, aus dem wir nicht urständen, nicht stammen, haben wir unter uns die Festigkeit der Erde, die uns trägt, auf die wir uns stützen, die wir, wie wir gesehen haben, mit unserem ganzen Körper tasten, wenn wir darauf stehen. Das ist das erste Element, das Erdelement. Wir tragen dann in uns, was wir in der Geisteswissenschaft «Wasser» nennen, was aber alle Flüssigkeit bedeutet. Wir tragen in uns das zweite Element, das Wasserelement, indem wir das Flüssigkeitselement in uns fühlen, das uns bildet, das uns wachsen lässt, das aus sich heraus alle Organe fest werden lässt. Auch in Bezug auf jenes Wasserelement, das das Blutelement ist, bekommen wir die Ermahnung des Hüters der Schwelle. Auch in Bezug auf das, was wir durch unseren Atem aufnehmen, das Luftelement, und in Bezug auf das, was wir durch die Wärme aufnehmen, durch das in uns wirkende Feuer, auch da richtet der Hüter der Schwelle bedeutungsvolle Worte an uns.

Und in uns wirken die Weltmächte, damit sich in unserer Seele eine Antwort auf das regt, was der Hüter der Schwelle uns ermahnend fragt. Diese Antwort, die die Weltmächte in uns selbst regsam machen, diese Antwort kann vom Christus kommen – dann wird sie die rechte Antwort sein; sie kann von Luzifer kommen – dann wird sie die unrechte Antwort sein; sie kann von Ahriman kommen – dann wird sie wieder die unrechte Antwort sein. Die Antwort vom Christus ist gegenüber jedem einzelnen Element so gestaltet, dass der Christus in uns sagt, dass wir uns drüben in der geistigen Welt recht geistig, ganz geistig fühlen sollen, völlig im Einklang mit dem Geisteselement fühlen sollen, dass wir aber wissen sollen, dass wir, solange wir Erdmenschen sind, immer wieder über den Abgrund ins irdische Wesen zurückkehren müssen, dass wir nicht länger die Eigenheiten der geistigen Welt an uns reißen sollen, als wir drüben in der geistigen Welt sind. Der Christus spricht immer so zu uns, dass er uns ermahnt: Solange wir in der geistigen Welt sind, so lange sollen wir mit dieser geistigen Welt eins sein; wenn wir aber zurückkommen, sollen wir auf der Erde als rechte Erdmenschen leben. Denn nur mit dem Geist sollen wir in der Geisteswelt sein wollen. Luzifer wird uns aber immer aufstacheln und so versuchen, dass wir in der geistigen Welt drinnen bleiben wollen, dass wir in der Lust der geistigen Welt, im Wohlgefallen der geistigen Welt aufgehen wollen. Ahriman wird uns immer mahnen, dass wir seine Dienste annehmen sollen, dass wir die geistige Welt in die physische Welt herüberreißen sollen. Solches müssen wir auf unsere Seele wirken lassen, damit wir uns richtig in der ganzen Situation des Menschen gegenüber der geistigen Welt drinnen fühlen. Wir fühlen uns jenseits des Abgrundes in der geistigen Welt noch wie in äußerster Finsternis stehend. Der Hüter der Schwelle ist am Abgrund und wendet seine Worte mahnend an uns. Er richtet an uns Fragen, die tief in die Seele schneiden. Wir spüren, wie auf jede einzelne Frage eine dreifache Antwort aus uns kommt: Die Antwort des Christus, die Antwort des Luzifer, die Antwort des Ahriman: «Wo ist der Erde Festigkeit ... durch Selbstentfaltung flammt». (s. S. 275).

Wir werden durch die Ermahnungen des Hüters geprüft, wie wir uns verhalten wollen zu der festen Stütze der Erde, zu der bildenden Kraft der Flüssigkeit in uns, zu der weckenden Kraft der Luft in uns und zu der Ich-zündenden Kraft des Feuers in uns. Und in uns antwortet der Christus, die rechte Menschlichkeit in uns anregend; in uns antwortet versucherisch Luzifer, als ob wir alle Wonnen für immer an uns reißen wollten, die wir nur für die Augenblicke in uns rege machen sollen, in denen wir uns mit Recht dem Geist übergeben; und in uns antwortet Ahriman,

Fünfzehnte Stunde

als ob wir in die Gefilde der Erde das herübertragen wollten, dessen wir im Geisterland teilhaftig werden.

Wir müssen in unserer Seele alles wirken lassen, was in der Seele möglich ist. Wir müssen uns sowohl der Stimme des Christus, als auch der Stimme Luzifers und Ahrimans aussetzen. Meditierend müssen wir uns in jede uns mögliche Situation versetzen. Dann werden wir im Inneren der Seele gerade dadurch, dass wir in unserem tiefsten Inneren dazu aufgerufen werden, meine lieben Freunde, gerade dadurch werden wir so weit befreit, dass wir im befreienden Geisteserleben das geistige Element auch als das unsrige haben können.

Wir wollen heute wieder an diese Situation anknüpfen. Wir wollen uns jenseits der Schwelle des Abgrundes stehend fühlen, uns zur Seite den uns ermahnenden Hüter der Schwelle; in uns die Stimme Luzifers und Ahrimans, die den Menschen nach entgegengesetzten Seiten hin zerren; in uns die Stimme des Christus, der uns den rechten Weg zeigt – während Luzifer von der einen Seite, Ahriman von der anderen Seite uns vom rechten Weg abirren lassen wollen. Dann werden wir die Stimmung erhalten, die es möglich macht, dass wir mit dem Leben in der geistigen Welt beginnen. Das können wir nur, meine lieben Freunde, wenn wir uns allmählich die Fähigkeit aneignen, gegenüber den höheren geistigen Wesen so zu fühlen wie gegenüber den Wesenheiten der drei Reiche der Natur hier in der Sinnenwelt. Stehen wir hier in der Sinnenwelt, dann fühlen wir draußen das Wesen des Steins, das Wesen des Mineralischen, und wir sagen uns: Dieses Wesen des Mineralischen ist auch in uns. Wir haben den Salzgehalt in uns. In dem Salzgehalt lebt das Mineralische in uns, das uns erst möglich macht, innerhalb des Irdischen ein Mensch zu sein. Wir schauen hin auf die Pflanzenwelt und wir wissen: Auch das Pflanzenwesen nehmen wir in uns auf, wir haben es in unserem irdischen Wesen innerhalb der Grenze unserer Haut, wir tragen es in uns im Entfalten unseres Wachstums, wir tragen es in uns in all dem, was unsere Organe formt, wir tragen es in uns auch in all dem, was wir im Schlaf entwickeln. Wir fühlen, dass wir das Pflanzenwesen auch in uns tragen, indem wir das Pflanzenwesen um uns herum anschauen. Wir schauen dann auf die Tiere hin und wissen, dass wir in unserem Astralischen, in unserem Atmungsprozess das Wesen der Tierheit in uns selbst tragen. Wir schauen auf die mannigfaltigen Tiere und sagen: Wir fühlen uns eins mit dieser Tierheit, weil wir selbst diese Tierheit in uns tragen. Wir organisieren sie nur ins Menschliche hinauf. So fühlen wir uns als Mensch hier in der Sinnenwelt unter den Wesen der drei Reiche der Natur stehen. Wenn wir in der Geisteswelt unter jenen Wesen sind, unter denen wir dann mit unserer geistig-seelischen Menschlichkeit sind, müssen wir lernen, uns so zu fühlen, wie wir hier mit unserer ätherisch-physischen Menschlichkeit unter den Wesen der drei Reiche der Natur sind. Wie wir uns als physischer Mensch unter physischen Wesen wissen, so müssen wir uns als geistig-seelischer Mensch unter geistig-seelischen Wesen wissen lernen.

Wir haben in Form von drei Hierarchien das kennengelernt, was die uns Menschen berührende geistig-seelische Welt ist, wie wir die Wesenheiten innerhalb der Sinnenwelt in den drei Reichen der Natur kennengelernt haben durch das, was wir draußen sehen. Mit unserem ätherisch-physischen Wesen gehören wir den drei Reichen der Natur an, mit unserem geistig-seelischen Wesen gehören wir den drei Reichen der Hierarchien an. Stehen wir hier in der Sinnenwelt, so ist es für uns natürlich, den drei Reichen der Natur anzugehören, sie durch uns durchfließen zu lassen, in ihnen drinzustehen; stehen wir in der geistig-seelischen Welt drinnen, so muss es uns natürlich sein, den Wesen der höheren Hierarchien anzugehören für die Zeit, in der wir uns in der geistigen Welt befinden, uns unter diesen Wesen der höheren Hierarchien so stehend zu erkennen, wie wir das hier gegenüber den Wesen der Naturreiche tun. Darauf weist uns wieder der Hüter hin. Und es werden die mantrischen Worte, die aus der geistigen Welt durch die Zauberkraft der Stimme des Hüters herausgeholt werden, es werden diese mantrischen Worte immer und immer wieder in unserer Seele meditierend erklingen müssen. Dann werden sie die Kraft haben, gerade durch die einfache Art, wie sie gestaltet sind, durch die Wiederholungen, die in ihnen sind, durch die eigentümliche Form, die sie haben, dann werden diese mantrischen Worte geeignet sein, in unserer Seele das Gefühl des Drinstehens in der geistigen Welt unter den Hierarchien wachzurufen.

So haben wir uns auch für das Nächste in den Mantren vorzustellen, dass der Hüter zu uns spricht. Wir stehen jenseits der Schwelle zur geistigen Welt noch immer im Finsteren. Wir lernen zuerst fühlen in der geistigen Welt, bevor wir schauen lernen. Der Hüter spricht wieder in Bezug auf die Elemente – zunächst die Erde, das Wasser und die Luft; das Feuer soll den Gegenstand der nächsten Klassenstunde bilden. Der Hüter spricht mit Bezug auf die Elemente Erde, Wasser und Luft: in Bezug auf all das, was in uns fest ist, in Bezug auf all das, was in uns flüssig ist, vor allen Dingen unser Blut und alle unsere Gewebesäfte, und in Bezug auf all das, was in uns luftartig ist, auf die von außen aufgenommene Luft und was in uns atmungsartig ist. In Bezug auf all das spricht der Hüter, und er ruft das hervor, was aus der Welt der Hierarchien erklingt. Nachdem der Hüter sein Wort an uns gerichtet hat, spricht eine Hierarchie nach der anderen zu uns. Beim ersten Mantram ist es die dritte

Hierarchie: zuerst die Engel, dann die Erzengel, dann die Zeitgeister. In dieser Situation finden wir uns.

Der Hüter der Schwelle spricht zu uns: Es ertönt aus dem Finsteren heraus, wie wenn es aus dem Hintergrund kommen würde und zu gleicher Zeit ernst zu unserer Seele sprechen würde, an uns heranklingen würde. Der Hüter spricht:

> Was wird aus der Erde Festigkeit, die dich stützte?

Aus der dritten Hierarchie sprechen die Engel:

> Empfinde, wie wir in deinem Denken empfinden.

Aus der dritten Hierarchie sprechen die Erzengel:

> Erlebe, wie wir in deinem Fühlen erleben.

Aus der dritten Hierarchie sprechen die Zeitgeister:

> Schaue, wie wir in deinem Wollen schauen.

Wir bekommen aus dem Kosmos heraus eine bedeutsame dreifache Lehre auf die Frage des Hüters der Schwelle hin. Seine Worte rufen mit Zaubergewalt die Antwort der Engel, der Erzengel und der Zeitgeister hervor.

Was lehren uns die Engel? Wir Menschen denken, und wir glauben, unsere Gedanken nur in uns zu erleben. Aber indem unsere Gedanken durch unsere Seele ziehen, leben in unseren Gedanken in Wirklichkeit die Engel. Wie wir mit unseren Sinnen empfinden, wie wir irgendetwas ergreifen und dabei etwas empfinden, so leben in unserem Denken die Engel drinnen, darin ist ihr Empfinden. Sie bringen uns das zum Bewusstsein. Und ebenso wie die Engel in unserem Denken empfinden, so erleben die Erzengel in unserem Fühlen, so schauen die Zeitgeister in unserem Wollen. Wenn irgendein Gedanke durch unsere

Seele zieht, meine lieben Freunde, dann sollen wir fühlen, dass in diesem Gedanken ein Wesen aus der Hierarchie der Engel etwas empfindet. Indem wir denken, empfindet ein Engel irgendetwas. Indem wir fühlen, erlebt ein Wesen aus der Hierarchie der Erzengel irgendetwas. Indem wir wollen, indem wir Willen entfalten, schaut ein Wesen aus der Hierarchie der Zeitgeister irgendetwas. Menschendenken, Menschenfühlen und Menschenwollen sind nicht bloß ein Vorgang im Menschen. Während wir denken, empfinden die Engel; während wir fühlen, erleben die Erzengel; während wir wollen, schauen die Zeitgeister. Das ist dasjenige, was in der geistigen Welt das Element der Erde ersetzt, denn die Stützkraft der Erde ist nicht mehr da, der Boden der Erde ist fort, alles Feste ist fort. Nicht so, wie die Mineralien das Feste bilden, bildet die dritte Hierarchie der Engel, der Erzengel und der Zeitgeister ein Festes. Aber wir würden nicht nur nach unten, sondern nach allen Seiten in unserem Denken versinken, wenn nicht die Engel darin wirken würden, wenn sie nicht ihre Empfindung darin hätten; wir würden nach allen Seiten in Formlosigkeit zerstieben, wenn nicht die Erzengel in unserem Fühlen erlebten; wir würden in unserem Wollen überall ins Nichts verschwinden, wenn nicht die Zeitgeister in diesem Wollen die Kraft ihres Schauens hätten.

Das Zweite ist dann das Wasser, das uns die Bildekraft gibt – das flüssige Element in uns. Wir stellen uns wieder vor: Wir stehen jenseits des Abgrundes noch im Finstern der geistigen Welt. Wir lernen in ihr erst fühlen. Der Hüter spricht wieder ermahnend, fragend. Jetzt aber antworten in Bezug auf die Kraft der Flüssigkeit, auf das Element der Flüssigkeit, die Wesen der zweiten Hierarchie: die Geister der Form, die Geister der Bewegung und die Geister der Weisheit. Der Hüter spricht:

Was wird aus des Wassers Bildekraft, die dich durchdrang?

Aus der zweiten Hierarchie antworten die Geister der Form:

Erkenne Geistes-Welten-Schaffen im Menschen-Körper-Schaffen.

Die Geister der Bewegung aus der zweiten Hierarchie antworten:

Erfühle Geistes-Welten-Leben im Menschen-Körper-Leben.

Die Geister der Weisheit aus der zweiten Hierarchie antworten:

Wolle Geistes-Welt-Geschehen im Menschen-Körper-Sein.

Uns wird zum Bewusstsein gebracht, dass wir gegenüber all dem, in dem wir leben, nicht als eine Einzelheit dastehen. Wir sollen fühlen lernen: In unserem körperlichen Dasein, das wir innerhalb der Grenze unserer Haut in uns tragen, lebt ein Teil des Weltseins. Die zweite Hierarchie lebt in uns, sie wirkt in uns, und sie wirkt in uns so, als ob wir kosmische Wesen wären, Wesen, die wie Glieder dem Kosmos angehören. Das soll so recht in unser Bewusstsein übergehen durch diese mantrischen Sprüche: dass wir im Weltgeschehen drinstehen, und dass alles, von der geringsten Vibration einer Organzelle bis herauf zu der gewaltigen Wellenbewegung unseres Blutes, vom Rhythmus unseres Atmungssystems bis zu jenem Rhythmus, der Tag und Nacht abwechseln lässt, dass das alles nicht nur ein Geschehen in uns ist, dass das alles ein Glied des Weltgeschehens ist.

In diesen mantrischen Sprüchen ist alles, wie wir oft gesagt haben, genau zu nehmen. Daher darf auch die Frage empfunden werden: Warum steht hier gegenüber dem «Welt-Geschehen» das «Körper-Sein»? Wir müssen jedes Wort als exakt empfinden, wenn ein mantrischer Spruch richtig in unserer Seele wirken soll. Draußen waltet das Weltgeschehen, indem wir es als äußeres Geschehen empfinden. Überall breitet sich dieses Weltgeschehen aus, im Sichausbreiten die Welt füllend. Indem es sich in uns fortsetzt, in uns ist, fühlen wir uns als ein abgeschlossenes Sein, weil wir von unserer Haut begrenzt sind. Wir fühlen uns als ein abgeschlossenes Ganzes, wir fühlen drinnen nicht all das weben, wogen und wellen, was wir draußen sehen. Daher muss dem «Geschehen» hier «Sein» gegenüberstehen, während sonst ganz richtig die Wiederholung: «Schaffen», «Schaffen» und «Leben», «Leben» steht.

Auch gegenüber dem Element der Luft erhebt der Hüter der Schwelle seine ermahnende Frage. Und es antworten die Wesen der ersten Hierarchie: die Throne, die Cherubim und die Seraphim. Sie ermahnen uns, dass wir uns bewusst werden sollen, wie der Kosmos in uns wirkt. Vom bloßen Bewusstwerden hinüber zum Selbstbewusstwerden führen uns die Wesen der ersten Hierarchie. Der Hüter spricht:

> Was wird aus der Lüfte Reizgewalt, die dich erweckte?

Aus der ersten Hierarchie ertönt die kosmische Antwort der Throne:

> Ergreife wissend Innen-Sein in deinem Gottes-Welten-Sein.

Die Cherubim antworten aus der ersten Hierarchie:

> Erwarme am Innen-Leben in deinem Gottes-Welten-Leben.

Die Seraphim aus der ersten Hierarchie antworten:

> Erweck' in dir Innen-Licht in deinem Gottes-Welten-Licht.

Jetzt werden wir dazu ermahnt, dass wir auf höherer Stufe das Selbstbewusstsein wieder erwecken, nachdem wir durch die

Zauberworte der zweiten Hierarchie unser Aufgehen in den Kosmos, unser Hingegebensein an den Kosmos gefühlt haben. Meine lieben Freunde! Ohne dass wir die Wirkung dieses letzten Mantrams fühlen, wie es von den feurigen, blitzgewaltigen Seraphim ertönt – «Erweck' in dir Innen-Licht in deinem Gottes-Welten-Licht» –, ehe dieses Flammenwort aus flammenden seraphischen Blitzen ertönt, verspüren wir nicht, wie aus unserer eigenen Seele eine Kraft erweckt werden kann. Damit sollen wir, wo wir jetzt drüben jenseits des Abgrundes noch im Finsteren stehen, erst um uns tasten und die Welt allmählich an uns herankommen fühlen, damit sollen wir, von uns ausgehend, erst ein Glimmern haben, dann ein Hellerwerden des Glimmerns, das immer weiter im Raum fortschreitet, bis das Glimmern immer scheinender, immer leuchtender, immer glänzender wird und durch unsere eigene Kraft die nachtbedeckte Finsternis drüben sich in der geistigen Welt allmählich erhellt. So muss es werden. Wir müssen versuchen, die Zündekraft des eigenen Selbst zu gewinnen, die im Feuer sich zündende Kraft der eigenen Menschenwesenheit, denn sie ist Licht im nachtbedeckten geistigen Land.

So finden wir uns in jene dreifache Geisteswelt der Engel, der Geister der Form, der Throne und so weiter hinein, wie wir uns hier in der Sinnenwelt in die Wesen der drei Reiche der Natur hineinfinden. Wir lernen uns als Mensch in unserer wahren menschlichen Wesenheit in Geistesumgebung fühlen, wie wir uns als Sinnesmensch in Sinnesumgebung fühlen. Wir lernen es, indem wir zur dritten Hierarchie aufsteigen, die in uns den Geist entfacht, unseren eigenen Geist, in dem sie lebt. Wir lernen es, indem wir von ihr zur zweiten Hierarchie aufsteigen, die in uns den Geist weiterentwickelt – schaffend, belebend, gestaltend. Wir lernen es, indem wir dann zur ersten Hierarchie

Fünfzehnte Stunde

kommen, wo wir wieder eine Stütze haben, aber die Stütze des Geistes, die oben und nicht unten ist, wo wir die in den Cherubim waltende Weisheit haben, die uns zum Selbstbewusstsein das bringt, was unser Inneres wieder in Selbsterkenntnis erwarmen lässt, im Selbsterfühlen, im Selbsterwarmen, bis wir dazu kommen, dass dieses erwarmte Selbst zum Lichtwesen wird, und damit hell wird, was vorher für uns noch finster war.

So stehen wir, solches fühlend, an der Seite des Hüters der Schwelle. Und wir fühlen vertieft jene Ermahnung, die uns aus allen Wesen der Welt, aus allen Vorgängen der Welt entgegentönt, damit wir aus Selbsterkenntnis Welterkenntnis, aus Welterkenntnis Selbsterkenntnis gewinnen und so in der Naturwesenheit, aber auch in der Geisteswesenheit drinstehen, unser Selbst auf beiden Seiten der Wirklichkeit ergreifend: auf der Seite der Natur und auf der Seite des Geistes. Dann ertönt in einer neuen Gestalt – nicht anders in den Worten, aber so, dass wir es anders fühlen, gestärkt durch die Ermahnungen aller Hierarchien der geistigen Welt, in der wir als Mensch urständen –, dann ertönt wieder das Weltwort: «*O Mensch, erkenne dich selbst! ...*» (s. S. 173).

Die nächste Klassenstunde wird von heute über acht Tagen nächsten Sonnabend, wiederum um achteinhalb sein. Morgen Kindermalerei im Baubüro.

Was wird aus der Erde Festigkeit, die dich stützte?

Empfinde, wie wir in deinem Denken empfinden.
Erlebe, wie wir in deinem Fühlen erleben.
Schaue, wie wir in deinem Wollen schauen.

Was wird aus des Wassers Bildekraft, die dich durchdrang?

Erkenne Geistes-Welten-Schaffen im Menschen-Körper-Schaffen.
Erfühle Geistes-Welten-Leben im Menschen-Körper-Leben.
Wolle Geistes-Welt-Geschehen im Menschen-Körper-Sein.

Was wird aus der Lüfte Reizgewalt, die dich erweckte?

Ergreife wissend Innen-Sein in deinem Gottes-Welten-Sein.
Erwarme am Innen-Leben in deinem Gottes-Welten-Leben.
Erweck' in dir Innen-Licht in deinem Gottes-Welten-Licht.

Der Hüter: Was wird aus der Erde Festigkeit, die dich stützte?

3. Hierarchie: Empfinde, wie wir in deinem Denken empfinden.
   Angeloi

3. Hierarchie: Erlebe, wie wir in deinem Fühlen erleben.
   Archangeloi

3. Hierarchie: Schaue, wie wir in deinem Wollen schauen.
   Archai

Der Hüter: Was wird aus des Wassers Bildekraft, die dich durchdrang?

2. Hierarchie: Erkenne Geistes-Welten-Schaffen im Menschen-Körper-Schaffen.
   Exusiai

2. Hierarchie: Erfühle Geistes-Welten-Leben im Menschen-Körper-Leben.
   Dyn.

2. Hierarchie: Wolle Geistes-Welt-Geschehen im Menschen-Körper-Sein.
   Kyr.

Der Hüter: Was wird aus der Lüfte Reizgewalt, die dich erweckte?

1. Hierarchie: Ergreife wissend Innen-Sein in deinem Gottes-Welten-Sein.
   Throne

1. Hierarchie: Erwarme an Innen-Leben in deinem Gottes-Welten-Leben.
   Cherubine

1. Hierarchie: Erweck' in dir Innen-Licht in deinem Gottes-Welten-Licht.
   Serafine

Sechzehnte Stunde

Dornach, 28. Juni 1924

Meine lieben Freunde! Wir beginnen wieder damit, dass wir an uns das Wort heranklingen lassen, das bei richtigem Weltverständnis an jede Menschenseele aus all dem heranklingt, was da ist in den Nähen und in den Weiten des Kosmos. Ehe aber dieses Wort zu unseren Seelen sprechen soll, muss ich wenigstens mit ein paar Worten noch einmal andeuten, was der Sinn dieser Schule ist, da heute wieder eine größere Anzahl von neu in die esoterische Schule hier aufgenommenen Mitgliedern da ist. Es handelt sich darum – ich werde es heute ganz kurz andeuten –, dass diese Schule angesehen werden muss als eine solche, die ihre Mitteilungen an die menschlichen Seelen aus der geistigen Welt herunter vermittelt, sodass dasjenige, was hier in der Schule lebt, was hier in der Schule an Menschenseelen herangebracht wird, als Mitteilung aus der geistigen Welt selbst anzusehen ist. Sie werden daraus erkennen, dass die Zugehörigkeit zur Schule im höchsten Grad als etwas Ernstes angesehen werden muss. Solcher Ernst, wie er durch diese Schule durchgehen muss, er ist erst durch die ganze Konstitution möglich geworden, die die Anthroposophische Gesellschaft seit der Weihnachtstagung erhalten hat. Seit dieser Weihnachtstagung ist die Anthroposophische Gesellschaft als solche eine öffentliche Angelegenheit, aber zugleich eine öffentliche Institution, durch die ein esoterischer Zug geht, jener esoterische Zug, dem die Herzen heute mehr entgegenkommen, als sie vorher dem mehr exoterischen Zug entgegengekommen sind. Aber zugleich wird von den Mitgliedern der Anthroposophischen Gesellschaft nicht etwas anderes verlangt, als dass sie sich als Zuhörer der anthroposophischen Wahrheit fühlen. Und im Übrigen wird nur das verlangt, was von jedem anständigen Menschen im Leben verlangt werden kann. Die Zugehörigkeit zur Schule aber bedingt umso mehr, dass das Mitglied der Schule die Bedingungen, die ernsten Bedingung dieser Schule anerkennt. Und die Grundbedingung ist diese, dass jeder, der der Schule zugehören will, sich in seinem Leben so darstellen soll, dass er nach allen Seiten hin in jeder Einzelheit ein Repräsentant der anthroposophischen Sache vor der Welt ist. Repräsentant sein der anthroposophischen Sache vor der Welt macht auch notwendig, dass man mit Bezug auf all das, was man selbst in irgendeinem Zusammenhang, wenn das auch ein entfernterer Zusammenhang ist, in der anthroposophischen Sache tut oder tun will, dass man für alles dergleichen den Zusammenhang mit der Leitung der Schule, das heißt mit dem esoterischen Vorstand am Goetheanum sucht. Es handelt sich also darum, dass durch die Schule ein realer Zug in die anthroposophische Bewegung hineinkommen soll, die heute durch die Anthroposophische Gesellschaft repräsentiert wird. Daher ist es notwendig, dass die Zugehörigkeit zur Schule so aufgefasst wird, dass der der Schule Angehörige in seinen ganzen Menschen, in sein ganzes Wesen Anthroposophie aufnimmt, aber sich auch als ein Glied dessen fühlt, was hier vom Goetheanum als eine reale Strömung ausgehen will. Dass eine solche Forderung gestellt wird, meine lieben Freunde, kann nicht als eine Beeinträchtigung der menschlichen Freiheit gesehen werden, denn die Zugehörigkeit zu der Schule beruht auf Gegenseitigkeit. Die Leitung der Schule muss Freiheit darin haben, dem das zu geben, was sie zu geben hat, dem sie es zu geben für richtig hält. Und da man nicht Mitglied der Schule zu sein braucht, sondern es im freien Willen stehen muss, Mitglied der Schule zu werden, so muss auch die Leitung der Schule ihre Bedingungen stellen können, ohne dass irgendjemand davon sprechen kann, dass dadurch sein freier Wille irgendwie beeinträchtigt wird. Es ist ein freies Abkommen zwischen der Leitung der Schule und dem, der Mitglied sein will. Damit aber auf der anderen Seite der Ernst der Schule auch ernst aufgefasst wird, kann es gar nicht anders sein, als dass die Leitung der Schule es als ihr Recht in Anspruch nimmt, die Mitgliedschaft wieder aufzuheben, wenn sie das durch irgendwelche Geschehnisse für notwendig halten muss. Und, meine lieben Freunde, dass die Leitung der Schule das streng nimmt, das bezeugt die Tatsache, dass seit dem verhältnismäßig kurzen Bestand der Schule sechzehn Mitglieder der Schule aus derselben ausgeschlossen werden mussten für eine Zeit, für eine kürzere oder längere Zeit. Und ich betone noch einmal: Diese Maßregel wird – weil wir immer tiefer in das Esoterische hineinkommen –, diese Maßregel wird unbedingt in der Zukunft streng eingehalten werden müssen, ganz gleichgültig gegenüber dem Persönlichen desjenigen, den sie trifft.

Und jetzt seien wieder die Worte gesprochen, die immer am Anfang dieser unserer esoterischen Auseinandersetzungen gesprochen werden, mahnend mit jener Ermahnung, die aus allen Vorgängen, aus allen Dingen und Wesenheiten der Welt an den

Menschen heranklingt, der ein Herz hat, sie zu verstehen – mit jener Ermahnung zur Selbsterkenntnis, die die wahre Grundlage der Welterkenntnis ist: «*O Mensch, erkenne dich selbst!* ...» (s. S. 173).

Meine lieben Freunde! Wir sind mit dem, was uns aus der geistigen Welt als mantrische Sprüche zukommen soll, bis zu jenen mantrischen Sprüchen vorgedrungen, durch die wir uns in der esoterischen Situation drinnen fühlen. Diese esoterische Situation besteht darin, dass wir uns im Meditieren vorstellen, dass jene Wesenheit zu uns spricht, die am Abgrund des Seins steht. Wir stellen uns das noch einmal vor, denn wir können es nicht oft genug vor unsere Seele rufen. Der Mensch sieht um sich all das, was im irdischen Dasein in den Reichen der Natur um ihn herum ist. Er sieht hinauf zu den erhabenen Sternen, er sieht die ziehenden Wolken, er sieht all das, was um ihn herum ist in Wind und Welle, in Blitz und Donner – er sieht das alles, von dem niedrigsten Wurm bis hinauf zu den erhabensten Offenbarungen in der funkelnden Sternenwelt. Nur eine falsche Askese, die in einer wahren Esoterik nicht gesucht werden darf, könnte diese zu den Sinnen sprechende Welt verachten. Der Mensch, der ein rechter Mensch sein will, kann nicht anders als alles sinnlich und verstandesmäßig Wirkliche in innigster Weise zu erleben – vom niedersten Wurm bis zu den majestätischen, göttlich-gewaltig funkelnden Sternen.

Aber es kommt dann der Augenblick, der den Menschen in tief innerster Seele ergreifen kann, der Augenblick, in dem er sich sagen muss: Groß und gewaltig, herrlich-schön und majestätisch ist all das, was du um dich herum siehst. Du sollst es nicht verachten, du sollst es anerkennen. Du sollst Schritt für Schritt vorwärtsdringen in der Welt, um immer mehr von dem erleben zu können, was deine Augen sehen, was an deine

Ohren klingt, was deine übrigen Sinne wahrnehmen, was du mit deinem Verstand begreifen kannst. Aber, indem du so herumschaust in den Raumesweiten, indem du hineinschaust in das Wellenweben der Zeit, wirst du, trotz alles Gewaltigen, Schönen und Erhabenen in deiner Umgebung, wirst du in diesem Gebiet nicht das wahrnehmen, was der innerste Quell deines Seins selbst ist. Du wirst dir sagen müssen: Der innerste Quell meines Seins ist woanders zu suchen. – Da wird uns die Macht eines solchen Gedankens ergreifen können.

Was dann für die Seele weiter folgt, das ist nur in imaginativen Vorstellungen auszudrücken. Diese imaginativen Vorstellungen, sie führen uns zunächst wie auf ein weites Feld, in dem alles Irdische, alles Sinnenmäßige ausgebreitet ist. Wir finden es sonnenbeglänzt, wir finden es leuchtend hell, aber wir schauen ringsherum und finden nirgends unser eigenes Wesen. Da blicken wir vor uns hin, und begrenzt ist dieses sonnenbeglänzte Feld, in dem alles Schöne, Große und Erhabene für die Sinne ist, in dem wir nicht selbst sind, begrenzt ist dieses sonnenbeglänzte Feld durch eine finstere, nachtbedeckte Wand. Tief in die Finsternis ahnen wir hinein. Wir ahnen, dass dort die Helligkeit ist, dass dort unser wahres Wesen urständet. Aber wir können nicht hineinschauen. Und indem wir den Weg bis dahin verfolgen, tut sich vor uns der Abgrund des Seins auf, der da ist die Schwelle zur geistigen Welt. Wir müssen diesen Abgrund erst übersetzen. Da steht der Hüter, der uns ermahnt, dass wir reif sein müssen, um über den Abgrund überzusetzen. Denn mit all dem, was unsere Gewohnheiten, was die Gewohnheiten unseres Denkens, Fühlens und Wollens in der physisch-sinnlichen Welt sind, kommen wir nicht hinüber über diesen Abgrund des Seins in die geistige Welt, in der unser wahres Wesen urständet. Es ist die erste Geistesgestalt, an die wir herantreten, der Hüter der Schwelle. Wir sind jede Nacht, indem wir schlafen, in dieser geistigen Welt drinnen. Sie ist aber als Finsternis um unser Ich und unseren astralischen Leib, weil wir nur reif in diese geistige Welt eintreten dürfen. Der Hüter der Schwelle bewahrt uns davor, unreif einzutreten. Jetzt aber, wo wir vor ihn hintreten, sendet er uns seine Ermahnungen. Und diese Ermahnungen sind uns in den mantrischen Sprüchen entgegengetreten, die bisher den Inhalt dieser esoterischen Stunden gebildet haben.

Diejenigen, die diese mantrischen Sprüche noch nicht haben, werden sie von Mitgliedern der Schule bekommen können. Aber es muss dabei die Gepflogenheit eingehalten werden, dass nicht derjenige, der die Sprüche empfängt, sondern derjenige, der sie gibt, darum anfragt, ob er sie geben kann.

Diese Sprüche, sie haben uns nicht nur gezeigt, wie wir auf unser Herz achten sollen, wenn wir über den Abgrund des Seins hinüberkommen wollen, sie haben uns auch gezeigt, wie wir in unserer Seelenverfassung sein sollen, wenn wir den Abgrund überflogen haben und allmählich fühlen – nicht schauen, sondern zunächst nur fühlen –, wie die Finsternis, die uns zuerst nachtbedeckt entgegengestarrt hat, allmählich hell wird. Zuerst fühlen wir nur, dass sie hell wird, und wir fühlen, dass die Elemente – das Irdische, das Wässrige, das Luftartige und das Feurige – anders werden da drüben, dass wir da in einer anderen Welt leben. Die Welt, in der wir unser wahres Sein und damit die wahre Gestalt der Elemente erkennen, sie ist eine andere Welt.

Das letzte Mal ist jene Meditation vor unsere Seele getreten, nach der wir uns vorzustellen haben, dass der Hüter am Abgrund des Seins steht, dass wir drüben jenseits dieses Abgrundes sind und zuerst fühlen – noch nicht sehen –, wie die Finsternis sich lichtet. Da spricht der Hüter zu uns, nachdem er uns schon vorher klargemacht hat, wie wir uns zu den vier Elementen verhalten sollen. Der Hüter sagt uns, wie sich diese Elemente für uns verändern. Er stellt Fragen an uns – und wer antwortet? Es antworten auf seine Fragen die Hierarchien selbst: Von der einen Seite die dritte Hierarchie, von einer anderen Seite die zweite Hierarchie, von einer dritten Seite die erste Hierarchie. Die dritte Hierarchie – die Engel, die Erzengel und die Zeitgeister – antwortet, wenn uns der Hüter der Schwelle fragt, was aus der Erde Festigkeit wird. Die zweite Hierarchie – die Geister der Form, die Geister der Bewegung und die Geister der Weisheit – antwortet, wenn der Hüter uns fragt, was aus des Wassers Bildungskraft wird, die in uns webt, die uns unsere innere Gestaltung gibt. Und die erste Hierarchie – die Throne, die Cherubim und die Seraphim – antwortet, wenn uns der Hüter fragt, was aus unserem Atem, aus der Lüfte Reizgewalt wird, die uns aus dem dumpfen Pflanzendasein zum empfindenden, zum fühlenden Dasein erweckt. Solche mantrischen Sprüche haben so an unsere Seele, an unser Herz zu dringen, dass wir uns in der ganzen Situation drinnen fühlen: Der Hüter der Schwelle stellt an uns die prüfend-mahnenden Fragen, die Hierarchien antworten: «Was wird aus der Erde Festigkeit ... in deinem Gottes-Welten-Licht». (s. S. 291).

Das, meine lieben Freunde, sind die aus der Gemeinschaft des Hüters der Schwelle mit den Hierarchien hervorgehenden Mahnworte, die unsere Seele immer weiterbringen, wenn wir sie in der richtigen Weise immer wieder erleben. Wir machen in der Art, wie es für den heutigen Menschen und für den Menschen der nächsten Zukunft sein soll, wir machen das durch, was in den alten Mysterien damit bezeichnet worden ist, dass der Schüler sagte: Ich wurde geführt in die Wesenheit der Elemente Erde, Wasser und Luft.

Aber die Wärme, die auch ein Element ist, sie durchdringt alles: Im erdigen Element, das uns Menschen als Festes stützt, im erdigen Element ist die Wärme; im wässrigen Element, das uns als Menschen bildet, das unsere Organe in Konturen gestaltet, sie im Weben und Wachsen ins Werden bringt, auch in diesem wässrigen Element ist die Wärme; und in dem Luftelement, durch das einst die Jahve-Geister dem Menschen sein seelisches Wesen eingehaucht haben, durch das der Mensch heute noch sein seelisches Wesen aus dem dumpfen pflanzlichen Dasein heraus erweckt, auch in dem Luftelement wirkt die Wärme. Die Wärme wirkt überall. Wir müssen sie als das allwaltende Element kennenlernen. Wir müssen in sie als in das allwaltende Element untertauchen. Wir fühlen uns der Wärme recht nahe. Fern fühlen wir uns dem festen Erdelement, wenn wir auch die Stütze der Erde empfinden. Fern fühlen wir uns auch noch dem Wasserelement. Das Luftelement dringt in uns schon zu einem innigeren Zusammensein ein. Wenn das Luftelement uns nicht ganz regelmäßig ausfüllt, wenn wir zu viel oder zu wenig des Atems in uns haben, zeigt sich an unserem Innenleben, dass das Luftelement innig mit uns verbunden ist. Zu viel des Atems in uns weckt in der Seele Angst, Ängstlichkeit, zu wenig des Atems weckt in der Seele Ohnmacht. Mit dem Luftelement wird schon unsere Seele ergriffen.

Aber mit dem Wärmeelement fühlen wir uns ganz innig vereinigt. Was in uns warm oder kalt ist, das sind wir selbst. Wir müssen, um zu leben, eine bestimmte Wärme in uns herstellen. Dem Wärmeelement stehen wir ganz innig nahe. Wollen wir in die Wärme hineingeführt werden, dann kann nicht bloß eine Hierarchie sprechen, dann müssen die Mahnworte aller Hierarchien zusammenklingen. Daher richtet der Hüter der Schwelle auch bezüglich des Wärmeelementes Mahnworte an uns, eine

Sechzehnte Stunde

Mahnfrage an uns, aber die Antwort, die aus dem Weltall, aus dem Kosmos ertönt, ist jetzt anders. Der Hüter der Schwelle stellt die Frage:

> Was wird aus des Feuers Reinigung, die dir das Ich entflammte?

Wir kennen die Frage: Sie ist die Mahnfrage für unser Hineingeführtwerden in das Element der Wärme oder des Feuers. Aber dann antwortet nicht nur eine Hierarchie, oder nur eine Wesensordnung aus einer Hierarchie, sondern es antworten im Chor als Erste die Engel, die Geister der Form und die Throne; als Zweite antworten auf die Frage des Hüters die Erzengel, die Geister der Bewegung und die Cherubim; als Dritte antworten die Zeitgeister, die Geister der Weisheit und die Seraphim. Wegen des Allgemeinen des Wärmeelementes erklingen die drei Antworten aus dem chormäßigen Zusammensprechen aller drei Hierarchien. Wir haben uns vorzustellen, indem wir zu der Mahnfrage des Hüters der Schwelle in Bezug auf das Wärmeelement aufsteigen, dass in diesem Augenblick die Antworten aus unserem Ich heraus erklingen, aber durch alle drei Hierarchien angeregt werden. Diese Mahnworte erklingen so, dass von allen Seiten her zuerst die Engel, die Geister der Form und die Throne sprechen, dann die Erzengel, die Geister der Bewegung und die Cherubim, und zuletzt die Zeitgeister, die Geister der Weisheit und die Seraphim. Immer sprechen alle drei Hierarchien, immer spricht eine Wesensordnung aus allen drei Hierarchien. So tritt kosmisch das an uns heran, was mit dieser Frage verbunden ist. Der Hüter spricht: «Was wird aus des Feuers Reinigung, die dir das Ich entflammte?» Die Engel, die Geister der Form und die Throne antworten:

> Erwecke dir in Weltenätherweiten die Lebensflammenschrift.

Es ermahnen uns alle drei Hierarchien, daran zu denken, dass all dasjenige, was während des Erdlebens an uns herantritt, in den Weltäther eingetragen wird, dass wir es in dem Weltäther eingetragen erblicken, wenn wir durch die Pforte des Todes gehen. Da steht in Geisteswelten eingeschrieben, nachdem wir durch die Pforte des Todes gegangen sind und auf unser irdisches Leben zurückblicken, aber auch in die Weiten der Ätherwelt hinausblicken, da steht in Geisteswelten eingeschrieben, was wir an Gedanken, Gefühlen und Taten während des Erdlebens vollbracht haben. Es ist unsere Lebensflammenschrift.

Erzengel, Geister der Bewegung und Cherubim sprechen:

> Erschaffe dir in Zeitenwellenkreisen die Seelensühnekräfte.

Wir werden an das zweite Stadium ermahnt, das wir durchmachen, nachdem wir durch die Pforte des Todes gegangen sind, wo wir das Leben rückwärts erleben, wo wir all das im Spiegelbild durchmachen – das heißt, in seiner gerechten Sühne durchmachen –, was wir hier im Leben vollbracht haben. Haben wir uns gegen einen Menschen in dieser oder jener Weise benommen, so erleben wir dann im Rückwärtsgehen im Zeitenstrom das, was der andere durch uns erlebt hat. Wie wir gerade gehört haben, ermahnen uns die Erzengel, die Geister der Bewegung und die Cherubim an das, was dieses zweite Stadium ist, das wir zwischen dem Tod und einer neuen Geburt durchmachen.

An das aber, was dann im dritten Stadium nach dem Tod unser Karma ausarbeitet, an das, was geschieht, indem wir als Seele mit anderen Menschenseelen und mit den Wesen der höheren Hierarchien an dem Karma arbeiten, an das ermahnen uns die Zeitgeister, die Geister der Weisheit und die Seraphim:

> Erbitte dir in ew'gen Wesentaten die Geisterlösermächte.

Wir müssen uns in dieser Situation so drinnen fühlen: den sprechenden Hüter der Schwelle, seine ernste Gebärde nach uns ausbreitend, uns ermahnend; aus den Weltweiten, zu uns herübertönend, unser Herz ergreifend das, was uns mit den Rätseln des Lebens verbindet.

Das, was vorher vor uns wie eine schwarze, nachtbedeckte Finsternis stand, ist für das Seelenauge noch nicht von Licht durchhellt. Aber wir haben das Gefühl, weil wir in dieser schwarzen, nachtbedeckten Finsternis drinstehen, dass überall, wo wir hinfühlen, wir glimmendes Licht fühlen. Und wir befinden uns in der Lage, uns selbst drinnen zu wissen in diesem glimmenden Licht, das wir nur fühlen. Wir fühlen uns hin zu dem Hüter der Schwelle. Gesehen haben wir ihn nur solange wir drüben im Sinnesfeld waren. Denn wir sind zunächst in die Finsternis eingetreten und haben nur sein ermahnendes, fragendes Wort gehört. Dieses ermahnende, fragende Wort hat uns aber dahin geführt, dass wir jetzt etwas wie webendes, wirkendes Licht, mild webend-wirkendes Licht fühlen. Hilfe suchend im webend-wirkenden Licht wenden wir uns an den Hüter der Schwelle. Und es ist ein eigentümliches Erlebnis: Es ist noch nicht hell, aber es lässt uns die Helligkeit fühlen. In dieser gefühlten Helligkeit offenbart sich der Hüter der Schwelle so, wie wenn er jetzt inniger mit uns würde, wie wenn er sich mehr zu uns neigen würde, wie wenn auch wir jetzt ihm näher treten würden. Und was er jetzt sagt, es wirkt so, wie im Leben etwas wirkt, was uns ein Mensch leise ins Ohr vertraulich sagt. Und es setzt sich fort das, was zuerst als ermahnendes, ernstes Wort vom Hüter der Schwelle her deutlich erklungen ist, was dann posaunenartig, mächtig-majestätisch von allen Seiten des Kosmos an unser Herz herangetreten ist, das setzt sich fort in einem innigen Gespräch mit dem Hüter der Schwelle im webend-wirkenden

Licht. Denn jetzt ist es so, als ob er nicht mehr zu uns sprechen würde, sondern als ob er zu uns raunen würde:

> Hat verstanden dein Geist?

Und unser Inneres wird warm ob dieser vertraulichen Sprache des Hüters der Schwelle, wenn er uns fragt: «Hat verstanden dein Geist?» Unser Inneres wird warm, es erlebt sich in der Wärme. Und es fühlt sich gedrängt, dieses Innere, zu antworten. Andächtig antwortet es – so haben wir es meditativ in der Vorstellung: Andächtig antwortet unser Inneres, still, bescheiden:

> Der Weltengeist in mir
> Er hielt den Atem an
> Und seine Gegenwart
> Mög' erleuchten mein Ich.

Unser Ich antwortet nicht stolz und hoffärtig auf die Frage «Hat verstanden dein Geist?», es antwortet nicht, ich habe verstanden, sondern das Ich fühlt: Göttliches Sein durchströmt das innerste Wesen des Menschen, göttlicher Atem im Menschen ist es, der still anhält und zum Verstehen vorbereitet. Und als Zweites fragt der Hüter vertraulich:

> Hat begriffen deine Seele?

Das Ich antwortet:

> Die Weltenseelen in mir
> Sie lebten im Sternenrat
> Und ihre Harmonien
> Mögen klingend schaffen mein Ich.

Es ist wieder nicht eine stolze Antwort, zu der sich das Ich versucht fühlt, wenn der Hüter fragt: «Hat begriffen deine Seele?», sondern die Seele wird sich bewusst, dass in ihr die Weltseelen sprechen, die Seelen der Wesen der höheren Hierarchien und dass in dem, was sie sprechen, nicht ein einzelnes Wesen lebt, sondern ein ganzer Rat, eine beratende Versammlung, die so ist, wie wenn alle Sterne eines Planetensystems umeinander kreisen und sich gegenseitig ihre Lichtkräfte zusenden. So senden sich die Weltseelen ihre Ratschlüsse zu. Das vernimmt die eigene Seele. Und aus diesen Harmonien hofft die Seele, dass das Ich erklingend erschaffen werde, sodass das im eigenen Menschenwesen wesende Ich ein Widerklang jener Weltharmonien sei, die entstehen, wenn die Weltseelen wie die im Planetensystem wandelnden Sterne im Weltgeistesforum miteinander ratschlagen und die Harmonien dieses Rates in der Menschenseele erklingen lassen.

Und die dritte vertrauliche Frage, die der Hüter in dieser Situation an den Menschen richtet, sie ist die:

Hat erlebt dein Leib?

Die Seele fühlt, dass in diesem Leib, konzentriert an einer Stelle des Raumes, die Weltkräfte leben, die überall sind. Aber diese Weltkräfte, sie erscheinen jetzt nicht als physische Kräfte. Die Seele ist längst gewahr geworden, wie jene Kräfte, die draußen als physisch wirkende Kräfte erscheinen – als Schwerkräfte, als elektrische und magnetische Kräfte, als Licht- und Wärmekräfte erscheinen –, wie jene Kräfte, wenn sie im Menschenleib wirken, moralische Kräfte sind, sich in Willenskräfte verwandeln. Die Seele empfindet die Weltkräfte als jene Kräfte, die durch eine Reihe von Erdleben hindurch die ewige Weltgerechtigkeit konstituieren. Wie richtende Kräfte empfindet das die Seele, richtende Kräfte, die in ihren Wahrspruchworten das Karma und damit das eigene Ich weben. Wenn der Hüter der

Schwelle vertraulich fragt: «Hat erlebt dein Leib?», fühlt sich der Mensch gedrängt, demutvoll zu antworten, aber an die Weltgerechtigkeit hingegeben:

Die Weltenkräfte in mir
Sie richten Menschentaten
Und ihre Wahrspruchworte
Mögen lenken mir das Ich.

So wird die Seele, nachdem sie zusammen mit dem Hüter der Schwelle und mit den Hierarchien die Metamorphose, die Verwandlung der Weltelemente erlebt hat, so wird die Seele auf diese drei Fragen des Hüters hin innerlich andächtig antworten – mit der eigenen Wesenheit das verwebend, was sich in sie ergossen hat. Sie ist wieder weitergekommen in der Beantwortung des Rätselwortes: «O Mensch, erkenne dich selbst!»

Und jetzt wollen wir das Anfangswort mit dem vergleichen, mit dem wir zu uns selbst kommen, in andächtiger Stimmung gegenüber dem geistigen Inhalt des Kosmos uns in das Wärmeelement einfühlend. Wir fühlen dann, wie wir weitergeschritten sind in der Befolgung der großen Mahnung «O Mensch, erkenne dich selbst!» Wir werden sehen, dass wir als Menschenwesen mittendrin stehen zwischen diesem Ertönen der Aufforderung zur Selbsterkenntnis aus allen Weltvorgängen und Weltwesen und dem mantrischen Gespräch, das gerade durch die heutige Stunde vor unsere Seele getreten ist. *«O Mensch, erkenne dich selbst!* ...» (s. S. 173); «Was wird aus des Feuers Reinigung ... die Geisterlösermächte»; «Hat verstanden dein Geist? ... lenken mir das Ich».

> Was wird aus des Feuers Reinigung, die dir das Ich entflammte?
>
> Erwecke dir in Weltenätherweiten die Lebensflammenschrift.
> Erschaffe dir in Zeitenwellenkreisen die Seelensühnekräfte.
> Erbitte dir in ew'gen Wesentaten die Geisterlösermächte.

Der Hüter spricht: Was wird aus des Feuers Reinigung, die dir das Ich entflammte.

Angeloi: Erwecke dir in Weltenätherweiten die Lebensflammenschrift
Exusiai, Throne
Archangeloi: Erschaffe dir in Zeitenwellenkreisen die Seelensühne Kräfte
Dynamis, Cherubine
Archai: Erbitte dir in ew'gen Wesens=taten die Geisterlösermächt
Kyriotetes, Serafine

Hat verstanden dein Geist?
  Der Weltengeist in mir
  Er hielt den Atem an
  Und seine Gegenwart
  Mög' erleuchten mein Ich.

Hüter: Hat verstanden dein Geist?
Ich: Der Weltengeist in mir
  Er hielt den Atem an
  Und seine Gegenwart
  Mög' erleuchten mein Ich.

Hat begriffen deine Seele?
  Die Weltenseelen in mir
  Sie lebten im Sternenrat
  Und ihre Harmonien
  Mögen klingend schaffen mein Ich.

Hüter: Hat begriffen deine Seele?
Ich: Die Weltenseelen in mir
  Sie lebten im Sternenrat
  Und ihre Harmonieen
  Mögen klingend schaffen mein Ich.

Hat erlebt dein Leib?
  Die Weltenkräfte in mir
  Sie richten Menschentaten
  Und ihre Wahrspruchworte
  Mögen lenken mir das Ich.

Hüter: Hat erlebt dein Leib?
Ich: Die Weltenkräfte in mir
  Sie richten Menschentaten
  Und ihre Wahrspruchworte
  Mögen lenken mir das Ich.

Siebzehnte Stunde

Dornach, 5. Juli 1924

Meine lieben Freunde! Wir beginnen auch heute mit jenem Spruch, der bei richtiger Weltauffassung aus allem Seienden und Werdenden dem Menschenherzen entgegentönt als die Aufforderung nach Selbsterkenntnis, durch die der Mensch erst zur wirklichen Welterkenntnis kommen kann: *«O Mensch, erkenne dich selbst! ...»* (s. S. 173).

Noch einmal lassen wir durch unsere Seele ziehen, was den Inhalt der letzten Klassenstunde zusammengefasst hat. Auch das ist eine Meditation aus dem entsprungen, was der Mensch erleben kann, wenn er sich in den Zusammenhang der Welt ganz hineinfühlt, vor allen Dingen in den Zusammenhang der geistigen Welt. Wir haben des Menschen Weg zum Abgrund des Seins vor unserer Seele auftauchen lassen, an dem der Hüter der Schwelle steht. Wir haben die Lehren gehört, die der Hüter dem gibt, der die Schwelle übersteigt. Wir haben gesehen, wie der Mensch, der jenseits der Schwelle ankommt, sich im Licht zunächst nur fühlt, wie er die Welt auf neue Weise erlebt, indem er hört, was der Hüter spricht, was aber auch die Wesen der höheren Hierarchien zu ihm sprechen. Und das letzte Gespräch war dieses, wo, hinweisend auf das Element der Wärme, das alles durchdringt, das sich von jenseits des Abgrundes als ein moralisches Element erweist, wo hinweisend auf dieses Element der Wärme der Hüter der Schwelle die Frage stellt: «Was wird aus des Feuers Reinigung ... die Geisterlösermächte» (s. S. 306). Es antworten nacheinander: die Engel, die Geister der Form und die Throne; dann die Erzengel, die Geister der Bewegung und die Cherubim; dann die Zeitgeister, die Geister der Weisheit und die Seraphim. Dann spricht der Hüter noch einmal zum Ich mit drei tief das Menschenwesen angehenden Fragen. Und das Ich antwortet bescheiden, wie es das letzte Mal erklärt worden ist, und wechselt mit dem Hüter der Schwelle im innigen, vertrauten Gespräch die Worte: «Hat verstanden dein Geist? ... lenken mir das Ich». (s. S. 306).

Indem das Menschenwesen jenseits der Schwelle des Seins, wo der Hüter steht, sich im webend-wirkenden Licht fühlt, wird es allmählich nicht nur gefühltes Licht, es wird langsam solches Licht, von dem man sagen kann: Der Mensch sieht es. Aus dem Fühlen des Lichtes, das so webt und wirkt, dass man es geistig in Begriffen, in Gedanken hat, entsteht allmählich das Licht, das mit Geistesaugen geschaut wird. Aber nicht anders kommt der Mensch schauend in dieses Licht hinein, als indem er wieder ein tiefgründiges Mahnwort des Hüters vernimmt. Und dieses Mahnwort, das weist auf eine mächtige Weltimagination hin, das weist auf etwas hin, durch das der Mensch, indem er hier in der Sinnenwelt steht, ungeheuer Majestätisches in seine Eindrücke aufnehmen kann, wenn er dazu das Herz hat. Wenn bei entsprechender Wolkengestaltung im Himmelsraum sich majestätisch-zauberhaft der Regenbogen erlichtet, kann der Mensch so etwas empfinden, wie wenn durch des Regenbogens Farbenschein die Geister von jenseits des physisch-sinnlichen Scheines hereinleuchten würden. Der Regenbogen steht da, er baut sich aus dem All auf, und er verschwindet wieder in das All. Er ist in dieses All wie eine mächtige Imagination hineingestellt. An diesen Eindruck des Regenbogens erinnert der Hüter in diesem Augenblick, wo es auch drüben in der geistigen Welt für das Schauen hell werden soll (s. Tafelzeichnung S. 331, links).

Der Hüter erinnert daran, dass der Mensch, der in die geistige Welt hinübergekommen ist, aus seiner Erinnerung an die Sinnenwelt jenes Bild in sich rege machen soll, das ihm der im All waltende Regenbogen immer gemalt hat. Es ist merkwürdig, meine lieben Freunde, dass, wenn der Mensch aus der physisch-sinnlichen Welt in die geistige Welt hinüberkommt, das Bild des Regenbogens das ist, an das er sich am leichtesten erinnert, das am leichtesten erinnerungsgemäß den Zusammenhang hervorruft zwischen der geistigen Welt, in der es Licht werden soll, und der physisch-sinnlichen Welt, die der Mensch mit seinen Erkenntniskräften verlassen hat. Es ist nicht der Anblick des Regenbogens, es ist die Erinnerung an den Regenbogen, die durch den Hüter der Schwelle hervorgerufen wird. Und dann weist der Hüter den Menschen an – wir werden die Worte hören, mit denen er das macht –, er weist den Menschen an: Versuche jetzt mit der Kraft, mit der du sonst aus deinen Augen schaust, dir jene Geisteskraft zu bereiten, mit der du diesen Regenbogen durchdringst, mit der du durch den Regenbogen auf die andere Seite durchdringst.

Wie wir uns sonst vorstellen: Im Wolkengebilde drinnen (s. Tafelzeichnung S. 331, weiße Fläche rechts), von der Erde aus hinaufschauend (kleiner Pfeil), wäre hier der Regenbogen (rot mitten in den Wolken), so haben wir uns jetzt vorzustellen: Der Hüter weist uns an, durch jenen Regenbogen hindurch zu jener Warte zu dringen, die jenseits ist (Strich durch die Wolken bis zu «Warte»), und von jenen Weltweiten auf den Regenbogen zurückzuschauen. Es weist uns der Hüter an, unsere Imagination meditativ zu vertiefen, wenn wir von dem Punkt aus weiterschreiten wollen, an dem wir im Sinne der letzten Stunde angekommen sind. Dann, wenn wir von da drüben zurückschauen, meine lieben Freunde, wenn wir uns vorstellen, dass wir hinter die Tafel gehen (Pfeile links der ersten Zeichnung), den Regenbogen von rückwärts schauen, wie er in der Erinnerung auftaucht von rückwärts schauen, dann wird der Regenbogen zur mächtigen Schale, zur Weltschale. Wir sehen nicht mehr einen Bogen, wir sehen eine mächtige, halbhimmelgroße Schale und darin Farben ineinander fluten. Das ist die Imagination, die der Hüter erregt:

> Sieh' des Äther-Farbenbogens
> Lichtgewalt'ges Rund,
> Lass' durch deiner Augen
> Lichterschaffene Kraft
> Dein Ich den Kreis durchdringen,
> Und dann schau von jenseit'ger Warte
> Farbenflutend die Weltenschale.

Es sind mächtige Worte, die da der Hüter spricht. Und wir müssen uns nur richtig in die ganze Lage versetzen, meine lieben Freunde, in die ganze Bildhaftigkeit versetzen, innerhalb der sich der Zögling des Hüters der Schwelle befindet, wenn er aufgefordert wird, die Weltschale mit ihrem Inhalt, mit dem farbenflutenden Licht, zu schauen: «Sieh' des Äther-Farbenbogens ... die Weltenschale». Wir müssen durch solche Bilder hindurchgehen. Und wirkt das Bild ganz innig und tief in unser Ich hinein, dann schauen wir, wie in diesen Farbenfluten, die die Schale füllen, wie in diesen Farbenfluten die Wesen der dritten Hierarchie erscheinen: die Engel, die Erzengel und die Zeitgeister. Sie atmen die Farben, sie nehmen in ihr eigenes Engelwesen die Farben auf. Wir erhalten einen Begriff von jenem Weltschaffen, das hinter der Sinnenwelt ist und sich in den Taten der höheren Hierarchien abspielt. Wir erhalten einen Begriff davon, dass jenseits des Regenbogens die geistigen Wesen walten, die die Farben der Weltschale atmen und in ihr eigenes Wesen aufnehmen. Wir schauen, wie das, was von der Welt zum Regenbogen fließt und den Regenbogen durchdringt, wie das hinter den Regenbogen hinübergeht und als die Gedanken erscheint, die von den

Engelwesen aufgesogen, aufgeatmet werden. Wir lernen jetzt die Natur des Regenbogens erkennen. All das, was in irgendeiner Gegend an Gedanken gedacht wird, die von Menschen ausgehen, wird von Zeit zu Zeit, immer wieder, durch die Brücke des Regenbogens gesammelt und in das geistige Reich hinausgeleitet, wo es von den Wesen der dritten Hierarchie veratmet wird.

Was innerhalb der Weiten des Weltalls so zauberhaft erscheint, das hat nicht nur eine physische Bedeutung, das hat eine geistige Innerlichkeit. So etwas wie den Zauber des Regenbogens lernen wir nicht erkennen, wenn wir nur innerhalb der physisch-sinnlichen Welt bleiben. Wir lernen ihn erst erkennen, wenn wir jenseits der Schwelle des Seins stehen, wenn wir mancherlei Ermahnungen des Hüters der Schwelle hinter uns haben, wie wir sie kennengelernt haben. Dann aber wird uns, gerade durch den Eindruck, den wir von jenseitiger Warte vom Regenbogen als der Weltschale bekommen, dann wird uns gerade dadurch deutlich, wie sich für uns allmählich Licht in dem ausbreitet, was anfangs wie eine finstere, nachtbedeckte Sphäre vor uns stand. Jetzt sind wir drinnen, und es hellt sich auf. Jenseits des Regenbogens, in der Weltschale mit ihren Farbenfluten ist die Sonne. Dann beginnen Engel, Erzengel und Zeitgeister innerhalb der Menschenseelen ihr Bewusstsein zu spiegeln. Sie atmen die Farbenfluten, damit das, was auf der Erde hier im Sinnenschein lebt, in das Geistesreich hineingetragen wird, soweit es für das Geistesreich brauchbar ist.

Und dann, nachdem wir gesehen haben, wie die Wesen der dritten Hierarchie das veratmen, was sie aus der sinnlichen Welt entnehmen, was durch den Farbenbogen hindurch zu ihnen dringt und was sie so verwandeln, dass es in der geistigen Welt aufgenommen werden kann, dann sehen wir, wie diese Wesen mit dem, was sie so in sich aufgenommen haben, zu den höheren Geistern dienend hingehen, zu den Geistern der zweiten Hierarchie. Denn die Geister der dritten Hierarchie – die Engel, die Erzengel und die Zeitgeister –, sind die dienenden Geister in der Geisteswelt. Von ihnen hören wir jetzt das, was wir schauen, wenn wir den Seelenblick auf die farbenflutende Weltschale jenseits des Regenbogens richten. Engel, Erzengel und Zeitgeister sprechen zu uns:

> Empfind' unsrer Gedanken
> Farbenatmend Leben
> In der Schale Lichtesfluten;
> Wir tragen Sinnenschein
> In Geistes-Wesensreiche
> Und wenden weltdurchdrungen
> Uns höhern Geistern dienend zu.

Meine lieben Freunde! Stellen wir das Bild noch einmal vor unsere Seele hin. Die Weltschale, halbhimmelgroß, darin flutend die Farben, die wir sonst im Regenbogen flächenhaft sehen, ineinander lebend und webend. Die Wesen der dritten Hierarchie, die Engel, die Erzengel und die Zeitgeister, kommen heran. Sie atmen diese Farben. Uns werden die Gedanken der Wesen der dritten Hierarchie in diesem Farbenatmen seelensichtbar. Wir schauen, wie sich die Wesen der dritten Hierarchie, von diesen Weltgedanken durchdrungen, zu den Wesen der zweiten Hierarchie wenden, denen sie dienen: zu den Geistern der Form, der Bewegung und der Weisheit. Und wir haben das gewaltige Bild vor uns, dass die reinen Geisteswesen erscheinen, die Sonnenbewohner, die nur dann erscheinen, wenn das physische Bild verschwindet, das die Sonne entwirft, wenn jenes Sonnenbild verschwindet, das ein kleines Bild ist, trotz seiner Größe im Verhältnis zur Erde, denn es ist nur ein Bild. Und majestätisch füllt die geistige Sonne das ganze All, unendlich viel größer als das riesengroße Sonnenbild. Dann erscheinen die Wesen der zweiten Hierarchie, webend und lebend im reinen Geistesreich, jetzt aber das empfangend, was ihnen Engel, Erzengel und Zeitgeister bringen. Das sind nicht tote Gedanken, wie wir sie hier haben. Da sind unsere toten Gedanken dem Sinnenschein entnommen und im Atmen der Engel, Erzengel und Zeitgeister lebendige Gedanken geworden. Wie in einem gewaltigen Opfer tragen Engel, Erzengel und Zeitgeister diese lebendigen Gedanken hin vor die Wesenheiten der zweiten Hierarchie, vor die Geister der Form, der Bewegung und der Weisheit. Da wecken die Wesen der zweiten Hierarchie jene Gedanken im Sein auf, die die Wesen der dritten Hierarchie belebt haben und die im Erddasein nur Schein sind.

Wir sehen, wie die Wesen der zweiten Hierarchie die von den Wesen der dritten Hierarchie belebten Gedanken empfangen, und wie in einer mächtigen Auferstehung jetzt eine Welt, eine neue Welt aus dem wird, was tot aus dem Sinnenschein von Engel, Erzengel und Zeitgeistern entnommen worden ist. Unter der Wirkung der Geister der Form, der Bewegung und der Weisheit wird daraus eine neue Welt, eine auferstehende Welt. Dann sehen wir, wie das merkwürdige Schauspiel der Welt, wie das Geheimnis des Kosmos wirkt. Dann sehen wir, wie die Geister der Form, die Geister der Bewegung und die Geister der Weisheit das, was sie von den Wesen der dritten Hierarchie empfangen, dem übergeben, was wir im Erddasein Strahlen nennen – den Strahlen der Sonne, den Strahlen der Sterne. Das belebte und auferweckte Gedankenweben der Welt wird jetzt all dem Strahlenden übergeben. In Wirklichkeit sind Strahlen nichts Physisches, in Wirklichkeit strahlt in den Strahlen der Geist. Jetzt sehen wir, wenn die Strahlen zu uns dringen, wenn wir sie anschauen, jetzt sehen wir, was von rückwärts aus dem Bereich der Wesen der zweiten Hierarchie diesen Strahlen mitgegeben wird. All diesem Strahlenden – dem Sternenstrahlenden, dem Sonnenstrahlenden – wird das mitgegeben, was die Wesen der zweiten Hierarchie als Weltgedanken weben, aber auch all das, was sie aus den durch die Wesen der dritten Hierarchie belebten Gedanken auferstehen lassen – aus den im Sinnenschein noch toten Gedanken. Jetzt sehen wir, wie die Wesen der zweiten Hierarchie den strahlenden Geisteskräften das mitgeben, was als schaffende Liebe im Kosmos wirkt, was in den Sternen- und Sonnenstrahlen durch den Kosmos als Liebe webt, als Liebe flutet, was im ganzen Kosmos die zeugend-schaffende Kraft der Liebe ist. Wir sehen, wie sie das den Sternen- und Sonnenstrahlen anvertrauen. Jetzt sehen wir mit dem Geistesauge, wie die Geister der zweiten Hierarchie Geiststrahlendes, Liebeweckendes, Liebegetragenes der Welt einverleiben.

Und wir hören sie jetzt sprechen, aber nicht zu uns. Wir werden Zeuge eines Zwiegesprächs zwischen den Wesen der zweiten Hierarchie und den Wesen der dritten Hierarchie. Da tönt es hinüber, wir hören es nur mit an. Es ist das erste Mal, dass wir im Fortgang des Situationsmeditierens die Wesen der höheren Hierarchien miteinander sprechen hören. Die Wesen der zweiten Hierarchie sagen zu den Wesen der dritten Hierarchie:

Euer Empfangenes
Aus totem Sinnenschein Belebtes:
Wir wecken es im Sein;
Wir schenken es den Strahlen,
Die des Stoffes Nichtigkeit
In des Geistes Wesenheit
Liebewebend offenbaren.

Und indem wir Zeuge eines Himmelsgesprächs werden, hellt sich für das Geistesauge die nachtbedeckte Finsternis allmählich auf. Sie wird von einem sanften, milden Licht durchdrungen. Haben wir all das aufgenommen, sind wir von alldem durchdrungen, dann sehen wir mit dem Geistesauge ein Weiteres, das sich abspielt. Dann sehen wir, wie das, was dadurch entstanden ist, dass Erdgedanken durch die dritte Hierarchie belebt worden sind, dass das von der dritten Hierarchie belebend Veratmete von der zweiten Hierarchie empfangen, den Sonnen- und Sternenstrahlen mitgeteilt und in Liebe verwandelt worden ist, dann sehen wir, wie das von den Wesen der ersten Hierarchie übernommen und zu dem Element gemacht wird, aus dem sie neue Welten schaffen. Was Engel, Erzengel und Zeitgeister sich aus der Welt eratmen, was von ihnen die Geister der Form, der Bewegung und der Weisheit empfangen, das übernehmen die Throne, die Cherubim und die Seraphim und verwandeln es in Schaffenskräfte, aus denen sie neue Welten gestalten. Und das Merkwürdige ist: Wir waren erst Zeuge eines Himmelsgesprächs, das die Wesen der zweiten Hierarchie mit den Wesen der dritten Hierarchie geführt haben. Jetzt hören wir mit Geistesohren weiter: Es beginnen die Wesen der ersten Hierarchie – die Throne, die Cherubim und die Seraphim – Weltworte zu sprechen. Uns ist es zuerst, als sollten wir wieder ein Himmelsgespräch hören, bei dem wir nur Lauscher, nur Zuhörer sind. Aber gleich wird uns klar: So ist es nicht. Zuerst ließen ihre Stimme die Engel, Erzengel und Zeitgeister ertönen; dann entstand ein Zwiegespräch zwischen den Geistern der Form, der Bewegung und der Weisheit und den Engeln, Erzengeln und Zeitgeistern. Jetzt mischen sich in das Gespräch die Throne, die Cherubim und die Seraphim: Ein ganzer Chor der Geistessphären ertönt. Aber wir werden gewahr, indem jetzt die Stimmen der neun Chöre zusammentönen, dass das, was aus ihnen erklingt, an uns Menschen gerichtet ist. Und so spricht zuletzt die ganze Geisteswelt zu uns. Aber erst, wenn das, was innerhalb der Geisteswelt gesprochen wird, in die Weltworte der Seraphim, Cherubim und Throne aufgenommen worden ist, erst dann ertönt es auch in unser Menschenwesen herein. Dann ertönt es zu uns als Mensch:

> In deinen Willenswelten
> Fühl' unser Weltenwirken;
> Geist erglänzt im Stoffe,
> Wenn wir denkend schaffen;
> Geist erschafft im Stoffe,
> Wenn wir wollend leben;
> Welt ist Ich-wollend Geisteswort.

Die Welt ist das Geisteswort, das das Ich will. Im Schaffen von Seraphim, Cherubim und Thronen ist die Welt. Das Geisteswort, das das Ich will – das ist die Welt. Und indem wir diese Worte mit dem Geistesohr an unser Menschenwesen herandringen hören, wird es hell in der geistigen Welt. Das milde Licht, das vorher da war, verwandelt sich in Geisteshelle. Das ist das Erlebnis mit dem Hüter beim Hellwerden der Geistessphäre: «Sieh' des Äther-Farbenbogens ... Welt ist Ich-wollend Geistes-Wort».

Und es ist dann, als ob der Hüter der Schwelle uns sanft mit seinen Geistesorganen berühren würde. Wir fühlen sein Wesen so, wie wenn er uns die Geistesaugen zudrücken würde, wie wenn wir für einen Augenblick nicht sehen würden, trotzdem wir vorher im hellen Geistesraum waren. Dann steigt aus unserem Inneren das Wort auf, das wir noch nicht zu den Mantren rechnen wollen, die wir bekommen, das aber am Schluss dieser Stunde gesprochen werden soll. Indem der Hüter der Schwelle uns sanft die Hand auf die Augen legt – wenn wir mit einem sinnlichen Bild das ausdrücken, was auf rein geistige Art geschieht –, sodass wir von der um uns befindlichen Geisteshelle nichts sehen, steigt in uns das auf, was wie eine Erinnerung an die Sinnenwelt wirkt, die wir zur Aneignung der Erkenntnis der Geisteswelt verlassen haben. Es steigt auf:

Ich trat in diese Sinnes-Welt,
Des Denkens Erbe mit mir führend,
Eines Gottes Kraft hat mich hereingeführt.
Der Tod, er steht an des Weges Ende.
Ich will des Christus Wesen fühlen.
Es weckt in Stoffes-Sterben Geist-Geburt.
Im Geiste find' ich so die Welt
Und erkenne mich im Weltenwerden.

Meine lieben Freunde! Ich muss an etwas erinnern, was im Beginn der Einrichtung der Klassenstunden gesagt worden ist, und auch bei der Weihnachtstagung betont worden ist. Es dürfen nicht die Dinge immer wieder so genommen werden, dass man eine Einrichtung, die aus einem tieferen Sinne heraus getroffen ist, von außen her abändert, sie anders einrichtet, als sie eingerichtet war. Deshalb muss ich hier verkündigen, dass zukünftig – und das sollen diejenigen, die schon in der Klasse sind, als die Ordnung für diejenigen, die für die Klasse ansuchen wollen, den anderen klarmachen –, dass zukünftig kein einziges Klassengesuch mehr berücksichtigt wird, das nicht entweder an den Schriftführer des Vorstandes des Goetheanum, Frau Dr. Wegman, oder an mich direkt gerichtet ist. Nur mit diesen zwei persönlichen Adressen werden zukünftig Ansuchen um die Zugehörigkeit zur Klasse berücksichtigt. Das, was vom Anfang an festgesetzt worden ist, muss bleiben. Die Mitglieder haben sich wieder so eingerichtet, dass sie das nicht befolgen, sondern die Sache so machen, wie sie selbst wollen. Bei dieser Gelegenheit mache ich noch auf etwas anderes aufmerksam, meine lieben Freunde, was insbesondere jetzt schwerwiegend wird, wo mit der nötigen Einhaltung der Kompetenzen die Anthroposophische Gesellschaft geleitet werden muss. Immer wieder bekommt man Briefe, in denen steht: Wenn ich nicht eine Antwort bekomme, so betrachte ich das als eine Bejahung.

Diejenigen, die so geschrieben haben, wissen davon. Ich möchte diejenigen, die so geschrieben haben und alle, die noch so schreiben wollen, bitten zu berücksichtigen, dass jeder Brief, der den Satz enthalten wird: Eine Nichtantwort betrachte ich als eine Bejahung –, dass jeder solche Brief sich selbst die Antwort als eine Verneinung bilden kann. Es wird in Zukunft überhaupt ein solcher Brief nicht mehr beantwortet, weil man gar nicht zurechtkommen kann, wenn solche Zumutungen gestellt werden, sondern es muss das, was in dem Brief geschrieben wird, von vornherein als verneinend beantwortet werden.

[Handschriftliche Notizen, linke Spalte:]

Sich des Aetherfarbenbogens
Lichtgewaltiges Rund
Lass durch deiner Augen
Lichterschaffene Kraft
~~Dein~~ Ich den Kreis durchdringen
         dann
Und schau von jenseit' ger Warte
~~Farben~~flutend die Wellenschale

Empfind' unsrer Gedanken
Farbatmend' Leben
          Lichtes
In der Schale ~~Farben~~fluten, —
Wir tragen Sinnenschein
In Geisteswesensreiche
                     durchdringer
Und wenden woll~~geführig~~
                     dienend
Uns höhern Geistern zu —

[rechte Spalte:]

Euer Empfangnes
~~Verborgnes Wesen~~
~~Aus Toten~~   Belebtes:
~~Im~~ Sinnenschein ~~erstorbenes~~
Wir wecken es ~~im~~ *im* Sein
Wir schenken es den Stoff
Die des Stoffes Nichtigkeit
In der Geistes Wesenheit
~~Liebewollend~~ ~~offenbaren~~.
~~Gnadevoll er~~ ~~............~~

In deinen Willenswelten
Fühl'
~~Schau~~ unser Weltenwirken
Geist erglänzt im Stoffe
Wenn wir denkend schaffen
Geist erschafft im Stoffe
Wenn wir wollend leben
~~Welt~~
Welt ist Ich= wollend Geistes=W

Sieh' des Äther-Farbenbogens
Lichtgewalt'ges Rund,
Lass' durch deiner Augen
Lichterschaffene Kraft
Dein Ich den Kreis durchdringen,
Und dann schau von jenseit'ger Warte
Farbenflutend die Weltenschale.

Empfind' unsrer Gedanken
Farbenatmend Leben
In der Schale Lichtesfluten;
Wir tragen Sinnenschein
In Geistes-Wesensreiche
Und wenden weltdurchdrungen
Uns höhern Geistern dienend zu.

Euer Empfangenes
Aus totem Sinnenschein Belebtes:
Wir wecken es im Sein;
Wir schenken es den Strahlen,
Die des Stoffes Nichtigkeit
In des Geistes Wesenheit
Liebewebend offenbaren.

In deinen Willenswelten
Fühl' unser Weltenwirken;
Geist erglänzt im Stoffe,
Wenn wir denkend schaffen;
Geist erschafft im Stoffe,
Wenn wir wollend leben;
Welt *ist* Ich-wollend Geisteswort.

Der Hüter: Sieh des Aetherfarbenbogens
Lichtgewaltiges Rund,
Lass' durch deiner Augen
Lichterschaffene Kraft
Dein Ich den Kreis durchdringen,
Und dann schau von jenseit'ger Warte
Farbenflutend die Weltenschale.

Angeloi. Archang. Archai: Empfind' unsrer Gedanken
Farbenatmend Leben.
In der Schale Lichtesfluten. –
Wir tragen Sinnenschein
In Geisteswesensreiche,
Und wenden weltdurchdringen
Uns höhern Geistern dienend zu.

Exusiai, Dyn. Kyr.: Euer Empfangenes
Aus totem Sinnenschein Belebtes:
Wir wecken es im Sein;
Wir schenken es den Strahlen,
Die des Stoffes Nichtigkeit
In des Geistes Wesenheit
Liebewebend offenbaren.

Throne, Cherubine Serafine: In deinen Willenswelten
Fühl' unser Weltenwirken;
Geist erglänzt im Stoffe,
Wenn wir denkend schaffen;
Geist erschafft im Stoffe,
Wenn wir wollend leben;
Welt <u>ist</u> Ich= wollend Geistes= Wort.

Zur 5. Stunde (14. März 1924)

Licht
Wärme
Luft

Es kämpft das Licht mit finstern Mächten
In jenem Reiche, wo dein Denken
In Geistesdasein dringen möchte.
Du findest lichtwärts strebend
Dein Selbst vom Geiste dir gewonnen;
Du kannst, wenn Finstres dich verlockt, Dich Kampfes-
Im Stoff des Selbst verlieren.

Es kämpft das
In jenem Reich,
Im Geiste...
Du findest
...
Dich Kampfes
Im Leid des

Zur 6. Stunde (21. März 1924)

Zur 7. Stunde (11. April 1924)

O schau die Drei
Sie sind die Eins
Wenn du die Menschenpräge sinnst
Im Erkundschaften trägst —
Erlebe des höhern Weltgestalt
Empfinde des Herzens Weltrhythmus
Erdenke der Glieder Weltwirken
Sie sind die Drei,
Die Drei, die als das Eins
Im Erdendasein leben. —

Tritt' ein
Das Tor ist geöffnet
Du wirst
Ein wahrer Mensch
werden.

Der Kopfes Geist,
du kannst ihn wollen;
Und Wollen wird dir
Der Sinne vielgestaltig Himmelsweben;
Des Herzens Seele, zu werden in der Weisheit
du kannst sie fühlen;

Und Fühlen wird dir
Des Denkens Reinerwecktes Wellenleben;
Du lebst in dem Scheine

Der Glieder Kraft,
du kannst sie suchen;
Und Suchen wird dir
Des Wollens zielerkennend Menschenstreben
Du bist in der Welt.

Zur 7. Stunde (11. April 1924)

Zur 8. Stunde (18. April 1924)

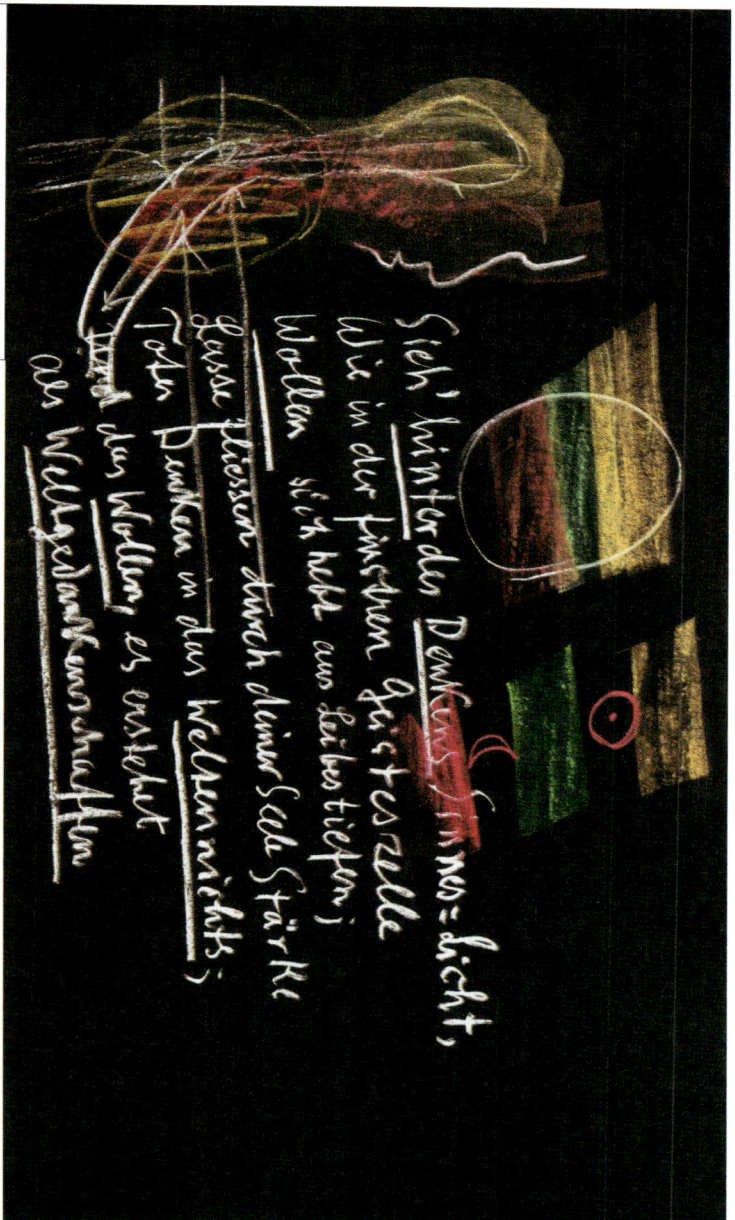

Sieh' hinter des Denkens Innen=licht,
Wie in der finstren Geistesselle
Wollen sich hebt aus Leibestiefen;
Lasse fliessen durch deiner Seele Stärke
Todes Denken in das Wollens nichts;
Und das Wollen, es ersteht
als Weltgedankenschaften

Zur 10. Stunde (25. April 1924)

Zur 11. Stunde (2. Mai 1924)

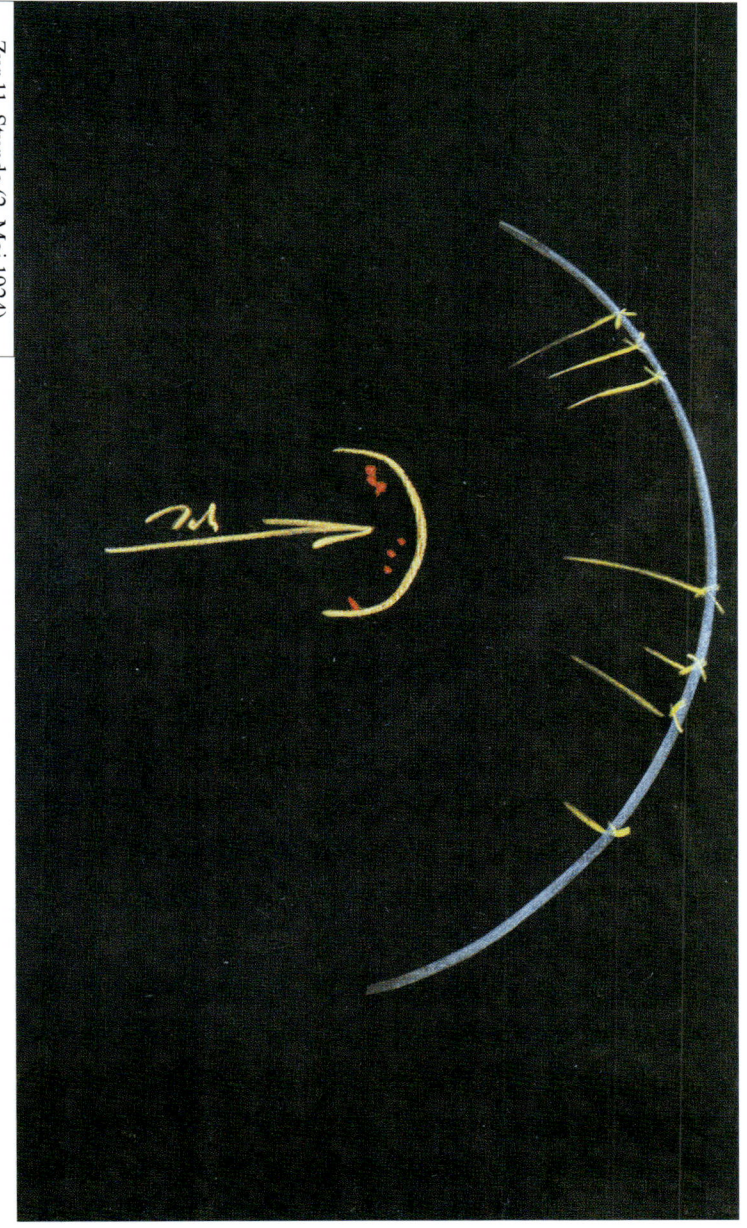

Zur 12. Stunde (11. Mai 1924)

Zur 13. Stunde (17. Mai 1924)

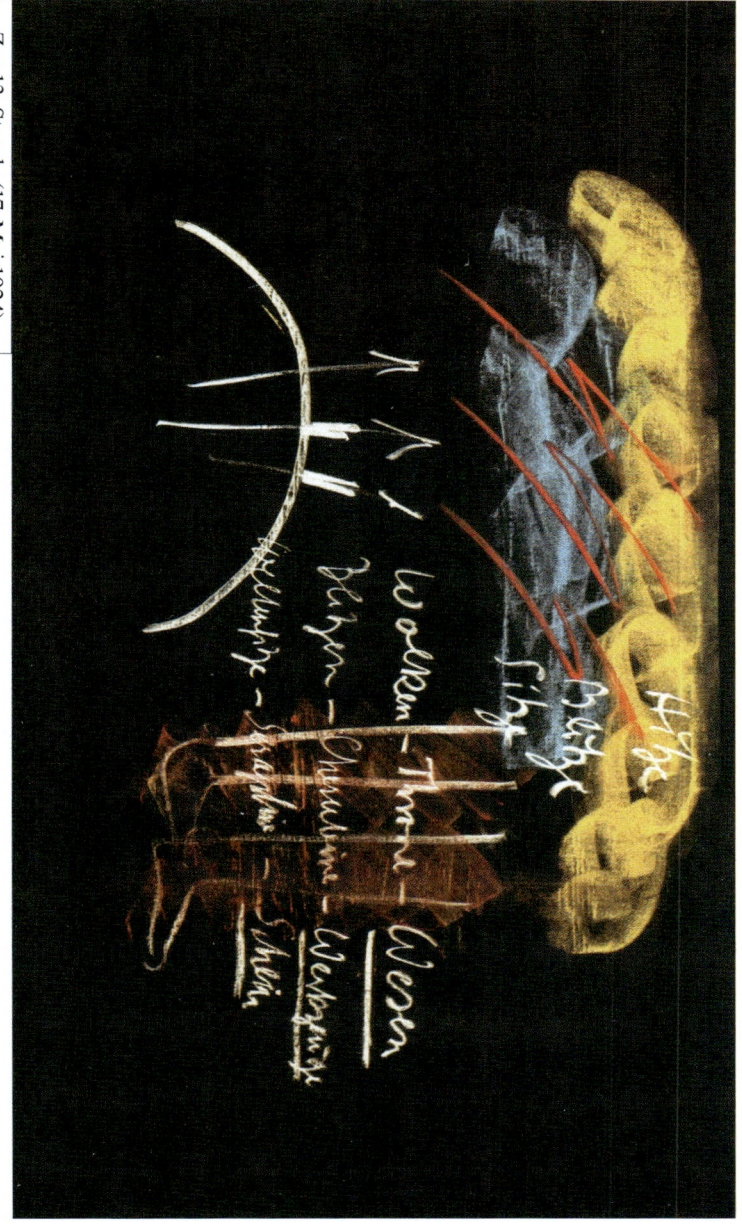

I) Hüter: Wo ist die Erde Festigkeit, die dich stützt?
   Chr.: Ich verlasse ihren Grund, so lang der Geist mich trägt.
   Luc.: Ich fühle wonnig, dass ich fortan der Stütze nicht bedarf.
   Ahr.: Ich will durch Geisteskraft fester auf sie hämmern ⁀

II) Hüter: Wo ist des Wortes Bildekraft, die dich durchdrang?
   Chr.: Mein Leben verlischt sie, so lang der Geist mich formt.
   Luc.: Mein Eigen ie Sprache sie, denn ich erlöst mich werde.
   Ahr.: Mein Leben behaupt sie, dann ich sie im Geistgewirk verhehre.

Zur 14. Stunde (31. Mai 1924)

Zur 17. Stunde (5. Juli 1924)

Der Hüter: Sieh der Aethen-Farbenbogen
Lichtgewalt ges Rund
Lass' durch deine Augen
Licht erschaffene Kräfte
Dein Ich den Kreis durchdringen
Und dann Neues von jenseits der Wände
Farbensprühend mit Wellenschale. –

Zur 18. Stunde (12. Juli 1924)

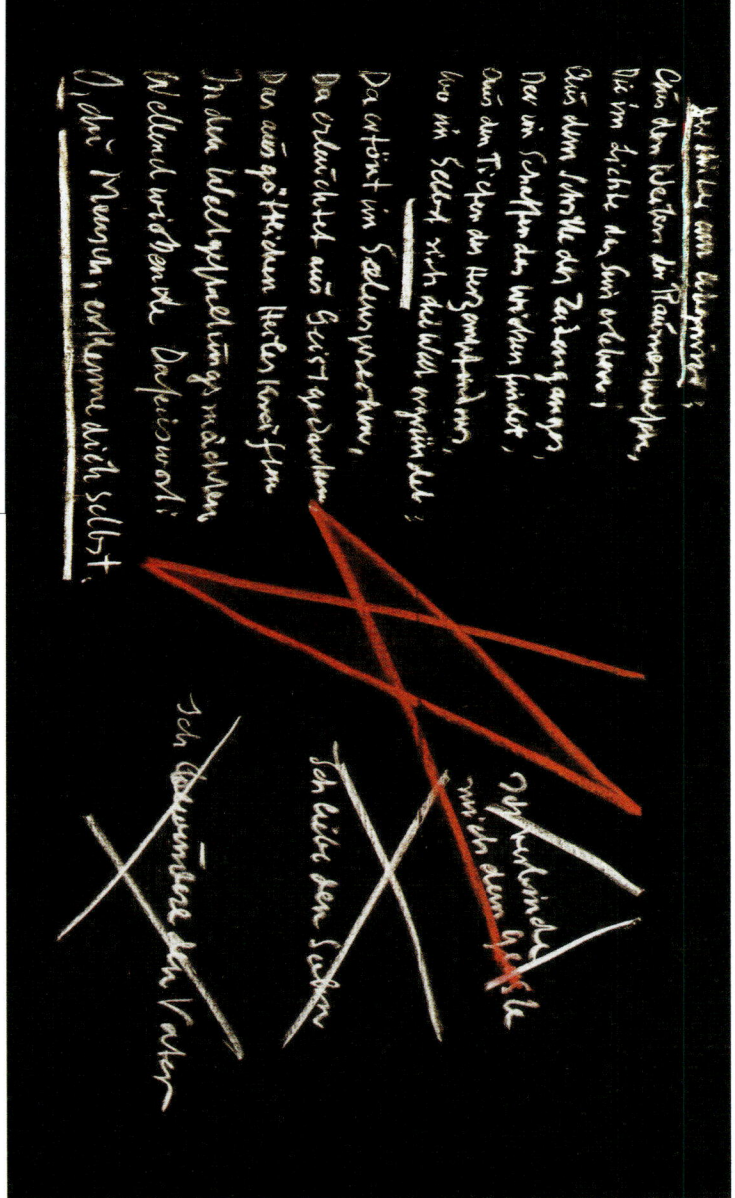

Zur 1. Wiederholungsstunde (6. September 1924)

Die Welt aus dem Uranfange;
Aus den Weiten des Raumeswebend,
Die im Lichte des Seins erlebend;
Aus dem Umkreise des Zeitensinges,
Der im Schaffen des Werdens findet;
Aus den Tiefen des Herzensgrundes,
Wo im Selbst sich die Welt ergründet;

Da ertönt im Seelenwachen,
Das erlauschet aus Geist gedanken,
Das aus göttlichen Herten kommt zu
In den Welterscheinungs mächten,
Welternd wirkende Daseinsworte,
O du Mensch, erkenne dich selbst.

Ich ergründe mich
Ich leite den Sohn
Ich bewundere den Vater

Tafel der 4. Wiederholungsstunde (13. September 1924) – besprochen in der 3. Wiederholungsstunde

Zur 6. Wiederholungsstunde (17. September 1924)

> Der Hüter mahnt:
> Schaut die Drei.
> Sie sind die Eins.
> Wenn du die Minuhrenvorübiesung
> In Erschauens teilst,
> Erlebst du Kraft Weltgedanken.
> Empfindest du Herzens Wesensschlag,
> Die Drei, die sind die Drei.
> Die Drei, die sind die Eins.
> Im Erlebendem Leben.
>
> Tritt ein!
> Das Tor ist geöffnet
> Du weisst
> Den wahren Menschen werden.

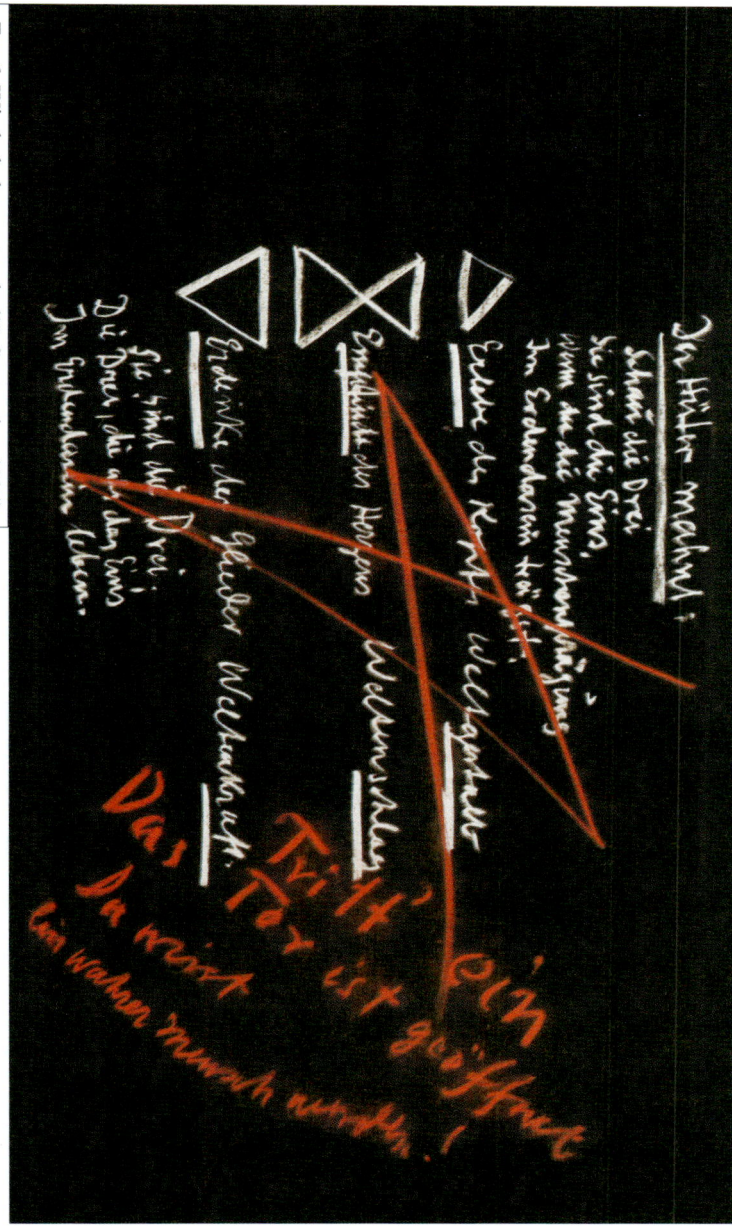

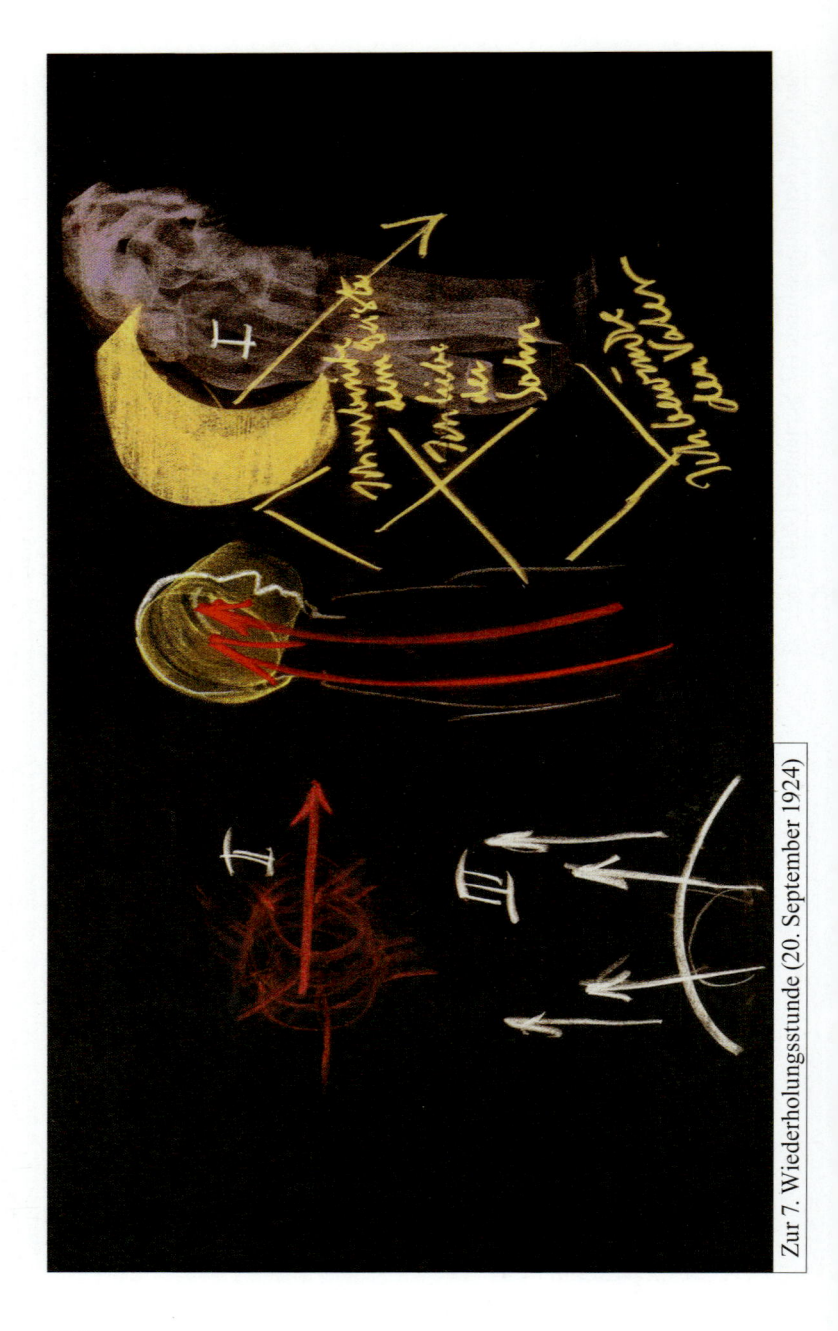

Zur 7. Wiederholungsstunde (20. September 1924)

Achtzehnte Stunde

Dornach, 12. Juli 1924

Meine lieben Freunde! Den Ruf nach Selbsterkenntnis, den die Menschenseele aufnehmen kann, wenn sie unbefangen auf alle Wesen und Ereignisse in Natur- und Geistesleben hinlauscht, wir wollen ihn am Ausgangspunkt dieser Betrachtungen an unserer Seele wieder vorüberziehen lassen: *«O Mensch, erkenne dich selbst! ...»* (s. S. 173).

Meine lieben Freunde! Wir sind in jener Antwort, die die Seele auf diese Frage finden kann, die Strecke gegangen, die der Mensch durchmisst bei seinem Weg hin zum Hüter der Schwelle, zum Abgrund des Seins. Wir sind bis zu jener Unterweisung des Hüters der Schwelle vorgedrungen, die so erfolgt, dass dem Menschen das, was vorher dunkel und finster vor ihm stand, was dunkel und finster sich ausbreitete – von dem er aber wusste, dass es sein Wesen, den Quell seines Daseins enthält –, dass das dann hell wird. Und im Hellwerden haben wir den Ruf des Hüters gehört: «Sieh' des Äther-Farbenbogens ... die Weltenschale» (s. S. 319). Und Engel, Erzengel und Zeitgeister lassen nach diesem Wort des Hüters der Schwelle ihre Stimme so ertönen, dass sie sich an die Menschenseele richten: «Empfind' unsrer Gedanken ... dienend zu». Wir sehen, wie durch das flutende Licht der Weltschale, die wir in der letzten Stunde kennengelernt haben, die Wesen der dritten Hierarchie durchleuchtet, erleuchtet werden. Wir sehen die Scharen dieser Wesen, die Scharen der Engel, Erzengel und Zeitgeister, sich zu den höheren Geistern dienend hinwenden, zu den Geistern der Form, der Bewegung und der Weisheit. Und wir werden Zeuge, wie die Geister der Form, der Bewegung und der Weisheit zu den ihnen dienenden Geistern sprechen, um das zu erfüllen, was diese dienenden Geister für die Menschen brauchen. So sprechen die Geister der Form, der Bewegung und der Weisheit: «Euer Empfangenes ... offenbaren». Und dann wenden wir, durch unser Inneres gedrängt, den Blick zu den höchsten Geistern, zu den Geistern der ersten Hierarchie, die sich jetzt an den Menschen selbst segnend wenden. Von ihnen hören wir: «In deinen Willenswelten ... Geisteswort». So werden wir Zeuge dessen, was Wesen höherer Welten miteinander sprechen. Wir werden von dem durchdrungen, was die höchsten Wesen als das Weltwort in die Menschenseele hineingießen, damit das Menschenherz ihm entgegenschlagen kann. So müssen wir uns im allwaltenden, allwesenden Weltwort drinnen fühlen, in dem wir selbst leben und weben.

Und jetzt geht uns eine Wahrheit auf, die da empfunden wird, wo nicht-verkörperte Wesen, wo reine Geister ihr Leben leben: wo Geister das Wahre denken, wo Geistern das Schöne erglänzt, wo der Geister Wille geistig wirkt. Es geht uns die große, die allumfassende, in Geisteswelten waltende Wahrheit auf: Geist ist. Denn wir wesen, wir leben und wir weben im Geist. Wir erfassen geistiges Sein. Und wir gedenken jetzt, wie das, in dem wir leben, Geist ist. Wir wissen jetzt: Auch da, wo wir sonst im Leben sind, auch in der Welt des Sinnenscheines, ist nur der Geist. Geist allein ist. Das steht jetzt vor unserer Seele als unerschütterliche, allwaltende Wahrheit: Geist allein ist. Und wir tun gut, uns diese Wahrheit im Bild vor die Seele hinzustellen (s. Tafelzeichnung S. 332, rot). Das, was in Rot ausgedrückt ist, was in Rot erscheint, das ist Geist: Geist ist. Und was außerhalb des Rot ist, das ist nicht. Das steht vor unserer Seele. Die Geisteswelt sagt uns: Hier ist etwas («Ist»), hier ist etwas («Ist»), hier ist etwas («Ist»), hier ist etwas («Ist») – überall, wo Geist ist, ist etwas. Und wo nicht Geist ist, ist nichts (außerhalb des Rot wird wiederholt geschrieben: «Nichts»). Wir sind tief davon durchdrungen, dass das die Wahrheit ist: Überall, wo Geist ist, ist etwas, und wo kein Geist ist, ist nichts. Und wir fragen uns: Wie erschien uns das alles da drüben in der Welt des Sinnenscheins, aus der wir herausgetreten sind über die Schwelle in die geistige Welt hinein, wo wir das wahre Sein, den Geist, vor unsere Seele hingestellt finden? Da drüben haben wir das nicht gesehen, was hier in Rot gezeichnet ist. Drüben sind wir zu schwach, um das zu sehen, was in Rot gezeichnet ist. Und was bleibt drüben ohne das Rot übrig? Nichts! Wir sehen drüben das Nichts. Wir nennen es Mineralien – eine Sorte von Nichts; wir nennen es Pflanzen – eine zweite Sorte von Nichts; wir nennen es Tiere – eine dritte Sorte von Nichts («Mineralien», «Pflanzen», «Tiere» wird an die Tafel geschrieben).

Das Nichts erleben wir, weil wir zu schwach sind, das zu schauen, was ist – den Geist zu schauen. Und die Nichtse reden wir als die Reiche der Natur an. Das ist die große Täuschung, das ist die große Illusion, so sagen wir uns. Nur verschiedene Arten des Nichts stehen uns drüben vor Augen, wenn wir im Leib schauen. Und wir haben tief in unserem Gefühl den Eindruck, dass wir Namen da drüben dem geben, was Nichts ist, was die große Illusion ist. Uns erscheint jetzt das, was da drüben als Nichts lebt und dem wir Namen geben, uns erscheint das wie eine Summe von Namen, die wir der Nichtigkeit geben. Denn in Wirklichkeit sind alle Wesen erst jetzt im Sein, da, wo wir in die geistige Welt eingetreten sind. Namen haben wir dem Nichts gegeben, das den Geist verbirgt. Die haben wir drüben auf Wesenloses verschwendet (s. Notizbucheintragungen S. 350). Und andere Wesen – nicht Wesen aus den Götterreichen, denen wir angehören und angehören sollen –, andere Wesen können sich der Namen bemächtigen, die wir auf die

Nichtse verschwenden. Und sie tragen diese Namen fort. Wenn wir uns nicht klar darüber sind, dass wir hier auf der Erde Nichtigkeiten Namen geben, so verfallen wir mit unseren Namen in die stärkste Illusion. Wissen müssen wir, dass wir Nichtigkeiten Namen geben. Das steht jetzt vor unserer Seele, indem wir drüben im Licht leben und weben, sodass es die Geisteskraft unseres Herzens, die uns drüben geblieben ist, tief fühlen kann: Ich weiß jetzt, ich bin aus dem Reich der Illusion in das Reich der Wirklichkeit eingetreten. Ernst, heiliger Ernst gegenüber der Wirklichkeit beginnt zu walten in unserer Seele.

Und jetzt schauen wir zurück auf den treuen Hüter der Schwelle, der am Abgrund des Seins steht. Er spricht jetzt nicht. Er hat aus dem Dunkel heraus gesprochen: Er hat gesprochen, als wir die Helligkeit nur fühlten; er hat gesprochen, während die Dunkelheit sich für uns erst aufhellte. Jetzt, wo wir in der Helligkeit erschüttert stehen durch die Wahrheit: «Geist allein ist», jetzt spricht er nicht, jetzt deutet er stumm, wie oben die Wesen der höheren Hierarchien miteinander sprechen. Und wir denken für einen Augenblick, in Geistesgegenwart: Da unten im Erdleben haben wir wahrgenommen, was Mineralien, Pflanzen und Tiere, was physische Menschen für einen Eindruck auf uns machen, was die Wolken und die Berge sagen, was in den Quellen rieselt, was in dem Blitz waltet und in dem Donner rollt, was die Sterne an Weltgeheimnissen flüstern. Das war da unten unsere Erfahrung, das waren unsere Erlebnisse. Jetzt ist das alles stumm, jenseits des Abgrundes des Seins. Jetzt sind wir Zeuge davon, wie die Götter miteinander sprechen.

Der ganze Chor der Engel, der Chor der dritten Hierarchie, beginnt jetzt zu sprechen. Wir schauen noch einmal hinauf, wie dieser Chor sich zu den höheren Geistern wendet, wie er sich zu den Geistern der zweiten Hierarchie wendet, denen er dienen will. Wir schauen auf die liebevoll dienende Gebärde der Engel, Erzengel und Zeitgeister, die sich zu den Geistern der Form, der Bewegung und der Weisheit hinwenden. Wir haben den Anblick der Scharen der dritten Hierarchie im Dienen, wir haben den Anblick der Scharen der zweiten Hierarchie im Schaffen von Welten, im Beherrschen und Beleuchten von Welten. Wir hören, was diese geisterleuchteten, Göttliches wollenden Wesen miteinander sprechen. Wir hören zuerst die Engel ihr Wort ertönen lassen. Aus ihrer Sorge um die Führung der Menschenseelen heraus lassen sie ihr Wort ertönen: «Es denken die Menschenwesen!» Das lastet auf den Engeln. Sie sind darum besorgt, wie sie die Menschenseelen führen sollen, indem die Menschenwesen denken. Sie wenden sich bittend zu den Geistern der Bewegung hin, um jene Kräfte zu empfangen, durch die sie die Menschenwesen im Denken führen können:

> Es denken die Menschenwesen!
> Wir brauchen das Licht der Höhen,
> Dass wir im Denken leuchten können.

Und die Geister der Bewegung aus dem Bereich des geistigen Leuchtens, Herrschens und Wirkens, sie antworten liebevoll, wohlwollend:

> Empfanget das Licht der Höhen,
> Dass ihr im Denken leuchten könnt,
> Wenn Menschenwesen denken.

Und das flutende Licht, die Lichtkraft des Denkens, strömt von den Geistern der Bewegung zu den Engeln hinüber. Was die Engel empfangen, es leuchtet im menschlichen Denken, ohne dass die Menschen es wissen. Jetzt werden wir gewahr, was im menschlichen Denken wirkt und webt: Es ist das Licht der

Engel, aber die Lichtkraft zu diesem Leuchten empfangen die
Engel von den Geistern der Bewegung. «Es denken die Menschenwesen!» – das ist ihre Sorge, das stellen sie als ihr Sorgenwort hin. Sie wenden sich in ihrer Sorge an die Geister der Bewegung: «Wir brauchen das Licht ...». Und die Geister der Bewegung antworten: «Empfanget das Licht der Höhen ...».
Weiter geht unser geistiger Blick. Wir sehen die Schar der
Erzengel sich zu den Geistern der zweiten Hierarchie dienend
hinwenden. Sie wenden sich an die Geister der Form und der
Weisheit, an diese zwei Kategorien der Geister der zweiten
Hierarchie. Die Engel haben sich an die Geister der Bewegung
gewendet, die Erzengel wenden sich an die Geister der Form
und an die Geister der Weisheit. Und ihre Sorge geht auf das
Fühlen der Menschenwesen. Sie erbitten von den Geistern der
Form und der Weisheit die Seelenwärme, die sie für das Fühlen
der Menschenwesen brauchen, die sie führen sollen:

> Es fühlen die Menschenwesen!
> Wir brauchen die Seelenwärme,
> Dass wir im Fühlen leben können.

Die Erzengel müssen dem Fühlen Leben einhauchen. Und mit
mächtiger Stimme, weil es zwei Chöre sind, die da antworten,
ertönt es im geistigen Weltall von den Geistern der Weisheit und
den Geistern der Form:

> Empfanget die Seelenwärme,
> Dass ihr im Fühlen leben könnt,
> Wenn Menschenwesen fühlen.

Und wir wenden uns dann zu der dritten Schar der dritten Hierarchie, zu der Schar der Zeitgeister. Sie haben die Sorge für
das Wollen der Menschenwesen, die dritte Sorge der dritten

Hierarchie. Wir fühlen: Wenn sich die Engel an die Geister der Bewegung wenden, dann wirken die Geister der Bewegung weit hinauf in die Höhen, um das Licht der Höhen, das sie erzeugen, den Engeln für ihre Sorge um das Denken der Menschen zu geben. Wir fühlen dann: Alles, was im Umkreis an Seelenwärme ist, das wird von den Geistern der Form und den Geistern der Weisheit erzeugt, und es wird den Erzengeln übergeben, damit sie in all dem leben können, was in Menschenwesen das Fühlen ist. Und tief unten, da, wo die Geister der Tiefe walten, wo aus den Abgründen, in denen auch viel Böses waltet, die Tiefenkräfte als die guten Kräfte von weit heraufgezogen werden müssen, da sprechen alle Wesen der zweiten Hierarchie zugleich. Denn in ihrer Sorge um das Wollen der Menschenwesen brauchen die Zeitgeister die Tiefenkraft. Sie sprechen:

> Es wollen die Menschenwesen!
> Wir brauchen die Tiefenkraft,
> Dass wir im Wollen wirken können.

Und es antworten darauf wie aus einer mächtig-gewaltigen, kosmischen Stimme, in die alle Stimmen der Geister der zweiten Hierarchie zusammenklingen – alle drei zusammen, die drei Scharen aus drei Chören in einem Chor: die Geister der Weisheit, die Geister der Bewegung und die Geister der Form, drei Chöre in einem:

> Empfanget die Tiefenkraft,
> Dass ihr im Wollen wirken könnt,
> Wenn Menschenwesen wollen.

Das ist die Welt, die im heiligen Schöpferwort besteht, von dessen Ertönen wir Zeuge werden in geistigen Welten, wie wir hier auf der Erde Zeuge von dem sind, was im Mineralreich, im

Pflanzenreich und im Tierreich vorgeht. Und wir hören, indem das unsere Erfahrung, unser Erlebnis wird: «Es denken die Menschenwesen! ... Wenn Menschenwesen wollen».

Wir wachsen hinein in die geistige Welt. Statt dessen, was uns hier auf der sinnlichen Erde umgibt, umgeben uns die Chöre der geistigen Welt. Und wir werden Zeuge dessen, was die Götter sprechen, was die Götter in ihrer Sorge um die Menschenwesen sprechen, in ihrem Schaffen in der Sorge um die Menschenwesen. Nur dann, wenn unsere Meditation in dieses völlige Ausschalten dessen, was wir hier auf der Erde sind, und in ein Erleben dessen übergeht, was drüben die Götter in ihrer Göttersprache eine Welt werden lassen, nur dann erleben wir die wahre Wirklichkeit. Und erst wenn wir diese wahre Wirklichkeit erleben, haben wir auch das, was wirklich ist um uns herum zwischen der Geburt und dem Tod. Denn hinter all dem, was in den Erscheinungen zwischen Geburt und Tod lebt, ist als wahre Wirklichkeit das enthalten, in dem wir zwischen dem Tod und einer neuen Geburt leben.

Menschen früherer Zeiten, sie lebten auf der Erde, aber sie lebten auf der Erde in einem dumpfen, träumenden Hellsehen. Ihre Seele war erfüllt von träumerischen Bildern, die von der geistigen Welt sprachen. Stellen wir uns einen solchen Menschen alter Zeiten vor: Wenn er nicht arbeitete, wenn er von der Arbeit zur Rast gegangen war und die Sonne noch am Himmel stand, und er nachsann, stiegen die Bilder auf, die er in seiner Seele erleben konnte und die ihn an das erinnerten, was er im vorirdischen Dasein in der geistigen Welt erlebt hatte. Er verstand nicht den Zusammenhang seines Erddaseins mit jenem Dasein, das da in seine hellseherischen Träume hereinleuchtete, aber die Lehren der Eingeweihten waren da. Diese erklärten ihren Schülern und durch die Schüler allen Menschen, wie der Zusammenhang ist. Und man lebte in der Erdwelt von den Erinnerungen an das vorirdische Dasein. Jetzt ist im Erdleben die Erinnerung an das vorirdische Dasein erloschen. Jetzt können Eingeweihte nicht den Zusammenhang des Erdlebens mit dem vorirdischen Dasein erklären, denn die Menschen haben vergessen, was sie im vorirdischen Dasein erlebt haben. Einer solchen Erklärung bedarf es nicht, das kosmische Gedächtnis braucht nicht erklärt zu werden, denn es ist heute nicht da. Aber es muss durch Initiationswissenschaft dem gelauscht werden, was die Götter hinter dem sinnlichen Dasein sprechen. Das müssen die Menschen erfahren. Und immer mehr wird die Zeit kommen, da die Menschen, wenn sie durch die Pforte des Todes gehen, die geistige Welt, in die sie eintreten, nur verstehen, wenn sie wissen: Wenn der Mensch durch die Pforte des Todes in das überirdische Dasein tritt und sich in der Wirklichkeit der geistigen Welt befindet, innerhalb der Welt der Engel, Erzengel und Zeitgeister, der Geister der Form, der Bewegung und der Weisheit, in der Welt der Throne, der Cherubim und der Seraphim, wenn er all das erlebt, dann wird er sich – wenn ihm das nicht unverständlich und dunkel bleiben soll, was er da nach dem Tod erlebt –, dann wird er sich an das erinnern müssen, was er hier auf der Erde durch die Initiationswissenschaft erfahren hat.

Und wichtig, von unermesslicher Wichtigkeit wird es zum Verständnis dessen, was drüben im Leben zwischen dem Tod und einer neuen Geburt erlebt wird, wenn durch das Rückerinnern an das, was noch auf der Erde gehört worden ist, solches gehört wird, was da drüben ertönt, was aber sonst nicht verstanden werden kann: «Es denken die Menschenwesen! ... Empfanget das Licht der Höhen ...»; «Es fühlen die Menschenwesen! ... Empfanget die Seelenwärme ...»; «Es wollen die Menschenwesen! ... Empfanget die Tiefenkraft ...».

Achtzehnte Stunde

Das sind die Worte, meine lieben Freunde, die heute in den esoterischen Schulen gehört werden sollen. Da sollen sie durch die Unterweisungen derer erklingen, die aus der Kraft des Michael-Zeitalters heraus die esoterischen Schulen leiten. Dann kann es so sein: In den esoterischen Schulen wird zuerst innerhalb des Erddaseins die Stimme der Engel gehört: «Es denken die Menschenwesen!...» – dann die Antwort der Geister der Bewegung: «Empfanget das Licht der Höhen...». Es wird die Stimme der Erzengel gehört: «Es fühlen die Menschenwesen!...» – dann die Antwort der Geister der Weisheit und der Geister der Form: «Empfanget die Seelenwärme...». Es wird die Stimme der Zeitgeister gehört: «Es wollen die Menschenwesen!...» – dann die Antwort aller drei Wesensarten der zweiten Hierarchie – der Geister der Form, der Bewegung und der Weisheit: «Empfanget die Tiefenkraft...». Menschen, die in einer esoterischen Schule das gehört haben, werden durch die Pforte des Todes gehen und die Worte drüben wieder erklingen hören. Sie werden für sie zusammenklingen: die esoterische Schule hier, das Leben zwischen Tod und neuer Geburt dort. Verstehen werden sie, was dort erklingt. Oder es kann so sein: Die Menschen sind dumpf und unwillig gegen das, was die esoterischen Schulen nach der Vorbereitung durch die allgemeine Anthroposophie sagen. Sie vernehmen nicht das, was durch die Initiationswissenschaft aus den Reichen der höheren Hierarchien erlauscht werden kann. Sie gehen durch die Pforte des Todes, sie hören dort, was sie hier schon hätten hören sollen. Sie verstehen es nicht. Wie unverständliches Klingen, wie bloßer Schall, wie Weltgeräusch ertönen die Krafteswörte, wenn die Götter miteinander sprechen.

Das Evangelium[*] spricht davon, auch Paulus[*] spricht davon, dass sich die Menschen durch die Weisung des Christus hüten sollen vor dem Tod im Geisterland. Denn im Geisterland kommt es dem Tod gleich, wenn wir durch des Todes Pforte gehen und nicht verstehen, was dort erklingt, wenn wir statt verständlicher Worte der Götter nur unverständliches Geräusch hören, weil uns statt des Lebens der Seele der Tod der Seele überfallen hat. Dass die Seelen leben, dafür gibt es eine Initiationswissenschaft – dass die Seelen lebend bleiben, wenn sie durch des Todes Pforte gehen, dafür gibt es esoterische Schulen. Davon sollen wir uns durchdringen.

Und jetzt gedenken wir des Weges, den wir im Geist gemacht haben. Gedenken wir, wie wir an den Hüter herangetreten sind, um erkennen zu lernen, wie der Mensch über den Abgrund des Seins hinüberkommt. Und nehmen wir jetzt, wo die Eindrücke von drüben auf unsere Seele gewirkt haben, nehmen wir jetzt in unsere Seele das herein, was als die innere Dramatik der Selbsterkenntnis vor unsere Seele tritt. Wir sind den Weg gegangen. Drei Tafeln sind da (s. Faksimiles «I.», «II.» u. «III.» – S. 7 u. S. 257): Vor der dritten stehen wir jetzt, nachdem wir alle Tiefen eines Göttergesprächs in unsere Seele aufgenommen haben. Auf der ersten Tafel, noch lange bevor wir zum Abgrund des Seins hingekommen sind, da steht: *«O Mensch, erkenne dich selbst! ...»* (s. S.173). Dann haben wir uns dem Hüter genähert – die zweite Tafel war da, auf der steht: *«Erkenne erst den ernsten Hüter ...».* (s. S.256). Jetzt sind wir hinübergelangt, an dem ernsten Hüter vorbei. Wir stehen drüben, wir haben ein solches Gespräch wie dieses vernommen: «Es denken die Menschenwesen! ... Menschenwesen wollen». Da schauen wir hinüber in die Sinnenwelt, da fühlen wir gegenüber dieser Sinnenwelt die Worte: *«Ich trat in diese Sinneswelt ...».* (s. S.256).

Die nächste Klassenstunde wird nicht heute über acht Tage, sondern heute über vierzehn Tage um halb neun sein.

Angeloi: Es denken die Menschenwesen!
Wir brauchen das Licht der Höhen,
Dass wir im Denken leuchten können.

Dynamis: Empfanget das Licht der Höhen,
Dass ihr im Denken leuchten könnt
Wenn Menschenwesen denken.

Archangeloi: Es fühlen die Menschenwesen!
Wir brauchen die Seelenwärme,
Dass wir im Fühlen leben können.

Exusiai und Kyriotetes: Empfanget die Seelenwärme,
Dass ihr im Fühlen leben könnt,
Wenn Menschenwesen fühlen.

Archai: Es wollen die Menschenwesen!
Wir brauchen die Tiefenkraft,
Dass wir im Wollen wirken können.

Kyriotetes, Dyn. Exusiai: Empfanget die Tiefenkraft,
Dass ihr im Wollen wirken könnt,
Wenn Menschenwesen wollen.

Es denken die Menschenwesen!
Wir brauchen das Licht der Höhen,
Dass wir im Denken leuchten können.

Empfanget das Licht der Höhen,
Dass ihr im Denken leuchten könnt,
Wenn Menschenwesen denken.

Es fühlen die Menschenwesen!
Wir brauchen die Seelenwärme,
Dass wir im Fühlen leben können.

Empfanget die Seelenwärme,
Dass ihr im Fühlen leben könnt,
Wenn Menschenwesen fühlen.

Es wollen die Menschenwesen!
Wir brauchen die Tiefenkraft,
Dass wir im Wollen wirken können.

Empfanget die Tiefenkraft,
Dass ihr im Wollen wirken könnt,
Wenn Menschenwesen wollen.

Notizbucheintragungen zur 18. Klassenstunde

Aufgehört die schaffende
Geisteskraft –:
....

Sie ist nicht mitgegangen
....

Die Natur streckt uns die
Nichtigkeit entgegen:
....

Geist verbirgt sich –
Du schauest,
Was nicht ist
Das Nichts steht vor dir
Du giebst ihm Namen

Die Namen werden Eigentum
Der Wesen, die da leben
von der Lüge und der
Selbstsucht –

Neunzehnte Stunde

Dornach, 2. August 1924

Meine lieben Freunde! Wir lassen wieder an unserer Seele jenen Spruch zuerst vorüberziehen, der uns vergegenwärtigen kann, wie aus all dem, was in der Welt ist und wird – was geworden ist in vergangenen Zeiten, was ist in der Gegenwart und was wird in der Zukunft –, wie aus alldem uns immer dazu aufrufend, Selbsterkenntnis zu suchen, die da ist die Grundlage für wahrhaftige Welterkenntnis, wie aus alldem entgentönt: *«O Mensch, erkenne dich selbst! ...»* (s. S. 173).

Meine lieben Freunde! Wir haben an unserer Seele mantrische Sprüche vorüberziehen lassen, die in sich die Kraft für den Weg in das Geisterland enthalten, an dem Hüter der Schwelle vorüber, in die erst dunkle, finstere, nachtbedeckte geistige Welt hinein, die sich dann hell fühlt, die dann auch hell wird für seelisches Wahrnehmen. Wir haben in dieser geistigen Welt gesehen, wie der Mensch teilhaftig ist – gewöhnlich unbewusst, aber er kann sich dessen bewusst werden –, teilhaftig ist des Gesprächs der höheren Hierarchien miteinander, dessen, was wirkend und webend mit den höheren Hierarchien zusammen die Welt selbst als Weltwort spricht. Und wir haben uns zuletzt in das Weltgebiet versetzen können, wo die Chöre der verschiedenen Hierarchien ineinanderklingen. Das wollen wir noch einmal vor unsere Seele führen, wie die Chöre der verschiedenen Hierarchien ineinanderklingen da, wo wir schon durch das hindurchgedrungen sind, was die Wesen der ersten Hierarchie sprechen, wo wir auch durch das hindurchgedrungen sind, was die Wesen der zweiten Hierarchie sprechen. Jetzt kommen wir dazu, sie alle in ihrem Zusammenklang wie im Chor sprechen zu hören. Der Hüter macht uns darauf aufmerksam – wir kennen das aus den vorigen Stunden –: «Sieh' des Äther-Farbenbogens ...». (s. S. 319). Nachdem uns der Hüter auf dieses Geheimnis, auf dieses geistige Geheimnis des Regenbogens hingewiesen hat, ertönt es aus dem Chor der Engel, der Erzengel und der Zeitgeister: «Empfind' unsrer Gedanken ...». (s. S. 319). Die Geister der dritten Hierarchie erklären, dass sie im Menschendienst den Geistern der zweiten Hierarchie dienen wollen – den Geistern der Form, den Geistern der Bewegung und den Geistern der Weisheit. Aus deren Bereich hören wir wieder im Chor: «Euer Empfangenes ...». (s. S. 319). Und nachdem wir gehört haben, wie die Wesen der zweiten Hierarchie weltschöpferisch an uns herantreten, ertönt der Chor der ersten Hierarchie, der Chor der Throne, der Cherubim und der Seraphim: «In deinen Willenswelten ...». (s. S. 319).

Jetzt stehen wir im Geisteswort drinnen, in jenem Geisteswort, das dem Weltschaffen zugrunde liegt. Wir fühlen um uns herum dieses Geisteswort. Wir fühlen die Welt von diesem Geisteswort durchdrungen. Wir fühlen uns selbst von diesem Geisteswort umwoben. Wir fühlen dieses Geisteswort in unser inneres Menschenwesen eindringen. Wir fühlen dieses weltweite Geisteswort in unser Herz einströmen. Wir fühlen uns mit unserem ganzen Menschenwesen in dem Weben des Geisteswortes drinnen. Wir fühlen uns geistig im wortgewobenen Weltgeist.

Der Hüter ist in der Ferne. Wir sind am Hüter vorbeigeschritten, er ist jetzt ganz in der Ferne. Leise nur hören wir ihn, wie er aus weiter Ferne ein letztes ermahnendes Wort an unser Geistesohr heranströmen lässt. Der Hüter spricht aus der Ferne – das Menschen-Ich weiß sich im Bereich des von Seraphim, Cherubim und Thronen getragenen Geisteswortes. Der Hüter spricht:

Wer spricht im Geisteswort
Mit der Stimme,
Die im Weltenfeuer lodert?

Da ertönt es als Antwort aus dem Reich der ersten Hierarchie:

Es sprechen Sternen-Flammen,
Es flammen seraph'sche Feuer-Mächte;
Sie flammen auch in meinem Herzen.
In des Urseins Liebe-Quell
Findet Menschen-Herz
Schaffendes Geistes-Flammen-Sprechen:
Es ist Ich.

«Sie flammen auch in meinem Herzen» – so fühlen wir die Weltsprache, die Sprache des Weltwortes, in unserem Inneren. Meine lieben Freunde! Derjenige, der in der Esoterik Reich eindringen will, soll fühlen, dass das uralt-heilige «ejeh asher ejeh»[*] – Ich bin, Ich bin Ich – ein heiliges Wort ist, das aus einer jenseitigen Wirklichkeit herübertönt. Es ist nur ein Abglanz, was wir im flüchtigen Gedanken als «Ich bin» festhalten. Wir müssen uns bewusst sein, dass im Erdbereich nicht das wahre Ich aus uns spricht, dass wir erst in das Reich der Seraphim, Cherubim und Throne hineinkommen müssen, wenn wir würdig und wert «Ich bin» sagen wollen. Dort erst klingt das «Ich bin» wahr. Hier im Erdbereich ist es Illusion. Damit wir das wahre Ich in uns erleben, müssen wir das Weltwort hören. Da müssen wir vom Hüter der Schwelle die Frage hören: «Wer spricht im Weltenwort?» Die Seraphim, die mit Blitzesflammen, mit Geistesblitzflammen ihren Weg durch die Welt gehen, sie sprechen die Feuersprache des Weltwortes da, wo wir jetzt stehen. Ihr Wort ist Flamme, flammende Stimme. Und indem wir uns in

Neunzehnte Stunde

diesem lodernden Weltfeuer erleben, das mit flammender Stimme die Feuersprache der Seraphim spricht, erleben wir das wahre Ich. Das ist in den Worten enthalten, die jetzt als Frage – «Wer spricht im Geisteswort ...?» – vom fernen Hüter der Schwelle kommen, da wir längst an ihm vorübergegangen sind. Es ist in den Worten enthalten, die als Antwort aus dem Bereich der ersten Hierarchie kommen: «Es sprechen Sternen-Flammen ... Es ist Ich».

Wenn Menschenwort erklingt, dann spricht aus Menschenwort das Denken des Menschen. Und wenn Geistesweltwort erklingt, dann spricht aus Geistesweltwort das Denken der Geisteswelt. Das liegt in der Frage des Hüters, die er jetzt aus der Ferne als zweite Frage stellt (es wird an die Tafel geschrieben – s. Faksimile S. 361:) *«Der Hüter spricht aus der Ferne:* (Das Menschen-Ich weiss sich im Bereich des seraphisch-cherubinisch-thronegetragenen Geisteswortes):»

> Was denkt im Geistes-Wort
> Mit Gedanken,
> Die aus Weltenseelen bilden?

Es sind jene Gedanken, die aus den Weltwesen, aus allen Weltwesen herauskommen, die den Wesen der verschiedenen Hierarchien angehören. Sie bilden, sie gestalten, sie formen alles, was in den Reichen der Welt ist. Deshalb fragt der Hüter, wer da die Bildekräfte-Gedanken denkt: «Was denkt ... bilden?» Wieder kommt es zu uns aus dem Reich der ersten Hierarchie:

> Es denken der Sterne Leuchter,
> Es leuchten cherubin'sche Bilde-Kräfte;
> Sie leuchten auch in meinem Haupte.
> In des Urseins Lichtes-Quell

Findet Menschen-Haupt
Denkendes Seelen-Bilde-Wirken:
Es ist Ich.

«... der Sterne Leuchter» – erst waren es die Flammen: Sie sprechen die Worte, die Sternenflammen sprechen die Worte; die Leuchter, die aus den Flammen kommen, sie denken: «Sie leuchten auch in meinem Haupte». So sagt sich der Mensch, der darin steht. Das ist das zweite Gespräch: Wie wenn in uns selbst die Wesen der ersten Hierarchie uns die Erlaubnis geben würden, dass wir das «Ich bin» erleben dürfen: «Was denkt im Geistes-Wort ... Es ist Ich». Das «Welten-Geistes-Wort»: Ein Sprechen ist es, und aus ihm strömen die Gedanken. Aber die Gedanken sind schaffend, die Gedanken sind kräftedurchdrungen – die Gedanken strömen, und Weltwesen und Weltgeschehnisse werden daraus: alles, was ist. Im geistigen Weltwort leben die wortbildenden Weltgedanken, die gedankengetragenen Weltworte. Das ist nicht bloß Denken, das ist nicht bloß Sprechen, das ist Schaffen, das ist Kraften. Kräfte strömen in den Worten, Kräfte zeichnen die Gedanken in die Weltwesen, in die Weltgeschehnisse hinein. Darauf deutet die dritte Frage, die der Hüter der Schwelle aus der Ferne spricht:

Was kraftet im Geistes-Wort
Mit Kräften,
Die im Weltenleibe leben?

Die ganze Welt, die da ertönt im Weltwort, die da durchleuchtet ist vom Weltdenken, sie ist Weltleib. So wie das, was im Menschen denkt und spricht, leibgetragen ist, so ist das, was im Weltwort ertönt, was im Weltwort gedankendurchleuchtet erscheint, so ist das Weltleib. Ihn tragen die Throne, oder besser gesagt, er ist das, in dem die Throne das gedankendurchleuchtete Geisteswort tragen. Daher antwortet es auf die Frage des Hüters aus dem Reich der ersten Hierarchie:

> Es kraftet der Sternen-Welten-Leib,
> Es leiben der Throne Trag-Gewalten;
> Sie leiben auch in meinen Gliedern.
> In des Urseins Lebens-Quell
> Finden Menschen-Glieder
> Kraftendes Welten-Träger-Walten:
>   Es ist Ich.

«Es leiben»: Wir müssen ein Wort bilden, das sonst ungewöhnlich ist. Aber geradeso, wie wir von Licht das Verb «leuchten» und von Leben das Verb «leben» bilden, so können wir von dem, was der Leib im Tragen von Kraft vollbringt, das Wort «leiben» bilden. Denn «Leib» ist nichts Totes, Leib ist nichts Fertiges, Leib ist etwas, was in jedem Augenblick tätig, beweglich-regsam ist – was «leibt». Weltwort, Weltdenken, Weltleib – sprechender, denkender Weltleib –, auf ihn beziehen sich die dritte Frage des Hüters und die Antwort aus dem Reich der ersten Hierarchie: «Was kraftet ...? ... Es ist Ich».

Es ist ein Abschluss dieses Weges, meine lieben Freunde, der im Reich der Illusion, im Reich der Maja begonnen hat, der uns zum Hüter der Schwelle geführt hat, der uns in die Selbsterkenntnis und durch die Selbsterkenntnis hinüber in die geistigen Reiche geführt hat, der uns die Chöre der Hierarchien hat hören lassen – es ist ein Abschluss dieses Weges, wenn wir jetzt an der Stelle stehen, wo wir das wahre «Ich bin» – «ejeh asher ejeh» – in uns erleben dürfen. In diesem Dialog können wir es erleben, wenn uns das dreifache «Es ist Ich» aus dem Herzen quillt da, wo es uns aus dem Herzen quellen darf, weil es uns aus dem Herzen so quillt, dass es in unserem Herzen das Echo dessen ist, was Seraphim, Cherubim und Throne in diesem Herzen erklingen lassen: «Wer spricht ... Was denkt ... Was kraftet ... Es ist Ich».

Meine lieben Freunde! Damit ist der erste Abschnitt dieser ersten Klasse der Schule absolviert. Wir haben jene Mitteilungen, die aus der geistigen Welt kommen – denn diese Schule ist eine Schule von der geistigen Welt selbst eingesetzt –, wir haben jene Bilder und Inspirationen, die aus der geistigen Welt kommen, an uns vorüberziehen lassen. Sie stellen vor unsere Seele, welches der Weg ist bis hin zum Ergreifen des wahren Menschen-Ich in der Umgebung der Seraphim, Cherubim und Throne.

Meine lieben Freunde! Es war, wie wir in den allgemeinen anthroposophischen Vorträgen[*] gehört haben, des Michael übersinnliche Schule, in der zuerst solche inneren Herzenslehren ertönt sind. Es waren dann die gewaltigen Bilder in dem imaginativen Kultus im Beginn des 19. Jahrhunderts, wo vor die Seelen, die dazu ausersehen waren, in der Umgebung des Michael zu sein, sich die Offenbarungen der Schule aus dem 15., 16., 17. Jahrhundert hinstellten, die in der übersinnlichen Welt von Michael und den Seinen geleitet wird. Und jetzt stehen wir vor dieser von Michael selbst begründeten anthroposophischen Schule. Wir fühlen uns in derselben. Michael-Worte sind es, die den Weg charakterisieren sollen, der in die geistige Welt und in das menschliche Ich hineinführt – Michael-Worte sind es. Diese Michael-Worte der esoterischen Michael-Schule, sie bilden den ersten Abschnitt.

Wenn wir uns wieder – was dann anzukündigen sein wird – im September zu diesen Klassenstunden finden, dann wird es der Wille der Michael-Macht sein, die imaginativen Kultus-Offenbarungen vom Beginn des 19. Jahrhunderts zu schildern. Das wird der zweite Abschnitt sein. Das, was an mantrischen Worten jetzt an unsere Seele gedrungen ist, es wird weiter in Bildern vor unserer Seele stehen, die, soweit dies möglich ist, die heruntergestellten Bilder des übersinnlichen imaginativen Kultus vom Beginn des 19. Jahrhunderts sein werden. Das dritte Kapitel der ersten Klasse dieser Schule wird das bilden, was uns unmittelbar zu jenen Interpretationen hinführen wird, die da zu den mantrischen Worten in der übersinnlichen Michael-Schule des 15., 16., 17. Jahrhunderts gegeben wurden.

Wir sollen fühlen, wie wir uns durch all das in die geistige Welt selbst hineinstellen. Wir sollen aber immer wieder auf die physisch-sinnliche Erdwelt zurückblicken und in bescheidener Weise das aufnehmen, was in der sinnlich-physischen Erdwelt waltet. Daher lassen wir zum Schluss an unsere Seele all das wieder ertönen, was, wenn wir aufnahmefähig sind, wenn wir einen Sinn für das haben, was aus jedem Stein, aus jeder Pflanze, aus jedem Tier, aus jeder ziehenden Wolke, aus jedem sprudelnden Quell, aus jedem rauschenden Wind, aus den Wäldern und den Bergen, aus allen Wesen und Vorgängen des Erdrundes überall ertönt – wenn wir einen Sinn für das haben, was da ertönt. Wir waren im Reich der Seraphim, Cherubim und Throne. Selbst des Hüters Stimme ist nur aus der Ferne ertönt. Wir gehen in Bescheidenheit wieder zurück, an dem Hüter vorbei, hinaus in das Reich des Sinnenscheins, und lassen wieder die Worte an uns heranklingen: «*O Mensch, erkenne dich selbst! ...*» (s. S. 173).

Meine lieben Freunde! Es ist so, dass leider die Maßregeln, auf die genügend innerhalb dieser esoterischen Schule hingewiesen worden ist, sonderbar beachtet werden von vielen, die Mitglieder geworden sind, die angesucht haben um die Mitgliedschaft und sie auch haben erwerben können. Und ich musste schon gestern mancherlei urgieren, monieren.

Man sollte es nicht glauben, aber vorgekommen ist es, dass Mitglieder mit ihren blauen esoterischen Zertifikaten hier ihre Plätze belegt haben. Aber vorgekommen ist auch, dass von drei Seiten her Hefte – eine Kapsel und zwei Hefte – mit den mantrischen Sprüchen dieser Schule liegengelassen worden sind. Die Kapsel mit den mit Schreibmaschine geschriebenen Sprüchen ist draußen auf der Straße gefunden worden. Von einem Heft konnte in der Weise abgeschrieben werden, wie ich es Ihnen gestern erzählt habe. Ein anderes Heft ist im Glashaus liegengeblieben. Sodass es nötig geworden ist, drei Mitglieder der Schule, unmittelbar bevor diese Klassenstunde begonnen hat, auszuschließen. Damit sind wir bei dem neunzehnten Ausschluss aus dieser Schule angekommen. Man sollte meinen, dass der Ernst mehr sprechen könnte aus den Seelen derjenigen, die hier das gehört haben, was diese Schule bedeutet. Der eine verliert die Sprüche auf der Straße, der zweite lässt sie hier liegen, der dritte lässt sie im Glashaus liegen. Und es wird nötig, drei prominente Mitglieder aus der Schule auszuschließen. Und ich kann Ihnen die Versicherung geben, meine lieben Freunde, dass dasjenige, was mit Bezug auf die Handhabung der Maßregeln dieser Schule im Beginn und dann immer wieder gesagt worden ist, streng gehandhabt werden muss. Eine solche Schule mit dem esoterischen Ernst kann nur aufrechterhalten werden, wenn ihre Mitglieder das einhalten, was im Namen der geistigen Mächte, die dieser Schule vorstehen, verlangt werden muss. Es ist in okkulten Dingen so. Und es kann das, was vielfach gewaltet hat in der Anthroposophischen Gesellschaft, nicht weiter fortwalten. Es muss das, was mit Ernst durch seinen eigenen Charakter erfüllt ist, auch mit Ernst genommen werden.

Wer spricht im Geistes-Wort
Mit der Stimme,
Die im Weltenfeuer lodert?

Es sprechen Sternen-Flammen,
Es flammen seraph'sche Feuer-Mächte;
Sie flammen auch in meinem Herzen.
In des Urseins Liebe-Quell
Findet Menschen-Herz
Schaffendes Geistes-Flammen-Sprechen:
        Es ist Ich.

Was denkt im Geistes-Wort
Mit Gedanken,
Die aus Weltenseelen bilden?

Es denken der Sterne Leuchter,
Es leuchten cherubin'sche Bilde-Kräfte;
Sie leuchten auch in meinem Haupte.
In des Urseins Lichtes-Quell
Findet Menschen-Haupt
Denkendes Seelen-Bilde-Wirken:
        Es ist Ich.

Was kraftet im Geistes-Wort
Mit Kräften,
Die im Weltenleibe leben?

Es kraftet der Sternen-Welten-Leib,
Es leiben der Throne Trag-Gewalten;
Sie leiben auch in meinen Gliedern.
In des Urseins Lebens-Quell
Finden Menschen-Glieder
Kraftendes Welten-Träger-Walten:
        Es ist Ich.

Der Hüter spricht aus der Ferne: (Das Menschen-Ich weiß sich im Bereich des seraphisch = cherubinisch = thronegetragenen Geisteswaltens):

   Wer spricht im Geistes-Wort
   Mit der Stimme,
   Die im Weltenfeuer lodert?

Aus dem Reich der 1. Hierarchie:
   Es sprechen Sternen-Flammen,
   Es flammen seraph'sche Feuer-Mächte;
   Sie flammen auch in meinem Herzen;
   In des Urseins Liebequell
   Findet Menschenherz
   Schaffendes Geistes-Flammen-Sprechen:
    Es ist Ich.

Der Hüter spricht aus der Ferne:

   Was denkt im Geistes-Wort
   Mit Gedanken,
   Die aus Weltenseelen bilden?

Aus dem Reich der 1. Hierarchie:
   Es denken der Sterne Leuchter,
   Es leuchten cherubin'sche Bildekräfte;
   Sie leuchten auch in meinem Haupte,

[Fortsetzung nächste Seite]

In des Urseins Lichtesquell
Findet Menschenhaupt
Denkendes Seelen-Bilde-Wirken
Es ist Ich.

<u>Der Hüter spricht aus der Ferne:</u>

Was kraftet im Geisteswort
mit Kräften,
Die im Weltenleibe leben?

<u>Aus dem Reich der 1. Hierarchie:</u>

Es kraftet der Sternen-Welten-Leib,
Es leiben der Throne Traggewalten;
Sie leiben auch in meinen Gliedern;
In des Urseins Lebensquell
Finden Menschenglieder
Kraftendes Welten-Träger-Walten:
Es ist Ich.

Erste Wiederholungsstunde

Dornach, 6. September 1924

Meine lieben Freunde![1] Wir wollen zunächst jene Worte vor unsere Seelen führen, die dem Menschen entgegentönen, wenn er unbefangenen Sinnes auf all das hinschaut, was ihn in der Welt umgibt – in der Welt oben, in der Welt in der Mitte, in der Welt unten. Wir mögen in das stumme Reich der Mineralien hinschauen, in das sprossende, sprießende Reich der Pflanzen, in das bewegte Reich der Tiere, in das sinnende Reich der Menschen auf der Erde, wir mögen den Blick zu den Bergen hinlenken, zu den Meeren und den Flüssen, zu den sprudelnden Quellen, wir mögen den Blick zu den ziehenden Wolken hinwenden, zu Donner und Blitz, wir mögen den Blick zu der scheinenden Sonne, zu dem glimmenden Mond, zu den funkelnden Sternen hinlenken: Aus alldem, wenn

---

1 Es hat sich ergeben, dass zu dieser heutigen Klassenstunde, und wohl auch zu den nächsten Stunden, zahlreiche Freunde sich einfinden konnten, die bei früheren Klassenstunden nicht anwesend waren. Und es würde daher heute eine Unmöglichkeit bedeuten, einfach fortzufahren in derselben Weise, wie es der Weg gewiesen hat, als wir hier die letzte Klassenstunde hatten. Es ist aber auch so, dass für jene Mitglieder dieser esoterischen Schule, die früher Klassenstunden mitgemacht haben, die Wiederholung dieser Klassenstunden keine Entbehrung bedeuten kann, aus dem Grund, weil der Inhalt dieser esoterischen Schule ein solcher ist, der immer wieder auf die Seele zu wirken hat. Sodass bei dem, der heute eine Wiederholung erlebt, diese Wiederholung auch eine Fortsetzung bedeutet, gerade weil sie eine Wiederholung ist. Für alle diejenigen aber, die heute zum ersten Mal da sind, bedeutet dasselbe wiederum etwas anderes: Es bedeutet die Bekanntschaft mit dem Anfang des esoterischen Weges. Es ist so, dass selbst weit auf dem esoterischen Weg Fortgeschrittene gerade darin die Fruchtbarkeit ihrer weiteren Bestrebungen sehen, dass sie immer wieder zum Anfang zurückkehren. Dieses Zurückkehren zum Anfang ist immer auch das Betreten einer weiteren Stufe. So wollen wir es mit diesen Stunden sehen, die jetzt gehalten werden. Und so muss auch für jene Mitglieder der Schule, die heute zum ersten Mal da sind, der Sinn dieser Schule wieder einleitend auseinandergesetzt werden. Als der Impuls der Weihnachtstagung mit der geistigen Grundsteinlegung der Anthroposophischen Gesellschaft hier in diesem Saal zu Weihnachten sich geltend machte, da war es so, wie ich schon gestern gesagt habe, dass ein esoterischer Zug durch die ganze Anthroposophische Gesellschaft von jetzt ab zu fließen haben wird, ein esoterischer Zug, der auch schon bemerkt werden konnte in allem, was innerhalb der Anthroposophischen Gesellschaft seit Weihnachten versucht worden ist. Der Kern dieses esoterischen Wirkens der Anthroposophischen Gesellschaft muss die esoterische Schule sein, jene esoterische Schule, die aus dem ganzen Charakter der Anthroposophie heraus an die Stelle dessen zu treten hat, was vorher versucht worden ist als sogenannte Freie Hochschule für Geisteswissenschaft und was nicht als geglückt bezeichnet werden kann. Es war das in

der Mensch sein Herz offen hält, wenn er mit dem seelischen Ohr hinhören kann, tönt ihm die Ermahnung entgegen, die in den Worten liegt, die ich jetzt auszusprechen habe:
O Mensch, erkenne dich selbst!
So tönt das Weltenwort.
Du hörst es seelenkräftig,
Du fühlst es geistgewaltig.
Wer spricht so weltenmächtig?
Wer spricht so herzinniglich?

---

jener Zeit, in der ich noch nicht selbst die Leitung der Anthroposophischen Gesellschaft hatte, daher die Aufgabe hatte, diejenigen, die etwas versuchen wollten, es auch versuchen zu lassen. Ein solches kann in der Zukunft nicht mehr stattfinden. In dem, was mit mir selbst zusammenhängend in dem Weihnachtsimpuls geformt wurde, in dem lag es, dass die Freie Hochschule für Geisteswissenschaft mit ihren verschiedenen Sektionen einen esoterischen Kern zu bilden hat für all das, was wiederum als Esoterisches in der Anthroposophischen Gesellschaft wirken soll. Eine esoterische Schule aber wird nicht innerhalb des irdischen Wesens begründet. Eine esoterische Schule ist nur dann als solche da, wenn sie der irdische Abglanz von dem ist, was in übersinnlichen Welten begründet wird. Und oft ist es unter Anthroposophen ausgesprochen worden, dass in der Reihe der regierenden, der das menschliche Geistesleben regierenden Wesen aus der Hierarchie der Erzengel mit dem letzten Drittel des 19. Jahrhunderts der Erzengel Michael diese Führung übernommen hat. Und es wurde auch bemerklich gemacht, dass diese Führung Michaels eine ganz besondere Bedeutung hat innerhalb des geistigen Lebens und der geistigen Entwicklung der Menschheit auf der Erde. Es ist in der menschlichen Evolution so, dass das Leben in dieser Evolution aufeinanderfolgend von sieben Erzengeln geleitet wird, von sieben Erzengeln, die zusammen die geistige Herrschaftssubstanz des Planetensystems bilden, zu dem auch Sonne, Erde und Mond gehören. Durch etwa drei bis vier Jahrhunderte geht immer der Impuls eines dieser Erzengel. Und wir haben von diesen Erzengeln, wenn wir von dem ausgehen, unter dessen Impuls das Geistesleben der Menschheit in der Gegenwart steht, wenn wir von Michael ausgehen, haben wir jenen Erzengel, der in allem, was er tut, die geistige Kraft der Sonne hat. Ihm ging voran, wiederum durch drei bis vier Jahrhunderte, also vom letzten Drittel des 19. Jahrhunderts weiter zurück durch drei bis vier Jahrhunderte, die Herrschaft des Erzengels Gabriel, der in seinen Impulsen vorzugsweise die Mondkräfte hat. Und weiter zurück kommen wir dann in die Jahrhunderte, in denen eine Art von Auflehnung gegen geistiges Wirken und geistiges Wesen im Mittelalter in der Menschheit lebte, gerade bei denen, die Träger der Zivilisation waren. Das war die Herrschaft des Samael. Und dieser Samael, er hat in seinen Impulsen die Marskräfte. Wenn wir noch weiter zurückgehen, kommen wir in jenes Zeitalter, in dem eine medizinisch orientierte Alchemie das Geistesleben tief beeinflusste unter der Herrschaft des Erzengel Raphael, der die Merkurkräfte in seinen Impulsen trägt. Und gehen wir dann noch weiter zurück, so kommen wir immer mehr an das Mysterium von Golgota heran, erreichen es

Wirkt es durch des Raumes Weitenstrahlung
In deines Sinnes Seinserleben?
Tönt es durch der Zeiten Wellenweben
In deines Lebens Werdestrom?
Bist du es selbst, der sich
Im Raumesfühlen, im Zeiterleben
Das Wort erschafft, dich fremd
Erfühlend in Raumes Seelenleere,
Weil du des Denkens Kraft
Verlierst im Zeitvernichtungsstrome.

---

aber noch nicht. Wir finden da die Herrschaft des Zachariel, der die Jupiterkräfte in seinen Impulsen trägt, und die Herrschaft des Anael, mit dem wir schon ganz nah an das Mysterium von Golgota herankommen, der die Venuskräfte in seinen Impulsen trägt. Dann kommen wir in die Zeit, in der sich der Glanz des Mysteriums von Golgota auf der Erde geltend machte gegenüber einer tiefen geistigen Finsternis – unter der Herrschaft des Oriphiel, der die Saturnkräfte in seinen Impulsen trägt. Dann kommen wir wieder zurück zu der vorigen Herrschaft des Michael, die mit dem zusammenfällt, was an großen internationalen, kosmopolitischen Impulsen dadurch geschehen ist, dass im Alexandrinismus, im Aristotelismus das, was bis dahin an griechischem Mysterienwesen und griechischem Geisteswesen für die Menschheit aufgebracht worden war, durch Alexander hinübergetragen wurde nach Asien und nach Nordafrika; sodass dasjenige, was auf einem kleinen Territorium Geistesleben war, über die ganze damals zivilisierte Welt ausgestrahlt ist. Denn es ist immer das Kennzeichen eines Michael-Zeitalters, dass dasjenige, was in einer Lokalität vorher geblüht hat, in kosmopolitischer Weise über die anderen Menschheitsbestandteile ausgestrahlt wird. Und so kommt man immer, nachdem man den Zyklus durch die verschiedenen Erzengel absolviert hat, zu demselben Erzengel zurück. Wir können weiter zurückgehen durch diese Reihe von Zeitaltern: von Gabriel, Samael, Raphael, Zachariel, Anael, Oriphiel kommen wir wieder zu Michael zurück. Und wir werden finden, dass auf das Michael-Zeitalter, das über uns strahlt, wieder ein Zeitalter des Oriphiel folgen wird. So, meine lieben Freunde, sollen wir uns bewusst sein, dass die Michael-Impulse in der charakterisierten Weise in all dem leben, was geistiges Wirken und geistiges Wesen in der Gegenwart sein soll. Aber es ist ein wichtigeres Michael-Zeitalter, als die vorherigen waren. Nur auf diese Tatsache möchte ich noch hinweisen. Es handelt sich darum, dass, als zu Weihnachten die Anthroposophische Gesellschaft in den Dienst des Esoterischen gestellt wurde, ihr esoterischer Kern, diese esoterische Schule, nur begründet werden konnte, wenn sie von der geistigen Macht begründet wurde, der die Lenkung dieses Zeitalters obliegt. Und so leben wir innerhalb dieser esoterischen Schule als der von dem Geist der Zeit, von Michael selbst, begründeten esoterischen Schule, in einer zu Recht bestehenden esoterischen Schule, weil sie die Michael-Schule in der Gegenwart ist. Und nur dann, meine lieben Freunde, stellen wir uns in der richtigen Art das vor, was in dieser Schule hier gesprochen wird, wenn wir uns bewusst sind, dass hier nichts anderes gesprochen wird als das, was in der

Wenn wir dieses Wortes Sinn und dieses Wortes Geist ganz auf uns wirken lassen, dann bekommen wir die Sehnsucht, zu jenen Quellen hinzugehen, aus denen unsere menschliche Wesenheit fließt. Diese Worte ganz verstehen heißt, den Weg ersehnen, der zu jenen Wassern führt, aus denen das Wesen der Menschenseele fließt, es heißt, des Menschenlebens Ursprung suchen. Im Anschauen wird uns das zuteil werden, meine lieben Freunde, je nachdem es in unserem Karma liegt. Aber der erste Schritt wird das sinngemäße Verstehen des esoterischen Weges sein. Dieser esoterische Weg wird in Worten hier in dieser Michael-Schule geschildert. Er wird geschildert so, dass jeder ihn gehen kann, dass aber nicht jeder ihn zu gehen braucht, sondern ihn zunächst zu verstehen hat,

Gegenwart von der Michael-Strömung selbst in die Menschheit gebracht werden will. Michael-Worte sind alle Worte, die in dieser Schule gesprochen werden. Michael-Wille ist aller Wille, aus dem in dieser Schule gewollt wird. Michael-Schüler sind wir, indem wir zu Recht innerhalb dieser Schule stehen. Nur dann, wenn wir dieses Bewusstsein in uns tragen, ist es möglich, in richtiger Art in dieser Schule zu sein, mit der richtigen Stimmung und Gesinnung in dieser Schule zu sein, uns als ein Mitglied nicht von etwas zu fühlen, was als irdische Institution in die Welt tritt, sondern von etwas, was als Himmels-Institution in die Welt tritt. Damit ist verbunden, dass ein jeglicher, der Mitglied dieser Schule wird, selbstverständliche Pflichten auf sich nimmt. Es ist das Eigentümliche des Weihnachtsimpulses der Anthroposophischen Gesellschaft, dass diese Anthroposophische Gesellschaft selbst damit den Charakter der völligen Öffentlichkeit aufgedrückt bekommen hat. Damit aber wird von dem, der Mitglied der Anthroposophischen Gesellschaft wird, nichts weiter verlangt als das, was er selbst verlangt: durch die Anthroposophische Gesellschaft das zu bekommen, was innerhalb der anthroposophischen Geistesbewegung fließt. Und eine weitere Verpflichtung übernimmt man nicht, wenn man Anthroposoph wird. Die Verpflichtung, ein anständiger Mensch zu sein, ist ja selbstverständlich. Anders ist es, wenn man den Zugang zu dieser Schule sucht. Da handelt es sich darum, dass aus dem Geist, aus dem okkulten Geist dieser Schule heraus derjenige, der Mitglied dieser Schule wird, die Verpflichtung übernimmt, ein würdiger Repräsentant der anthroposophischen Sache vor der ganzen Welt mit all seinem Denken, Fühlen und Wollen zu sein. Nicht anders kann man Mitglied dieser Schule sein. Die Entscheidung darüber, ob man ein würdiges Mitglied dieser Schule ist, kann einzig und allein der Leitung dieser Schule zustehen. Aber die Leitung dieser Schule muss jene Pflichten ernst nehmen, die sie auf sich nimmt. Verantwortlich ist die Leitung dieser Schule nur den geistigen Mächten, der Michael-Macht selbst gegenüber für das, was sie tut. Aber sie muss diesen Punkt ernst nehmen, dass derjenige, der zur Schule gehört, ein würdiger Repräsentant der anthroposophischen Sache vor der Welt sein muss. Das schließt in sich, dass die Leitung der Schule verlangen muss, dass die Mitgliedschaft im alleräußersten Sinne ernst genommen wird. Sie muss daher dem, bei dem sie diesen Ernst nicht antrifft, erklären, dass er fernerhin nicht Mitglied der Schule sein kann. Dass das ernst genommen wird, meine lieben

denn dieses Verständnis ist selbst der erste Schritt. Daher wird in mantrischen Worten das erfließen, was Michael der Menschheit in der Gegenwart zu sagen hat. Diese mantrischen Worte werden zugleich Worte für die Meditation sein. Wieder wird es vom Karma abhängen, wie auf die einzelne Seele diese Worte für die Meditation wirken. Das Erste ist, Verständnis dafür zu bekommen, dass aus den eben gesprochenen mantrischen Worten über die menschliche Selbsterkenntnis die Sehnsucht entspringt, den Sinn zu den Quellen des menschlichen Daseins hinzulenken: O Mensch, erkenne dich selbst! Diese Sehnsucht muss uns erwachsen. Wir müssen suchen, wo die Quellen dessen sind, was in der menschlichen Seele lebt, was unser eigenes menschliches Sein ist.

Wir müssen zunächst in dem suchen, was uns gegeben ist. Wir müssen herumschauen unter all dem, was uns im Kleinen gegeben ist, unter all dem, was uns im Großen gegeben ist. Wir schauen hin zu dem stummen Stein, zu dem Gewürm auf der Erde, wir schauen hin zu all dem, was wächst und lebt um uns herum in den Reichen der Natur. Wir schauen hinauf zu den funkelnden, glänzenden Sternen. Wir hören den Donner, wir sehen den Blitz. Nicht wenn wir asketisch werden, haben wir Aussicht, die Rätsel des eigenen Menschenwesens zu ergründen. Nicht wenn wir verachten, was als Gewürm in der Erde lebt, was als Sterne am Himmelsraum funkelt, nicht wenn wir es verachten als äußerlich-sinnlicher Schein und im Abstrakten, Unbestimmten unseren Weg suchen, sondern wenn wir gerade ein tiefes Gefühl für all das entwickeln, was im kleinsten Wurm auf der Erde kriecht, wenn wir ein Gefühl für die Erhabenheit dessen entwickeln, was uns aus den Sternen entgegenglänzt, wenn wir fühlen können mit all dem, was in die Sinne einzieht und zu unserer Wahrnehmung wird in seiner Schönheit, Reinheit und Erhabenheit, in seiner Großartigkeit und Majestät. Wenn wir aber als betrachtender Mensch dastehen, rings um uns überall aus den

---

Freunde, können Sie daraus ersehen, dass seit dem kurzen Bestand dieser Schule bereits in zwanzig Fällen ein zeitweiliger Ausschluss vollzogen worden ist. Diese strenge Maßregel wird auch weiterhin in derselben Art gehandhabt werden müssen. Mit esoterischen Dingen kann nicht gespielt werden, kann nur der alleräußerste Ernst verbunden werden. Damit wird gerade durch diese Schule jener Ernst in die anthroposophische Bewegung hineinstrahlen können, der ihr für ihr spirituelles Gedeihen absolut notwendig ist. Das sind zunächst die Einleitungsworte, die ich zu sprechen hatte. Wenn wir die Worte, die hier gesprochen werden, als die rechte Botschaft aus der geistigen Welt empfangen, als die rechten Michael-Worte, dann werden wir in dem Sinne hier sein, in dem wir einzig und allein hier sein sollten.

Pflanzen, Steinen und Tieren, aus den Meeren, den Quellen und den Bergen, aus den Wolken und den Sternen das Majestätische und Große, das Wahre und Schöne vernehmen, dann sagen wir uns erst mit der vollen Tiefe, mit der vollen Intensität: Groß und gewaltig, majestätisch und herrlich ist all das, was da als Gewürm auf der Erde kriecht, was da oben am Himmelsraum als Sterne erglänzt, aber dein Wesen, o Mensch, ist nicht in all dem. Du bist nicht in all dem, wovon dir deine Sinne künden.

Und dann wenden wir den fragenden, rätselbeschwerten Blick nach den Fernen hin. Von hier an wird der esoterische Weg in Imaginationen beschrieben. Wir wenden den Blick nach den Fernen hin. Etwas wie ein Weg zeigt sich, ein Weg, der bis zu einer schwarzen, nachtbedeckten Wand führt, die sich als der Anfang einer tiefsten Finsternis enthüllt. Und wir stehen da, rings umgeben von der Majestät des Sinnenscheins, die Größe und Herrlichkeit des Sinnenscheins bewundernd, aber das eigene Wesen nicht darin findend, den Blick nach der Grenze dieses Sinnenscheins gerichtet. Da aber beginnt eine schwarze, nachtbedeckte Finsternis. Aber etwas sagt uns in unserem Herzen: Nicht hier, wo die Sonne uns von all dem entgegenglänzt, was da wächst und webt und lebt, sondern dort, wo uns eine nachtbedeckte Finsternis entgegenstarrt, da sind die Quellen des eigenen Menschseins. Von dort muss die Antwort auf die Aufforderung kommen: O Mensch, erkenne dich selbst! Dann gehen wir zögernd der schwarzen Finsternis entgegen und werden gewahr: Das erste Wesen, das uns entgegenkommt, steht dort, wo die schwarze, nachtbedeckte Finsternis beginnt. Wie aus einer vorher nicht gesehenen Wolkenbildung ballt es sich zusammen. Es wird menschenähnlich, nicht von Schwere durchdrungen, aber menschenähnlich. Mit sehr ernstem Blick begegnet es unserem fragenden Blick. Es ist der Hüter der Schwelle. Denn zwischen der sonnenbeschienenen Umgebung des Menschen und jener nachtbedeckten Finsternis ist ein Abgrund, ein tiefer, gähnender Abgrund. Herüber, gegen uns zu, steht an diesem Abgrund der Hüter der Schwelle. Wir nennen ihn so aus dem folgenden Grund.

Der Mensch ist auch jede Nacht im Schlaf mit seinem Ich und seinem Astralleib in jener Welt, die jetzt dem imaginativen Blick als schwarze, nachtbedeckte Finsternis erscheint. Aber der Mensch ahnt dann nichts davon. Seine Seelensinne sind nicht aufgeschlossen. Er ahnt nicht, dass er vom Einschlafen bis zum Aufwachen mitten unter geistigen Wesenheiten und geistigen Tatsachen lebt. Würde er ohne Vorbereitung bewusst erleben, was da zu erleben ist, würde er zermalmt werden. Der

Hüter der Schwelle bewahrt uns – deshalb ist er der Hüter der Schwelle –, bewahrt uns davor, unvorbereitet den Abgrund übersetzen zu wollen. Wir müssen seinen Mahnungen folgen, wenn wir den esoterischen Weg gehen wollen. Er hüllt den Menschen in Finsternis jede Nacht. Er behütet die Schwelle, damit der Mensch beim Einschlafen sich nicht unvorbereitet in die geistig-okkulte Welt hineinlebt. Jetzt steht er da, wenn wir genügend das Herz verinnerlicht, die Seele vertieft haben, jetzt steht er da, und richtet an uns die Ermahnung, wie alles schön in unserer Umgebung ist, wie wir aber in dieser Schönheit unser eigenes Wesen nicht finden können, wie wir jenseits des gähnenden Abgrundes des Seins suchen müssen in dem Gebiet der nachtbedeckten, schwarzen Finsternis, wie wir warten müssen, bis es dunkel wird hier im sonnenbeschienenen Reich sinnlicher Helle und hell wird drüben für uns da, wo es jetzt noch schwarze Finsternis nur gibt. Das ist es, was mit ernsten Worten der Hüter der Schwelle vor unsere Seele hinstellt. Wir stehen noch in einer gewissen Weite vor ihm. Wir blicken hin und vernehmen noch aus der Ferne sein ermahnendes Wort, das so ertönt:

> Wo auf Erdengründen Farb' an Farbe,
> Sich das Leben schaffend offenbart;
> Wo aus Erdenstoffen, Form an Form,
> Sich das Lebenslose ausgestaltet;
> Wo erfühlende Wesen, willenskräftig,
> Sich am eignen Dasein freudig wärmen;
> Wo du selbst, o Mensch, das Leibessein
> Dir aus Erd' und Luft und Licht erwirbst:
> Da betrittst du deines Eigenwesens
> Tiefe, nachtbedeckte, kalte Finsternis;
> Du erfragest im Dunkel der Weiten
> Nimmer, wer du bist und warst und werdest.
> Für dein Eigensein finstert der Tag
> Sich zur Seelennacht, zum Geistesdunkel;
> Und du wendest seelensorgend dich
> An das Licht, das aus Finsternissen kraftet.

Das ist die erste Ermahnung des Hüters der Schwelle, jene erste Ermahnung, die uns sagt, dass schön, groß und erhaben unsere Umgebung ist, lichtbeglänzt, sonnenbeschienen, dass aber dieses Lichtbeglänzte, Sonnenbeschienene für das Wesen des Menschen erst die rechte Finsternis ist und dass wir da suchen müssen, wo die Finsternis ist, dass diese

Finsternis uns zum Licht werden muss, damit das Menschenwesen uns aus dieser Finsternis beleuchtet entgegentritt, damit das Menschenrätsel aus dieser Finsternis heraus sich löst. So fährt der Hüter der Schwelle fort:
> Und aus Finsternissen hellet sich,
> Dich im Ebenbilde offenbarend,
> Doch zum Gleichnis auch dich bildend,
> Ernstes Geisteswort im Weltenäther,
> Deinem Herzen hörbar, kraftvoll wirkend,
> Dir der Geistesbote, der allein
> Dir den Weg erleuchten kann;
> Vor ihm breiten sich die Sinnesfelder,
> Hinter ihm, da gähnen Abgrundtiefen.
> Und vor seinen finstern Geistesfeldern,
> Dicht am gähnenden Abgrund des Seins,
> Da ertönt sein urgewaltig Schöpferwort:
> Sieh, ich bin der Erkenntnis einzig Tor.

«... hellet sich»: die Fortsetzung dieses Satzes folgt erst nach «kraftvoll wirkend» – was dazwischen kommt, ist ein Zwischensatz. Dann ist es der Hüter selbst, der, nachdem er uns diese erste Mahnung erteilt hat, Licht als Finsternis, Finsternis als Licht zu empfinden, uns auf jene Gefühle und Empfindungen hinweist, die urkräftig aus unserer Seele kommen können. Er spricht sie aus, der Hüter, indem er seinen Blick noch ernster macht, indem er uns Arm und Hand ermahnend entgegenstreckt. Wir fühlen uns gedrängt, einige Schritte hin zum Hüter zu machen. Wir kommen näher dem gähnenden Abgrund des Seins. Der Hüter spricht das weitere Wort (s. Tafel S. 333):

> Aus den Weiten der Raumeswesen,
> Die im Lichte das Sein erleben,
> Aus dem Schritte des Zeitenganges,
> Der im Schaffen das Wirken findet,
> Aus den Tiefen des Herzempfindens,
> Wo im Selbst sich die Welt ergründet:
> Da ertönt im Seelensprechen,
> Da erleuchtet aus Geistgedanken
> Das aus göttlichen Heileskräften
> In den Weltgestaltungsmächten
> Wellend wirkende Daseinswort:
> O, du Mensch, erkenne dich selbst!

Es ist ein anderes, ob uns aus allem Sinneswesen, wenn wir es richtig verstehen, das Wort entgegentönt: O Mensch, erkenne dich selbst!, oder ob uns wie jetzt vor dem furchtbaren Abgrund des Seins von dem Mund des Hüters der Schwelle selbst dieses Wort entgegentönt. Es ist ein und dasselbe Wort, aber es sind zwei verschiedene Arten, davon ergriffen zu werden. Alle diese Worte sind mantrisch, sind zum Meditieren da. Sie sind solche Worte, die aus der Seele die Fähigkeit erwecken, sich der geistigen Welt zu nähern, wenn sie imstande sind, die Seele zu entzünden. Wir sind, während der Hüter diese Worte spricht, dicht an den gähnenden Abgrund des Seins herangetreten. Es geht immer tiefer hinunter. Keine Hoffnung, dass wir mit den Füßen, die uns von der Erde gegeben sind, den Abgrund übersetzen können. Wir brauchen die Befreiung von der Erdschwere, wir brauchen die Beflügelung des geistigen Lebens, um über den Abgrund hinüberzukommen. Indem er uns zuerst an den gähnenden Abgrund des Seins herangewinkt hat, macht uns der Hüter der Schwelle darauf aufmerksam, wie unser Selbst, bevor es sich für die geistige Welt geläutert und gereinigt hat, in der Gegenwart, wo wir überall von dem Hass auf die geistige Welt, von dem Spott über die geistige Welt, von der Mutlosigkeit und der Furcht vor der geistigen Welt umgeben sind, da macht uns der Hüter darauf aufmerksam, wie unser Selbst – das da will, das da fühlt, das da denkt – in seiner dreifachen Beschaffenheit im Wollen, Fühlen und Denken heute gestaltet ist, aus unserem Zeitzyklus heraus gestaltet ist. Das müssen wir erst erkennen, bevor wir unser wahres, uns von den Göttern eingepflanztes Selbst in echter Selbsterkenntnis gewahr werden können.

Als drei Tiere, die nacheinander aus dem Abgrund heraufziehen, erscheinen uns, vor den ewigen göttlichen Heileskräften angesehen, das Wollen des Menschen, das Fühlen des Menschen und das Denken des Menschen. Indem eins nach dem anderen das Wollen, das Fühlen und das Denken in ihrer wahren Gestalt aus dem Abgrund auftauchen, spricht erklärend der Hüter, indem eins nach dem anderen auftaucht. Wir stehen dicht am Abgrund. Der Hüter spricht, die Tiere steigen auf:

> Doch du musst den Abgrund achten;
> Sonst verschlingen seine Tiere
> Dich, wenn du an mir vorübereilt'st;
> Sie hat deine Weltenzeit in dir
> Als Erkenntnisfeinde hingestellt.

Schau das erste Tier, den Rücken krumm,
Knochenhaft das Haupt, von dürrem Leib,
Ganz von stumpfem Blau ist seine Haut;
Deine Furcht vor Geistes-Schöpfer-Sein
Schuf das Ungetüm in deinem Willen;
Dein Erkenntnismut nur überwindet es.

Schau das zweite Tier, es zeigt die Zähne
Im verzerrten Angesicht, es lügt im Spotten,
Gelb mit grauem Einschlag ist sein Leib;
Dein Hass auf Geistes-Offenbarung
Schuf den Schwächling dir im Fühlen;
Dein Erkenntnisfeuer muss ihn zähmen.

Schau das dritte Tier, mit gespaltnem Maul,
Glasig ist sein Auge, schlaff die Haltung,
Schmutzigrot erscheint dir die Gestalt;
Dein Zweifel an Geistes-Licht-Gewalt
Schuf dir dies Gespenst in deinem Denken;
Dem Erkenntnisschaffen muss es weichen.

Erst wenn die drei von dir besiegt,
Werden Flügel deiner Seele wachsen,
Um den Abgrund zu übersetzen,
Der dich trennet vom Erkenntnisfelde,
Dem sich deine Herzenssehnsucht
Heilerstrebend weihen möchte.

Diese mantrischen Worte werde ich das nächste Mal an die Tafel schreiben. Haben wir aus dem Mund des Hüters dieses erfahren, dann erinnern wir uns wieder an den Ausgangspunkt. Dann steht noch einmal vor der Seele, was alle Wesen sagen, die in unserer Umgebung sind, wenn wir sie recht verstehen, was alle Wesen zu dem Menschen der fernsten Vergangenheit gesagt haben, was alle Wesen zu dem Menschen der Gegenwart sagen, was alle Wesen zu dem Menschen der Zukunft sagen werden: *«O Mensch, erkenne dich selbst! ...»* Das sind die Worte der Michael-Schule. Wenn sie gesprochen werden, wellt und webt Michaels Geist durch den Raum, in dem sie gesprochen werden. Und sein Zeichen ist jenes Zeichen, das in seiner Gegenwart seine Gegenwart bekräftigen darf. (Das Michael-Zeichen wird an die Tafel gezeichnet, s.

Tafel S. 333, rotes Zeichen). Dann führt uns Michael in die rechte Rosenkreuzer-Schule, die des Menschen Eigenwesens Geheimnisse in der Vergangenheit, in der Gegenwart und in der Zukunft offenbaren soll durch den Vatergott, durch den Sohnesgott und durch den Geistesgott. Und dann, das Siegel drückend auf die Worte «rosae et crucis» (der Rose und des Kreuzes), dürfen die drei Worte gesprochen werden, begleitet von den Zeichen des Siegels Michaels: Ex deo nascimur; in Christo morimur; per spiritum sanctum reviviscimus. Dabei fühlen wir, die Worte aussprechend, sie durch Siegel und Zeichen des Michael bekräftigend, dabei fühlen wir bei dem Wort «Ex deo nascimur»: «Ich bewundere den Vater»; bei dem Wort «In Christo morimur» fühlen wir: «Ich liebe den Sohn». Bei dem Wort «Per spiritum sanctum reviviscimus» fühlen wir: «Ich verbinde mich dem Geiste» (s. Tafel, dreimal weiße Striche). Die Zeichen heißen das. Michaels Gegenwart, sie wird bekräftigt durch sein Siegel und seine Zeichen.[2]

---

[2] Die Worte, die als mantrische Worte auf die Tafel geschrieben werden, können nur diejenigen besitzen, die rechtmäßige Mitglieder der Schule sind, das heißt, das blaue Zertifikat ausgestellt bekommen haben. Niemand anderer kann diese Worte besitzen. Es können sie auch diejenigen bekommen, die, durch irgendetwas verhindert, an Versammlungen der Schule nicht teilnehmen konnten, an einzelnen Versammlungen nicht teilnehmen konnten, oder die überhaupt durch die Entfernung ihres Ortes nicht teilnehmen können. Sie – nur Mitglieder der Schule – können sie bekommen von diesen anderen, die in dieser Schule sind. Aber in jedem einzelnen Fall muss für das Mitteilen dieser Worte an die einzelne Persönlichkeit Erlaubnis eingeholt werden. Nicht derjenige kann um diese Erlaubnis bitten, der die Worte empfängt, sondern allein derjenige, der sie gibt. Dieser holt die Erlaubnis ein entweder bei Frau Dr. Wegman oder bei mir. Das ist nicht bloß eine Verwaltungsmaßregel, sondern es muss zugrunde liegen jedem Weitergeben der Worte als Ausgangspunkt diese reale Tatsache der Anfrage bei Frau Dr. Wegman oder bei mir. Schriftlich durch Briefe dürfen die Worte nicht jemandem mitgeteilt werden, sie können nur persönlich mitgeteilt werden, sie dürfen nicht Briefen anvertraut werden. Die nächste Klassenstunde werde ich abhalten am Dienstag halb neun Uhr.

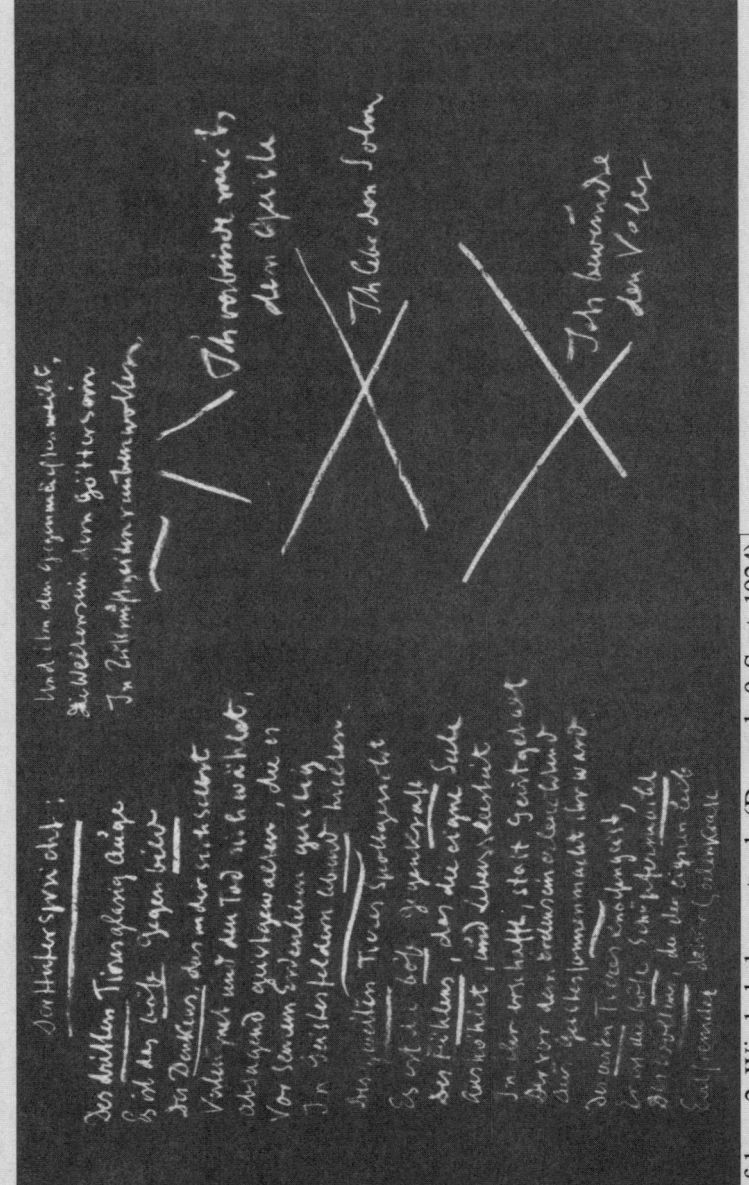

Tafel zur 2. Wiederholungsstunde (Dornach, 9. Sept. 1924)

Zweite Wiederholungsstunde

Dornach, 9. September 1924

Meine lieben Freunde![3] Vorerst lassen wir wieder jene Worte vor unsere Seele treten, die dem unbefangenen Gemüt aus allen Wesen der Welt, aus allen Vorgängen der Welt entgegentönen. Alles sagt dem Menschen das, was in den folgenden Worten liegt. Alles hat das dem Menschen in der Vergangenheit gesagt, alles sagt ihm das in der Gegenwart, alles wird ihm das in der Zukunft sagen: *«O Mensch, erkenne dich selbst! ...»* (s. S. 173).

Wir haben gesehen, dass derjenige, der dieses aus allen Dingen und aus allen Vorgängen der Welt ihm entgegentönende Wort befolgt, die Sehnsucht fühlt, aus der majestätisch glänzenden Sinneswelt in diejenige Welt hineinzukommen, die jenseits eines gähnenden Abgrundes ist, des gähnenden Abgrundes des Seins und die zunächst der menschlichen Seele wie eine schwarze, nachtbedeckte Finsternis entgegenstarrt. Aber die Hoffnung besteht, dass für die wahre Lösung des Menschenrätsels das, was für das äußere Leben in Licht erstrahlt und in Glanz erglimmt, dunkel wird, damit jenes Licht scheint, das in der Welt ist, in der das eigene Selbst sein Wesen findet, in jener Welt, die zunächst als schwarze, nachtbedeckte Finsternis erscheint. Und wir haben, indem wir uns in Gedanken, in der Empfindung genähert haben auf dem Weg, der dahin geleitet, wir haben wie aus geistigem Wolkendasein die Gestalt des Hüters der Schwelle sich erhellen gesehen. Wir haben ihn sprechen gehört, denn alles, was hier gesprochen wird, ertönt aus Geisteswelten, ertönt im Auftrag von Michael, dem Leiter der geistigen Strömung der Menschheit in der Gegenwart, denn diese Schule ist die wahre Michael-Schule. Der Hüter hat von der Selbsterkenntnis des Menschen gesprochen. Er hat Worte gesprochen, die niederschmetternd für die Seele sind. Herbeigerufen hat er uns, der Hüter, sodass wir ihm ganz nahestehen. Mit

---

3 Es ist nicht möglich, auch heute, trotzdem eine Anzahl neuer Mitglieder dieser esoterischen Schule hier sind, neuer Mitglieder, die noch nicht hier waren, wieder die einleitenden Worte zu sprechen. Daher werde ich fordern müssen, dass, wenn die neu in die Schule aufgenommenen Mitglieder von anderen Mitgliedern in der Art, wie ich es später am Schluss der Stunde sagen werde, die Sprüche mitgeteilt bekommen, ihnen auch pflichtgemäß von denen, die ihnen die Sprüche mitteilen, die Bedingungen für die Mitgliedschaft der Schule gesagt werden. Und es wird notwendig sein, dass jetzt sogleich mit dem fortgefahren wird, mit dem das letzte Mal aufgehört worden ist.

ernstem Antlitz schaut er uns entgegen. Und er zeigt uns in Imaginationen, wie unser Wollen, unser Fühlen und unser Denken vor dem Antlitz der Götter erscheinen. Da sind sie noch nicht menschlich, dieses Wollen, Fühlen und Denken, da sind sie noch tierhaft. Da ist die Selbsterkenntnis noch bestürzend, niederschmetternd. Aber wir müssen durch die Erkenntnis jenes Selbst hindurchgehen, das uns unsere Zeit, unsere Weltzeit aus ihrer Irrtumsbildung heraus gibt, damit wir zu der wahren Selbsterkenntnis vordringen können. Diese Irrtums-Selbsterkenntnis, die Erkenntnis jenes Selbst, das wir aus dem Geist unserer Zeit heraus in uns tragen, sie weist uns der Hüter vor, indem er aus dem gähnenden Abgrund des Seins das erste der Tiere aufsteigen lässt, das das Wollen darstellt. Wieder die Hand erhebend weist er dann auf den gähnenden Abgrund des Seins hin und lässt das zweite der Tiere heraufsteigen, das das Fühlen darstellt. Wieder die Hand auf den gähnenden Abgrund des Seins hinweisend lässt er das dritte Tier aufsteigen, das das Denken darstellt. So steigen sie hintereinander auf.

Das erste der Tiere ist die wahre Geistesgestalt unseres Wollens. Es ist aus der Furcht vor der Erkenntnis erzeugt und kann nur durch den Mut zur geistigen Erkenntnis überwunden werden. Und so das zweite Tier: Es ist aus dem Hass auf Erkenntnis geboren, der in unserer Zeit in den Untergründen des Gemütes aller Menschen ist. Es kann nur durch die richtige Begeisterung für die Erkenntnis überwunden werden, durch das rechte gemütvolle Erkenntnisfeuer, während heute wegen der Lässigkeit und Lauheit in den Gemütern Lässigkeit und Lauheit in Bezug auf die Erkenntnis, Hass in Bezug auf die Erkenntnis ist. Und so das dritte Tier: Es ist in seiner gespenstischen Eigenart von dem Zweifel an der geistigen Welt erzeugt, der heute an den Wurzeln der Seele nagt. Es kann nur besiegt werden, wenn die Erkenntnis die Kraft in sich erweckt, die Dinge, die in der geistigen Welt sind, in sich, im eigenen Gemüt zu erschaffen. So spricht der Hüter am gähnenden Abgrund des Seins, nachdem wir ganz nahe herangetreten sind: «Doch du musst den Abgrund achten ... weihen möchte». (s. S. 371 f.).

Nachdem der Hüter uns dieses niederschmetternde Bild gezeigt hat, das uns als unser eigenes Wesen entgegentritt wie die Antwort auf die Aufforderung «O Mensch, erkenne dich selbst!», nachdem der Hüter uns dieses Bild gezeigt hat, nähert er sich uns, um uns eine weitere Aufklärung zu geben, mit der wir beginnen können, uns aufzurichten. Es ist eine Aufklärung über das dritte Tier, das verwoben ist mit unserem Denken, über das zweite Tier, das verwoben ist mit unserem Fühlen und über das erste Tier, das verwoben ist mit unserem Wollen. Er gibt uns eine Lehre in dem, was er uns zeigt. Er macht uns zuerst darauf aufmerksam, wie wir in rechter Weise unser menschliches Erddenken empfinden sollen. Meine lieben Freunde! Wir fühlen schon ganz exoterisch, dass dieses Denken, durch das wir uns die Dinge und Vorgänge der Welt aneignen, etwas Abstraktes, etwas Schattenhaftes, Unwirkliches ist. Was ist es eigentlich, dieses Denken? In einem Bild müssen wir uns vor die Seele stellen, was dieses Denken eigentlich ist. Wir stellen uns einen Leichnam vor, der vor kurzer Zeit von der Seele und dem Geist eines Menschen verlassen worden ist. Wir schauen uns diesen Leichnam an. Er kann so, wie er ist, niemals in der Welt entstehen. Er kann für sich nichts sein. Er kann nur als ein Übriggebliebenes von dem lebendigen Menschen etwas sein. Der lebendige Mensch muss in ihm gewesen sein, er muss ihn erst gestaltet haben. Der Tod liegt so vor uns: Das Leben ist gewichen, der Leichnam liegt im Sarg. Halten wir dieses Bild fest. Unser seelisch-geistiges Wesen, das unsere wahre menschliche Eigenwesenheit ist, es war lebendig, bevor es durch Empfängnis und Geburt aus der göttlich-geistigen Welt in einen physischen Leib herabgestiegen ist. Da oben in der geistigen Welt hatte es kein schattenhaftes, abstraktes Denken, sondern das Denken war selbst eine seelisch-geistige Wesenheit – wellend und webend, lebend und wesend, schaffend und wirkend. Da war es lebendig. Dann ist es in einen Menschenleib heruntergestiegen, aber indem es heruntergestiegen ist, ist es abgestorben. Der Menschenleib ist sein Sarg, und jenes Denken, das wir zwischen der Geburt und dem Tod haben, ist der Leichnam des lebendigen Denkens, das wir gehabt haben, bevor wir ins irdische Dasein heruntergestiegen sind. Nur dann, meine lieben Freunde, wenn wir so empfinden gegenüber dem Denken, empfinden wir richtig. Dann ringen wir uns allmählich hinauf, um die gespenstische Gestalt des dritten Tieres zu überwinden. Wir kommen immer mehr zur Gestalt des wahren Denkens hinauf, dessen totes Nachbild in unserem physischen Erdleib west und webt. Solange wir nicht das Denken als etwas Lebendiges anschauen, stehen wir nicht in der Wahrheit. Erst wenn wir unseren Leib als den Sarg des toten Denkens betrachten und als ein solches tief fühlen, stehen wir in der Wahrheit. So sagt uns mit seinen Worten, die wir hören werden und die uns als mantrischer Spruch dienen können, der Hüter der Schwelle am gähnenden Abgrund des Seins. Er sagt es uns in besonderer Innigkeit:

> Des dritten Tieres glasig Auge,
> Es ist das böse Gegenbild
> Des Denkens, das in dir sich selbst
> Verleugnet und den Tod sich wählet,
> Absagend Geistgewalten, die es
> Vor seinem Erdenleben geistig
> In Geistesfeldern lebend hielten.

Und wenn wir vom Denken weg zu unserem Fühlen schauen, dann müssen wir gegenüber dem Fühlen so fühlen, dass das gewöhnliche Fühlen, das wir zwischen der Geburt und dem Tod in uns als etwas Lebendes glauben, nur ein halb Lebendes ist, dass es fortwährend verzehrend an uns arbeitet, dieses Fühlen, dass es fortwährend in uns etwas tötet, uns im Geist aushöhlt. Das Denken ist tot, und das Fühlen ist nur halb lebendig, es hat nur eine Bildgestalt in uns. Erst wenn wir dem Fühlen gegenüber so fühlen, dass dieses menschliche Fühlen ein schwacher, halblebender Abglanz aus der Sonnenmacht ist, die als allgemeine Weltliebe das kosmische Fühlen durch den ganzen Kosmos strahlt, dann fühlen wir dem Fühlen gegenüber richtig. So sagt uns wieder vertraulich, in Innigkeit der Hüter der Schwelle:

> Des zweiten Tieres Spottgesicht,
> Es ist die böse Gegenkraft
> Des Fühlens, das die eigne Seele
> Aushöhlet und Lebensleerheit
> In ihr erschafft statt Geistgehalt,
> Der vor dem Erdensein erleuchtend
> Aus Geistessonnenmacht ihr ward.

Und erst, wenn wir dem Wollen gegenüber so fühlen, dass es zwar in uns lebt, aber fortwährend von geistigen Gegenmächten versucht und angefeindet wird, damit seine Kraft nicht dem Göttlichen oben, sondern dem Physischen unten diene, erst wenn wir diese Gegenmächte fühlen, die uns fortwährend in unserem Wollen von unserer göttlichen Aufgabe ablenken wollen, uns ganz ins Erddasein verstricken wollen, dann fühlen wir, wie diese Gegenmächte, indem sie sich unser Wollen aneignen, die Zukunft der Erde in ihre Gewalt bekommen wollen. Wenn sie es könnten – wenn wir nicht so wachsam wären, dass wir unser Wollen den göttlichen Mächten und nicht den ahrimanischen Erdmächten weihen –, dann wäre die Erde den Göttern streitig gemacht, denen sie vom Urbeginn des Erddaseins gehört. Das sagt uns der Hüter wie eine Erklärung des ersten Tieres:

Des ersten Tieres Knochengeist,
Er ist die böse Schöpfermacht
Des Wollens, die den eignen Leib
Entfremdet deiner Seelenkraft
Und ihn den Gegenmächten weiht,
Die Weltensein dem Göttersein
In Zukunftzeiten rauben wollen.

Das dritte Tier ist nur ein «Bild», das zweite ist eine «Kraft» und das erste ist eine «Macht» – das ist eine Steigerung. Immer tiefer führt uns der Hüter an den gähnenden Abgrund des Seins, immer näher jener wahren Selbsterkenntnis, die uns nur werden kann, wenn Licht drüben in der schwarzen, nachtbedeckten Finsternis scheint. Darum zeigt er uns in der verschiedensten Weise das, was er uns zunächst in der Gestalt der drei Tiere gezeigt hat. Er zeigt uns das in der Gestalt, wie es diesen mantrischen Sprüchen entspricht, und was er uns jetzt noch einmal beschreibt, damit wir immer näher der Selbsterkenntnis kommen, um zu Flügeln zu kommen, um den Abgrund des Seins zu übersetzen, den wir mit Menschenfüßen, mit den schweren Menschenfüßen, das heißt mit der äußeren illusionären Erkenntnis, mit der Maja-Erkenntnis, nicht übersetzen können.

Und so macht uns der Hüter, nachdem er uns vertraulich diese mantrischen Sprüche gegeben hat, er macht uns darauf aufmerksam, wie wir weiter über unser Denken empfinden sollen, wie wir es fühlen sollen, unser Denken: nicht als ein Sein, denn da weben wir nur weiter in der Illusion, wenn wir in diesem Denken, das wir als Menschen auf der Erde haben, etwas anderes als Schein sehen wollen. «Selbstheitsein», das heißt, unser wahres, wirkliches Sein, das verbirgt sich im Denken, das lebt nicht im Denken, so sagt uns der Hüter. Wir können nichts anderes tun als in den Schein des Denkens immer tiefer hinuntertauchen. Dann gelangen wir, indem wir immer tiefer in das scheinhafte Denken untertauchen, in den unermesslichen Weltäther, in dem wir uns mit der Seele zunächst auflösen. Da sollen wir, wenn unsere Selbstheit sich da im Schein der Welt wankend fühlt, da sollen wir die führenden Wesen der höheren Hierarchien verehren, die uns leiten. Da fühlen wir, dass wir diese führenden Wesen der höheren Hierarchien brauchen:

Sieh in dir Gedankenweben:
Weltenschein erlebest du,
Selbstheitsein verbirgt sich dir;
Tauche unter in den Schein:

Ätherwesen weht in dir;
Selbstheitsein, es soll verehren
Deines Geistes Führerwesen.

Dann ermahnt uns der Hüter, dass wir uns vom Denken zum Fühlen wenden, dass wir das strömende Fühlen in uns empfinden. Das Denken ist noch ganz Schein, aber was wir fühlen, steht unserem Sein wenigstens halb nahe. Wir kommen tiefer in unser eigenes Sein hinein, wenn wir fühlen, als wenn wir denken, aber wir sind noch nicht ganz drinnen. Wir sind zur Hälfte in unserem Eigenwesen, wenn wir fühlen, denn das Fühlen hat noch etwas Unklares, ist nicht etwas Festes. Es mischen sich im Fühlen Schein und Sein. Die Selbstheit, die wir suchen, die Selbstheit im guten Sinne gemeint, sie neigt sich hier noch dem Schein. Wir sollen jetzt in dieses scheinende Sein untertauchen – in ein Sein, das nur scheint, in einen Schein, der sich nur halb zum Sein energisiert. Da werden wir von Weltkräften erfasst, von Weltseelenkräften, die nicht bloß Schein sind, sondern ein halbes Sein. Da sollen wir im Weben unseres eigenen Wesens, im webenden Weltäther, der Lebensmächte der eigenen Seele bedenken, derer wir nicht im Denken bedenken können, weil das Denken nur Schein ist:

Vernimm in dir Gefühle-Strömen:
Es mengen Schein und Sein sich dir,
Die Selbstheit neigt dem Scheine sich;
So tauche unter in scheinendes Sein:
Und Welten-Seelenkräfte sind in dir;
Die Selbstheit, sie soll bedenken
Der eignen Seele Lebensmächte.

Dann sollen wir in das Wollen untertauchen, das wir wie ein Sein fühlen, aber wie ein verborgenes Sein in uns. Wir können es nicht ergreifen, der Wille wirkt unbewusst wie Stoß und Kraft. Er ist Sein, dieser Wille, er steigt aus allem Scheineswesen herauf und schafft unser Eigensein, unser wirkliches Eigensein – auch hier das Eigensein im guten Sinne gemeint. Dem sollen wir uns zuwenden. Der Wille ist von Weltgeistesmacht erfüllt. Unser Eigensein, es soll die weltschöpferische Macht ergreifen, die alle Räume, alle Zeiten, alle Geistesgebiete erfüllt. Es soll in das Wollen untertauchen. Ganz am Abgrund des Seins spricht der Hüter:

Lass walten in dir den Willens-Stoß:
Der steigt aus allem Scheineswesen
Mit Eigensein erschaffend auf;

Ihm wende zu all dein Leben:
Der ist erfüllt von Welten-Geistesmacht;
Dein Eigensein, es soll ergreifen
Weltschöpfermacht im Geistes-Ich.

Diesen mantrischen Spruch werde ich das nächste Mal an die Tafel schreiben und ihn in seinen Einzelheiten erklären. Jetzt aber wenden wir uns noch einmal zurück zu all dem, was in der Vergangenheit zu dem Menschen gesprochen hat, was in der Gegenwart zu ihm spricht, was in der Zukunft zu ihm sprechen wird, ihn zu dem auffordernd, was ihm auf seinem Lebensweg das Heiligste sein muss: die Selbsterkenntnis: «*O Mensch, erkenne dich selbst!* ...» (s. S. 173).[4]

Wir sind in einer okkulten Schule, in der Schule des Michael. Wir geben das, was durch diese Schule fließt, mit dem Zeichen und dem Siegel des Michael. Wir geben es im Sinne des Rosenkreuzes, mit dem Sinnbild des Rosenkreuzes: Ex deo nascimur, in Christo morimur, per spiritum sanctum reviviscimus. Wir gedenken bei dem Siegel und dem Zeichen des Christian Rosenkreutz: Ich bewundere den Vater, ich liebe den Sohn, ich verbinde mich dem Geiste. Per signum Michaeli (durch das Zeichen des Michael): Ex deo nascimur, in Christo morimur, per spiritum sanctum reviviscimus.

---

4 Die nächste esoterische Stunde dieser ersten Klasse soll dann am Donnerstag um acht Uhr stattfinden. Ich habe noch zu sagen, dass die Sprüche, die als mantrische Meditationssprüche von dem Hüter der Schwelle im Auftrag des Michael gegeben werden, nur für diejenigen sind, die Mitglieder dieser Schule sind. Diejenigen, die sie aus irgendeinem Grund persönlich nicht haben können, können sie mitgeteilt bekommen von jemand anderem, der Mitglied der Schule ist und der sie hat. Aber es muss in jedem einzelnen Fall angefragt werden, ob es erlaubt ist. Und zwar muss angefragt werden entweder bei Frau Dr. Wegman oder mir. Das ist nicht bloß eine Verwaltungsmaßregel, sondern es muss alles in unserer anthroposophischen Bewegung aus Realitäten bestehen. Und diese Realität beginnt bei der Erlaubnis als einer realen Tatsache, nicht als einer Verwaltungsmaßregel. Brieflich dürfen die Sprüche nicht versendet werden. Fragen kann nur derjenige Frau Dr. Wegman oder mich, der die Sprüche jemandem anderen gibt. Es soll nicht derjenige fragen, der sie empfängt, sondern derjenige, der sie gibt. Man bittet jemanden, der sie geben kann, und der fragt an. Wenn irgendjemand etwas anderes mitgeschrieben hat während der Stunde als die Sprüche selbst, dann bitte ich ihn, dies nur acht Tage zu behalten und nach acht Tagen zu verbrennen, damit der Inhalt der Schule, der nur einen Sinn hat, wenn die Michael-Strömung durch die Schule geht, damit der Inhalt dieser Schule nicht nach außen kommt und dadurch unwirksam wird. Denn nicht um irgendein obskures Geheimhalten handelt es sich, sondern dass der Inhalt der Schule nicht unwirksam werde. Es ist ein okkulter Grundsatz, der beachtet werden muss.

Dritte Wiederholungsstunde

Dornach, 11. September 1924

Meine lieben Freunde![5] Wir beginnen wieder, indem wir jene Worte vor unsere Seele hintreten lassen, die der Mensch, wenn er dazu den Sinn hat, aus allen Wesen der umgebenden Welt hören kann – die er hören konnte in aller Vergangenheit, hören kann in der Gegenwart, hören wird in der Zukunft –, jene Worte, die ihm aus dem ganzen Weltall die Aufforderung nach Selbsterkenntnis vergegenwärtigen, die fortdauernd zu ihm kommt und die wahre Brücke zu dem ist, was der Mensch für sein Denken, für sein Fühlen und sein Wirken in der Welt braucht, wenn er im wahren Sinne des Wortes Mensch sein will: *«O Mensch, erkenne dich selbst! ...»* (s. S. 173).

Meine lieben Freunde! Die Beschreibung des Erkenntnisweges hat uns bis an den Hüter der Schwelle herangeführt. Nachdem der Hüter der Schwelle hart am Abgrund des Seins uns gezeigt hat, wie jene Kräfte, die die Kräfte unseres Mencheninneren sind, die Kräfte des Wollens, des Fühlens und des Denkens, sich vor den Augen der Wesen der geistigen Welt ausnehmen, nachdem er uns gezeigt hat, dass der Mensch aus dem gegenwärtigen Zeitbewusstsein heraus in Bezug auf diese Kräfte, wenn sie innerlich angeschaut werden, nicht zum vollen Menschentum erwacht ist, sondern vor den geistig-göttlichen Mächten als die drei Tiere erscheint, die vor ihn hingestellt werden, die der Hüter der Schwelle ihm zeigt – nachdem der Hüter der Schwelle diesen zerschmetternden Anblick vor unsere Seele hingestellt hat, zeigt er uns den weiteren Weg, der zur Erhebung in die wahre Selbsterkenntnis führt, der gegangen werden muss, wenn die Aufforderung «O Mensch, erkenne dich selbst!» erfüllt werden soll. Nachdem er uns gezeigt hat, wie wir uns zu unserem Denken, Fühlen und Wollen stellen sollen, zeigt er uns in jenen mantrischen Sprüchen, die in dieser Michael-Schule am Schluss der letzten Stunde angeführt worden sind, wie wir uns zuerst in unser Denken zu vertiefen haben, zu versenken haben, wie aber dieses Denken ein

---

5 Für die neu eingetretenen Mitglieder ist es nicht möglich, heute die Einleitung mit den Verpflichtungen für die Klasse wieder zu sprechen. Daher fordere ich diejenigen Mitglieder auf, die dann die Sprüche diesen neu Eingetretenen übergeben werden – unter den Bedingungen, die ich am Schluss anzuführen habe –, dass sie auch diese Bedingungen diesen neu eingetretenen Mitgliedern mitteilen.

Scheinwesen ist, das unser wirkliches «Selbstheitsein» nicht ertragen kann, wie wir aber durch das Untertauchen in dieses Scheinwesen mit dem Weltäther verwoben werden und zur Verehrung jener Führerwesen kommen, die uns von Erdleben zu Erdleben führen. Dann zeigt er uns, wie wir in das Fühlen hinuntersteigen können, wie sich in den Gefühlen Schein und Sein vermählen, wie da mit halber Stärke unser eigenes Wesen herauftaucht, unsere Selbstheit im guten Sinne des Wortes, wie wir aber bedenken sollen, dass da schon etwas hereinströmt, was nicht nur in unserem vergänglichen, scheinbaren Sein liegt, sondern in den Lebensmächten der Welt, des Kosmos liegt. Erst wenn wir in das Wollen hinuntersteigen, fühlen wir Sein in unser «Eigensein» einströmen. Das Scheinwesen verwandelt sich in uns in Sein. Es steigt unser eigenes Wesen in den Willen herab, und wir fühlen die weltschöpferischen Mächte durch unseren Willen strömen. So sind die Worte des Hüters der Schwelle hart am Abgrund des Seins, wo vor uns noch die gähnende Finsternis steht, die nachtbedeckte Finsternis, in der es hell werden soll, damit wir in ihr das Licht finden, das unser eigenes Selbst beleuchtet. Hinter uns ist die glänzende, sonnerglimmende physische Wirklichkeit, die jetzt dunkel wird, weil wir unser eigenes Sein in ihr nicht finden können. Da spricht der Hüter der Schwelle die mantrischen Worte: «Sieh in dir Gedankenweben ... im Geistes-Ich». (s. S. 379 ff.).

Einen mantrischen Spruch hat uns der Hüter der Schwelle damit gesagt, bei dem es nicht bloß darauf ankommt, dass wir seinen Inhalt aufnehmen, bei dem es darauf ankommt, dass wir uns mit unserem ganzen Fühlen in das Weben und Leben der geistigen Welt hineinversetzen. Daher ist dieser erste mantrische Spruch so gestaltet, dass er in seinem Rhythmus wie ein Sich-Herunterbewegen aus der geistigen Welt erscheint. Jede Zeile beginnt damit, dass eine hochtonige Silbe da ist, der eine tieftonige Silbe folgt (– ⌣). Wir haben in diesem ersten Spruch einen trochäischen Rhythmus zu fühlen, ein Sich-Herunterbewegen der geistigen Welt zu uns. Nur dann nehmen wir in unsere Seele diesen Spruch richtig auf, wenn wir ihn innerlich so fühlen, dass dieses Heruntersteigen der geistigen Welt, dieses Heruntersprechen von geistigen Wesen zu uns in diesem rhythmischen Tonfall wirkt: «Sīeh īn dīr Gĕdānkĕnwēbĕn ...».

Der nächste Spruch ist das Umgekehrte: Da sollen wir mit dem Fühlen zum Sein hinaufsteigen. Bei der ersten Silbe sind wir unten, bei der zweiten Silbe heben wir uns höher hinauf in das Sein. Der Tiefton geht dem Hochton voraus (⌣–). Wir müssen in den Worten so leben, wie sie in diesem Rhythmus mantrisch geeint sind. Wir müssen sie so fühlen: «Vĕrnīmm īn dīr Gĕfühlĕ-Strōmĕn ...». Dass wir immer mehr in die geistige Realität hinaufsteigen, drückt sich darin aus, dass wir zunächst «verehren» (das Wort wird an der Tafel unterstrichen), was eine innerlich-seelische Tätigkeit ist, dass wir dann aber bis zum «bedenken» aufsteigen. Wir kommen der Sache allmählich näher: Wir haben erst mit «Führerwesen» zu tun, die uns lenken, dann mit «Lebensmächten», die die Welt durchwellen und durchweben. In einem mantrischen Spruch ist alles an die rechte Stelle gestellt, es ist alles in der richtigen Weise in den Organismus des Ganzen gefügt.

Der dritte Spruch sagt uns, wie wir im Wollen das Sein unmittelbar vernehmen. Wir stehen da im Sein. Zwei hochtonige Silben gehen voraus (– –). Hier sind wir wieder weitergekommen. Es handelt sich nicht mehr um ein «verehren», auch nicht um ein «bedenken», es handelt sich um ein «ergreifen», das eine Tätigkeit ist. Die «Weltschöpfermacht», statt der «Lebensmacht», ist jetzt in der letzten Zeile vorangestellt, um den völligen Umschwung anzudeuten, den wir durchmachen, wenn wir vom «Schein» durch das «scheinende Sein» bis zum «Sein» hinaufsteigen. Der dritte Spruch ist daher so zu fühlen, dass der Anfang einer jeden Zeile in diesem spondeischen Versmaß, spondeischen Rhythmus gefühlt wird. Der erste Spruch ist trochäisch, der zweite ist jambisch und der dritte hier ist spondeisch: «Lāss wāltēn īn dīr dēn Wīllēns-Stōß ...».

Nachdem der Hüter der Schwelle uns dieses vor die Seele gestellt hat, macht er uns darauf aufmerksam, dass wir uns in den Kosmos, in die Welt mit all ihren Kräften eingliedern müssen, wenn wir in der Geisteserkenntnis weiterschreiten wollen. Denn das, was in uns nicht zu unterscheiden ist dem Ort nach, im Kosmos ist es getrennt angeordnet. Im Kosmos können wir auf drei Orte hinweisen, in uns ist aber alles verwoben. Wir gelangen nicht zu einer wirklichen Erkenntnis, wenn wir nicht in die Weltkräfte und Weltmächte aufgehen, wenn wir subjektiv in uns bleiben, wenn wir innerhalb unserer Haut eingeschlossen bleiben, nicht aus uns herausgehen und die ganze Welt nicht unser Körper wird. Unsere Seele soll unser enges Menschenwesen als ein Glied der Welt fühlen. Der Geist soll unser enges Menschenwesen in den ganzen Kosmos, in die ganze Welt eingliedern.

Das müssen wir so vollziehen, wie der Hüter der Schwelle uns anweist, indem er uns zeigt, wie von den Tiefen der Erde, die mit Schwere alle Wesen an sich zieht, Kräfte ausgehen, die auch uns hinunterziehen, die unseren Willen an die Erde binden, wenn wir ihn nicht durch inneres Streben frei machen. Erdwärts geht unser Blick, nach unten geht unser Blick, wenn wir die Lokalität unseres Willens finden wollen. Wir müssen uns mit der Schwere der Erde eins fühlen, angezogen fühlen von der Erde und das Bestreben in uns haben, uns von der Erdschwere frei zu machen, wenn wir unseren Willen mit dem Kosmos eins werden lassen wollen, wie wir es müssen:

> Fühle wie die Erdentiefen
> Ihre Kräfte deinem Wesen
> In die Leibesglieder drängen.
> Du verlierest dich in ihnen,
> Wenn du deinen Willen machtlos
> Ihrem Streben anvertrauest;
> Sie verfinstern dir das Ich.

So spricht zu unserem Willen am gähnenden Abgrund des Seins der Hüter der Schwelle im Auftrag Michaels.

Er weist uns, indem er dann unser Fühlen in den Kosmos eingliedern will, nicht auf die Tiefen, er weist uns auf die Weltweiten, wo von West nach Ost, von Ost nach West die Kräfte schwingen und pendeln, die uns durchdringen. Es sind dieselben Kräfte, die unser Fühlen ergreifen. Göttermächte müssen wir fühlen, die ihre Geisteshelle in diese Wellenschläge im Horizontalen hereinsenden, wenn wir unser Fühlen richtig in die Weltweiten eingliedern wollen. Wie wir unser Wollen in die Vertikale eingliedern, es nach unten gebunden fühlen, es nach oben befreien sollen, so müssen wir unser Fühlen in die Weltweiten hineinstellen. Dann wird es licht in unserem Fühlen. Dann geht durch unser Fühlen etwas, was ebenso durch uns hindurchzieht, wie die Sonne in ihrem Gang von Ost nach West mit ihrem Licht die Erdluft durchleuchtet. In all dem, was da durch uns strömt, müssen wir uns aber liebend finden. Nur die Liebekraft, die den Menschen durchwebt und durchlebt, kann das tun, was da von uns gefordert wird. Dann wird Weisheit durch uns gewoben, und wir fühlen uns in den weiten Kreisen, in denen die Sonne sich bewegt, als fühlender Mensch, als Selbst, stark für wirkliches, gutes Geistesschaffen. Das sagt zu uns als fühlendem Menschenwesen am gähnenden Abgrund des Seins, das sagt zu unserem Fühlen der Hüter der Schwelle:

> Fühle wie aus Weltenweiten
> Göttermächte ihre Geisteshelle

> Dir ins Seelenwesen leuchten lassen.
> Finde dich in ihnen liebend,
> Und sie schaffen weisheitwebend
> Dich als Selbst in ihren Kreisen
> Stark für gutes Geistesschaffen.

Und wenn der Hüter der Schwelle zu unserem Denken sagen will, dass es sich in den Kosmos eingliedern soll, dann weist er nicht nach unten wie beim Wollen, das sich nach oben bewegen soll, nicht wie beim Fühlen in die Weiten, in denen sich die Sonne bewegt, dann weist er in die Höhen, in die Himmelshöhen, wo das Selbst selbstlos leben kann, wenn es die Gedankenmächte in ihrem gnadenvollen Von-oben-Kommen empfangen will, wenn es dem Höhenstreben folgen will. Wir stehen unten, das Wort ertönt von oben. Wir müssen innerlich tapfer sein, um das Wort zu vernehmen, denn nur wenn wir uns tapfer an Weisheits- und Erkenntnisstreben halten, ertönt von oben gnadenvoll das Weltwort, das von des Menschen wahrer Wesenheit spricht. Das sagt uns der Hüter der Schwelle wieder am gähnenden Abgrund des Seins:

> Fühle wie in Himmelshöhen
> Selbstsein selbstlos leben kann,
> Wenn es geisterfüllt Gedankenmächten
> In dem Höhenstreben folgen will
> Und in Tapferkeit das Wort vernimmt,
> Das von oben gnadevoll ertönet
> In des Menschen wahre Wesenheit.

Oben ist der Ort, wo wir hinschauen müssen, wenn unser Denken sich mit den Kräften des Kosmos einen soll. In den Weiten der Weltkreise ist der Ort, wo wir hinfühlen müssen, wenn unser Fühlen sich mit den kosmischen Kräften einen soll. Unten ist der Ort, wo wir hinblicken müssen, um unser an die Erde gebundenes Wollen, das wir nach oben befreien sollen, in der richtigen Weise in die kosmischen Gebiete einzureihen. Da ist überall – oben, in den Weiten und unten – ein besonderes Sein. Wir müssen es fühlen. Der Hüter der Schwelle weist uns im Auftrag des Michael dorthin, und er spricht uns von dem, was wir oben, in der Mitte und unten finden. Er belehrt uns weiter über die Höhe, die Mitte und die Tiefen, weil er uns über Denken, Fühlen und Wollen belehren will. So spricht er (s. Tafel S. 334):

> Es kämpft das Licht mit finstren Mächten
> In jenem Reiche, wo dein Denken

> In Geistesdasein dringen möchte.
> Du findest, lichtwärts strebend,
> Dein Selbst vom Geiste dir genommen;
> Du kannst, wenn Finstres dich verlockt,
> Im Stoff das Selbst verlieren.

Wir sind zwischen Licht und Finsternis hineingestellt. Zum Licht will unser Selbst, zur Finsternis will unser Selbst. Wir haben den Weg zwischen Licht und Finsternis zu finden, um zum wahren Selbst zu kommen. Das liegt in der Mahnung des Hüters der Schwelle. Und unser Fühlen spricht der Hüter so an (s. Faksimile S. 389):

> Es kämpft das Warme mit dem Kalten
> In jenem Reiche, wo dein Fühlen
> Im Geistesweben leben möchte.
> Du findest, Wärme liebend,
> Dein Selbst in Geisteslust verwehend;
> Du kannst, wenn Kälte dich verhärtet,
> Im Leid das Selbst verstäuben.

Mit dem Fühlen stehen wir im polarischen Gegensatz zwischen dem liebenden Warmen, der warmen Liebe, und dem kalten Verhärten, dem verhärtenden Kalten. Wir müssen den Weg mittendrin zwischen den beiden finden, wenn unser Selbst sich finden soll. Und auf das dritte Reich, wo der Wille urständet, weist uns mahnend der Hüter der Schwelle:

> Es kämpft das Leben mit dem Tode
> In jenem Reiche, wo dein Wollen
> Im Geistesschaffen walten möchte.
> Du findest, Leben fassend,
> Dein Selbst in Geistesmacht verschwinden;
> Du kannst, wenn Todesmacht dich bändigt,
> Im Nichts das Selbst verkrampfen.

Leben und Tod: Wir können unser Wollen an das Leben verlieren, wir können unser Wollen an den Tod verlieren. Wir können es im Leben verschwinden fühlen, wir können es im Tod verkrampfen fühlen. Den mittleren Weg müssen wir finden, dazu fordert uns der Hüter auf. Das ist das, von dem in der nächsten Stunde ausgegangen werden soll.

Der Hüter weist uns noch einmal darauf hin, wie wir den Weg suchen müssen, um zum Menschen selbst zu kommen. Ernste Worte spricht der Hüter. Denn nicht leicht ist es, jene innere Kraft zu finden, die das Selbst hält, trägt und führt, das sich finden soll, das im gewöhnlichen Erdleben sich nicht hat. Wie uns aber der Hüter die Mittel an die Hand gibt, wollen wir weiter sehen. Am nächsten Sonnabend, wo dieser mantrische Spruch an die Tafel geschrieben werden soll, werden wir den Hüter weiter hören, der uns allmählich, indem er uns auf die Verirrungen hinweist, die wir kennen müssen, um den rechten Weg zu finden, durch das ehrliche Aufzeigen der Verirrungen den rechten Weg weisen will.

Jetzt aber gedenken wir wieder, auf das Erdleben zurückblickend, wie wir das jedes Mal tun müssen, wenn wir in das Esoterische hineingehen, jetzt gedenken wir wieder der Mahnung, die aus allen Wesen und Vorgängen in der Vergangenheit zum Menschen gesprochen hat, in der Gegenwart zum Menschen spricht, in aller Zukunft zum Menschen sprechen wird: «*O Mensch, erkenne dich selbst! ...*» (s. S. 173).

Wenn all das, was durch den Hüter in Michaels Namen durch diese Michael-Schule strömt, wenn hier die Unterweisung in der zu Recht bestehenden Michael-Schule an unsere Seele herandringt, dann dürfen wir sicher sein, wenn wir ehrlichen und guten Sinnes sind, dass die Kraft Michaels durch diesen Raum strömt, was durch das Zeichen Michaels und durch die Siegelgesten bezeugt werden darf, mit denen Michael in die Rosenkreuzer-Strömung, in den Rosenkreuzer-Tempel jene Kraft einströmen lässt, die der Mensch heute zu seinem esoterischen Leben braucht und die da aus dem dreifachen Quell der Welt wirkt, aus dem göttlichen Vater-Prinzip, aus dem Christus-Prinzip und aus dem Prinzip des Geistes, sodass sich vereint der Rosenkreuzer-Spruch mit den Gesten und dem Siegel des Michael (s. Tafel S. 334): Ex deo nascimur, in Christo morimur, per spiritum sanctum reviviscimus. Das muss so gefühlt werden, dass die drei Gesten aufgefasst werden als: Ich bewundere den Vater, ich liebe den Sohn, ich verbinde mich dem Geiste.[6]

---

[6] Zu sagen ist, dass die mantrischen Sprüche, die hier in dieser Schule gegeben werden, nur von denjenigen besessen werden können, die rechtmäßige Mitglieder dieser Schule sind. Ist irgendjemand, dadurch, dass er Mitglied der Schule ist und nicht anwesend ist bei einer Stunde, in der er anwesend sein dürfte, nicht in der Lage, hier aus dieser Stunde die Sprüche zu haben, so kann er sie von einem anderen, der sie haben konnte, übernehmen. Das macht notwendig eine Anfrage entweder bei Frau Dr. Wegman oder bei mir selbst. Wenn jemand also die Sprüche empfangen will, weil er sie nicht hier hat haben können, so ist anzufragen bei Frau Dr. Wegman oder bei mir selbst. Aber nicht derjenige kann anfragen, der die Sprüche empfängt, sondern derjenige, der sie ihm gibt. Das muss von vornherein gesagt werden. Ferner ist zu sagen, dass das nicht eine Verwaltungsmaßregel ist, sondern dass das in jedem einzelnen Fall, für jeden einzelnen Menschen, dem man die Sprüche geben will,

hier geschehen muss, weil es der Anfang jener okkulten Handlung ist, durch die man die Sprüche empfängt. Jene Mitglieder, die erst in jüngster Zeit eingetreten sind, bis zur heutigen Stunde gekommen sind, können auch nur jene Sprüche erhalten, die bis zur heutigen Stunde vorgebracht worden sind, bis zu der Stunde vorgebracht worden sind, die sie mitgemacht haben. Nur in einzelnen Fällen, die wieder individuell beurteilt werden müssen, kann gefragt werden, ob die anderen, späteren Sprüche gegeben werden können. Brieflich, also auf einem anderen Weg als durch mündliche Mitteilung, können die Sprüche nicht von dem einen an den anderen übergeben werden. Sollte irgendjemand anderes als die Sprüche mitschreiben, so ist er verpflichtet, dieses Mitgeschriebene nur für die nächsten acht Tage zu haben, und es nach acht Tagen zu verbrennen. Das, was hier in der zu Recht bestehenden Michael-Schule mitgeteilt wird, hat nur Bedeutung in mündlicher Mitteilung – das ist ein inneres okkultes Gesetz –, mit Ausnahme der mantrischen Sprüche. Aber bemerkt werden muss, damit die Dinge nicht genommen werden, als wenn sie in einer kindlichen Weise auf Sekretierung hinorientiert wären, dass es bei diesen okkulten Sprüchen so ist, dass, wenn sie unrechtmäßig an andere kommen, sie ihre Wirkung verlieren, denn es gehört der Akt der Übertragung zur Wirksamkeit der Schule. Um dieser okkulten Tatsache willen wird in dieser Strenge die Behandlung der Sprüche gefordert. Es ist noch zu sagen, dass morgen die Tageseinteilung diese ist, dass um halb zehn Uhr stattfinden wird der Kurs für Pastoralmedizin, nachmittags um halb vier Uhr der Kurs für Theologen stattfinden wird, dass abends – morgen – ein Mitgliedervortrag sein wird, dass um fünf Uhr nachmittags eine Eurythmievorstellung sein wird. Der Sprachkurs ist um zwölf Uhr wie gewöhnlich.

Es kämpft das Warme mit dem Kalten
In jenem Reiche, wo dein Fühlen
Im Geistesdasein leben möchte
Du findest Warmes liebend
Dein Selbst in Geistes-Luft verwesend
Du kämpfst, wenn Kaltes dich verhärtet
Im Leib das Selbst dir schwindend.

Es kämpft das Leben mit dem Tode
In jenem Reiche, wo dein Wollen
Im Geistesdasein walten möchte
Du findest Leben wählend
Dein Selbst dem Geistes müssen verbindend

Vierte Wiederholungsstunde

Dornach, 13. September 1924

Meine lieben Freunde![7] Wir beginnen damit, dass wir wieder jene Worte vor unsere Seele treten lassen, die aus allen Wesen und aus allen Vorgängen der Welt so sprechen zu dem Menschen, der einen unbefangenen Sinn dafür hat, dass darin die Aufforderung liegt, das Wesen des Menschen, der des Menschennamens wert ist, durch wahre Selbsterkenntnis zu suchen, durch eine Selbsterkenntnis, die zur Welterkenntnis führt. Es fordern uns alle Wesen von allen Seiten und aus allen Reichen der Natur, aus allen Reichen des Geistes zu dieser im wahren Sinne des Wortes gehaltenen Selbsterkenntnis auf, die der Weg zur Welterkenntnis ist. So forderten den Menschen alle Wesen der Natur und des Geistes in der Vergangenheit auf, so in der Gegenwart, so werden sie den Menschen in der Zukunft auffordern. Diese auffordernden Worte, die von allen Seiten der Welt, von Ost und West, von Süd und Nord, von oben und unten an des Menschen Seele herandringen, wenn er sie hören will, sie mögen auch heute das beginnen, was diese Michael-Schule unseren Herzen, unseren Seelen bedeuten soll: *«O Mensch, erkenne dich selbst! ...»* (s. S. 173).

Wir haben gesehen, wie der nach Erkenntnis Suchende an den Hüter der Schwelle herantritt, wie er, nachdem er zerschmettert dagestanden hat unter dem Eindruck der drei Tiere, die vor dem Antlitz der geistigen Welt die wahre Gestalt seines Wollens, Fühlens und Denkens darstellen, wie er nach und nach von dem Hüter der Schwelle aufgerichtet wird. Und wir haben schon vernommen, was der Hüter der Schwelle zu dem spricht, den er so aufrichten will, wie er ihn auf der einen Seite nach oben hinweist, darauf hinweist, wie da in dem Reich, aus dem die Kraft unseres Denkens in unser Menschenwesen strömt, wie da kämpft

---

[7] Es ist nicht möglich, jedes Mal hier die entsprechende Einleitung zu sprechen über die Aufgabe und die Bedeutung der Schule und über das Wesen der Mitgliedschaft zur Schule. Trotzdem heute wieder eine große Anzahl neuer Mitglieder hier ist, ist es so, dass ich diese Einleitung nicht sprechen werde, sondern fortfahren werde von derjenigen Stelle, an der wir das letzte Mal stehengeblieben sind, und dass ich diejenigen Mitglieder, die an die Neuaufgenommenen die bisher vorgekommenen mantrischen Sprüche zu geben haben, verpflichten muss, dass sie unter den Bedingungen, die ich dann am Schluss zu erwähnen haben werde, mit der Übergabe dieser Sprüche auch von den Bedingungen sprechen, die mit der Aufnahme in die Schule verknüpft sind.

das Licht mit finsteren Mächten. Der Hüter der Schwelle ermahnt uns: Dieses Bild brauchen wir. Wenn wir den Ursprung unseres Denkens, die Kraft unseres Denkens in unserem Menschenwesen in der richtigen Weise erkenntnissuchend fühlen wollen, müssen wir in jene Reiche hinaufschauen, aus denen unser Denken kommt, wo aber jene Mächte des Lichtes, die das Denken in die richtigen Bahnen bringen wollen, einen furchtbaren Kampf mit den Mächten der Finsternis führen, die das Denken von der richtigen Bahn abbringen wollen, es in Irrwege führen wollen. Da oben ist unser Denken verwurzelt. Wir müssen es in dem Kampf zwischen Licht und Finsternis verwurzelt sehen, wenn wir Erkennende werden wollen. Und dann finden wir uns so, wenn wir lichtwärts zu streben versuchen, dass wir uns aufrechterhalten müssen. Wir müssen wissen, dass wir in den Kampf zwischen Licht und Finsternis hineingestellt sind: Das Licht will uns in geistige Lichtohnmacht einnehmen, die Finsternis will uns auch einnehmen und im Stoff verlieren lassen. Wir aber müssen den Gleichgewichtszustand zwischen beiden suchen: vom Licht uns nicht einnehmen lassen, von der Finsternis uns nicht in Stoff verwandeln lassen, sondern fest in unserer Eigenheit stehen, für unser Denken das Gleichgewicht zwischen Licht und Finsternis finden.

Und wiederum, wenn wir unser Fühlen betrachten, müssen wir zu jenem Reich sehen, das mehr im Horizontalen, in den Weltweiten wirkt und webt, wo wir in den Kampf zwischen Seelenwärme und Seelenkälte hineingestellt sind. In der Seelenwärme wirken alle luziferischen Mächte, die Mächte der Schönheit und der Helligkeit, jene Mächte, die uns ohne unser Zutun alle göttlichen Kräfte geben möchten. Wir würden unselbstständig und unfrei werden, wenn sie uns in sich auffangen würden. Auf der anderen Seite stehen die Mächte der Kälte, der Seelenkälte, die von ahrimanischen Wesenheiten durchsetzt sind, und die uns in der Kälte den Verlust unseres Selbst bringen möchten. Wir müssen wieder das Gleichgewicht zwischen jener Geisteslust finden, in die uns die Mächte der Wärme, der Hitze und des Feuers bringen möchten, und jenen Regionen, in denen die ahrimanischen Mächte in Kälte uns verführerisch mit einer ungeheuren Intellektualität, mit einer alles überragenden Intellektualität überziehen möchten. Wir müssen wieder zwischen beiden hindurch, um das rechte Fühlen für die Erkenntnis zu finden, wir müssen uns im Gleichgewicht halten.

Dann, wenn wir auf unser Wollen sehen, müssen wir nach unten blicken. Da ist das Reich der Erde und der Schwere, aus dem für unser

Erdleben die Kraft unseres Wollens kommt. Denn die Erde hat in sich nicht nur die Kraft der Schwere, sie hat in sich geistig die Kraft des Menschenwollens. Wir stehen wieder zwei Mächten gegenüber, den Mächten des Lebens und den Mächten des Todes. Wir können mit unserem Wollen den Mächten des Lebens verfallen. Dann ist es so, als ob die Mächte des Lebens uns ergreifen möchten. Sie möchten selbst durch unsere Willenskräfte im kosmischen Zusammenhang wollen. Wir müssen unser Selbst aufrecht erhalten, die Gleichgewichtslage mittendurch finden zwischen den Mächten des Lebens und den Mächten des Todes, die uns verkrampfen möchten, die unser Wollen ewig in das stoffliche Gestalten hineinverweben möchten.

Der Hüter der Schwelle fordert uns an dieser Stelle auf, uns zwischen Licht und Finsternis, zwischen Wärme und Kälte und zwischen Leben und Tod in der Gleichgewichtslage zu halten. Denn nicht das Licht allein ist die Macht, der wir zugehören dürfen. Im Licht allein würden wir betäubt werden, geblendet werden. Nicht die Finsternis allein ist es, der wir uns verschreiben dürfen, denn da würden wir uns im Finsteren an den Stoff verlieren. Das, was wir anstreben müssen, ist auf geistige Art dasselbe, was in aller Welt angestrebt wird. Wo wir hinschauen, meine lieben Freunde, wirken ineinander Licht und Finsternis. Schauen wir uns unsere Haare an: Das Licht setzt sie in unseren Kopf ein, aber die Finsternis muss sie durchdringen, sonst würden die Haare lediglich Lichtstrahlen sein. Sehen wir uns den ganzen Körper an: Vom Licht ist er gewoben, aber er würde auf der Erde keine Festigkeit haben können, wenn nicht die Finsternis hineinverwoben wäre. Sehen wir uns jeglichen Gegenstand an, meine lieben Freunde! Die blühenden Pflanzen: Von dem Licht sind sie geschaffen, aber aus dem Boden müssen die Mächte der Finsternis heraufdringen, damit aus Licht und Finsternis das auftreten kann, was die Pflanzen in ihrer festen Konsistenz als Wesen auf der Erde darstellen. So wie in aller Natur der Ausgleich zwischen Licht und Finsternis gefunden wird, so muss der Mensch es seelenhaft in der geistigen Welt anstreben, wenn er ein wirklicher Erkenntnissuchender sein will. Und so ist es mit dem Streben nach Gleichgewicht zwischen Wärme und Kälte, so ist es mit dem Streben nach Gleichgewicht zwischen Leben und Tod.

So stehen wir am gähnenden Abgrund des Seins. Wir schauen noch immer, indem hinter uns die farbenglänzenden Reiche der Natur, denen wir mit unseren Sinnen angehören, immer finsterer und finsterer werden, indem uns klar wird: Aus all dem leuchtenden Sinnlichen kommt nicht das, was unser eigenes Wesen ist, was uns zur Selbsterkenntnis führt. Vor uns ist noch wie eine schwarze Wand die Grenze des finsteren Reiches, in das wir hineinmüssen, damit es Licht darin wird durch die Kraft, die wir selbst hineinbringen. Wir stehen noch am gähnenden Abgrund des Seins, wir haben aber schon etwas Mut gewonnen, dass durch die Ermahnungen des Hüters uns Flügel wachsen werden, den Abgrund zu übersetzen, damit wir in die Finsternis hineinkommen und es Licht wird in der Finsternis. Das ist eine der letzten Ermahnungen, die der Hüter der Schwelle uns gibt, und die da lautet: «Es kämpft das Licht mit finstern Mächten ... das Selbst verkrampfen». (s. S. 386 f.). Wir werden finden, meine lieben Freunde, wenn wir uns mit rechter Gesinnung und rechtem Sinn gerade diesen mantrischen Worten in innerer Seelenruhe hingeben, in voller innerer Opferempfindung für die Hingabe an den Geist, wir werden finden, dass in den Worten selbst das liegt, was die Seele in die Gleichgewichtslage hineinbringt.

Wir stehen als Erkenntnissuchende vor dem Hüter der Schwelle am gähnenden Abgrund des Seins. Der Hüter gibt uns als das Nächste eine Belehrung darüber, wie wir, indem wir die Richtung zwischen dem Licht und der Finsternis, zwischen dem Warmen und dem Kalten, dem Leben und dem Tod einschlagen wollen, uns in unserem eigenen Selbst aufrecht erhalten können. Wir können es nicht anders, meine lieben Freunde, als wenn wir uns recht darauf besinnen: Um zur wirklichen Erkenntnis zu kommen, ist es notwendig, dass wir eins werden mit der Welt, dass wir gegenüber der Welt ein Gefühl bekommen, wie der Finger das Gefühl gegenüber dem ganzen Menschenleib hätte, wenn er für sich fühlen könnte. Würde der Finger für sich fühlen können, so würde er sich sagen: Ich bin nur solange ein Finger, als ich im Menschenleib bin, als das Blut des Menschenleibes mein Blut ist, als die Pulsation des Menschenleibes meine Pulsation ist. Schneidet man mich ab, so höre ich auf, ein Finger zu sein. Der Finger verliert seinen Sinn, wenn er vom Organismus abgetrennt ist, zu dem er gehört und in dem er ein Finger nur sein kann. So muss der Mensch gegenüber der ganzen Welt fühlen lernen. Wir sind ein Glied am geist-seelenhaften Organismus der ganzen Welt, wir sind nur scheinbar als Menschen abgetrennt von dem geist-seelenhaften Organismus der Welt. Wir müssen uns in der rechten Weise mit dem geist-seelenhaften Organismus der Welt zusammenfinden.

Wir müssen wissen: Da sind um uns herum die Elemente Erde, Wasser, Luft und Feuer ausgebreitet. Und wir müssen lernen, uns eins zu fühlen mit diesen Elementen unserer Leiblichkeit nach, denn diese ist aus diesen Elementen gegliedert. Der Hüter der Schwelle gibt uns die Lehre, wie wir das tun sollen und wie wir das tun können. Bedenken wir genau das, was durch die belehrenden mantrischen Sprüche fließt, die an dieser Stelle unseres Vorrückens bis zum Abgrund des Seins der Hüter der Schwelle uns gibt.

Meine lieben Freunde! Denken wir uns, wir stoßen mit dem Finger tastend an irgendeinen Gegenstand. Wir wissen, der Gegenstand ist da, wo wir hinstoßen; wir tasten an den Gegenstand, und wir haben das Gefühl des Einsseins mit diesem Gegenstand. In dem Augenblick, wo wir den Gegenstand anrühren, ist die Tastempfindung etwas, was den Finger oder das, womit wir sonst tasten, mit dem Gegenstand eins macht. Jetzt denken wir uns, wir sind mit dem ganzen Körper wie ein Finger, wie ein tastendes Glied. Wir stehen auf der Erde, auf dem Element Erde. Wir stehen auf der Erde, weil sie als ihre hauptsächlichste Eigenschaft das Element der Schwere hat. Wir tasten mit unseren Fußsohlen die Erde, ganz gleichgültig, ob wir auf einem Zimmerparkettboden oder woanders draußen auf der freien Erde stehen. Es kommt darauf an, dass wir im Stehen an der Schwere das Tasten des Erdelementes fühlen. Wir können auf dem Berg oben stehen, auf einem Turm: Wir empfinden, wie wir am Ende unseres Fingers das Harte und Weiche empfinden, das Warme und Kalte. Im Tastprozess empfinden wir an unseren Fußsohlen, wo wir die Schwere empfinden, empfinden wir unsere Einheit, wenn wir uns im Ganzen als Finger denken. Das sagt der Hüter der Schwelle, indem er uns in der folgenden Weise ermahnt:

O Mensch, ertaste in deines Leibes ganzem Sein,
Wie Erdenkräfte dir im Dasein Stütze sind.

Dass Erdkräfte unsere Stütze sind, dass das Erdelement uns stützt, damit wir nicht versinken, das sagt uns der Hüter der Schwelle an dieser Stelle.

Aber dann führt er uns weiter. Wenn wir nicht nur fühlen, wie wir als ganzer Mensch wie ein Finger unten aufstehen, sondern wenn wir das fühlen, was im Inneren des Fingers ist, dann wissen wir: Es ist das Wasserelement, das Flüssige. Denn alles, was im Menschen fest ist – das ist selbst äußerlich mit physischer Wissenschaft zu verfolgen –, ist aus dem flüssigen Element herausgeboren. Das Feste ist erst aus dem Flüssigen abgeschieden, wie Eis aus dem Wasser. Wir müssen zum Erleben des zweiten Elementes aufsteigen. Da draußen ist überall das Flüssige in der Welt. In uns kommen unsere eigenen Bildkräfte aus dem flüssigen

Element heraus. Diese Bildekräfte formen uns. Unsere Lunge, unsere Leber sind fest geformt, aber sie erstarren aus dem flüssigen Element heraus. So wie wir die Erde als Stütze fühlen, so fühlen wir uns, indem wir unsere Organe fühlen, aus dem Wasserelement heraus als Mensch gebildet. Die Erde ist unsere Stütze, die Wasserkräfte sind unsere Bildner. Deshalb ermahnt uns der Hüter der Schwelle:

O Mensch, erlebe in deines Tastens ganzem Kreis,
Wie Wasserwesen dir im Dasein Bildner sind.

Überall können wir tasten, aber wir können auch das Tasten selbst fühlen. Jetzt ermahnt uns der Hüter der Schwelle weiter. Er ermahnt uns, wie wir auch mit den Luftgewalten einheitlich werden können. Die Luft atmen wir ein. Wir wissen, wenn wir die Luft in unrechter Weise einatmen, dass das mit unseren Gefühlen zu tun hat, dass wir Gefühle bekommen, die uns ängstigen, die die Kohärenz unseres Seins durchbrechen. So wie das Wasserelement uns bildet, so pflegt uns das Luftelement. Der Hüter der Schwelle ermahnt uns:

O Mensch, erfühle in deines Lebens ganzem Weben,
Wie Luftgewalten dir im Dasein Pfleger sind.

Jetzt führt uns der Hüter noch weiter zum Wärmeelement. Mit der Wärme fühlen wir uns ganz innig verbunden. Die Erde als Stütze fühlen wir noch außer uns; von der Art und Weise, wie die Wasserkräfte uns während des Wachstums bilden, wissen wir wenig, das bleibt im Unterbewusstsein; ins Gefühl herein dringen die Luftgewalten nur, wenn sie abnorm werden, wenn sie nicht normal wirken. Aber mit der Wärme, wenn wir sie im rechten Maße im Menschenwesen haben, fühlen wir uns eins. Wir werden in unserem ganzen Menschenwesen seelenwarm, wenn wir äußere Wärme empfinden. Wir erstarren, wenn wir äußere Kälte erleben müssen. Wärme und Kälte sind eins mit uns in einer ganz anderen Art in der Elementarwelt. Die Wärmewesen sind weder bloße Stützen, noch nur Bildner oder Pfleger, sie sind unsere Helfer zum physischen Dasein. Der Hüter der Schwelle ermahnt uns:

O Mensch, erdenke in deines Fühlens ganzem Strömen,
Wie Feuermächte dir im Dasein Helfer sind.

Wenn wir all das befolgen, was in diesen Aufforderungen liegt, dann werden wir den Weg finden, im Bewusstsein unser Leibliches mit den Elementen zu vereinigen. Denn in Wirklichkeit ist unser Leibliches eins mit den Elementen. In verschiedenen Graden ist unser Leibliches eins mit den Elementen. Das Element der Erde ist uns in äußerlich-mechanischer

Weise «Stütze» – das ist noch äußerlich. Beim Wasserelement wird es schon innerlicher, aber es ist noch immer etwas, was im Formen und Gestalten besteht, was noch nicht ins Seelische geht: Wasserwesen bilden uns, sind unsere «Bildner». Es steigt dann mehr ins Moralische herauf, wenn wir mit dem Luftelement eins werden: Das Luftelement ist nicht mehr bloß ein äußerlicher Gestalter, es ist unser Pfleger. Unsere Gefühle werden Angstgefühle, wenn uns nicht das richtige Atmen pflegt. Die Luftgewalten sind «Pfleger». Aber Wärme und Kälte sind «Helfer» dafür, dass wir überhaupt Erdwesen sein können. Die Feuermächte sind «Helfer»: Das ist schon völlig ins Moralische heraufgestellt. Und so heißt die Zusammenfassung der Ermahnungen vonseiten des Hüters der Schwelle für die Steigerung der Elemente:

O Mensch, erschaue dich in der Elemente Reich.

Wir haben eine Steigerung (es wird an der Tafel unterstrichen): «Stütze», «Bildner», «Pfleger», «Helfer». Dann haben wir noch andere Steigerungen, denn in einem mantrischen Spruch steht jedes Wort an seiner richtigen Stelle, es ist kein Wort da, das bloß etwas ausfüllen soll. Alles deckt sich mit einem inneren Sinn, mit dem wir uns vereinigen sollen, indem wir einen solchen mantrischen Spruch meditieren. Wir haben die andere Steigerung: «ertaste», «erlebe», «erfühle», «erdenke». Es ist eine besondere Steigerung. So müssen wir den inneren sinnvollen Bau eines solchen mantrischen Spruches meditierend erleben. Nachdem der Hüter dieses gesagt hat, fasst er es noch einmal zusammen in einer Zeile: «O Mensch, erschaue dich in der Elemente Reich». So hat uns der Hüter der Schwelle zu inneren Spracherlebnissen geführt, durch die wir unser Leibliches mit den Elementen vereinigen können, zu denen es gehört.

Der Hüter leitet uns dann weiter hinauf in das Seelische. Da weist er uns nicht an die Elemente Erde, Wasser, Luft und Feuer, da weist er uns an die Planeten, an die Wandelsterne. Da weist er uns hin, wie wir fühlen sollen, wie in dem Kreislauf der Planeten, in dem, was durch die Planeten als Kreise um die Erde gezogen wird, der eine und der andere Planet den Kreis zieht. Die kreisenden Planeten stehen im Verhältnis zueinander und sprechen miteinander. Wenn der Mensch sich seelisch zu diesem Geheimnis der weltweisenden Sternenmächte, der Wandelsternenmächte erhebt, dann lebt er sich mit seinem Seelischen ins geistige Reich des Kosmos hinein, wie er sich vorher mit seinem Leib in das Reich der Elemente hineingelebt hat. Uns seelenhaft mit dem Kosmos eins fühlen können wir nur, wenn wir uns ins Reich der Wandelsterne,

der Planeten mit ihren Bahnenbeschreibungen hineinleben. Das sagt uns der Hüter der Schwelle mit den Worten:
> O Mensch, so lasse walten in deiner Seele Tiefen
> Der Wandelsterne weltenweisende Mächte.

Der Hüter der Schwelle fasst wieder das, was in diesen beiden Zeilen als richtunggebende Kraft für das Sich-Einsfühlen der Seele mit den Geheimnissen der Wandelsterne liegt, er fasst das in der Zeile zusammen:
> O Mensch, erwese dich durch den Weltenkreis.

«Erwese dich»: Das heißt, mache dich seiend. Die Weltkreise der verschiedenen Wandelsterne sind zusammengezogen in den einen Weltkreis. Damit haben wir Leib und Seele als eins mit der Welt empfunden: den Leib mit den irdischen Elementen, die Seele mit den Wandelsternen. Wollen wir dann auch den Geist mit dem Weltall eins fühlen, dann können wir weder zu den Elementen noch zu den Wandelsternen hinschauen, da müssen wir den Blick zu den Fixsternen, zu den Ruhesternen hinaufrichten. Denn da ist die Macht, mit der sich unser Geist eins fühlen muss draußen im weiten Weltall, wenn wir uns im wahren Sinne des Wortes als ein Glied dieses Weltalls fühlen wollen. Da beginnt die Welt in der Sphärenmusik zu ertönen. Deshalb ermahnt uns der Hüter der Schwelle (s. Tafel unten):
> O Mensch, erhalte dir in deines Geistes Schaffen
> Der Ruhesterne himmelkündende Worte.

Und wieder fasst der Hüter der Schwelle zusammen, was in dieser Aufforderung steht, in dem einen Satz:
> O Mensch, erschaffe dich durch die Himmelsweisheit.

Unser Geistsein ist in jedem Augenblick ein Schaffen unseres Selbst. Wir stehen in diesem Fall, wenn wir richtig fühlen, verinnerlicht vor dem Hüter der Schwelle. Wir gedenken, wie uns das Wort von der

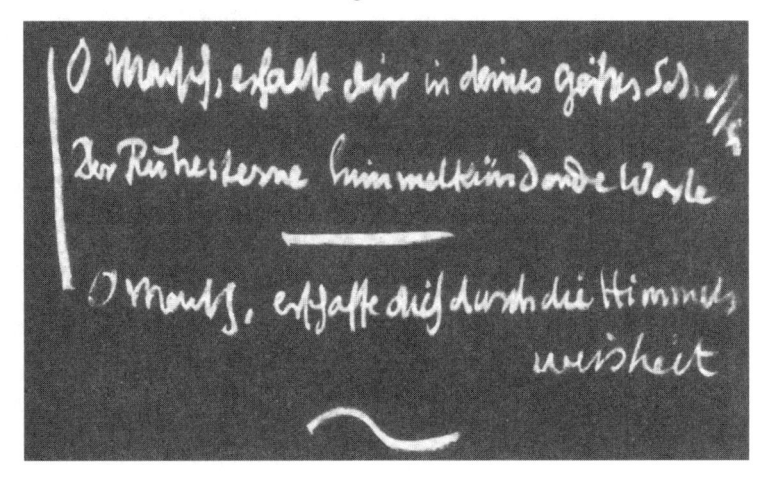

Selbsterkenntnis aus allen Wesen noch in einer abstrakten Form ertönt ist, wie es an uns von allen Seiten des natürlichen und des geistigen Seins herangeklungen ist. Aber das eine Wort: «O Mensch, erkenne dich selbst!», es ist jetzt in seine einzelnen Glieder auseinandergelegt. Es zerfällt jetzt die eine Aufforderung in eins, zwei, drei, vier, fünf, sechs, sieben, acht, neun Glieder. Das «O Mensch, erkenne dich selbst!» sollen wir in neun Strahlen sehen. Dann wird es erfüllt von dem, was unsere Meditation braucht. So sollen wir es fühlen.

Und so sollen wir dem Hüter der Schwelle geloben, dass wir seine Ermahnung erfüllen: «O Mensch, ertaste ... durch die Himmelsweisheit». Wir legen das Gelöbnis vor dem Hüter der Schwelle ab, dass wir das in immerwährendem Gedenken an seine Ermahnungen mantrisch durch die Seele ziehen lassen wollen. Und wir schauen immer wieder zurück: Bei jedem Schritt fühlen wir uns verpflichtet, uns an das zu erinnern, was diesseits der Schwelle vorgeht. Und diesseits der Schwelle hat uns jeder Stein und jede Pflanze, jeder Baum und jede Wolke, jede Quelle und jeder Fels, jeder Blitz und jeder Donner zugerufen: *«O Mensch, erkenne dich selbst! ...»* (s. S. 173).

Wenn so mit der vollen Kraft vom Hüter der Schwelle in diesem Raum die Worte erklingen, die er uns zuruft als dienendes Glied der Michael-Macht, der regierenden Macht unserer Zeit, wenn diese Worte so erklingen, dann können wir sicher sein, weil diese esoterische Schule von Michaels Macht selbst eingesetzt ist, dass Michael mit seiner Kraft, mit seinem Geist, mit seiner Liebe unter uns weilt. Und das darf auch bestätigt werden da, wo verantwortlich gefühlt wird das, was die Schule leitet gegenüber der Michael-Macht so, dass nichts anderes durch diese Schule strömt als das, was in dem heiligen Willen Michaels selbst liegt. Das darf bekräftigt werden durch Michaels Zeichen und Michaels Siegel. Mit den Michael-Zeichen und dem Michael-Siegel wird bekräftigt, dass in die wahre rosenkreuzerische Schulung die Michael-Macht einzieht. Es wird verbunden das, was in der Michael-Schule gelehrt wird, mit Michaels Siegel, das die Rosenkreuzer-Schulung mit dem Rosenkreuzer-Spruch besiegelt, der mit den Siegelzeichen versehen so gesprochen wird: Ex deo nascimur – ich bewundere den Vater; in Christo morimur – ich liebe den Sohn; per spiritum sanctum reviviscimus – ich verbinde mich dem Geiste.

Ich bewundere den Vater: Indem wir den Spruch «ex deo nascimur» sprechen, geht das fühlend durch unsere Seele. Ich liebe den Sohn, das wird gefühlt mit dem Spruch «in Christo morimur», der stumm durch die Seele zieht. Ich verbinde mich dem Geiste, das wird stumm gefühlt bei dem Spruch «per spiritum sanctum reviviscimus». Die Sprüche des Hüters der Schwelle kommen an uns, meine lieben Freunde, mit den Zeichen und dem Siegel Michaels: Ex deo nascimur, in Christo morimur, per spiritum sanctum reviviscimus.[8]

---

8 Die Sprüche, die in dieser Schule mitgeteilt werden, können nur diejenigen besitzen, die rechtmäßig in die Schule als Mitglieder aufgenommen sind. Diejenigen, die nicht anwesend sein können bei einer Stunde, wo Sprüche gegeben werden, können diese Sprüche erhalten von solchen, die sie in der Schule selbst haben erhalten können. Doch muss, um diese Sprüche zu erhalten, erst die Erlaubnis entweder von Frau Dr. Wegman oder mir angesucht werden. Dieses Ansuchen an Frau Dr. Wegman oder mich selbst kann nur geschehen von dem, der die Sprüche einem anderen geben will. Es soll also von vornherein nicht derjenige ansuchen, der sie bekommen will. Das hat keinen Zweck. Er kann zu einem anderen gehen, kann ihn bitten, dass er sie ihm gibt, aber fragen muss derjenige, der sie gibt, in jedem einzelnen Fall. Das ist nicht eine Verwaltungsmaßregel, sondern es ist eine okkulte Einrichtung, die bestehen muss, weil die Übergabe mit diesem realen Akt beginnen muss. Es kann auch nicht – weil das vorgekommen ist, muss ich es im Besonderen sagen –, es kann auch nicht, wenn nicht besondere Gründe vorliegen, sodass eine Verständigung mündlich nicht möglich ist, es kann auch nicht schriftlich angesucht werden, sondern es muss mündlich angesucht werden. Am wenigsten darf innerhalb der Esoterik auch nur der Schein, der fernste Schein eines bürokratischen Wesens sich einleben. Alles muss im Lebendigen stehen wie überhaupt in der Anthroposophischen Gesellschaft. Dann ist zu sagen, wer mehr nachschreibt als die Sprüche, der ist verpflichtet, das Nachgeschriebene nur acht Tage zu haben und es dann zu verbrennen, denn es ist nicht gut, wenn die Dinge länger verbleiben. Sie können das alle möglichen Wege nehmen. Das Esoterische muss so behandelt werden. Das ist nicht eine willkürliche Maßregel, im Esoterischen ist alles aus den wirklichen okkulten Untergründen heraus bestimmt. Und wenn esoterische mantrische Sprüche in unrechter Weise über diejenigen Mitglieder hinauskommen, die dazu berechtigt sind, in realer Weise dazu berechtigt sind, indem sie entweder direkt hier, bei ihrem Sitzen hier die Sprüche erhalten haben, oder sie auf dem angedeuteten rechtmäßigen Weg erhalten haben, wenn sie an andere kommen, die sie nicht so auf einem rechtmäßigen Weg erhalten haben, verlieren diese Sprüche ihre spirituelle Kraft für alle, die die Sprüche haben. Das ist ein okkultes Gesetz. Es gibt in der Geisteswelt Gesetze, die nicht ungestraft übertreten werden können. Also es handelt sich nicht um eine willkürliche Maßregel, sondern um die Einhaltung eines okkulten Gesetzes. Nun habe ich zu verkünden, dass morgen wiederum um halb zehn Uhr der Kurs für Pastoralmedizin sein wird, um zwölf Uhr mittags der Kurs für Sprachgestaltung und dramatische Kunst, nachmittags um halb vier Uhr der Kurs für Theologen und abends um achteinviertel Uhr wird ein Mitgliedervortrag sein. Um fünf Uhr wird die Eurythmieaufführung sein. Die nächste esoterische Stunde, die dann diese Michael-Lehren abrunden soll, die wir bekommen haben, wird am Montag um halb neun Uhr stattfinden.

Fünfte Wiederholungsstunde

Dornach, 15. September 1924

Meine lieben Freunde![9] Wir werden unmittelbar damit beginnen, auch heute wieder die Worte in unsere Seele einzuschreiben, die dem Menschen, der Unbefangenheit genug dazu hat, aus all dem entgegentönen, was uns Menschen in den Reichen der Natur und in den Reichen der Welt umgibt. Diese Worte sind dem Menschen aus allen Steinen und Pflanzen, aus Wolken und Sternen, aus Sonne und Mond, aus Quell und Fels in der Vergangenheit entgegengetönt; sie tönen ihm in der Gegenwart entgegen; sie werden ihm in der Zukunft entgegentönen: *«O Mensch, erkenne dich selbst! ...»* (s. S. 173).

Meine lieben Freunde! In der Beschreibung des Erkenntnisweges sind wir dahin gelangt, dass wir am Abgrund des Seins vor dem Hüter der Schwelle stehen. Der Hüter hat uns klargemacht, dass das, was uns in der äußeren Welt umgibt, uns niemals unser eigenes Wesen enthüllen kann, dass alles Hinschauen auf die Reiche der Natur – auf das, was unten auf der Erde lebt, was oben aus dem Reich der Sterne scheint, soweit wir es mit den Sinnen schauen können, soweit wir es mit unserem Verstand erfassen können –, dass das alles nichts bietet, was uns Aufklärung über das Wesen unseres eigenen Selbst geben kann, dass diese Helligkeit, dieser glitzernde Sonnenschein dunkel und finster bleibt. Dieses Webende und Lebende, das groß und gewaltig, schön und herrlich in Bezug auf die äußere Welt ist, das bleibt dunkel und finster für unser wahres Selbsterkennen. Dann ist uns beschrieben worden, wie wir uns nach und nach dem Hüter nähern, der sich uns wie aus einem Wolkendasein heraus als Geistesgestalt formt, sich in unserem Ebenbild zeigt, uns aber auch zeigt, was wir zu erstreben haben als Mensch, um zur Selbsterkenntnis zu kommen. Dann sind wir vor diesen Hüter der Schwelle hingetreten. Er hat uns gezeigt, wie die wahre Gestalt unseres Wollens, Fühlens und Denkens vor dem Antlitz der Götter ist. Er hat uns gezeigt, wie das, was in uns als Mutlosigkeit und Furcht vor der Erkenntnis, als

---

9 Auch heute sind wieder neue Mitglieder zu dieser Schule gekommen. Es ist nicht möglich, jedes Mal die Einleitung zu sprechen, die von der Bedeutung und den Pflichten dieser Michael-Schule handelt. Daher muss ich jene Mitglieder, die in der Weise herankommen, wie ich das am Schluss sagen werde, um den Neuaufgenommenen die mantrischen Sprüche zu übergeben, ich muss sie auffordern, ihnen auch diese Einleitung zu geben, die notwendigerweise jeder wissen muss, der Mitglied dieser Schule sein will.

Hass auf die Erkenntnis, als Zweifel an der Erkenntnis lebt, wie das in uns ist, weil unsere Zeitbildung es in uns versenkt. Er hat uns die Tierform unseres Wollens, Fühlens und Denkens gezeigt. Niederschmetternd musste er auf uns wirken, der Hüter der Schwelle, um uns gerade im Niederschmettern aus dem Weben und Wesen unserer eigenen Seele jene Kräfte erwachen zu lassen, die zur wahren Selbsterkenntnis führen. Dann aber hat uns der Hüter der Schwelle aufgerichtet. Er hat uns gezeigt, wie unser Denken, so wie wir es im gewöhnlichen Leben haben, der Leichnam des lebendigen Denkens ist, das wir in uns getragen haben, bevor wir aus geistig-seelischen Welten in das physisch-sinnliche Dasein heruntergestiegen sind. Er hat uns gezeigt, der Hüter der Schwelle, wie wir mit unserem Leib ein Sarg sind für das mit unserem Erddasein erstorbene Denken, das als Leichnam in diesem Sarg liegt. Diesen Leichnam benutzen wir im gewöhnlichen abstrakten Denken, das wir zwischen Geburt und Tod in uns tragen, um die Dinge der physisch-sinnlichen Welt zu begreifen. Gerade wenn wir erfassen, wie tot dieses Denken ist, wird uns an der Erfassung des toten Denkens aufgehen, was wir an einem Leichnam lernen können, der vor uns liegt. Wir schauen diesen Leichnam an und sagen uns: So wie er als Leichnam vor uns liegt, so hätte er niemals entstehen können. Er ist als Rest von einem Menschen übrig geblieben, der geistig-seelisch in ihm lebend war. Der lebende Mensch, der beseelte und durchgeistigte Mensch musste dem vorangehen, was als Leichnam vor uns liegt. Dann erst erkennen wir die Realität des Leichnams, wenn wir das ins Auge fassen, was ihm vorangeht. So nähern wir uns der Wirklichkeit unseres Denkens, wenn wir es in seiner Totheit gewahr werden und wissen, dass es der Leichnam des lebendigen Denkens ist, das in uns war, bevor wir ins physisch-sinnliche Dasein heruntergestiegen sind. Dann erinnert uns der Hüter daran, wie unser Fühlen halb lebendig, unser Wollen ganz lebendig ist, aber all dieses Lebendige uns nur äußerlich zum Bewusstsein kommt.

Und so ermahnt uns der Hüter der Schwelle, dass wir, um allmählich den Übergang zum Erfassen des lebendigen Denkens zu finden, in Himmelshöhen hinaufschauen sollen, dass wir in die Weltweiten blicken sollen, um die Natur unseres Fühlens zu erfassen, und dass wir in die Welttiefen, in die Erdtiefen steigen sollen, um die Natur unseres Wollens zu ahnen. Zugleich aber zeigt uns der Hüter, wie wir mit unserem Denken in das Weltdenken hineingestellt sind. Indem wir in das Weltdenken hinaufblicken, sehen wir, wie unser irdisch-menschliches Denken zwischen

Licht und Finsternis wurzelt: wie das Licht uns gefährlich werden kann, wenn wir uns ihm einseitig hingeben, wie die Finsternis uns gefährlich werden kann, wenn wir uns ihr einseitig hingeben. Der Hüter zeigt uns, dass wir mittendurch zwischen Licht und Finsternis Richtung und Ziel für unser Denken suchen müssen, wenn es die Wahrheit finden soll. Der Hüter zeigt uns dann, wie wir mit unserem Fühlen mittendrin zwischen dem Warmen und dem Kalten stehen: wie wir, wenn wir uns nur dem Warmen ergeben, in der lustvollen Glut des Fühlens verschwinden können, wie wir auf der anderen Seite in der Kälte verhärten können. Der Hüter der Schwelle weist uns darauf hin, wie wir mittendurch durch das Seelenwarme und das Seelenkalte den mittleren Weg gehen sollen. Er weist uns darauf hin, dass, wenn wir das Wollen in den Erdtiefen suchen, wir uns mittendrin zwischen Leben und Tod befinden: wie das Leben uns in Ohnmacht verschwinden lassen will, wie der Tod uns im Nichts verkrampfen lassen will. Für das Wollen müssen wir die Richtung mittendurch zwischen Leben und Tod finden.

Das ist dasjenige, meine lieben Freunde, was seit uralten Mysterienzeiten als der mittlere Weg beschrieben worden ist, den die Menschenseele zu gehen hat, wenn sie die ihr vorgezeichneten Wege ins Geistige hinein gehen soll. Der Hüter der Schwelle, vor dem wir stehen als dem ernsten Vertreter Michaels, der der Leiter dieser unserer Schule ist, der Hüter gibt uns weiter eine Anleitung, wie wir über den Schein des Denkens, über das tote Denken hinaus in das Lebendig-Wesenhafte dieses Denkens kommen können. Da müssen wir uns dazu bequemen, vor allen Dingen streng die Gesetze einzuhalten, die jedem Esoteriker mit goldenen Lettern vorgeschrieben sind – er muss nur das Gold ergreifen –, die uns jetzt der Hüter wiederholt. Er macht uns darauf aufmerksam, dass der gähnende Abgrund des Seins vor uns ist, dass wir ihn überfliegen müssen, weil wir ihn nicht mit Erdfüßen überschreiten können, dass wir dann in die geistige Welt hineinkommen werden. Denn drüben, jenseits des gähnenden Abgrundes des Seins, ist noch tiefe, nachtbedeckte Finsternis vor uns. Wir müssen über den gähnenden Abgrund des Seins in diese tiefe, nachtbedeckte, kalte Finsternis hinein. Aus ihr muss uns das Licht werden, das unser eigenes Selbst beleuchtet, aus ihr muss uns die Wärme werden, die unsere eigene Seele erwärmt. Wir können nicht einen festen Stützpunkt im Geist finden, wenn wir nicht zu jeder Zeit, in der wir drüben sind, uns an das Gelöbnis erinnern, das sich unsere Seele gibt, wenn sie in dieser Lage, nachdem sie die früheren Mahnungen erhalten hat, vor dem ernsten Hüter der Schwelle steht, der ihr sagt: Vergiss nicht, dass du, solange du ein Erdmensch bist, auch wenn du in die geistige Welt hinüberkommst, dass du dich den Gesetzen des Irdischen fügen musst, wenn du dich wieder zurückbegibst. Du darfst nicht glauben, wenn du mit deinem Denken in die geistige Welt eintrittst und dann wieder zurückkommst, um deine Arbeit in der Erdumgebung zu verrichten, dass du dann schwärmerisch fliegen darfst innerhalb der Erdumgebung. Du musst dir für das Denken das Fliegen für die Zeit wahren, wo du in der geistigen Welt bist. Du musst aber die tiefe innere Bescheidenheit üben, immer wieder ein Mensch unter Menschen sein zu wollen, wenn du zurück in die Welt des gewöhnlichen Bewusstseins hinübertrittst. Gerade wenn du bescheiden in der Welt bleiben willst, wenn du nicht die Gesetze des geistigen Lebens auf die gewöhnliche Welt anwenden willst, wird dir die Kraft werden, das Denken so zu erfassen, dass es dir in der geistigen Welt dienen kann. Über das Denken unterrichtet uns daher der Hüter der Schwelle so:

> Du steigst ins Erden-Wesenhafte
> Mit deines Willens Kraftentfaltung;
> Betritt als Denker du das Erdensein,
> Es wird Gedankenmacht dir dich
> Als deine eigne Tierheit zeigen;
> Die Furcht vor deinem Selbst
> Muss dir in Seelen-Mut sich wandeln.

Wir müssen das durchmachen. Indem wir diesen mantrischen Spruch auf uns wirken lassen, müssen wir das durchmachen. Wir müssen, wenn wir ins Wesenhafte der Erde, das heißt in das Geistige der Erde eintreten wollen, wir müssen, meine lieben Freunde, dahin kommen, dass wir schauen, wie unser Denken zunächst noch «Tierheit» ist. Furcht vor dem eigenen Selbst, das noch tierhaft ist, müssen wir erleben. Dann wird die Furcht ihr Gegenteil gebären, den Mut gebären, den wir brauchen. Das ist die an uns dringende starke, aber ernste, tief ins Herz schneidende Ermahnung des Hüters der Schwelle. Er ermahnt uns, dass wir so fühlen sollen, wenn wir das Element der Erde betreten. Wir haben vom Betreten der Elemente durch den Hüter der Schwelle schon gehört.

Er ermahnt uns weiter, wenn wir uns als fühlende Wesen in das flüssige Element begeben, in die Welt der Wasserwesen, wie wir da nicht die Furcht vor unserem Selbst gewahr werden sollen, sondern gewahr werden sollen, wie wir träumend schlafen, schlafend träumen in diesem

Wasserelement, in diesem Flüssigkeitselement, das unser Bildner ist, wie wir gesehen haben. Und gerade wenn wir uns bewusst werden, dass wir in diesem unserem menschlichen Fühlen wie ein Pflanzendasein leben, dann werden wir dieses Fühlen zum Erwachen bringen. Es wird uns zeigen, wie lahm unser Selbst ist, und wir werden dann erwachen, wenn wir erst die Bescheidenheit haben, die Lahmheit unseres Selbst einzusehen. Bezüglich des Fühlens ist sein Wort:

>Du lebest mit dem Wasserwesen
>Nur durch des Fühlens Traumesweben;
>Durchdring erwachend Wassersein,
>Es wird die Seele sich in dir
>Als dumpfes Pflanzendasein geben;
>Und Lahmheit deines Selbst
>Muss dich zum Wachen führen.

Das Dritte ist, wenn wir uns mit unserem Wollen in den Lüften fühlen. Zuerst fühlen wir uns mit dem Denken im Erdelement, dann mit dem Fühlen im Wasserelement, jetzt mit dem Wollen im Luftelement. Da fühlen wir im Luftelement, dass wir in unserem Wollen zunächst nichts haben als das, was uns das gewöhnliche Gedächtnis gibt: Gedächtnisbilderformen. Wir müssen diese Bilderformen, die in unserem Gedächtnis ruhen, die passiv in unseren Gedanken sind, wir müssen sie wollend ergreifen, dann ergreifen wir im inneren Bild das «Lüftewesen». Und die eigene Seele wird uns erscheinen, wenn wir uns so im Luftelement fühlen, wie wenn sie erstarrt wäre. Wenn wir die Erde und die Luft wegdenken, wenn wir denken, dass wir im Lüftewesen atmen wollen, kommen wir uns wie erstarrt vor. Aber gerade aus der Empfindung dieses Kältetodes, den wir da durchmachen, wird uns das Geistesfeuer kommen, das wir brauchen, um unser Wollen zu ergreifen. Mit Bezug auf das Wollen spricht der Hüter:

>Du sinnest in dem Lüftewehen
>Nur in Gedächtnis-Bilderformen;
>Ergreife wollend Lüftewesen,
>Es wird die eigne Seele dich
>Als kaltstarrter Stein bedrohn;
>Doch deiner Selbstheit Kälte-Tod,
>Er muss dem Geistesfeuer weichen.

Es sind tiefe Sprüche, die uns da der Hüter der Schwelle vor die Seele stellt. Nur wenn wir sie beachten, wenn wir in die Furcht vor uns selbst hineingeraten, wenn wir uns nichtig fühlen, indem wir auf der Erde denken, wird uns der Seelenmut zum lebendigen Denken erwachsen. Wenn wir fühlen, wie lahm wir sind, indem wir auf der Erde fühlen, wie nur halb lebendig und gelähmt wir sind, wird uns die Stärke erwachsen, die uns erwachen lässt, sodass wir im geistigen Leben mit dem Fühlen wach sind, in dem wir waren, bevor wir ins physische Erddasein heruntergestiegen sind. Dann, wenn wir hinuntersteigen in unser Gedächtnis, wenn wir mit unserem Gedächtnis in das Lüfteweben wollen, in dem Augenblick fühlen wir uns wie sklerotisiert, wie kalt durchschauert. Aber gerade, indem wir diesen kalten Schauer in uns fühlen, wird aus der Kälte wieder das Entgegengesetzte erwachen, das Geistesfeuer, das uns zeigen wird, wie das auf der Erde von uns verschlafene Wollen in dem lebendigen Wollen wurzelt, in dem wir waren, bevor wir ins irdische Dasein heruntergestiegen sind. Erinnernd müssen wir uns in unserem Sein erkennen, wie wir waren, bevor wir ins physisch-irdische Dasein heruntergestiegen sind. Daran ermahnt uns der Hüter der Schwelle.

Wir steigen vom Denken in das Fühlen und vom Fühlen in das Gedächtnis hinunter, wenn wir diesen Spruch auf uns wirken lassen. Wenn wir unten in die Gedächtnistiefen kommen, verschwindet sonst das seelische Leben, denn nur die Bilder des Gedächtnisses kommen wieder herauf. Da ist eine Grenze, die wie ein Spiegel ist. Was von außen in uns hereinkommt, kommt wie an eine Gedächtniswand heran, und von dort kommt es wieder zurück. Wie wir nicht hinter den Spiegel sehen, so sehen wir nicht hinter die Wand des Gedächtnisses. Aber hier ermahnt uns der Hüter der Schwelle, dass wir das, was sonst eine Grenze ist, durchstoßen müssen, um ins Geistige hineinzukommen.

Nachdem uns der Hüter der Schwelle mit seinen Mahnsprüchen mehr auf unser Inneres verwiesen und uns Zeit gelassen hat, das, was im Inhalt dieser Sprüche liegt, in der Seele zu verarbeiten, sollen wir, wenn wir diese mantrischen Sprüche meditierend benutzen, gerade an dieser Stelle uns lange Zeit lassen, damit sie mit ihrer Kraft in uns wirken und unser Ich durch alles Denken, Fühlen und Erinnern hindurch in das hinuntertragen, was hinter allem Erinnern liegt.

Dann ermahnt uns der Hüter, wie wir uns gegenüber der äußeren Welt verhalten sollen. Erst hat er uns mehr auf unser Inneres verwiesen, jetzt ermahnt er uns, wie wir uns gegenüber der äußeren Welt verhalten sollen. Er weist uns wieder zum Licht hinauf, das aber in uns nur im Scheinleben der Gedanken lebt. Das Licht ist es, das in uns denkt. Das

Licht, das in uns eindringt, denkt in uns. Aber im Erdleben ist das Licht nur Schein, der sich selbst denkt. Bleiben wir dabei, so wird uns unwahres Geisteswesen in den Wahn der Selbstheit statt in die Wirklichkeit der Selbstheit hineinbringen. Aber gerade das müssen wir durchdringen, dass, wenn wir uns nur in das Denken versenken, wir nur in den «Selbstheitwahn» kommen. Gerade durch dieses Erfassen von uns selbst als Erdmenschen, die in einem Selbstheitwahn befangen sind, können wir zur Besinnung kommen, zu jener Besinnung, die uns auf das im Denken aufmerksam macht, was geeignet ist, uns über den Abgrund des Seins hinüberzutragen. Und das ist, dass wir die Erdnöte mit aller ihrer Schwere erfassen. In ihnen werden wir eine Stütze finden, sodass wir im Denken das Sein erleben (s. Faksimile S. 410):

> Du hältst von Lichtes-Scheines-Macht
> Gedanken nur im Innern fest;
> Wenn Lichtesschein in dir sich selber denkt,
> So wird unwahres Geisteswesen
> In dir als Selbstheitwahn erstehn;
> Besinnung auf die Erdennöte
> Wird dich im Menschensein erhalten.

Wir gehen dann weiter: Der Hüter der Schwelle ermahnt uns, wie wir das wunderbare, allwebende Weltgestalten nur im Fühlen festhalten. Aber wenn wir dieses Weltgestalten nur im Fühlen festhalten, so bleibt unser «Geist-Erleben» ohnmächtig. Das Selbstheitsein wird erstickt, wenn wir immer nur fühlend auf das hinstarren, was sich in der Welt gestaltet hat. Wenn wir aber anfangen zu lieben, all das zu lieben, was in den Werten der Erde um uns herum ist, dann finden wir im Fühlen das Sein, und wir retten unser Menschsein:

> Du hältst vom Weltgestalten
> Gefühle nur im Innern fest;
> Wenn Weltenform in dir sich selber fühlt,
> So wird ohnmächtig Geist-Erleben
> In dir das Selbstheitsein ersticken;
> Doch Liebe zu den Erdenwerten
> Wird dir die Menschenseele retten.

Im gewöhnlichen Bewusstsein versuchen wir von den Werten der Erde nur die Gedanken zu erhaschen. Wir halten auch da nur den Schein des Lichtes fest, wenn wir uns nicht auf das besinnen, was in den Nöten der Erde Schwere hat. Wir halten von dem, was sich in der Welt bildet, nur unbestimmte Gefühle fest, wenn wir dieses Erdweben in Formen und Gestalten nicht in Liebe erleben. Und dann das Weltleben: Was können wir davon durch unser Wollen festhalten? Unser Wollen steht im Weltleben drinnen, aber wenn wir es nur im gewöhnlichen Wollen festhalten, geraten wir wieder nicht in das Sein hinein. Wenn uns das Weltleben voll erfasst, wird die Geisteslust vernichtend in uns das Selbsterleben töten. Das Aufgehen im Wollen der Welt bringt eine Geisteslust hervor, die uns selbst tötet. Aber wenn wir in höheren Welten ein geistergebenes Wollen entwickeln, wenn wir das, was wir in der physisch-sinnlichen Welt wollen, so denken, dass Götter in uns wollen, dass Götter unser Wollen inspirieren, es impulsieren, wenn wir im Dienst der Götter wollen, dann lassen die Götter ihr Sein in uns als Menschen walten, und wir spüren in dem gottdurchdrungenen Wollen ein wirkliches Sein:

> Du hältst vom Weltenleben
> Das Wollen nur im Innern fest;
> Wenn Weltenleben dich voll erfasst,
> So wird vernichtend Geistes-Lust
> In dir das Selbst-Erleben töten;
> Doch Erdenwollen geist-ergeben,
> Es lässt den Gott im Menschen walten.

Das sind die drei Ermahnungen, die uns im ernstesten Augenblick der Hüter der Schwelle zuruft. Der Hüter spricht, wie wenn das Weltwort selbst ertönen würde: «Du hältst von Lichtes-Scheines-Macht ... im Menschensein erhalten». Es ist so, wie wenn uns der Hüter darauf aufmerksam machen wollte, was wir tun. Wir sind, sagt er, noch nicht darüber hinausgekommen, vom Lichtesschein bloße Gedanken zu bilden. Dann mahnt er uns in Bezug auf das Fühlen: «Du hältst vom Weltgestalten Gefühle ... die Menschenseele retten». Das ist wieder die Ermahnung, dass wir lebend in den unbestimmten, verschwommenen Gefühlen nur das haben, was wunderbar gestaltet ist in aller Welt. In den Mikrokosmos kommt die Weltgestaltung zunächst nur in der Unbestimmtheit der Gefühle herein. Nicht wenn wir in unserem Gefühl die Weltform fühlen, sondern wenn die Weltform in uns eindringt, wenn der Makrokosmos in dem Mikrokosmos fühlt – «Wenn Weltenform in dir sich selber fühlt» –, nur dann werden wir uns unserer eigenen Ohnmacht bewusst, nur dann wird «Liebe zu den Erdenwerten ... die Menschenseele retten». Wir brauchen diese Rettung, denn darum sind wir hinübergekommen. Tragen wir nur die Gedanken hinüber, die den Lichtschein haben, tragen

Fünfte Wiederholungsstunde (Dornach)

wir nur die Gefühle hinüber, die unbestimmte Gestalt in uns haben, so vernichtet drüben das wahre Licht den Selbstheitwahn, so vernichtet das «Geist-Erleben» das ohnmächtige, schlafende Fühlen. Wir brauchen die Besinnung auf die Nöte der Erde, auf alles, was auf der Erde leidet, damit wir würdig in die geistige Welt hinübergehen und uns das Weltdenken nicht ertötet. Wir brauchen Liebe zu dem, was wert ist auf der Erde, damit wir drüben nicht zerstäuben, wenn wir mit unseren unbestimmten Gefühlen hinüberkommen. Und im dritten Spruch brauchen wir für das Wollen dieses: «Du hältst vom Weltenleben das Wollen... Gott im Menschen walten». Wir dürfen nicht bloß das in die geistige Welt hinübertragen, was wir hier haben. Wir müssen eine stärkere Seele hinübertragen, als wir sie hier haben. Wir müssen die Seele erst vorbereiten. Hier haben wir «Lichtes-Scheines-Macht», die in unseren «Gedanken» lebt, aber das genügt nicht, wir brauchen «Besinnung auf die Erdennöte», wir brauchen das Mitfühlen alles Erdleidens. Das wird uns das «Menschensein» erhalten. Wir brauchen drüben, weil wir in das Weltgestalten hinüberkommen, nicht bloß unsere Gefühle, wir brauchen die «Liebe zu den Erdenwerten», die Liebe zu all dem, was wertvoll ist auf der Erde, dann wird uns die Menschenseele gerettet. Im ersten Spruch heißt es: «Menschensein erhalten», im zweiten Spruch: «Menschenseele retten». Im dritten Spruch müssen wir in das volle Weltleben hinein, das in unserem Wollen nur einen schwachen Abglanz hat, der zu dünn ist, um hinüberzukommen. Wir müssen «Erdenwollen geist-ergeben» entwickeln, damit der «Gott im Menschen» walten kann. Das ist die Steigerung: «Lichtes-Scheines-Macht», «Weltgestalten», «Weltenleben»; «Gedanken», «Gefühle», «Wollen». Und was wir brauchen ist: «Besinnung auf die Erdennöte», «Liebe zu den Erdenwerten», «Erdenwollen geist-ergeben» – denn wir müssen uns «im Menschensein erhalten», «die Menschenseele retten», «den Gott im Menschen walten» lassen.

Meine lieben Freunde! Das ist dasjenige, was der Hüter auf unsere Seele legt, damit wir das entwickeln, was Seelenflügel sind, um hinüberzukommen. Und uns obliegt für die nächste am Mittwoch zu haltende esoterische Stunde, dass wir jene Mantren durch den Hüter der Schwelle für unsere Seele bekommen, der Michaels Statthalter an der Schwelle zur geistigen Welt ist, jene Mantren, die die ersten sind, die der Mensch spricht, wenn er drüben im Geistigen angekommen ist, das bei diesen Mantren noch als tiefe, nachtbedeckte, kalte Finsternis vor dem Menschen steht. Heute aber wollen wir uns, nachdem dieses vor unsere

Seele getreten ist, wieder auf das zurückbesinnen, was aus allen Wesen zu uns spricht, uns zu all dem auffordernd, was der Hüter der Schwelle in solcher Bestimmtheit vor uns hingestellt hat: «*O Mensch, erkenne dich selbst!* ...» (s. S. 173).

Und wenn wir das, was so mit den Worten des Hüters der Schwelle vor uns tritt, in der richtigen Gesinnung aufnehmen, dann ist es die Michael-Botschaft dieser zu Recht bestehenden Michael-Schule. Dann waltet Michael in diesem Saal. Er segnet und bekräftigt das, was an unsere Seele herantritt. Deshalb darf das, was so an unsere Seele herantritt, mit den Zeichen und dem Siegel Michaels versehen werden. Michaels Zeichen und Siegel werden dem aufgedrückt, was Rosenkreuzer-Stimmung seit Jahrhunderten ist, was sich als Rosenkreuzer-Stimmung in dem Spruch ausspricht: «Ex deo nascimur; in Christo morimur; per spiritum sanctum reviviscimus». Das ist mit Michaels Siegel so gesprochen, dass wir die ersten Worte mit dieser Gebärde begleiten (die untere Siegelgeste wird an die Tafel gezeichnet, wie bei der 1. Wiederholungsstunde, s. Tafel S. 333). Die zweiten Worte werden mit dieser Gebärde begleitet, die dritten Worte mit dieser Gebärde (s. Zeichnung). Die erste Gebärde heißt: «Ich bewundere den Vater»; die zweite Gebärde: «Ich liebe den Sohn»; die dritte Gebärde: «Ich verbinde mich dem Geiste». Und so dürfen wir das Gesprochene so auffassen, dass es bekräftigt wird durch Michaels Zeichen, dass es bekräftigt, bestätigt wird durch Michaels Siegel, das so ist, das aber auf die Rosenkreuzer-Worte aufgedrückt wird. Und so sollen die Sprüche leben, die gegeben werden mit dem Zeichen Michaels, so soll besiegelt sein für unsere Seelen das, was durch die Michaelische Rosenkreuzer-Schule lebt (es werden das Michael-Zeichen und die drei Siegelgesten gemacht und es wird dazu gesprochen:) «Ex deo nascimur»; «in Christo morimur»; «per spiritum sanctum reviviscimus».[10]

---

10 Meine lieben Freunde! Die mantrischen Sprüche, die gegeben werden in dieser Schule, darf nur derjenige besitzen, der rechtmäßig Mitglied der Schule ist, das heißt, im Besitz des blauen Zertifikats ist. Wer nicht da ist bei einer Stunde, bei der er schon da sein könnte nach dem Datum seiner Aufnahme – also wohlgemerkt diesen Satz: die Sprüche derjenigen Stunden, bei denen er nach dem Datum seiner Aufnahme hätte schon dabei sein können –, diese Sprüche kann er von einem der anderen Mitglieder bekommen, die sie hier in der Schule rechtmäßig erhalten haben. Dazu ist aber die Einholung der Erlaubnis entweder bei Frau Dr. Wegman oder bei mir selbst notwendig. Es ist nicht eine Verwaltungsmaßregel, sondern es ist begründet in einer okkulten Schule, dass der Übergabe von so etwas ein realer Akt von dieser Art vorausgeht. Wer aber bei Frau Dr. Wegman oder bei mir anfragen will, das kann nur

der sein, der die Sprüche einem anderen geben will, nicht derjenige, der sie empfangen will. Man kann also jemanden um die Sprüche bitten. Dann kann man nicht fragen als derjenige, der empfangen will, sondern man muss denjenigen fragen lassen, der geben will. Es ist ganz vergeblich, wenn der Empfänger fragt. Wer Sonstiges nachschreibt, der mag das acht Tage behalten. Nachher aber ist er verpflichtet, es zu verbrennen, weil das, was durch diese Schule leben soll, nur innerhalb der Schule leben soll und nicht nach außen kommen soll. Das alles sind keine Verwaltungsmaßregeln oder willkürliche Maßregeln. Das alles ist begründet in okkulten Gesetzen. Denn wenn irgendetwas in unrechte Hände gerät, so hört es auf, seine Wirksamkeit für all diejenigen zu haben, die es zur Wirksamkeit bekommen sollen. Wenn also Missbrauch getrieben wird, indem mantrische Sprüche oder der Inhalt des hier Gegebenen an unrechte Persönlichkeiten gegeben werden, so verlieren diese mantrischen Sprüche und das hier Gegebene für die hier Sitzenden ihre Wirksamkeit. Es ist um Tatsachen zu tun, nicht um irgendetwas, was eine Willkür-Maßregel ist. Ich habe nur noch die Tageseinteilung für morgen zu geben. Es wird wiederum um halb zehn hier der Kurs der Pastoralmedizin sein, um zwölf Uhr der Sprachgestaltungskurs, um halb sechs Uhr der Kurs für Theologen und um acht Uhr der Mitgliedervortrag.

> Du hältst von Lichtes-Scheines-Macht
> Gedanken nur im Innern fest;
> Wenn Lichtesschein in dir sich selber denkt,
> So wird unwahres Geisteswesen
> In dir als Selbstheitswahn erstehn;
> Besinnung auf die Erdennöte
> Wird dich im Menschensein erhalten.
>
> Du hältst vom Weltgestalten
> Gefühle nur im Innern fest;
> Wenn Weltenform in dir sich selber fühlt,
> So wird ohnmächtig Geist-Erleben
> In dir das Selbstheitsein ersticken;
> Doch Liebe zu den Erdenwerten
> Wird dir die Menschenseele retten.

Sechste Wiederholungsstunde

Dornach, 17. September 1924

Meine lieben Freunde![11] Wir beginnen in dieser Michael-Schule auch heute mit jenem Wort wieder, das die Grundaufforderung, die fundamentale Aufforderung an den Menschen enthält, die ihm aus allen Reichen der Natur in ihrer Herrlichkeit entgegentönt, wenn er Sinn und Empfänglichkeit dafür hat, und die ihn auffordert, sein eigenes Wesen zu suchen, ihn aber auch auffordert, durch dieses eigene Wesen die Welt in ihrer wahren geistgetragenen Gestalt zu erkennen. Und so tönt es aus all dem, was da lebt und webt in Erdtiefen, in Wasser und Luft, in Wärme und Licht, was da lebt in den Bergen, Quellen und Felsen, was da lebt in den Pflanzen-, Tier- und Menschengestalten, in Menschenseelen und in Menschengeistern, was da lebt in den Bewohnern der Sterne, so tönt es: *«O Mensch, erkenne dich selbst! ...»* (s. S. 173).

Meine lieben Freunde! Die Beschreibung des Geisteswegs, der aus dem, was hier hell ist in unserer sonnenbeglänzten Welt, in der wir auf der Erde leben, in das hineinführen soll, was uns jenseits des gähnenden Abgrundes des Seins wie eine dunkle, nachtbedeckte Finsternis erscheint, dieser Weg wird uns dazu führen, dass, wenn wir unser eigenes Wesen suchen, wir gewahr werden, dass in all dem, was auf der Erde kriecht und in der Luft fliegt, in all dem, was unsere Sinne sehen, in dem majestätischen Schein der Sterne, in den Tiefen des Weltraumes, in den Weiten der Zeitfolgen, dass in alldem nicht unser Sein, der Quell unseres Menschenwesens enthalten ist. Es wird da finster, wenn wir nach unserem Menschenwesen ausschauen. Die Beschreibung hat dazu gedient, uns zu zeigen, dass wir den Weg vorbei an dem Hüter der Schwelle finden müssen, der vieles zu uns gesprochen hat über die Bedeutung des geistigen Weges, hinüber in das, was noch nachtbedeckte, schwarze Finsternis ist, damit es dort hell werde und in dieser Helligkeit uns das Licht aufgehe, das unser eigenes Sein und damit das Sein der Welt beleuchte, beleuchte vor unserem Seelenauge. Wir müssen uns klar sein

---

11 Für die heute neu Eingetretenen muss wieder gesagt werden, dass nicht in allen Fällen, wenn neue Mitglieder zur Schule hinzukommen, die Einleitung gesprochen werden kann, die von dem Wesen und den Pflichten der Schule handelt, und dass ich daher diejenigen schon hier gewesenen Mitglieder, die die mantrischen Sprüche geben werden an die neu Eingetretenen, verpflichten muss, ihnen auch das zu sagen, was der Inhalt dieser Einleitung ist.

darüber, dass in dem Augenblick – und wir sind jetzt in der Beschreibung so weit –, wo wir über den Abgrund des Seins hinübersollen, vorbei an dem Hüter der Schwelle, dass in diesem Augenblick mit dem Menschen, also mit uns selbst, eine bedeutsame Veränderung vor sich geht.

Blicken wir, meine lieben Freunde, auf unser menschliches Sein, so wie es zwischen Geburt und Tod im physischen Erdleben ist: Wir erfassen die Welt denkend, wir erleben die Welt fühlend, wir wirken in der Welt wollend. Aber Denken, Fühlen und Wollen sind durch unseren menschlichen Leib innig miteinander verwoben. Wenn wir etwas ausführen wollen, denken wir es zuerst. Das, was wir ausführen wollen, ist im Keim in unseren Gedanken vorhanden. Wir sehen es dann in die Willensimpulse hineinschießen. Oder wir fühlen an einem Ding, dass es uns wert ist. Wir fühlen in uns die Liebe zu dem oder jenem Wesen erspießen. Indem wir so fühlen, machen wir uns von dem Wesen bloß einen Gedanken, oder wir gehen dazu über, Taten der Liebe gegenüber diesem Wesen zu vollbringen. Wir lassen uns von der Liebe beflügeln, uns impulsieren, um in den Willen überzugehen. All das aber, unser Denken, unser Fühlen und unser Wollen, hängt eng zusammen in unserem Menschenwesen, insofern dieses Menschenwesen sich zwischen Geburt und Tod hier in der physischen Welt entfaltet. Wir sind im Denken, Fühlen und Wollen eine Einheit. Und wahr ist es: Wirklich wachend sind wir nur in unseren Gedanken. Die sind hell und klar, obwohl sie uns der Hüter der Schwelle als Schein enthüllt hat. Sie sind hell und klar, wir wachen in ihnen. Dunkler und unklarer lebt aber das Fühlen in uns. Wir sind näher dem Sein im Fühlen, aber der Inhalt dessen, was wir fühlen, ist wie ein Traum. Sodass wir von einem wachen und hellen Denken sprechen können, aber nur von einem träumenden Fühlen. Das Wollen aber, wie es sich aus dem Wesen unserer Menschheit herauslöst, bleibt dem gewöhnlichen Bewusstsein völlig unklar. Der Mensch hat den Gedanken, dass er dies oder jenes will; der Gedanke schießt hinunter, ergreift den Organismus; der Organismus bewegt sich, führt den Gedanken aus; der Mensch sieht dann wieder mit einem Gedanken, was er ausgeführt hat. Aber das Wollen selbst ruht in seiner Wesenheit wie das in unserer Seele, was vom Einschlafen bis zum Aufwachen im tiefen Schlaf ist.

Derjenige aber, der diese Dinge als Eingeweihter schaut, sieht die Gedanken in jener Lebendigkeit, in der sie waren, bevor der Mensch heruntergestiegen ist aus übersinnlichen Welten in die sinnliche Welt. Er schaut in den Gedanken eine leuchtende Wesenheit. Diese leuchtende Wesenheit ruht aber im Menschen nicht so wie der Schein der Gedanken, die er im gewöhnlichen Denken hat. Wir stehen neben dem Hüter der Schwelle, der Abgrund des Seins ist da; vor uns, jenseits des Abgrundes, jenseits der Schwelle, ist die schwarze, nachtbedeckte Finsternis. Jetzt hellt sich aus der Finsternis heraus bewegt Gestaltetes, lebendig Gestaltetes. Wir sagen uns, indem wir spüren, dass unsere Gedanken, wie sie in uns als physischen Menschen waren, uns verlassen haben, wir sagen uns: Das ist unser webendes, lebendes Denken. Das gehört jetzt aber nicht uns, das gehört der Welt an. Wie Licht im Licht hebt sich das Denken von der schwarzen Finsternis los. Wir wissen jetzt, unser Denken ist innerhalb der schwarzen Finsternis die erste Helligkeit, zu der wir kommen. Und dann blicken wir nach unten. Wir haben das Gefühl, dass der Hüter der Schwelle uns mit seiner mahnenden Gebärde dahin weist. Wir blicken nach unten, und die Finsternis wird unten wie Feuerschein. Feuer, dunkles Feuer, aber Feuer, das wir spüren können, das wir hellfühlend fühlen, breitet sich unten aus. Über den Abgrund des Seins kommt das herüber, wovon wir wissen, das ist unser Wollen. Der Eingeweihte lernt erkennen, wie es ist, wenn Denken in Wollen übergeht. Wenn Denken in Wollen übergeht, da wird zuerst der Gedanke erfasst, das, was gewollt wird; dann aber strömt dieser Gedanke in die Leiblichkeit ein. Im Hellfühlen merken wir es wie ein wohltuendes Feuer. Es ist Wärme, die da den Willen zum Dasein bringt, es ist Feuer, was uns als unser eigener Wille aus der Finsternis entgegentritt. Und zwischen dieser Wärme, die unser Wille ausströmt und die uns von unten entgegenströmt – denn unser Wille, der von uns als Mensch ausgeht, der uns jetzt entgegenströmt herüber über den Abgrund des Seins, ist nur der Reflex des Willens, der unser Eigen als kosmischer Mensch ist –, zwischen dieser dunkel-warmen Ausströmung von unten, die einen bläulich-violettlichen Anflug hat, und dem hellen Gedankenlicht von oben mit rosa-gelblichem Anflug, dazwischen wogt Wärme hinauf und Licht hinunter. Es ist lichtdurchglänzte Wärme im Hinaufwogen, wärmedurchwobenes Licht im Hinunterströmen: Das ist unser Fühlen. Ein mächtiges Bild ist es, auf das der Hüter der Schwelle uns weist. Und wir wissen jetzt: Treten wir von der Welt der Sinne, von der Welt der physischen Wirklichkeit, in der wir zwischen Geburt und Tod sind, über in die Welt des Geistes, dann sind wir im Denken, Fühlen und Wollen nicht jene Einheit, die wir hier sind, dann sind wir eine Dreiheit. Im Weltall sind wir eine Dreiheit: Im Übergang über die Schwelle geht unser Denken zum Licht, unser Wollen zum Feuer und unser Fühlen zum feuergetragenen Licht und lichtdurchwobenen Feuer.

Und indem wir im Wahrnehmen eins werden mit dem Weltgeist, fühlen wir uns drüben als eine Dreiheit, wie wir uns hier auf der Erde als eine Einheit fühlen. Wir müssen den Mut haben, das Selbst so weit auszudehnen, unser Ich so weit zu verstärken, dass es die Drei zusammenhält, wenn wir hinüberkommen. Das können wir, wenn wir uns recht mit dem durchdringen, was uns sonst nur ein Bild ist, wenn wir uns recht mit dem durchdringen, dass unser Kopf, der der Ursprung all unseres Sinnen- und Denklebens ist – alles Sinnen- und Denkleben ist über den ganzen Körper ausgebreitet, aber im Kopf ganz besonders ausgedrückt –, dass unser Kopf in seiner Rundung mit der Öffnung nach unten die Weltgestalt nachbildet. Können wir uns in allem Ernst, mit aller inneren Inbrunst sagen: Dein Kopf ist innen und außen eine Nachahmung der Weltgestalt, dann fühlen wir, indem wir den Kopf von innen anschauen, dass dieses Anschauen sich zum Weltall erweitert, das nur für unser irdisches Anschauen in unserem Kopf zusammengedrängt ist. Wir fühlen dann ganz intensiv, wie unser Herz, der physische Ausdruck unserer Seele, nicht bloß durch das schlägt, was in unserem Leib, in unserem von der Haut begrenzten Menschenwesen ist. Wir atmen die Luft ein, die der Impulsgeber des Herzschlages ist, wir atmen sie wieder aus: Die Welt in ihrer Größe, in ihrer Majestät wirkt in unserem Herzschlag mit. Es ist der Weltschlag, der in unserem Herzen empfunden wird, nicht bloß das, was wir in uns tragen. Wenn wir dann denken, wie unsere Glieder arbeiten und sich im Wollen ausleben, dann sehen wir, dass nicht das allein uns diese Kraft zum Wollen gibt, was in unserem Menschen ist. Denken wir nur einmal, wie die Vererbungskräfte in uns übergehen, wenn wir geboren werden, wie die Kräfte des Karmas, die wir uns in vielen Erdleben erworben haben, in unserem Wollen leben. Denken wir an all das, dann fühlen wir, dass wir denken dürfen: Wenn wir wollen, lebt in unseren Gliedern Weltkraft, nicht bloß Menschenkraft.

Jetzt denken wir uns, meine lieben Freunde, noch diesseits, hart an der Seite des Hüters der Schwelle, der hinüberweist auf die lichterglänzenden Weltgedanken, auf das, was wärmedurchprägt und wärmedurchströmt als Licht herunterwogt und als lichtgetragene Wärme hinaufwogt, dann auf das, was unten wie warmer Wind uns geistig anströmt als Feuer des Weltalls, das die Urkraft des Wollens ist. So wie wir hier stehen, tritt an uns herantönend das, was uns der Hüter der Schwelle in dieser Situation zu sagen hat:
  Schau die Drei,
  Sie sind die Eins,

> Wenn du die Menschenprägung
> Im Erdendasein trägst.

Schau die Drei: das Denken, das Fühlen und das Wollen. Der Mensch ist jetzt gespalten, er ist eine Dreiheit geworden.

> Erlebe des Kopfes Weltgestalt △
> Empfinde des Herzens Weltenschlag ⧖
> Erdenke der Glieder Weltenkraft. ▽

Der Hüter sagt uns, dass wir bei der ersten Zeile haltmachen, dass wir des Kopfes Weltgestalt in diesem in sich geschlossenen, nach oben gerichteten Dreieck empfinden. Wir konzentrieren uns auf dieses Zeichen. Bei der zweiten Zeile macht der Hüter das zweite Zeichen, sodass wir in ihm den Wellenschlag der Welt empfinden, der sich im Herzen kreuzt. Bei der dritten Zeile macht er das Dreieck nach unten, auf das wir uns konzentrieren sollen. Damit wir die Kraft dieser drei Zeilen empfinden, die ganze mantrische Kraft dieses Spruches empfinden, bekräftigt der Hüter der Schwelle noch einmal:

> Sie sind die Drei,
> Die Drei, die als das Eins
> Im Erdendasein leben.

Das ist der Spruch, durch den uns der Hüter ankündigt, dass wir uns anschicken sollen, durch kräftigen Mut, durch begeistertes Erkenntnisstreben Flügel zu empfinden zum Hinüberfliegen von der Eins zu der Drei. Die Eins sind wir im Physischen. Die Drei, sie treten uns in dem imaginativen Bild entgegen, sie sind wir in der geistigen Welt. Die Weltgestalt kann im Kopf erlebt werden; der Weltenschlag kann im Herzen empfunden werden; die Weltkraft kann in der Bewegung der Glieder erdacht werden. Die Steigerung ist: «erlebe», «empfinde», «erdenke»; «Gestalt», «Schlag», «Kraft». Die drei Zeilen müssen dadurch bekräftigt werden, dass wir uns auf die drei Zeichen konzentrieren.

Meine lieben Freunde! Wenn wir im Erddasein dastehen – und wir stehen noch da, wir blicken erst hinüber in die geistige Welt –, wenn wir im Erddasein dastehen, dann schreiben wir unserem Kopf, indem er die Gedanken enthält, wir schreiben ihm den Geist zu. Wir haben diesen Geist zunächst im Schein. Der Gedanke aber, unsere Gedanken sind der Schein des Geistes. Wir schreiben unserem Kopf die Gedanken, das heißt den Geist zu, weil der Geist im Erddasein in Gedankenform lebt. Aber wir können etwas anderes tun, und das müssen wir auf die Ermahnung des Hüters der Schwelle in dieser Situation tun, wo wir uns anschicken, über den Abgrund des Seins hinüberzukommen. Wir müssen uns bemühen, jene Kraft, die wir sonst aufbringen, wenn wir irgendein Glied bewegen, wenn wir gehen oder greifen, wenn wir den Willen durch unsere Muskeln schicken, wir müssen uns bemühen, uns auf diesen Willen so zu konzentrieren, dass wir jeden einzelnen Gedanken so wollen, wie wenn wir ihn aus uns herausstoßen würden. Wir müssen empfinden: Der Gedanke wird so ausgestoßen, wie wenn wir den Arm ausstrecken. Durch den Willen geht Realität in die Gedanken hinein. Dann wird uns aus dem, was in unseren Sinnen lebt, während es uns vorher nur Farbenschein oder Tongestalt zugeschickt hat, dann wird uns aus dem vielgestaltigen Sinnenschein ein kosmisches Wollen entgegenströmen.

Meine lieben Freunde! Wir lernen Gedanken in die Welt auszustrecken, wie wir lernen, durch den Willen die Hände auszustrecken. So wie uns die festen Dinge der Welt entgegenkommen, wenn wir den Willen ausstrecken, und uns Widerstand bieten, so bieten uns die Geister Widerstand, wenn wir die Gedanken ausstrecken, indem wir den Willen durch die Gedanken hindurchspannen. Tun wir das, dann weben wir real in der Weisheit der Welt. Wieder ermahnt uns der Hüter dazu. Die letzte Mahnung des Hüters dringt an uns heran:

Des Kopfes Geist,
Du kannst ihn wollen;
Und Wollen wird dir
Der Sinne vielgestaltig Himmelsweben;
Du webest in der Weisheit.

Wir denken sonst des Kopfes Geist nur, jetzt wollen wir ihn. Und wenn wir das tun, dann wird das Wollen – das Wollen der Gedanken – etwas anderes. Das nächste, worauf uns der Hüter der Schwelle weist, das ist unser Herz, in dem sich all das konzentriert, was unser rhythmischer Mensch ist. In das Herz können wir zunächst nichts anderes als das Fühlen hineintragen. Wir fühlen hier in der Sinneswelt zwischen Geburt und Tod. Aber wenn wir in der geistigen Welt sind, müssen wir auch dem Herzen und seinem Inhalt unser Fühlen entgegenbringen. Können wir aber das Herz so fühlen, wie wenn in unserem Herzen die Welt fühlen würde, weil wir in der Welt sind, dann wird unser Fühlen etwas anderes. Wie das Wollen in uns zu «der Sinne vielgestaltig Himmelsweben» wird, so wird das Fühlen in uns «des Denkens keimerweckend Weltenleben»:

Des Herzens Seele,
Du kannst sie fühlen;

Und Fühlen wird dir
Des Denkens keimerweckend Weltenleben;
Du lebest in dem Scheine.

Das müssen wir so auffassen, dass wir sagen: Das Denken, also des Kopfes Geist, wird zum Wollen; das Fühlen bleibt Fühlen, aber es strahlt auf der einen Seite nach dem Denken, auf der anderen Seite nach dem Wollen – es ist beides zugleich. Daher müssen wir uns angewöhnen, an dieser Stelle eine Zeile zu denken, wo wir ineinanderweben das, was nach oben und das, was nach unten strahlt. Diese Zeile muss so lauten (s. Faksimile zur 7. Stunde S. 152):

$$\text{Des} \begin{Bmatrix} \text{Denkens Wollen} \\ \text{Wollens Denken} \end{Bmatrix} \text{keimerweckend Weltenleben}$$

Mit dem Fühlen leben wir in dem Schein. Das ist jetzt nicht ein verglimmender Schein, das ist die Offenbarung der Welt in der Schönheit, was wir auch Schein nennen können – was «Gloria» genannt wurde. Schein ist hier in der Bedeutung von Gloria. Wir müssen versuchen, meine lieben Freunde, indem wir dies üben, es als gleichzeitig zu denken, indem es ineinanderwebt – des Denkens Wollen, des Wollens Denken –, indem es ineinanderfließt, weil es in der Welt so dasteht.

Das Dritte, worauf uns der Hüter der Schwelle weist, ist die Kraft unserer Glieder. In ihnen wollen wir sonst. Jetzt aber verlangt der Hüter der Schwelle, dass wir unserer Glieder Kraft denken, wie wenn wir aus uns heraustreten würden und ruhig daneben stehen würden. Er verlangt, dass wir den Geist unserer Glieder denken, indem wir jetzt nicht das, was wir tun, als eine Anstrengung unserer Kraft fühlen, sondern es anschauen, wie wenn wir neben uns selbst stehen würden. Dann wird das Denken, das wir entfalten, zum Denken des Wollens, es wird «des Wollens zielerfassend Menschenstreben». Jetzt erkennen wir die «Tugend» im Sinne von menschlicher Tüchtigkeit, im Sinne von dem, was Menschen in der Weltevolution können. So mahnt uns der Hüter der Schwelle:

Der Glieder Kraft,
Du kannst sie denken;
Und Denken wird dir
Des Wollens zielerfassend Menschenstreben;
Du strebest in der Tugend.

Die eine Steigerung ist: «webest», «lebest», «strebest». Die andere Steigerung ist: «Weisheit», «Schein», «Tugend». Ich spreche die Zeilen nochmals so, wie sie uns entgegentönen, indem der Hüter sie zu uns spricht: «Des Kopfes Geist ... Du strebest in der Tugend». Das ist die letzte Mahnung des Hüters der Schwelle.

Das ist der entscheidende Punkt, auf den hingewiesen werden darf mit dem Wort, das hier als das Wort ausgesprochen wird, das Michael selbst spricht, weil diese esoterische Schule von Michael begründet und von seiner Kraft getragen ist. Jetzt steht die Unterweisung an jenem wichtigen Punkt, wo wir all das in uns aufgenommen haben, was, wenn es durchgeübt wird, uns die Flügel gibt, über den gähnenden, tiefen Abgrund des Seins hinüberzukommen. All das, was heute gesprochen worden ist in dieser Michael-Schule, das sollen Zeichen und Siegel Michaels noch einmal begleiten, denn alles wird so gegeben, dass, während es durch den Raum dieser Schule ertönt, Michael anwesend ist – was bekräftigt werden darf durch sein Zeichen, was bekräftigt werden darf durch sein Siegel, das er dem dreifachen Rosenkreuzer-Spruch aufdrückt: Ex deo nascimur; in Christo morimur; per spiritum sanctum reviviscimus. Dieses Siegel ist so, dass wir den ersten Spruch in dieser Gebärde empfinden, den zweiten Spruch in dieser Gebärde, den dritten Spruch in dieser Gebärde (s. Tafelzeichnung S. 335). Und wir wissen, die erste Gebärde bedeutet: Ich bewundere den Vater. Das fühlen wir, während wir sagen: «Ex deo nascimur», und wir bekräftigen es durch die Gebärde, die Michaels Zeichen ist. Die zweite Gebärde bedeutet: Ich liebe den Sohn. Das fühlen wir, indem wir sprechen: «In Christo morimur». Wir drücken das im Gefühl durch dieses Michael-Zeichen aus. Die dritte Gebärde bedeutet: Ich verbinde mich dem Geiste. Das begleitet als Gefühl, wenn wir sprechen: «Per spiritum sanctum reviviscimus». Es ist die Geste, die Michaels Zeichen über diesem dritten Teil des Rosenkreuzer-Spruches ist. So mögen Michaels Zeichen und Siegel den weiteren Weg geleiten, der hier in dieser Schule für Geistesentwicklung gegangen wird.

Dann ist der Augenblick gekommen, in dem des Hüters der Schwelle entscheidendes Wort erklingt, des Hüters der Schwelle Wort, wie wenn es von Michael selbst kommen würde, wie wenn es aus Weltfernen kommen würde. Nachdem uns der Hüter gesagt hat, wie wir uns vorzubereiten haben – und wir fühlen, dass eine solche Vorbereitung sein muss –, dann wird von Michael wie aus Weltfernen das Wort erklingen:

    Tritt ein
    Das Tor ist geöffnet
    Du wirst
    Ein wahrer Mensch werden.

Wir müssen uns in die Empfindung hineinleben, dass wir das nicht selbst sprechen, sondern indem wir es sprechen, soll es objektiv werden, sodass wir es so hören, wie wenn es von anderer Seite gesprochen wäre. Was sich in der weiteren Beschreibung in den folgenden Stunden abspielen wird – die folgende Stunde ist regelmäßig am Samstag um halb neun –, was sich in den folgenden Stunden abspielen wird, das wird wiedergeben, was drüben jenseits der Schwelle ertönt. Jetzt aber besinnen wir uns noch einmal – denn alle wirkliche Entwicklung führt immer wieder zum Ausgangspunkt zurück –, wie aus allen Wesen der Welt die Aufforderung zu dem spricht, was wir aus dem Mund des Hüters erfahren haben: *«O Mensch, erkenne dich selbst! ...»* (s. S. 173).

Noch einmal – alles bekräftigend, Michaels Anwesenheit bekräftigend – Zeichen und Siegel Michaels.[12]

---

12 Die mantrischen Sprüche, die hier zum Üben gegeben werden, und die in sich die Kraft tragen, das in sich zu erleben, was hier beschrieben wird, dürfen nur die rechtmäßigen Mitglieder dieser Klasse besitzen, niemand anders. Derjenige, der der Schule angehört und einmal nicht da sein kann bei einer Stunde, wo er einen entsprechenden Spruch hätte bekommen können, kann sich ihn von einem anderen Mitglied, das da gewesen ist, geben lassen. Es muss aber für jedes solches Abgeben des Spruches eine besondere Erlaubnis eingeholt werden, entweder bei Frau Dr. Wegman oder bei mir selbst. Derjenige aber, der den Spruch erhalten will, kann um diese Erlaubnis nicht ersuchen, sondern allein derjenige, der den Spruch geben soll. Wenn man einmal die Erlaubnis bekommen hat, jemandem die Sprüche zu geben, so gilt das dann für die einzelne Persönlichkeit weiter. Für jede einzelne andere Persönlichkeit muss wiederum dieselbe Erlaubnis geholt werden, entweder bei Frau Dr. Wegman oder bei mir. Es nützt gar nichts, wenn man die Sprüche erhalten will, wenn man selbst um die Erlaubnis fragt, sondern nur, wenn man sie geben will. Man muss sich also, will man die Sprüche erhalten, an jemanden wenden, der sie zu Recht hat. Der muss dann fragen – für jeden Einzelnen fragen, dem er sie gibt. Wenn jemand etwas anderes, außer den Sprüchen, mitschreibt, so ist er nur berechtigt, es höchstens acht Tage zu haben, dann muss er es verbrennen. Anderes außer den Sprüchen hier Mitgeschriebenes muss verbrannt werden. Denn wir müssen die okkulten Regeln einhalten. Es ist eine okkulte Regel in all dem, was ich jetzt sage und einhalte. Wir müssen die okkulten Regeln einhalten. Es handelt sich nicht um eine willkürliche Verwaltungsmaßregel, sondern, wenn in unrechte Hände kommt das, was esoterisch ist, dann, meine lieben Freunde, verliert das Esoterische für diejenigen, die es rechtmäßig in Händen haben, verliert das betreffende Mantrische seine Kraft. Es handelt sich um etwas, was in okkulten Gesetzen begründet ist. Um zwölf Uhr morgen ist wieder der Sprachgestaltungskurs; viertel vor elf Uhr der Theologenkurs; um fünf Uhr der Kurs für Pastoralmedizin; um acht Uhr der Mitgliedervortrag.

Manuskript.
Nicht durchgesehen.
Für die Angehörigen der I. Klasse der Freien
Hochschule für Geisteswissenschaft
Goetheanum, Dornach.

20. IX. 24

Klartextübertragung von Helene Finckh
(7. Wiederholungsstunde – 20.9.1924)

Vortrag
von
Dr. Rudolf Steiner,
gehalten am 20. September 1924 in Dornach.

— — — — —

Meine lieben Schwestern und Brüder!

Seit der Weihnachtstagung geht durch die ganze Anthroposophische Gesellschaft ein esoterischer Zug. Und diejenigen Mitglieder der Anthroposophischen Gesellschaft, die in der letzten Zeit an den allgemeinen Mitgliedervorträgen teilgenommen haben, werden ja bemerkt haben, wie dieser esoterische Zug durch alles dasjenige fliesst, was jetzt innerhalb der anthroposophischen Bewegung erarbeitet wird und erarbeitet werden soll.

Dies war eine Notwendigkeit, eine Notwendigkeit, die sich vor allen Dingen aus der geistigen Welt heraus, aus der ja die Offenbarungen fliessen, welche leben sollen in der anthroposophischen Bewegung, die sich aus der geistigen Welt heraus ergaben.

Damit aber war die Notwendigkeit geschaffen,

Siebte Wiederholungsstunde
Dornach, 20. September 1924

Meine lieben Freunde![13] Nach dieser Einleitung möchte ich wieder mit jenem Spruch beginnen, der Anfang und Ende dessen ist, was hier als Michael-Verkündigung vor uns hintritt, und der das enthält, was zu allen Menschen, die einen unbefangenen Sinn haben, alle Dinge der Welt sprechen, wenn man mit der Seele auf sie hinhört. Denn all das, was im Mineralreich, im Pflanzen- und im Tierreich lebt, was aus den Sternen

---

13 Seit der Weihnachtstagung geht durch die ganze Anthroposophische Gesellschaft ein esoterischer Zug. Und diejenigen Mitglieder der Anthroposophischen Gesellschaft, die in der letzten Zeit an den allgemeinen Mitgliedervorträgen teilgenommen haben, werden bemerkt haben, wie dieser esoterische Zug durch all das fließt, was jetzt innerhalb der anthroposophischen Bewegung erarbeitet wird und erarbeitet werden soll. Dies war eine Notwendigkeit, eine der Notwendigkeiten, die sich aus der geistigen Welt heraus, aus der die Offenbarungen fließen, die in der anthroposophischen Bewegung leben sollen, die sich aus der geistigen Welt heraus ergeben. Damit war auch die Notwendigkeit gegeben, einen Kern für anthroposophisch-esoterisches Leben, für wirkliches esoterisches Leben zu schaffen, damit war auch die Notwendigkeit gegeben, zur geistigen Welt selbst eine Brücke hinüberzubauen. Die geistige Welt musste von sich aus den Willen zum Schaffen einer solchen Schule offenbaren. Denn eine esoterische Schule kann nicht aus menschlicher Willkür heraus geschaffen werden, auch nicht aus jener menschlichen Willkür heraus, die man mit dem Namen «menschliche Ideale» bezeichnet, sondern sie, diese esoterische Schule, muss der Leib sein von etwas, was aus der geistigen Welt selbst herausfließt. Sodass in all dem, was in einer solchen Schule geschieht, sich der äußere Ausdruck einer Wirksamkeit darstellt, die im Übersinnlichen, in der geistigen Welt selbst geschieht. Daher hat diese esoterische Schule auch nicht geschaffen werden können, ohne dass jener Wille befragt wurde, der, wie auch hier in Mitgliedervorträgen öfter auseinandergesetzt worden ist, seit dem letzten Drittel des 19. Jahrhunderts als der Michael-Wille die menschlichen geistigen Angelegenheiten führt. Dieser Michael-Wille ist selbst derjenige Wille, der im Laufe der Zeit in zyklischer Folge immer wieder eingreift aus der geistigen Welt in die Menschengeschicke. Und wenn wir zurückblicken in die Evolution der Zeit, so finden wir, dass derselbe Michael-Wille – was wir Michael-Herrschaft nennen können –, in den geistigen Angelegenheiten der Menschheit, in den großen zivilisatorischen Fragen wirksam war vor dem Mysterium von Golgota in der Alexanderzeit als das, was in Griechenland erarbeitet worden war durch die chthonischen und die Himmelsmysterien, und was verbreitet werden sollte hinüber nach Asien, verbreitet werden sollte nach Afrika. Da, wo Michael-Wille herrscht, ist immer Kosmopolitismus vorhanden, da wird das, was Differenzierung unter den Menschen auf der Erde ist, für das Michael-Zeitalter überwunden. An jenes tief bedeutsame Wirken, das sich knüpft an die Ausbreitung des Aristotelismus und des Alexandrinismus, an dieses Wirken, das ein

herunterfunkelt, was aus den Reichen der Hierarchien in unsere Seele hereinwirkt, aus all dem, was an Gewürm auf der Erde kriecht, was an Leben sich auf der Erde bewegt, aus all dem, was in Fels und Quell, in Wald, Feld und Berg, in Wolken, in Blitz und Donner spricht, aus alldem sprach zu dem unbefangenen Menschen in aller Vergangenheit, spricht zu ihm in aller Gegenwart, wird zu ihm sprechen in aller Zukunft: *«O Mensch, erkenne dich selbst!...»* (s. S.173).

Michael-Wirken war, knüpfte sich dann das andere Wirken, das des Oriphiel. Daraufhin, nach dem Oriphiel-Wirken, kam das Anael-Wirken, das Zachariel-Wirken, dann das bedeutsame Raphael-Wirken, dann das Samael-Wirken, dann das Gabriel-Wirken, das bis ins 19. Jahrhundert hereinging. Und seit den letzten siebziger Jahren des 19. Jahrhunderts stehen wir wieder in dem Zeichen des Michael-Wirkens. Es ist im Anfang. Aber einfließen muss das, was Michael-Impulse sind, und was uns klar werden kann, meine lieben Freunde, durch die allgemeinen Mitgliedervorträge, einfließen muss das in alles zu Recht bestehende esoterische Wirken in bewusster Weise. Und durch all das, was mit dem Impuls der Weihnachtstagung zusammenhängt, durch all das ist die Möglichkeit herbeigeführt, dass diese, den Kern der anthroposophischen Bewegung bildende esoterische Schule, als die von Michael selbst inspirierte und geleitete esoterische Schule anzusehen ist. Sie besteht innerhalb unseres Zeitalters dadurch zu Recht, dass sie eine spirituelle Institution ist. Das muss von jedem, der zu Recht Mitglied dieser Schule sein will, im allertiefsten Ernst in sein Leben aufgenommen werden. Und es muss sich derjenige, der zu Recht Mitglied dieser Schule sein will, fühlen nicht bloß zu einer irdischen Gemeinschaft gehörig, sondern zu einer übersinnlichen Gemeinschaft gehörig, deren Lenker und Leiter Michael selbst ist. Daher wird immer das, was hier mitzuteilen ist, nicht bloß als mein Wort zu gelten haben, insofern es Inhalt der Stunden ist, sondern es wird zu gelten haben als das, was Michael denjenigen, die sich zu ihm gehörig fühlen, selbst in esoterischer Art in diesem Zeitalter zu verkündigen hat. Das, was diese Stunden enthalten, wird die Michael-Botschaft für unser Zeitalter sein. Und damit, dass sie das ist, wird die anthroposophische Bewegung ihre spirituelle Stärke erhalten. Dazu ist notwendig, dass im allertiefsten Ernst das genommen wird, was man Mitgliedschaft zu dieser Schule nennen kann. Es ist notwendig, meine lieben Freunde, tief notwendig, dass in der aller-allerernstesten Weise auf den heiligen Ernst hingewiesen wird, mit dem die Schule genommen werden muss. Und hier innerhalb der Schule muss immer wieder gesagt werden: Es herrscht in Anthroposophenkreisen ein viel zu geringer Ernst für das, was durch die anthroposophische Bewegung fließt, und es muss wenigstens in den Mitgliedern der esoterischen Schule jener Kern einer Menschheit herangezogen werden, der sich zu dem Ernst heranbildet, der da notwendig ist. Daher ist es notwendig, dass die Leitung der Schule sich vorbehält, nur diejenigen als richtige, würdige Mitglieder der Schule gelten zu lassen, die in jedem Einzelnen ihres Lebens würdige Repräsentanten der anthroposophischen Sache sein wollen, und die Entscheidung darüber, ob das der Fall ist, muss bei der Leitung der Schule liegen. Betrachten Sie das, meine lieben Freunde, nicht als eine Beeinträchtigung der Freiheit. Die Leitung der

Die letzte Stunde hat damit geschlossen, meine lieben Freunde, dass nach den letzten Ermahnungen, die der Hüter der Schwelle gibt, bevor der Mensch über den gähnenden Abgrund des Seins hinüberkommt, dass der Hüter der Schwelle dann die inhaltsschweren, menschenbewegenden Worte spricht:
Tritt ein
Das Tor ist geöffnet
Du wirst
Ein wahrer Mensch werden.
Gewichtiges, Bedeutsames ist an unsere Seele, ist an unser Herz herangetreten durch all das, was in Michaels Auftrag der Hüter der Schwelle gesprochen hat. Und alles, was er gesprochen hat, war dazu da, uns

---

Schule muss ebenso ihre Freiheit haben und anerkennen können, wer zur Schule gehört und wer nicht, wie es jedem auch in seinen Willen hinein freigestellt wird, zur Schule gehören zu wollen oder nicht. Aber es muss ein freier ideell-spiritueller Vertrag sein, der zwischen dem Mitglied der Schule und der Leitung der Schule geschlossen wird. In anderer Weise kann niemals die esoterische Entwicklung eine gesunde genannt werden, insbesondere nicht eine der Tatsache würdige, dass diese esoterische Schule unter der unmittelbaren Kraft der Michael-Wirksamkeit selbst steht. Die Leitung der Schule muss im strengsten Sinne des Wortes das handhaben, was eben gesagt worden ist. Und dass sie das tut, das möge Ihnen, meine lieben Freunde, aus dem hervorgehen, dass seit dem verhältnismäßig kurzen Bestand der Schule gegen achtzehn, zwanzig Ausschließungen stattfinden mussten, weil das, was als Ernst mit der Schule verbunden sein muss, nicht eingehalten worden ist. Sorgfältiges Hüten der mantrischen Sprüche, sodass sie nicht in unrechte Hände kommen, das ist die erste Anforderung; aber auch ein würdiger Repräsentant der anthroposophischen Sache zu sein. Ich brauche nur einzelne Tatsachen zu erwähnen, um darauf hinzuweisen, wie wenig durchgreifend noch die anthroposophische Bewegung mit vollem Ernst aufgefasst wird. Vor Einzelnen von Ihnen habe ich es schon erwähnt. Es ist vorgekommen, dass Mitglieder der Schule hier ihre Plätze mit dem blauen Zertifikat, das ihnen das Recht gibt, in der Schule zu sitzen, belegt haben. Es ist vorgekommen in der Anthroposophischen Gesellschaft, dass man ganze Stöße von Mitteilungsblättern, die nur für die Mitglieder bestimmt sind, in der Tramway, die von Dornach nach Basel fährt, aufgefunden hat. Und ich könnte diese Liste in der mannigfaltigsten Weise vermehren. Und es kommt immer wieder dahin, dass über diesen mangelnden Ernst geradezu verblüffende Tatsachen geliefert werden. Es ist so, dass selbst Dinge, die im äußeren Leben ernst genommen werden, in dem Augenblick, wo die Betreffenden dieselben Dinge innerhalb der anthroposophischen Bewegung zu üben haben, sie nicht ernst genommen werden. Das alles sind Dinge, die in Betracht gezogen werden müssen im Zusammenhang mit dem festen Gefüge, das diese Schule haben muss. Deshalb muss dies gesagt werden, weil man, ohne dass man die Dinge beachtet, nicht in würdiger Weise entgegennehmen kann als Offenbarung

auf jene Stimmung vorzubereiten, die wir haben müssen, wenn wir hinüberkommen, nachdem das Tor geöffnet ist, über den gähnenden Abgrund des Seins, über den wir nicht mit dem kommen können, was die irdischen Füße geben, wo wir nur so hinüberkommen, dass wir mit der Seele hinfliegen, wenn der Seele aus geistiger Gesinnung, aus geistiger Liebe, aus geistigem Fühlen Flügel erwachsen.

Und jetzt, meine lieben Freunde, wird beschrieben, was der Mensch erlebt, wenn er drüben jenseits des gähnenden Abgrundes des Seins steht.

---

aus der geistigen Welt, was hier in der Schule gegeben wird. Und es wird jedes Mal am Ende der Stunde ausdrücklich darauf aufmerksam gemacht, dass die Wesenheit des Michael selbst anwesend ist, während hier die Offenbarungen der Schule gegeben werden. Und es wird dieses bekräftigt durch Zeichen und Siegel Michaels. Alle diese Dinge müssen im Herzen der Mitglieder leben. Und Würde, tiefe Würde muss herrschen in all dem, was selbst nur in Gedanken mit dieser Schule verbindet. Denn in all diesem kann allein das leben, was heute eine esoterische Strömung durch die Welt tragen soll. Und all das schließt die Pflichten ein, die der Einzelne hat. Das, was an mantrischen Sprüchen hier auf die Tafel geschrieben wird, kann nur von denen besessen werden, die im strengsten Sinne des Wortes das Recht haben, hier in der Schule zu sitzen. Und ist ein Mitglied der Schule einmal verhindert, an den Stunden teilzunehmen, wo mantrische Sprüche gegeben werden, so kann ein anderes Mitglied, das diese Sprüche hier in der Schule bekommen hat, diese Sprüche mitteilen. Aber es muss für jeden einzelnen Fall, das heißt für jede einzelne Persönlichkeit, an die die Sprüche abgegeben werden sollen, erst um die Erlaubnis dazu gefragt werden, entweder bei Frau Dr. Wegman oder bei mir selbst. Wenn einmal für eine Persönlichkeit die Erlaubnis gegeben worden ist, so bleibt sie dann fortbestehen. Aber für jede einzelne Persönlichkeit muss im Besonderen wiederum bei Frau Dr. Wegman oder bei mir gefragt werden. Das ist nicht eine Verwaltungsmaßregel, das ist etwas, was im strengsten Sinne durch die Regeln des Okkulten gefordert wird. Denn die Tatsache muss bestehen, dass jeder Akt der Schule verbunden bleibt mit der Leitung der Schule, und das beginnt damit, dass man um Erlaubnis fragt, wenn etwas geschehen soll, was zu den Taten der Schule gehört. Nicht derjenige kann fragen, der die Mantren empfängt, sondern allein derjenige, der sie gibt, unter den Modalitäten, die ich eben bezeichnet habe. Schreibt sich jemand etwas hier während der Stunde auf, was nicht die mantrischen Sprüche sind, sondern was gesagt wird, dann hat er die Verpflichtung, das nur acht Tage zu haben und es dann zu verbrennen. Alle diese Dinge sind nicht willkürliche Maßregeln, sondern hängen mit der okkulten Tatsache zusammen, dass die Dinge der Esoterik nur wirksam sind, wenn sie von der Gesinnung umfasst werden, die die rechtmäßig in der Schule sitzenden Mitglieder haben. Sie verlieren ihre Wirksamkeit, die Mantren, wenn sie in unrechte Hände kommen. Das ist eine so fest in die Weltordnung eingetragene Regel, dass einmal das Folgende vorgekommen ist und eine ganze Reihe von Mantren unwirksam geworden sind, die innerhalb dieser anthroposophischen Bewegung flossen. Von mir konnte an eine Reihe von Leuten das übergeben werden, was mantrische Sprüche sind. Ich übergab es auch einer gewissen Persönlichkeit, die einen Freund hatte. Der Freund war

Der Hüter der Schwelle bedeutet ihm: Kehre dich um und schau zurück! Du hast bis jetzt auf das hingeschaut, was dir als schwarze, nachtbedeckte Finsternis erschienen ist, von der du ahnen konntest, dass sie innerlich hell werden wird und den Quell deines eigenen Selbst beleuchten wird. Ich habe es bei meinen letzten Ermahnungen aufhellen lassen – so spricht jetzt der Hüter der Schwelle, zuerst ganz leise. Du fühlst das erste Licht um dich werden. Aber drehe dich um, schaue zurück!

---

etwas hellsehend, und es kam dazu, dass während die beiden Freunde in einem Zimmer schliefen, der hellsehende Freund, während der andere nur denkend das Mantram ablaufen ließ, es abschaute und dann Unfug damit trieb, indem er es als Mantram von sich aus an andere Leute gab. Man musste erst der Tatsache nachgehen, bis sich herausstellte, warum die betreffenden Mantren unwirksam wurden bei all denjenigen, die sie hatten. Also Sie dürfen sich nicht, meine lieben Freunde, bei diesen Dingen leichten Gedanken hingeben, denn die Regeln des Esoterischen sind streng, und niemand sollte, wenn er einen dahingehenden Fehler gemacht hat, das entschuldigen mit dem, dass er nichts dafür kann. Wenn jemand in seinem Kopf das Mantram in Gedanken ablaufen lässt und ein anderer hellsehend das schaut, so kann derjenige, der das Mantram in Gedanken ablaufen lässt, ganz gewiss nichts dafür. Aber die Tatsachen vollziehen sich mit eiserner Notwendigkeit. Ich erwähne diese Sache, damit Sie sehen, wie wenig Willkür in den Dingen liegt, und wie in diesen Dingen das enthalten ist, was unmittelbar aus der geistigen Welt abgelesen ist und den Gepflogenheiten der geistigen Welt entspricht. Nichts ist willkürlich in dem, was in einer zu Recht bestehenden esoterischen Schule vorgeht. Und es sollte ausstrahlen aus dieser esoterischen Schule in die übrige anthroposophische Bewegung der Ernst, auf den eben hingewiesen worden ist. Nur dann wird diese Schule auch der anthroposophischen Bewegung das sein können, was sie ihr sein soll. Aber es wird dazu notwendig sein, dass manches von dem, was nur dem Persönlichen entspringt und immer wieder so frisiert wird, als ob es nur in Hingabe an die anthroposophische Bewegung geschehen würde, dass manches von dem – ich will gar nicht sagen, dass es nicht geschehen soll, denn selbstverständlich müssen die Menschen in der Gegenwart persönlich sein, aber dann ist es notwendig, dass im Persönlichen auch die Wahrheit lebt, dass jemand also, der aus persönlicher Lust hier nach Dornach herfährt, sich das auch gesteht und es nicht anders auffasst. Es ist nichts Schlimmes, aus persönlicher Lust nach Dornach herzufahren. Und es ist nebenbei auch gut, wenn man herfährt. Aber man soll sich dann die persönliche Lust gestehen und nicht alles umfrisieren in alleinige Hingabe an das geistige Leben. Ich erwähne das, ich hätte ebenso gut ein anderes Beispiel wählen können, was realer ist, denn es ist so, dass bei den meisten unserer Freunde, wenn sie nach Dornach fahren, Opferwilligkeit, Opfersinn vorliegt, und dass gerade darin am allerwenigsten mit dem Nach-Dornach-Fahren Unwahrhaftigkeit getrieben wird, aber ich habe dieses Beispiel gewählt, weil es gerade dadurch, dass es am wenigsten zutrifft, auch das harmloseste ist. Würde ich andere Beispiele erwähnen, so würde das, was ich heute gern hätte als eine ruhige Grundstimmung in den Herzen und Seelen aller, die hier sitzen, nicht in dem gehörigen Maße da sein können.

Und indem der Mensch, der den gähnenden Abgrund des Seins überschritten hat, sich umdreht und zurückschaut, erblickt er seinen Erdmenschen. Er sieht das, was er während der physischen Inkarnation ist, drüben in dem Feld des Seins, das er verlassen hat, das jetzt drüben im Erdbezirk liegt. Er sieht seinen eigenen Erdmenschen drüben. Er hat sich mit seinem Geistig-Seelischen dem geistigen Sein einverleibt und das, was Erdumhüllung, was Erdgestaltung ist, steht jetzt drüben. Sie steht in jenem Gebiet, in dem wir mit all unserem Menschenwesen zuerst waren, wo wir all das gesehen haben, was unten kriecht und was oben fliegt, wo wir die funkelnden Sterne gesehen haben, die wärmespendende Sonne, wo wir das gesehen haben, was in Wind und Wetter lebt. Da haben wir gestanden und uns gesagt: Trotz all des Majestätischen, was die Sonne erhellt, trotz all des Schönen und des Großen, was da ist im Feld des Sinnendaseins, dein eigenes Menschenwesen ist nicht darin. Das musst du jenseits des gähnenden Abgrundes des Seins suchen, in dem, was dir von der anderen, von der Sinnenseite aus zunächst als schwarze, nachtbedeckte Finsternis erscheint.

Der Hüter der Schwelle hat uns in den drei Tieren gezeigt, was wir sind. Jetzt wird beschrieben, dass wir im Finsteren, das hell wird, das hell zu werden beginnt, damit anfangen sollen, dass wir auf das zurückblicken, was wir als Mensch in der Sinnenwelt zusammen mit dem sind, was unsere einzige Welt vorher war im sinnlichen Erddasein. Jetzt weist der Hüter der Schwelle auf den hin, der da drüben steht, auf den Erdmenschen, der wir für das Erddasein selbst sind, und zu dem wir immer wieder kommen müssen, in den wir immer wieder eindringen müssen, wenn wir aus der geistigen Welt herausschreiten und zu der für uns pflichtgemäßen Erdarbeit zurückkehren. Denn wir dürfen nicht Träumer und Schwärmer werden, wir müssen in allem wieder zum Erdsein zurückkommen.

Und deshalb weist der Hüter der Schwelle uns an, den Menschen zu schauen, der da drüben steht, der wir selbst sind, so, dass er uns auf das aufmerksam macht, was dieser Mensch ist (s. Tafelzeichnung S. 336). Dieser Mensch ist sich bewusst, dass er durch die Sinne, die in ihrem Hauptteil im Kopf lokalisiert sind, die äußere Welt wahrnimmt und sein Denken durch die Kraft des Kopfes hervorbringt. Aber der Hüter der Schwelle bemerkt jetzt: Sieh in diesen Kopf hinein. Da ist es so, wie wenn du in eine finstere Zelle hineinsiehst, denn du siehst nicht das schaffende Licht darin. Die Wahrheit ist, dass das, was du als dein Denken als Mensch drüben in der Sinneswelt trägst, dass das ein bloßer

Schein ist, bloß Bilder enthält, nicht mehr als Spiegelbilder. Der Hüter der Schwelle ermahnt uns daran, dass wir uns dessen recht bewusst sein sollen, aber auch bewusst sein sollen, dass das, was da nur als Schein lebt im Erddenken, der Leichnam ist, wie wir in früheren Stunden gehört haben, von einem lebendigen Denken, in dem wir in der geistig-seelischen Welt gelebt haben, bevor wir zu diesem Erddasein heruntergestiegen sind. Da lebte das Denken. Jetzt ruht das Denken als totes Denken, als Scheindenken, in dem Sarg unseres Leibes. Alles Denken, das wir in der Sinnenwelt anwenden, ist totes Denken. Es hat gelebt, bevor wir heruntergestiegen sind. Und was hat dieses Denken gemacht? Es hat all das geschaffen, was innerhalb des Hauptes, innerhalb des Kopfes in dieser finsteren Zelle – so schaut sie für das Sinnesanschauen aus – lichtschaffendes Wesen ist. Das Gehirn, das darin sitzt (s. Zeichnung, Mensch) als Stütze des Denkens, ist vom lebendigen Denken geschaffen worden (das Innere des Kopfes, gelb). Es ist das lebendige Denken, das unsere Stütze für das Scheindenken auf der Erde erst schafft. Sehen wir auf die Windungen des Gehirns hin, sehen wir auf all das hin, was wir in der finsteren Kopfzelle drinnen tragen, was uns zum Erddenken befähigt, meine lieben Freunde, sehen wir hinter das Denken, das nur Schein ist, in die Kopfzelle hinein, so finden wir, wie in das, was da oben als Denken gefühlt wird, die Kraft des Wollens hinaufströmt (zwei rote Pfeile nach oben). Es gießt sich die Kraft des Willens in das Denken hinein, sodass jeder Gedanke willensdurchströmt ist. Wir können spüren, wie der Wille in das Denken einströmt.

So schauen wir von jenseits der Schwelle zurück, wie da der Mensch, der wir selbst sind, aus seinem Leib in den Kopf die Willenswellen einströmen lässt, die das Wollen schaffen und die zuletzt, wenn wir sie in der Zeit zurückverfolgen, bis zu unseren vorigen Erdinkarnationen führen. Sie schaffen aus vergangenen Zeiten in die gegenwärtige Inkarnation die Denkwellen herein und bilden unser Haupt, das in dieser Inkarnation das Scheindenken absolviert. Daher sollen wir stark sein, sagt uns der Hüter der Schwelle, und das tote Denken in das Weltnichts hinauswerfen, denn es ist nur Schein. Und das Wollen, das da ersteht, sollen wir als das betrachten, was aus früheren Inkarnationen herüber wellt, webt und wirkt und uns zum Denker erst macht. Da drinnen sind die schaffenden Weltgedanken. Diese schaffenden Weltgedanken bewirken erst, dass wir menschliche Gedanken haben können. Deshalb heißt das erste Wort, das der Hüter der Schwelle, nachdem er uns die Schwelle hat übertreten lassen, nachdem er uns angekündigt hat, dass das Tor geöffnet ist, dass wir eintreten und ein wahrer Mensch werden können, daher ist das erste Wort, das er da spricht (s. Faksimile S. 432):

>Sieh hinter des Denkens Sinneslicht,
>Wie in der finstren Geisteszelle
>Wollen sich hebt aus Leibestiefen;
>Lasse fließen durch deiner Seele Stärke
>Totes Denken in das Weltennichts;
>Und das Wollen, es erstehet
>Als Weltgedankenschaffen.

Das ist das erste Wort, das wir drüben hören, indem wir auf die Gestalt hinblicken, die wir selbst sind, die diesseits steht für den Seelenblick, den wir von jenseits herüberschicken. Dann fügt der Hüter der Schwelle etwas hinzu, und wir müssen uns anstrengen, um es zu hören. Er sagt: Jetzt stelle dir dich selbst so vor, dass du auf den hinschaust, der du selbst bist, der da drüben steht. Wende dich wiederum und sieh in die Finsternis hinein. Versuche mit aller inneren imaginativen Erinnerungskraft, wie wenn du ein Nachbild, ein physisches Nachbild im Auge bildest, versuche mit aller Kraft, etwas wie eine graue Umrissgestalt dessen vor dich hinzuzeichnen, den du da drüben gesehen hast. Aber vermeide es, etwas anderes als eine graue Umrissgestalt vor dich hinzuzeichnen (s. Tafelzeichnung S. 336, «I»). Und es erscheint, wenn es uns gelingt, diese graue Umrissgestalt zu zeichnen, es erscheint hinter dieser grauen Umrissgestalt das Mondbild (gelb) – und die graue Umrissgestalt steht davor. Wenn wir in der Lage sind, Ruhe zu bewahren, sehen wir in der Ferne den Mond; die graue Umrissgestalt ist etwas, was tot ist, was sich aber zugleich in uns regt. Und üben wir immer weiter, so werden wir herankommen fühlen an die Geistesgestalt des Kopfes, die wir drüben sehen – nicht an die physische Menschengestalt, sondern an die Geistesgestalt des Kopfes, die wir drüben sehen –, wir werden das herankommen fühlen, was uns das Karma aus vorigen Erdinkarnationen bringt (gelber Pfeil rechts vom Mond). Wir sollen im Meditieren das Bild hinzumeditieren, das wir hier gelb gezeichnet haben: die Mondsichel mit diesem Pfeil. Wir sollen das Mantram ablaufen lassen, dann dieses Bild als das Merkbild für das hinstellen, was da ein allmähliches Bekanntwerden mit dem werden kann, was aus dem vorigen Erddasein herüberkraftet.

Und als auf ein Zweites weist mit noch kräftigerer Gebärde der Hüter der Schwelle auf das hin, was als Fühlen da drüben lebt in dem

Menschen, der wir selbst sind. Er ermahnt uns, dass wir dieses Fühlen wie ein Träumedämmern sehen. Und es ist in der Tat so: Wir sehen das Fühlen, das den Menschen da drüben viel realer macht als das Denken ihn macht – denn das Denken ist nur Schein, das Fühlen ist halb Realität –, wir sehen das Fühlen des Tagesmenschen sich in lauter Traumbildern entfalten. Wir lernen durch Anschauung erkennen, dass vor dem Geist das Fühlen ein Träumen ist. Aber was für ein Träumen ist das Fühlen? In diesem Fühlen des Menschen träumt nicht allein der individuelle Mensch, darin träumt das ganze Weltdasein. Unser Denken haben wir allein, dafür ist es auch nur Schein. Unser Fühlen ist etwas, in dem schon die Welt lebt. Weltdasein ist darin. Wir müssen möglichste Herzensruhe erlangen, so ermahnt der Hüter. Wenn wir möglichste Herzensruhe erlangen, sodass wir das auslöschen, was in Traumesbildern als Fühlen in uns webt und lebt, sodass wir das Träumen wie in tiefem Schlaf auslöschen, dann kommen wir an die Wirklichkeit des Fühlens heran. Wir können das Menschenfühlen mit dem Weltleben verwoben sehen, das ringsherum im Geist vorhanden ist. Und dann erscheint uns der geistige Mensch, der im Leib lebt und webt, in seiner halben Existenz. Aus dem schlafenden Fühlen heraus erscheint uns der Mensch: Wir fühlen uns drüben jenseits der Schwelle, jenseits des gähnenden Abgrundes des Seins in unserer Menschenwesenheit dadurch, dass das Fühlen eingeschlafen ist und ringsherum die weltschöpferische Macht erschienen ist, die im Fühlen lebt. Deshalb mahnt uns der Hüter:

Sieh in des Fühlens Seelenweben,
Wie in dem Träumedämmern
Leben aus Weltenfernen strömt;
Lass in Schlaf durch die Herzensruhe
Menschenfühlen still verwehen;
Und das Weltenleben geistert
Als Menschenwesensmacht.

Im ersten Mantram hat es geheißen: «Sieh hinter», hier im zweiten Mantram heißt es: «Sieh in». In mantrischen Sprüchen sind alle Worte bedeutsam. Im ersten Mantram war es «Sinneslicht», hier beim zweiten ist es «Seelenweben». Weben ist viel realer als bloß des Lichtes Schein. Im ersten Mantram ist es das Wollen, das aus dem Leib kommt; hier im zweiten Mantram ist es das Leben, das aus Weltfernen strömt: Es steigert sich. Im ersten Mantram handelt es sich darum, durch der Seele Stärke das tote Denken in das Weltnichts zerfließen zu lassen; hier im zweiten Mantram müssen wir das «Menschenfühlen still verwehen» lassen. Im ersten Mantram war es ein Wollen, das noch im Menschen ist; hier im zweiten Mantram wird es kosmisch: Es ist das Weltleben, das als Menschenwesensmacht geistert. Die Steigerung gegenüber dem Weltgedankenschaffen des ersten Mantrams ist die «Menschenwesensmacht» im zweiten Mantram.

Der Hüter der Schwelle weist uns dann darauf hin, dass wir noch einmal auf die Gestalt zurückschauen sollen, die drüben steht, die wir selbst im Erddasein sind. Wir sollen das graue Bild wieder aufnehmen, aber wir sollen dieses graue Bild jetzt, nachdem wir uns weggewendet haben, so behandeln, dass wir es im Seelenleben im Kreis drehen, dass es aber so bleibt, wenn wir es im Kreis drehen (s. Zeichnung «II», rot). Und wir werden finden, dass, wenn wir das Bild im Kreis drehen, die Sonne hinter dem Bild erscheint und in ihrem Scheinen das Bild mitdreht. Wir werden darin gewahr, wie in dem Augenblick, da wir aus geistigen Welten in das physische Erddasein hineingetreten sind, unser Ätherleib sich aus dem Weltäther zusammengezogen hat. Daher sollen wir zu dem zweiten Spruch dieses Bild hinzufügen, so wie wir zu dem ersten Spruch die andere Zeichnung hinzugefügt haben.

Dann verweist uns der Hüter der Schwelle auf unser Wollen, das in unseren Gliedern wirkt (s. Zeichnung, «III»). Und er macht uns streng darauf aufmerksam, wie all das, was sich auf das Wollen bezieht, von uns im Wachen verschlafen wird. Denn wie der Gedanke hinunterwirkt – ich habe es das letzte Mal erklärt und darf es daher heute nur sagen –, wie der Gedanke in die Bewegung unserer Glieder hinunterwirkt, sodass Wollen daraus wird, das wird erst im geistigen Erkennen, im geistigen Anschauen klar. Das verbirgt sich dem gewöhnlichen Bewusstsein wie das Leben im Schlaf. Jetzt sollen wir wieder hinschauen und das Wollen in den Gliedern wie im tiefen Schlaf versunken schauen. Da schläft das Wollen, die Glieder schlafen. Das sollen wir als feste Vorstellung haben. Wenn wir das haben, dann finden wir, wie das Denken, das des Wollens Ursprung im Erdmenschen ist, sich in die Glieder hinuntersenkt. Dann wird es Licht im Menschen. Das Wollen wird hell, es wacht auf. Haben wir es zuerst in seinem Schlafzustand angeschaut, dann finden wir: Es wacht auf, wenn sich das Denken hinuntersenkt und von unten aufwärts Licht in das strömt, was die Schwerkräfte sind. Wir fühlen in unseren Beinen, wir fühlen in unseren Armen die Schwerkräfte, wenn wir sie hängen lassen. Das ist das, was aufwärtsströmt und sich mit dem abwärtsströmenden Denken verbindet. Wir schauen Menschenwollen sich in eine Wirklichkeit verwandeln. Das Denken erscheint als das, was auf zauberhafte, magische Art den Willen im Menschen entflammt. Es ist wirklich eine magische Wirkung des Denkens, was der Wille ausführt. Da ist Magie. Das werden wir jetzt gewahr. Der Hüter der Schwelle sagt:

> Sieh über des Wollens Leibeswirken,
> Wie in schlafende Wirkensfelder
> Denken sich senkt aus Haupteskräften;
> Lass durch die Seelenschau zu Licht
> Menschenwollen sich verwandeln;
> Und das Denken, es erscheinet
> Als Willenszauberwesen.

«Über des Wollens ...» heißt: In der Aura um den Menschen herum. Wir stellen uns vor, dass der Hüter der Schwelle wieder winkt, auf den hinzuschauen, der da drüben ist, der wir aber selbst sind, und ein Bild davon zu behalten. Jetzt sollen wir uns aber nicht wenden, sondern dieses Bild unter der Gestalt, die drüben steht, in den Erdboden hineinsinken lassen. Wir schauen hinüber; da steht derjenige, der wir selbst sind; wir bilden das Bild und die starke Kraft in uns, hinunterzuschauen, wie wenn da ein See wäre und wir auf dieses Bild hinunterschauen würden, sodass wir es jetzt als innerhalb der Erde schauen, aber nicht als Spiegelbild, sondern als rechtes Bild. Wir stellen uns beim dritten Spruch die Erde (weißer Bogen) vor. Wir stellen uns die Erde so vor, wie ihre Schwerkräfte heraufkommen, wie die Schwerkräfte in die Glieder hineinleuchten, in Füße und Arme hineinleuchten (weiße Pfeile nach oben). Wir bekommen im weiteren Schauen eine Ahnung davon, wie Götter mit Menschen zusammenwirken zwischen dem Tod und einer neuen Geburt, um das Karma zu bewerkstelligen. Das ist es, wozu der Hüter uns mahnt, indem er zum ersten Mal zu uns hinüberspricht, nachdem wir den gähnenden Abgrund des Seins überschritten haben: «Sieh hinter des Denkens Sinneslicht ... Als Willenszauberwesen». Stets schließt sich der Kreis und wir schauen wieder zurück auf den Ausgangspunkt. Wir hören aus allen Wesen und aus allen Vorgängen der Welt: *«O Mensch, erkenne dich selbst! ...»* (s. S. 173).

Bei dieser Verkündigung ist Michael anwesend in dieser seiner zu Recht bestehenden Schule. Bekräftigt wird diese Anwesenheit durch das, was sein Zeichen ist, das über all dem walten soll, was in dieser Schule gegeben wird: was da lebt symbolisch in dem dreifachen Spruch: Ex deo nascimur; in Christo morimur; per spiritum sanctum reviviscimus. Und indem Michael sein Siegel aufdrückt, wird der erste Satz mit der oberen Geste gesprochen («Ich verbinde mich dem Geiste»), dann der zweite Satz mit der mittleren Geste («Ich liebe den Sohn») und der dritte Satz mit der unteren Geste («Ich bewundere den Vater»). Die drei Gesten leben stumm, während wir die dazugehörigen Worte sprechen. Und so sei bekräftigt der Inhalt der heutigen Michael-Verkündigung durch Zeichen und Siegel Michaels.[14]

---

14 Zu verkündigen habe ich, dass die Kursstunde für Theologen morgen einviertel vor elf Uhr sein wird; die Kursstunde für Sprachgestaltung und dramatische Kunst um zwölf Uhr. Nachmittags um fünf Uhr wird eine Eurythmievorstellung sein, und am Abend um acht Uhr, wenn die Eurythmie zu spät aus ist, um viertel oder halb neun Uhr, der Mitgliedervortrag.

---

18. April:

Sich hinter des Denkens Sinnes-Licht,
Wie in der finstern Geisteszelle
Wollen sich hebt aus Leibestiefen;
Lasse fliessen durch deiner Seele Stärke
Totes Denken in das Welten-Nichts;
Und das Wollen, es erstehet
Als Weltgedankenschaffen.

Sich in des Fühlens Seelen-Weben
Wie in dem Träumedämmern
Leben aus Welten-Fernen strömet;
Lass in Schlaf durch die Herzensruhe
Menschenfühlen still verwehen
Und das Weltenleben geistert
Als Menschenwesensmacht.

Sich über des Wollens Leibeswirken
Wie in schlafende Wirkensfelder,
Denken sich senkt aus Hauptes Kräften;
Lass durch die Seelenschau zu Licht
Menschenwollen sich verwandeln;
Und das Denken, es erscheinet
Als Willenszauberwesen.

Erste Prager Wiederholungsstunde

Prag, 3. April 1924

Meine lieben Freunde![15] Unsere erste Betrachtung soll dem gewidmet sein, was dem Menschen als Erstes entgegentritt, der im Ernst an ein esoterisches Erkennen, das heißt, an ein wirkliches Erkennen herantritt. Was uns in der Außenwelt entgegentritt, meine lieben Freunde, darüber müssen wir uns klar sein, das tritt uns so entgegen, dass es unsere Aufgabe im physischen Erdleben zwischen Geburt und Tod enthält.

---

15 Was in der alten Anthroposophischen Gesellschaft als esoterische Unterweisung in verschiedenen Gruppen eingefügt war, das soll seit der Begründung der Anthroposophischen Gesellschaft in neuer Form mit der Weihnachtstagung am Goetheanum in Dornach in das einströmen, was seit jener Zeit als die Hochschule für Geisteswissenschaft gedacht ist, die eine Art von Zentrum der ganzen in der Anthroposophischen Gesellschaft waltenden anthroposophischen Bewegung bilden soll. Diese Hochschule für Geisteswissenschaft, sie wird durch die Verhältnisse ihr wesentlichstes Wirken, ihren Mittelpunkt am Goetheanum in Dornach haben, und es wird das immer mehr angestrebt und zuletzt auch erreicht werden in den Formen, die man suchen wird. Sie wird sich auch auszudehnen versuchen bis zu all den Freunden hin, die der anthroposophischen Bewegung im weiten Umkreis der Welt angehören und die nicht ab und zu in Dornach erscheinen können. Und das, was ich zu Ihnen in dieser Stunde und in der nächsten esoterischen Stunde sprechen werde, meine lieben Freunde, das soll innerhalb dieser Hochschule für Geisteswissenschaft gesprochen sein. Ich will nur einleitungsweise einiges über die Konstitution dieser Hochschule zum Ausdruck bringen. Derjenige, der sich entschließt, nachdem er zwei Jahre Mitglied der Anthroposophischen Gesellschaft gewesen ist, als Mitglied in diese Hochschule einzutreten, der geht eine im geistigen Sinne aufzufassende Verpflichtung ein. Und die Leitung der Hochschule wird das Bestreben haben, bei der Ausstellung des Diploms der Freien Hochschule für Geisteswissenschaft immer zu prüfen, ob der Betreffende in der Lage ist, eine solche geistige Verpflichtung einzugehen. Wer in die Anthroposophische Gesellschaft eintritt, hat die Idee, und mit Recht die Idee, dass er Anthroposophie kennen und erleben lernt. Er will mit Anthroposophie bekannt werden. Und dafür ist gerade seit der Dornacher Weihnachtstagung gesorgt, dass nach dieser Richtung hin eine volle Öffentlichkeit herrscht, dass nach dieser Richtung hin in keiner Weise irgendwelche Verpflichtungen an die Mitglieder der Anthroposophischen Gesellschaft herantreten. Wer aber der Hochschule für Geisteswissenschaft als Mitglied beitritt, der muss bedenken, dass diese Hochschule für Geisteswissenschaft in ihrem Mittelpunkt der Quell des anthroposophischen Lebens in der Gegenwart und für die nächste Zukunft hin sein will. Anthroposophisches Leben ist auf dem begründet, was man zu allen Zeiten geheime Erkenntnis, Geheimwissenschaft genannt hat. Dabei ist niemals daran gedacht worden, das Wort «geheim» so aufzufassen, als ob es bedeuten würde, dass man in geheimen Zirkeln allerlei ausmacht, was die Welt nicht wissen darf, sondern es ist immer gemeint gewesen, dass im Gegensatz zu dem, was zum physischen Leib

Und wir würden uns ganz missverstehen, wenn wir glauben würden, dass wir das, was uns als Aufgabe vorliegt, was uns innerhalb unserer Erdlaufbahn zwischen Geburt und Tod entgegentritt, geringschätzen sollten. Der Mensch soll sich in das Wirken, in die Arbeit der physischen Welt hineinstellen. Aber was findet er innerhalb dieser physischen Welt? Er findet Schönheit, Größe und Erhabenheit in all dem, was ihm in den wunderbaren Gesteinsbildungen entgegentritt, die das Mineralreich

---

und zur äußeren Welt gehört, das, was in den esoterischen Schulen zur Geltung, zum Ausdruck kommt, im tiefsten verborgenen Inneren des Menschen selbst seinen Quell, seinen Ursprung hat. Und das nannte man im Gegensatz zum Offenbaren das Geheime. Geheim hat die Bedeutung, dass die Erkenntnisse, die als geheim gelten, jene Erkenntnisse sind, die im tiefsten Inneren, im geheimen Inneren des Menschen zur Offenbarung kommen, und die ihre rechte Stellung, ihre rechte Schätzung, auch ihr rechtes Bild verlieren, wenn man sie profaniert, wenn man sie vor die Öffentlichkeit hinträgt in einer Weise, wie es vor der breiten Öffentlichkeit immer geschehen muss, da man voraussetzen kann, dass diese Dinge nicht mit dem nötigen Ernst, mit der nötigen Würde aufgenommen werden. Das ist das Erste, was von dem verlangt werden muss, der an die esoterische Schulung herankommt, dass er mit dieser esoterischen Schulung den aller-allertiefsten Ernst verbindet. Und in dieser Art ist auch die Hochschule für Geisteswissenschaft gehalten. Und so stellt sie an ihre Mitglieder die Anforderung, in allen Lagen des Lebens echte, rechte Repräsentanten der anthroposophischen Weltbewegung zu sein. Sodass diese Schule sich zur Aufgabe machen muss, dem, der nach Ansicht dieser Schule nicht im rechten Sinne ein Repräsentant ist, zu sagen, dass er nicht weiter ein Mitglied der Schule sein kann. Das ist nicht eine tyrannische Maßregel, meine lieben Freunde, das ist nur die Maßregel, die aus dem Prinzip hervorgeht: Freiheit gegen Freiheit. Wenn die Leitung der Schule diese in richtiger Weise führen will, so muss sie auch sagen können, mit wem sie zusammen das betreiben will, was den Inhalt dieser Schule bildet. Und deshalb muss auf den Ernst hingewiesen werden, mit dem derjenige, der der Schule nahekommen will, die anthroposophische Sache als Weltbewegung auffassen soll. Die Schule ist, um den Bedürfnissen all derjenigen zu genügen, die aus den Bedingungen der Zivilisation herankommen, um ihr geistiges Leben innerhalb der Schule weiterzuführen, in Sektionen eingeteilt. Diejenige Unterweisung, die ich in dieser und der nächsten Stunde geben werde, ist gemeint innerhalb der allgemeinen anthroposophischen Sektion, die ich selbst neben der pädagogischen leiten werde. Wir werden dann innerhalb der Hochschule für Geisteswissenschaft eine weitere Sektion für die redenden und musikalischen Künste haben, die unter der Leitung von Frau Dr. Steiner stehen wird; eine Sektion für Medizin, die unter der Leitung von Frau Dr. Ita Wegman stehen wird; eine Sektion für plastische und bildende Künste überhaupt, unter der Leitung von Miss Maryon. Wir werden dann eine Sektion für das haben, was heute zum Schaden der allgemeinen Zivilisation fast gar nicht mehr berücksichtigt wird: eine Sektion der schönen Wissenschaften, die unter der Leitung von Herrn Albert Steffen stehen wird; wir werden eine Sektion für das Astronomische und alles, was damit zusammenhängt, unter der Leitung von Fräulein Dr. Vreede haben; und eine Sektion

ausmachen, die zu gleicher Zeit den Boden bilden, den wir brauchen, um unser Erdwirken zu absolvieren. Er findet Erhabenheit im Pflanzenreich, er findet das, was er braucht, im Tierreich, er findet das, was ihm am nächsten liegt, in dem physischen Menschenreich. Er findet dieses aus den Reichen der Natur ins Erhabene hinaufgehoben, wenn er den Blick zu den Wolken, zu dem blauen Himmel, zu den Sternen, zu Sonne und Mond richtet. In alldem nicht Schönheit, Größe und Erhabenheit

für Naturwissenschaft unter der Leitung von Dr. Wachsmuth. Dann ist in der letzten Zeit, ganz aus den Bedürfnissen der Zeit heraus, das eingerichtet worden, von dem man heute noch gar nichts sagen kann, weil es in ein gärendes Element hineinversenkt werden muss, aber in ein gärendes Element, von dem die Schule die Voraussetzung hat, dass es sich in aller Ehrlichkeit mit den Absichten des Goetheanum verbindet: Es ist die Sektion für die Förderung des heutigen Jugendlebens begründet worden, für das, was umfassendes Streben der heutigen Jugend ist, was in der geschichtlichen Entwicklung liegt. Wer solche Dinge unbefangen betrachten kann, für den ist es ohne Weiteres klar, dass da etwas vorliegt, was heute etwas ganz Neues ist, obwohl die Jugend nur in einer unklaren Weise das sagen kann, was sie eigentlich meint. Aber gerade das Heraufführen zum vollen Bewusstsein dessen, was gemeint ist, dessen, was in allerlei dunklen Gefühlen, in allerlei Entbehrungen und dergleichen heute besteht, das in ein klares Schauen heraufzuführen, das wird das Bestreben der Sektion – ich darf das Wort jetzt aussprechen – der Sektion für Jugendweisheit sein. Und so möchte die Freie Hochschule für Geisteswissenschaft esoterisches Leben jedem Menschen als das darbieten, was er in Fortsetzung des heutigen äußeren Geisteslebens suchen kann, das, was die Welt heute im eminentesten Sinne begehrt, vielfach ohne zu wissen, dass das, was heute erstrebt wird, gerade das ist, was in der Esoterik unserer Hochschule für Geisteswissenschaft leben soll. Wir haben nicht die Sehnsucht, die heutigen äußeren Hochschulen zu imitieren, das, was andere Hochschulen leisten können, in einer etwas anderen Form zu leisten. Das ist angestrebt worden in der Zeit, wo mehr die einzelnen Ansichten sich ausleben sollten, ohne von mir beeinflusst zu werden. Das ist in Dornach versucht worden. Das ist von mir von vornherein als etwas nicht Richtiges angesehen worden, aber auf diesem Gebiet hat man die Verpflichtung, das walten zu lassen, was sich ans Tageslicht hindrängen will. Und nachdem die Prüfung vorüber ist und gesehen werden konnte, dass auf diesem Weg nicht zum Ziel zu gelangen ist, soll die Hochschule in Dornach nicht mehr den Schein hervorrufen, dass sie mit dem wetteifern will, was an äußeren Hochschulen vorhanden ist, sondern sie soll das sein, was der Menschheit gerade das gibt, was im äußeren Bildungswesen nicht zu erlangen ist. Es soll aber das sein, wonach der Mensch heute im eminentesten Sinne sich hinsehnen muss. In dieser Art möchte die Freie Hochschule für Geisteswissenschaft in Dornach ein esoterischer Mittelpunkt für das sein, was in der anthroposophischen Bewegung leben soll. Wenn ich sage, diese Hochschule soll mit äußerstem Ernst genommen werden, so möchte ich zugleich betonen, dass dieses Wort selbst nicht zu ernst genommen werden kann. Daher möchte ich es wieder an die Spitze, an den Ausgangspunkt unserer Betrachtung stellen. Nicht derjenige, der das esoterische Leben, das durch diese Hochschule fließen soll, bloß als etwas betrachtet,

zu erkennen, würde den Menschen von der rechten Lebensbahn abweichen lassen. In das Esoterische einzutreten, heißt nicht, die Schönheit, Größe und Erhabenheit all dessen zu verleugnen, was uns entgegentritt.

Aber so weit wir auch in der Mineralwelt mit den wunderbar geformten Kristallgestalten gehen, so weit wir auch in der farbenerglänzenden Pflanzenwelt gehen, aus der das Sonnenlicht uns naturhaft entgegenscheint, soweit wir auch in der Anschauung dessen gehen, was an Lebendigem in der Tierwelt herausgezaubert wird aus den Tiefen des Naturwesens, so weit wir auch bewundern, wie sich die Geheimnisse der Welt innerhalb der physischen Menschengestalt und der physischen Menschenbildung zusammenschließen: Das, was wir in unserem tiefsten Inneren erleben, wir finden es nicht in all diesem Formen- und Farbenreichtum,

---

was nur neben seinem Leben verfließt, nicht der wird im richtigen Sinne Mitglied dieser Hochschule sein, sondern nur derjenige, der von der Wahrheit durchdrungen ist, dass eine innige Verbindung seines Lebens mit diesem Leben stattfinden muss, eine innige Verbindung seines ganzen Lebens mit dem stattfinden muss, was ihm als Esoterik aus dieser Schule fließt. Denn Sie werden, meine lieben Freunde, nicht in richtiger Weise diese Schule beurteilen, wenn Sie sie als etwas ansehen, was aus der menschlichen Willkür hervorgegangen ist. Diese Schule ist eine geistige Einsetzung. Diese Schule entstand nach Anhören dessen, was die geistigen Mächte, die die Welt lenken, gerade für unsere Zeit als das Richtige für die Menschheit ansehen. Fassen Sie daher diese Schule nicht als Menschenwerk auf, fassen Sie sie als die Einrichtung auf, die aus dem Willen der geistigen Wesenheiten hervorgegangen ist, die der Erde nahestehen und das Heil der Menschheit bewirken. Wenn Sie sie als irdisches Abbild einer geistigen Einrichtung ansehen, dann werden Sie sie im richtigen Sinne ansehen. Und wenn Sie jedes Wort, das innerhalb dieser Schule gesprochen wird, so auffassen, dass für dieses Wort derjenige, der es spricht, sich verantwortlich fühlt keinem anderen als den geistigen Mächten, die die anthroposophische Bewegung leiten, dann werden Sie wiederum das Richtige in diesem Sinne fühlen. Sodass diese Schule eine Verständigung der für die heutige Entwicklungsphase der Menschheit maßgebenden geistigen Mächte mit jenen Menschen ist, die die Mitgliedschaft dieser Schule suchen. Sie stehen, meine lieben Freunde, unmittelbar der geistigen Welt gegenüber, wenn Sie Mitglied dieser Schule werden. Und je tiefer, je intensiver Sie das auffassen, desto mehr werden Sie das in sich tragen, was die Schule tragen muss, wodurch sie allein einen wirklichen Sinn erhält. Wer da weiß, dass durch diese Schule der Geist selbst spricht, der wird wahrhaft den nötigen Ernst finden, all dem zu folgen, was in dieser Schule betrieben wird. Das, was wir heute noch in Dornach innerhalb dieser Schule betreiben können, das wird nach und nach – man kann nicht den fünften Schritt vor dem dritten tun, sondern nur nach dem vierten –, das wird man in den entsprechenden Mitteilungen an all diejenigen senden, die Mitglieder dieser Schule geworden sind. Sodass mit der Zeit nach und nach ein inniger Kontakt wird hergestellt werden können zwischen einem jeden Mitglied, wo immer es auch ist, mit dem, was in Dornach durch diese Schule selbst fließt.

wir finden es nicht in den lebensprühenden und lebenquellenden Reichen dieser Welt. Zuletzt steht der Mensch innerhalb dieser Welt da und kann nur sagen: Ich fühle die Größe, Schönheit und Erhabenheit all dessen, was sich da draußen in Formen gestaltet, in Farben entfaltet, aber das, was ich selbst bin, das muss seinen Ursprung, seinen Urstand in einer anderen Welt haben. Gerade wenn der Mensch so recht die Schönheit, Größe und Erhabenheit der physisch-sinnlichen Welt fühlt, und wenn er fühlt, dass er sich da mit dem Besten, was er selbst ist, nicht finden kann, dann wird er immer mehr nach dem hingedrängt, von dem alle esoterische Betrachtung ausgehen muss: Er wird nach jenem Abgrund hingedrängt, jenseits dessen erst das liegt, woraus der Mensch seinen Urstand, seinen Ursprung und Urquell hat. Er wird an jenen Abgrund gedrängt, wo er die Grenze zwischen der Sinnenwelt und der Geisteswelt erblicken muss. Er wird an jenen Abgrund gedrängt, der sich ihm wie eine Brücke zeigt, die in eine ganz andere Welt hinüberführt, an deren Ausgangspunkt die Schwelle zur Erkenntnis der geistigen Welt erst liegt.

Und das, was ich Ihnen mitzuteilen habe, meine lieben Freunde, das sind die Mitteilungen jener Gestalt, die man in aller Esoterik den Hüter der Schwelle nennt. Sie steht da, diese erhabene Gestalt. Derjenige, der die Einweihung erlangt, lernt sie erkennen. Es ist ein Wesen, das nicht weniger wirklich ist als der physische Mensch auf der Erde, ein Wesen, das in seiner Wirklichkeit weit hinausragt über den Menschen auf der Erde. Aber derjenige, der mit den Begriffen und Empfindungen der unbefangenen Menschennatur die Mitteilungen der Esoterik an sich herankommen lässt, der wird fühlen, dass dieser Hüter der Schwelle dasteht, ermahnend, was der Erkenntnissuchende erleben soll, wenn er in wirkliche Erkenntnis eintreten will.

Warum steht dieser Hüter der Schwelle da? Dieser Hüter der Schwelle steht aus dem Grund da, weil wirkliche Erkenntnis sich nur dann erlangen lässt, wenn wir mit der richtigen Vorbereitung, mit einer verinnerlichten Gesinnung und mit wahrem Erkenntnisstreben herantreten. Wahres Erkenntnisstreben ist nichts Theoretisches, wahres Erkenntnisstreben wird erst erlangt, wenn die Seele sich über das hinauferhebt, was die Sinnenwelt bietet. Derjenige, der sich zu früh, unvorbereitet, nicht mit der rechten Gesinnung an diese Erkenntnis heranmacht, wird nicht in richtiger Weise diese Erkenntnis erlangen. Er wird für sich und die Welt schädigende Wirkungen hervorbringen. Das Erlangen des wahren Erkenntnisstrebens ist in hohem Maße der Fall bei dem, der den

Weg hinein in die geistige Welt sucht, wie er sich durch die drei Klassen der Hochschule für Geisteswissenschaft eröffnen soll. Das ist aber auch schon der Fall, wenn man in einem ernsten Sinne die Mitteilungen über die geistige Welt entgegennehmen will. Es muss wenigstens ein Abglanz von dem da sein, was der Einzuweihende bei der Begegnung mit dem Hüter der Schwelle erlebt. Von diesem Erlebnis soll hier gesprochen werden. Denn derjenige, der diese Mitteilungen entgegennimmt und sie mit rechtem Ernst auf sich wirken lässt, der findet in dem Durchnehmen, in dem Durchüben dessen, was er da hört, in dem innerlichen Erleben dieses Gehörten, er findet darin den Weg, der ihn auch real hinüberführt über die Schwelle in die geistige Welt hinein.

Und so lassen wir, meine lieben Freunde, das an unsere Seele herantreten, worauf uns die Stimme des ernsten Hüters der Schwelle aufmerksam macht, wenn wir von der Scheinerkenntnis der diesseitigen Welt zur wahren Erkenntnis der jenseitigen Welt hinüberkommen wollen. Da steht er mit seinem mahnenden Blick. Da spricht er davon, wie die Welt der Sinne schön, groß und erhaben ist. Er spricht aber auch davon, wie der Mensch das, was er als das Wertvollste, als das Wesentliche in sich ansehen muss, innerhalb dieser schönen, großen und erhabenen Welt nicht finden kann. Da weist er, dieser Hüter der Schwelle, über den Abgrund hinüber, der sich links und rechts von der Schwelle auftut, da weist er in ein anderes Gebiet hinüber, in das Gebiet des Geistes. Da aber herrscht tiefste Finsternis. Und der Mensch muss eine Ahnung bekommen, dass in dem, was in ihm durch die Eindrücke der Sinnenwelt nur als tiefste Finsternis erregt wird, der eigentliche Quell, der Ursprung und Urstand seiner eigenen Wesenheit liegt. Und so ist das, was der Hüter sagt, wenn es aus der Geistessprache übersetzt wird, die er spricht, wenn der Mensch vor sein ernstes Antlitz herantritt: «Wo auf Erdengründen Farb' an Farbe ... Sieh, ich bin der Erkenntnis einzig Tor». (s. S. 27).

Meine lieben Freunde! Nachdem der Hüter der Schwelle auf den ungeheuren Kontrast aufmerksam gemacht hat, der da besteht zwischen dem, was der Blick auf die Sinnesfelder finden kann, und dem, was der Mensch aus der Finsternis heraus ahnen kann, die jenseits der Schwelle liegt, versucht der Mensch den Ursprung, den Urstand und Urquell seines eigenen Wesens zu erforschen. Dann wird ihn wie in einer Perspektive ahnen gelassen, was ihn zu erwarten hat: was ihn erwartet, wenn er sich fähig macht, sich in jenes Licht hineinzuleben, das sich erst aus der Finsternis jenseits des Abgrundes hellen muss. Dann ertönt ein zweites

Wort von dem Hüter der Schwelle – ich werde dieses Wort das nächste Mal auf einen Zettel geschrieben mitbringen. Es wird ein zweites Wort von dem Hüter der Schwelle gesprochen wie ein Hinweis auf das, was der Mensch zu erwarten hat, wenn er über die Schwelle gekommen ist, und in seinem eigenen erhellten Inneren das Organ gebildet hat, um aus der Finsternis heraus an das heranzukommen, was der Hüter der Schwelle in diesem Augenblick spricht: «Aus den Weiten der Raumeswesen... O, du Mensch, erkenne dich selbst». (s. S. 28).

Es wird auf jene Weiten des Daseins gewiesen, wo im Licht das Sein erlebt wird, auf jene anderen Weiten des Daseins gewiesen, wo im Zeitengang die schöpferischen Mächte ihr Wirken von Epoche zu Epoche walten lassen. Da wird auch auf die Tiefen des eigenen menschlichen Herzempfindens gewiesen, wo alle Welt sich wie im Spiegel zeigt. Es wird auf diese drei Welten gewiesen: auf die Welt des Raumes, auf die Welt der Zeit, auf die Welt der Herzenstiefen. Da ertönt aus Weltgestaltungsmächten heraus das ewig mahnende Daseinswort: «O, du Mensch, erkenne dich selbst!» Dann aber muss dem Menschen sein Inneres gezeigt werden. Aber des Menschen Inneres ist nicht nur im menschlichen Inneren, des Menschen Inneres lebt in aller Welt. Was wir in unserem Inneren tragen, es tritt sofort in den Weltäther ein und gestaltet sich. Die geheimsten Gedanken, die geheimsten Empfindungen, alle Wünsche und Willensregungen treten sogleich in den Weltäther ein und nehmen dort Gestalt an. Sodass wir wie in einer äußeren Welt in Form von gestalteten Wesen das sehen, was wir innerlich sind. Und zu dem Anschauen dessen, was wir sind, ertönt dann die Stimme des Hüters der Schwelle, der uns erklärt, was wir sind.

Wozu ist der Abgrund da, der sich zwischen der Sinnenwelt und der Geisteswelt erstreckt? Der Abgrund ist da, damit aus ihm jene Gewalten unseres Inneren aufsteigen, die uns nicht über die Schwelle hinüberkommen lassen wollen. Gewalten sind in unserem Inneren, die uns aufhalten wollen, zurückhalten wollen, nicht über die Schwelle zur wahren Erkenntnis kommen lassen wollen. Solche Gewalten sind da in unserem Denken, solche Gewalten sind da in unserem Fühlen, solche Gewalten sind da in unserem Wollen. Wenn wir sie nur ahnen, sind sie gestaltlos. Wenn wir sie schauen, diese hindernden und hemmenden Mächte, die im Denken, Fühlen und Wollen sind, dann schreiben sie sich in den Weltäther ein, dann erscheinen sie als missgestaltete Tiere. Und niemand kennt sich, der nicht in diesem bedeutsamen Bild der Tier-Missgestalten das schauen kann, was ihn in seinem eigenen Inneren herabzieht, sodass es ein Hindernis, ein Hemmnis für das Hinüberwandeln über die Schwelle ist. Es muss der Augenblick im Leben kommen, wo der Mensch sich die Bilder dessen vor das Auge stellt, was in seinem Denken, Fühlen und Wollen an hemmenden Gewalten lebt. Wir dürfen uns keinen Illusionen darüber hingeben: Im gewöhnlichen Bewusstsein wissen wir nicht, was wir sind, und wir nehmen das, was wir sind, nicht ernst. In Bildform, aber in Wahrheit bringt es der Hüter der Schwelle dem Menschen zum Bewusstsein. Seine Worte sind die Worte, mit denen er erklärt, wie die Gestalten sind, die im Äther durch die widerstrebenden Gewalten in unserem Wollen, Fühlen und Denken eingegraben sind. Der Mensch muss vor diesen Gestalten erschauern, die er in den Weltäther einschreibt. Dann erst wird er fühlen, was er zu überwinden hat, wenn er in wahre Erkenntnis eindringen will. Der Hüter der Schwelle spricht, damit die Tiere erklärend, die als Gestalten im Denken, Fühlen und Wollen des Menschen aufsteigen: «Doch du musst den Abgrund achten ... Heilerstrebend weihen möchte». (s. S. 31).

Erst wenn der Mensch so mit Schaudern die im Wollen, Fühlen und Denken widerstrebenden Mächte im Bild geschaut hat, entsteht in ihm aus dem Schauen dieses Negativen die Kraft, in das wahre Erkenntnisfeld einzutreten. Und wer nicht sich selbst im Bild der drei Tiere schauen will, die da im Menschen leben, weil in ihm die Furcht vor der Erkenntnis, der Hass auf die Erkenntnis und der Zweifel an der Erkenntnis leben, der kommt nicht zur Selbsterkenntnis. Der kommt auch nicht zur Welterkenntnis, der da zögert, schaudernd in dieser Weise sich selbst anzuschauen. Darum sei zur Einprägung noch einmal dieses Dreigetier vor uns, vor unsere Seele hingestellt, meine lieben Freunde, wie der Hüter es erklärend spricht: «Doch du musst ... weihen möchte». (s. S. 31).

Wie der Mensch zu Seelenflügeln kommt, wie der Mensch die Kräfte findet, diese drei Tiere zu besiegen, das soll dann der Inhalt der nächsten Stunde am Sonnabend um fünf Uhr sein. Und wenn diese Worte in einer so anschaulich-schaurigen Gestalt den Menschen auf seine Selbsterkenntnis hingewiesen haben, wenn sie erklungen sind, dann wird noch einmal wie in einer Perspektive darauf hingewiesen, was zu erwarten steht, wie sich das Wort erfüllen kann: «O Mensch, erkenne dich selbst!» Aber der erste Teil kann nur gegeben werden durch das Anschauen der drei Tierbilder. Der andere Inhalt in der nächsten Stunde. Dann ruft noch einmal der Hüter der Schwelle: «Aus den Weiten ... O, du Mensch, erkenne dich selbst». (s. S. 28).

Zweite Prager Wiederholungsstunde
Prag, 5. April 1924

Meine lieben Freunde! Wir haben vorgestern den ersten Teil dessen besprochen, was man die Begegnung mit dem Hüter der Schwelle nennen kann. Diese Begegnung mit dem Hüter der Schwelle, von der haben wir gesagt: Sie muss vom Menschen außerordentlich ernst genommen werden. Der Mensch sollte sich klar darüber sein, dass er, solange er nicht Gefühle und Empfindungen entwickeln kann, die mit dem Mitgeteilten zusammenhängen, überhaupt nicht an das herankommen kann, was in Wahrheit Erkenntnis ist. Er meint, auch ohne solche erschütternden Eindrücke von der eigenen Selbsterkenntnis, von dem Übergang in die geistige Welt, gewisse Erkenntnisse bekommen zu können. Aber das, was er ohne diese Erschütterung bekommt, sind keine wahren Erkenntnisse.

All das, was uns durch die Sinne zugänglich ist, das, was wir durch das gewöhnliche Denken erreichen können, all das liefert uns höchstens Erkenntnisse von dem, was außerhalb des Menschen liegt, nicht vom Menschen selbst. Denn der Mensch ist seinem Wesen nach übersinnlicher Natur. Das, was uns vom Menschen sinnlich wahrnehmbar entgegentritt, ist nur das äußere Bild des Menschen, sodass wir in jedem Augenblick, meine lieben Freunde, wenn uns ein Mensch begegnet, das Gefühl haben sollen: Das, was mir da begegnet, ist nur das Bild der wahren Wesenheit des Menschen. Denn diese wahre Wesenheit des Menschen ist etwas außerordentlich Umfassendes. Und wir bekommen erst einen Eindruck von dem, was diese wahre Wesenheit des Menschen ist, wenn wir uns mancherlei, was einfach ist, klarzumachen suchen.

Bedenken wir, meine lieben Freunde, wie manches, was in krankhafter Art im Menschen auftritt, durch das bekämpft werden muss, was man Gift nennt. In dieser einfachen äußeren Tatsache liegt ein umfassendes, ungeheures Rätsel. Warum muss dem Menschen Gift zugeführt werden, damit er aus gewissen Krankheitszuständen herauskommt? Was ist Gift? Fragen wir einmal die so berückend aussehende Belladonna, die Tollkirsche, fragen wir einmal ein solch merkwürdiges Wesen, was es eigentlich ist, meine lieben Freunde! Schauen wir uns die weite Welt der Pflanzen an, jener Pflanzen, die wir, wie wir sagen, für unsere Nahrung ohne Schaden genießen. Da ist es so, dass diese Pflanzen unter dem Sonnenlicht gedeihen, mit dem Geist, der im Sonnenlicht lebt. Denn geradeso wie wir einen Körper haben, der durchgeistigt ist, so ist auch alles

Physische, so ist auch das Sonnenlicht durchgeistigt. Aber die Pflanze nimmt nur, wenn sie so wird, dass wir sie, wie man sagt, ohne Schaden genießen können, die Pflanze nimmt nur das Ätherische auf. In dem Augenblick, wo die Pflanze ein Astralisches aufnimmt, das sich sonst nur wie ein Nebel über der Pflanze lagert, in diesem Augenblick, wo die Pflanze ein Astralisches in sich aufnimmt, wird sie ein Gift. Die Tollkirsche, sie saugt Astralisches in ihren Fruchtleib ein und ist dadurch ein Gift. Aber was heißt es, dass, wenn wir die Tollkirsche in uns aufnehmen, wir mit dieser Pflanze Astralisches aufnehmen? Wir tragen auch fortwährend Astralisches in uns, denn wir haben einen Astralleib. Das heißt, wir haben das in uns, was fortwährend gifterzeugend ist. Und das Ich ist noch mehr gifterzeugend als der Astralleib.

Daher können wir sagen: Aufbauend sind der physische Leib und der Ätherleib. Aber wenn in uns nur physischer und Ätherleib tätig wären, wären wir in einer fortwährenden Bewusstlosigkeit. Wenn die Kräfte, die das Sprossen und Sprießen bewirken, in uns überhand nehmen würden, wären wir bewusstlos. Bewusst sind wir nur dadurch, dass der Astralleib und die Ich-Organisation in uns abbauen. Dadurch, dass von dem Astralleib und dem Ich die physischen und ätherischen Wirkungen abgebaut werden, wird Platz gemacht für das Geistige in uns. Wir hätten kein Geistiges, wenn in uns nicht fortwährend abgebaut würde. Wenn aber der Astralleib und das Ich zu schwach sind, um genügend abzubauen, dann entstehen Wucherungen des physischen und Ätherleibes. Und wenn unser Astralleib und unser Ich zu schwach sind, müssen wir in gewissen Fällen den schwachen Astralleib und das Ich durch äußere Giftwirkungen unterstützen, die das abbauen, was der Astralleib und das Ich nicht abbauen können. Was tut der Arzt in solchen Fällen? Er sagt sich: Im kranken Menschen ist das Geistige schwach geworden. Das Ich und der Astralleib bauen zu wenig ab. Ich muss von außen Hilfe erbitten, sodass mehr abgebaut wird. Und er geht jenen Pflanzen nach, die geistiger sind als die anderen, denn die Giftpflanzen sind dadurch Giftpflanzen, dass sie geistiger sind als die anderen.

Daraus sehen wir, welche Geheimnisse im Dasein des Menschen und in seinem Verhältnis zur Natur vorhanden sind, und wie erst dann, wenn wir an den Geist herantreten, sich diese Geheimnisse uns offenbaren. Aus dem, was wir gesagt haben, können wir sehen: Die Geheimnisse des Geistes kennenzulernen hat etwas Unheimliches, denn wir lernen im Geistigen ein Schöpferisches erkennen, das aber für die physische

Welt ein Zerstörendes, ein Abbauendes ist. Erst dann begreifen wir den Geist in seiner Wirklichkeit, wenn wir ihn da suchen, wo er sich in der physischen Welt durch Abbauen, durch Zerstörung ausdrückt. In dem Augenblick, wo wir an die Schwelle zur geistigen Welt treten, merken wir, dass es sich darum handelt, dass wir da ganz stark mit den Abbaukräften bekannt werden. Und niemand, der nicht bekannt werden will mit diesen Abbaukräften, kommt in die geistige Welt hinein.

Wie ist es mit dem physischen Menschen auf der Erde? Da ist es so, dass dadurch, dass der physische Organismus ein Ganzes darstellt, Denken, Fühlen und Wollen auch ein Ganzes sind. Wir können nicht denken, ohne dass dabei ein gewisses Wollen ist. Schon dass wir einen Gedanken überhaupt entfalten, schließt etwas Wollen in sich ein. Wir können auch nicht wollen, ohne dass wir dabei denken. Wir können nicht fühlen, ohne dass wir dabei denken und wollen. Im gewöhnlichen Bewusstsein sind schon immer Denken, Fühlen und Wollen miteinander verbunden. Wenn wir sagen: Wir denken, dann denken wir bloß am meisten, und das Fühlen bleibt etwas im Unterbewussten, und das Wollen erst recht. Wenn wir sagen: Wir fühlen, dann fühlen wir bloß am meisten, und Denken und Wollen bleiben schwach. Aber immer ist in dem, was überhaupt eine Seelenregung des Menschen ist, Denken, Fühlen und Wollen miteinander verbunden. Dadurch sind aber, weil sie miteinander verbunden sind, diese einzelnen Kräfte – das Denken, das Fühlen und das Wollen – schwächer, als sie in ihrem eigenen Zustand sind. Unser Denken wird durch das Wollen nicht verstärkt, sondern abgeschwächt. Unser Wollen wird durch das Denken nicht verstärkt, sondern abgeschwächt. Unser Fühlen wird durch das Denken nicht verstärkt, sondern abgeschwächt. Würden wir in einem einzigen Augenblick innerhalb des physischen Leibes nur denken, ohne zu wollen, würde uns die Kraft des Denkens, wie sie in den Weiten der Welt lebt, einen Augenblick durchdringen, ganz ohne dass die Kraft des Fühlens und des Wollens dabei sind: In diesem Augenblick wären wir als physische Menschen ganz gelähmt. Würden wir auch nur einen Augenblick als physische Menschen fühlen, ohne zu denken und ohne zu wollen: In diesem Augenblick würden wir uns als physische Menschen verkrampfen, weil das Fühlen etwas ungeheuer Lebendiges ist. Wir würden lauter Krampfanfälle haben. Und würden wir auch nur einen Augenblick als physische Menschen wollen, ohne dabei zu denken und zu fühlen: Wir würden uns wie im feurigen Fieber verzehren.

Bevor wir durch die Geburt, durch die Empfängnis in das physischsinnliche Dasein heruntergestiegen sind, waren wir als Menschen so, dass Denken, Fühlen und Wollen jedes für sich bestand. Da war aber unsere Umgebung die geistige Welt: Da konnten wir es ertragen. Aber wir müssen uns, wenn wir Selbsterkenntnis überhaupt erlangen wollen, eine innere Empfindung dafür verschaffen, wie das ist, wenn wir außer der physischen Welt, außerhalb des irdischen Leibes, unser Wesen nach Denken, Fühlen und Wollen getrennt haben. Ein großer, bedeutungsvoller Augenblick ist für den, der die Schwelle der geistigen Welt übertritt, derjenige, in dem er mit den Seelen verstorbener Menschen zusammentrifft. In diesem Augenblick muss er so vorbereitet sein, dass er aus dem tiefsten Inneren seines Wesens heraus in seinem Herzen die Worte sagt: Das sind die wahrhaft Lebenden! Der Mensch sagt es, wenn er in die geistige Welt eintritt: Das sind die wahrhaft Lebenden! Denn es lebt vor allen Dingen das Denken in ihnen. Das Denken beginnt zu leben, wenn wir durch die Pforte des Todes geschritten sind. Dieses Denken hat auch gelebt, bevor wir heruntergeschritten sind ins irdische Leben, da hat das Denken gelebt. Wir schauen das Denken im physischen Erdleben nur richtig an, wenn wir uns sagen: Ich denke daran, wie vor mir ein Leichnam ist, ein entseelter Leichnam. Er kann so, wie er ist, nur der Überrest eines lebenden Menschen sein. Ein Leichnam kann nicht für sich bestehen. Er ist ein physisches Wesen, aber kein physisches Wesen mit eigener Existenzmöglichkeit. Er weist auf das Leben hin, das ihm vorangegangen ist. Entfalte ich das gewöhnliche Denken in mir, denke ich so, wie man als Erdmensch denkt, so habe ich einen solchen Leichnam in mir. Alles irdische Denken ist Leichnam, der Leichnam dessen, was das Denken in seiner Lebendigkeit war, bevor wir in unser irdisches Dasein heruntergestiegen sind. Unser physischer Leib ist der Sarg, in den unser Denken gelegt wurde, als wir in die physisch-sinnliche Welt heruntergestiegen sind. Ohne dass wir untüchtig werden für das Erdleben, ohne dass wir den Zusammenhang für das Erdleben verlieren, müssen wir uns in aller Ehrlichkeit und mit aller Zuversicht sagen: Du bist als physischer Erdmensch für dein Denken ein Sarg, denn in dem Augenblick, da du aus der übersinnlichen Welt in die sinnliche Welt heruntergestiegen bist, ist das Denken erstorben. Es ist der Leichnam jenes lebendigen Denkens, das dir innegewohnt hat, bevor du zum Erddasein heruntergestiegen bist.

Auch unser Wollen lebt nicht. Das wird erst leben, wenn wir durch die Pforte des Todes gegangen sind. Das Denken ist ein Leichnam, das

Wollen ist ein Keim. Das Wollen ist ein Embryo dessen, was in uns entstehen wird, wenn wir durch die Pforte des Todes schreiten. Über das, was ich jetzt gesagt habe, muss sich der Esoteriker klar werden. Dann wird er eine Ahnung davon bekommen, wie das ganze seelische Leben des Menschen verwandelt wird, wenn er in die Welt der Erkenntnis eintreten will. Er kann nur eintreten, wenn er die drei Tiere besiegt, von denen wir das letzte Mal gesprochen haben, auf die die letzte Meditationsformel hinweist, die ich gegeben habe. Ich werde dann diese Meditationsformel nach der Stunde übergeben, weil ich sie das letzte Mal nicht auf die Tafel geschrieben habe. Ich werde sie dann übergeben, und es kann sie heute jeder aufschreiben.

Heute wollen wir auf das zurückblicken, wie uns unser Wollen, unser Fühlen und unser Denken im Bild, in der Imagination der drei Tiere erscheinen, wenn dieses Innere sich aus der äußeren Welt heraus offenbart, mit der wir in unserem Inneren immer verbunden sind. Derjenige, der an die Esoterik herantritt, muss sich klar darüber sein, dass er, wenn er am Anfang steht, wenigstens den Ansatz dazu machen muss, Denken, Fühlen und Wollen voneinander zu trennen. Anders kann man überhaupt nicht zur Erkenntnis kommen. Und jener Schutz, der dem Menschen gegen die Gefahren werden kann, die damit verbunden sind, dass er Denken, Fühlen und Wollen voneinander trennt, jener Schutz wird ihm gewährt, wenn er in ehrlicher Weise das aufnimmt, was Anthroposophie gibt. Anthroposophie formt die Gedanken so, dass der Mensch stark werden kann für das übersinnliche Erkennen. Auch wenn er nur die Mitteilungen über das Übersinnliche bekommt, auch wenn er nur diese Mitteilungen aufnimmt, muss er stark sein. Das Denken wird schon dadurch stark, dass wir dieses Denken auf das Begreifen der übersinnlichen Welt anwenden.

In welcher Lage sind diejenigen, die nicht herankommen wollen an die übersinnliche Welt, die nichts wissen wollen von anthroposophischer Geisteswissenschaft? Sie sind in einer solchen Lage, dass ihr Gehirn ihrem Ätherleib nicht nachkommen kann. Wenn sie sich mit Gedanken erfüllen, die von Anthroposophie gegeben werden, läuft ihr Ätherleib sofort aus dem Kopf, aus dem Gehirn davon. Dann bleibt nur das zurück, was der physische Organismus denken kann. Von einem höheren Gesichtspunkt aus kann man daher nur Mitleid haben mit denen, die nicht herankommen können an anthroposophisches Begreifen der Welt. Aber auf der anderen Seite, meine lieben Freunde, ist es so, dass das Denken, das Fühlen und das Wollen, indem sie im fortlaufenden anthroposophischen Erkennen selbstständig werden, den Menschen mit allen Kräften der Welt verbinden. Daher handelt es sich darum, dass der Mensch seine Seelenkräfte so orientiert, dass er mit seinem Denken, mit seinem Fühlen und mit seinem Wollen den Weg findet, den er gehen muss, damit Denken, Fühlen und Wollen in der richtigen Art in die geistige Welt eintreten können.

Eine weitere Ermahnung zu denen, die in der letzten Stunde gegeben worden sind, eine weitere Ermahnung des Hüters der Schwelle bezieht sich darauf, wie wir Denken, Fühlen und Wollen orientieren sollen, damit wir in richtiger Weise in die geistige Welt eintreten können. Wir müssen uns über die Natur von Denken, Fühlen und Wollen klar sein, damit wir verstehen, was der Hüter der Schwelle sagt. Der Hüter der Schwelle will uns vor die Seele führen, wie alles Denken, das wir im gewöhnlichen Bewusstsein im physischen Leib entwickeln, Leichnam ist, Scheingebilde ist. Ein Schein der Welt ist dieses Denken, wie ein Leichnam Schein des Lebendigen ist, nicht mehr das Lebendige selbst. In diesem Denken, das wir im gewöhnlichen Leben im physischen Leib haben, ist unser wahres Selbst nicht darin. Es offenbart sich nicht darin, sowenig wie sich das Lebendige im Leichnam offenbart. Aber sobald wir den Mut haben, uns zu sagen: Das Denken, das ich vom Morgen bis zum Abend entwickle im physischen Leben, dieses Denken ist nur Schein, ich will es als Schein anerkennen, ich will in diesen Schein untertauchen, dann wird uns immer klarer: Der physische Leib gibt uns ein Denken, das nur ein toter Schein ist; der Ätherleib erst gibt uns ein Denken, das über den Schein hinausgeht. Wenn wir richtig fühlen, wie das irdische Denken nur Schein ist, nur Leichnam des vorirdischen Geistig-Seelischen ist, dann fühlen wir uns als Ätherwesen. Dann werden wir nach und nach gewahr, dass in uns der Geist ist, der sich im gewöhnlichen Bewusstsein verbirgt. Aber wir können nicht anders an diesen Geist herankommen, als dass in demselben Augenblick, wo uns der Schein des Denkens aufgeht, wo das Scheindenken für unser Bewusstsein abstirbt, dass wir in diesem Augenblick anfangen, das zu verehren, was als geistiges Ätherwesen, als Ätherleib in uns auftaucht.

Meine lieben Freunde! Wenn wir die Pflanzen anschauen, die Steine, die Tiere anschauen, selbst den physischen Menschen anschauen: Sie entziehen sich uns nicht, wenn wir nur trocken und nüchtern bleiben und die Natur nicht verehren. Das hört aber auf, wenn wir der geistigen Welt gegenüberstehen: Das Ätherische entzieht sich uns sofort, wenn wir es nicht verehren. In dem Augenblick, wo wir uns sagen, das Denken ist Schein, ich will in diesen Schein untertauchen, in dem Augenblick müssen wir anfangen, das Ätherwesen zu verehren. Daher spricht der Hüter der Schwelle für die Selbsterkenntnis des Denkens die Worte: «Selbstheitsein, es soll verehren / Deines Geistes Führerwesen». (s. S. 68).

Das ist die ernste Ermahnung des Hüters der Schwelle gegenüber unserem Verhalten zum Denken. Wir halten uns ganz besonders an die Worte «verehren» und «Führerwesen», weil das Denken, wenn es sich als Schein erkennt, sich als verehrend empfinden muss. Und der Mensch empfindet das, was er dann in seinem Ätherwesen erlebt, als eine Führung von der Erde hinaus in die Weiten des Kosmos. Dann erst wissen wir, meine lieben Freunde: Wir gehen aus dem Physischen heraus, gehen über zu dem feineren Ätherischen. Wir sind gewohnt, das Physische als robust und kraftvoll, als derb anzuschauen. Dann erst wissen wir den Übergang zu finden zum feineren, innigeren Ätherischen. Wir müssen, wenn wir diese Gedanken aus ihrem groben physischen Dasein, wo sie tot sind, in ein Dasein überleiten wollen, das gegenüber dem physischen Dasein feiner ist, wo sie selbst leben, wir müssen den Tonfall bei einem solchen Mantram so wählen, dass es in jeder Zeile mit Hochton und Tiefton beginnt: dass es trochäisch ist (– ◡). Wir müssen uns klar sein darüber, meine lieben Freunde, dass das, was wir mit Worten ausdrücken, an das Geistige nur herankommen kann, indem es das Geistige an der Schwelle zunächst nur berührt. Es ist das Wort, wie wir es heute in der Zivilisation haben, schon so physisch geworden, dass es wie ein toter Körper ist. Erst wenn wir im Wort fühlen, dass es in Rhythmus übergeht, so wie im Menschen der Stoff in Blut- und Atmungszirkulation in Rhythmus übergeht, dann erst fühlen wir das Wort uns in die geistige Welt hinauftragen. Sodass wir den Blutkreislauf des Geistes in uns fühlen, wenn wir einen solchen mantrischen Kraftspruch so in uns lebendig machen, dass wir seinen Rhythmus fühlen, dass wir uns von seinem Rhythmus so in der geistigen Welt getragen fühlen, wie wir uns im irdischen Leben von unserem Blutrhythmus getragen fühlen. Die Ermahnung für das Denken, die der Hüter der Schwelle zum Menschen spricht, muss trochäisch sein: «Sīeh ĭn dīr Gĕdānkĕnwēbĕn ...». (s. S. 68).

So empfunden, so in der Seele immer wieder regsam gemacht, dass man alles übrige im Erdleben vergisst, nur in diesem Inhalt und Rhythmus lebt, trägt das gewöhnliche menschliche Denken aus der physischen

Welt in die ätherische Welt hinauf. Zu allem übrigen, was wir, meine lieben Freunde, an Meditationen haben, kann uns ein solcher Spruch – wenn wir ihn ab und zu, so oft wir wollen, so machen – kann er uns das sein, was uns aus dem Denken in die geistige Welt hinaufträgt.

Gehen wir vom Denken zum Fühlen des Menschen über, dann wird die Sache schon anders. Das Denken ist reiner Schein, ist ein Leichnam, es ist tot. Gelebt hat es, bevor wir heruntergestiegen sind in die physische Welt. Mit dem Fühlen ist es so, dass wir dem Fühlen gegenüber wie träumend sind – Gefühle sind nicht intensiver als Träume. Der fühlende Mensch träumt, aber in diesem Träumen lebt schon etwas vom wirklichen Sein. Es mischen sich Schein und Sein, wenn wir an das Fühlen des Menschen herangehen. Aber wir fühlen auch, dass wir gar nicht untertauchen wollen in dieses Sein, das mit dem Fühlen in uns beginnt. Wir möchten den Schein des Denkens, der in der physischen Welt lebt, immer bewahren. Wir kommen auf diese Weise nie zum Sein, nie zur Wirklichkeit. Wir müssen den Mut haben, in das unterzutauchen, was als Sein im Fühlen scheint. Wir müssen den Mut haben, uns ganz in das Gefühl, in das Innere unserer Seele hineinzuversetzen. Dann wird uns durch diesen Schein, in dem wir mit unserem Denken zu leben gewohnt sind, sich etwas von dem Sein verraten. Dann werden wir die Weltkräfte gewahr, die sonst überall in der Welt draußen sind. Sie kommen in uns zum Vorschein. Dann aber sollen wir – so wie wir zu verehren anfangen sollen, wenn wir von dem Schein des Denkens zu seinem Sein aufsteigen –, dann sollen wir anfangen, sinnig zu werden im Fühlen, dann sollen wir im Fühlen anfangen, bedächtig zu werden. Denn da kommen wir auf die lebendigen Mächte des Daseins in uns selbst. Das ist das Zweite, was der Hüter der Schwelle als Ermahnung für das Fühlen an uns stellt: «Vernimm in dir Gefühle-Strömen ...». (s. S. 68). Das ist die zweite Mahnung, die vom ernsten Hüter ausgeht, die Mahnung zur Orientierung des Gefühls. Wenn wir durch das Fühlen den Übergang aus dem Schein zum Sein finden wollen, dann müssen wir aus dem Ätherischen in das Astralische hinein. Dann müssen wir eine stärkere Kraft anwenden, so wie wenn wir einen Berg hinaufsteigen, der immer steiler wird. Daher muss der bloße Inhalt der Worte, indem er sich rhythmisch entfaltet, eine zunehmende Kraft zeigen. Jambisch (⏑–) muss das sein, was das Mahnwort des Hüters in Bezug auf das Erleben des Fühlens ist. Es ist jambisch: «Vĕrnīmm ĭn dīr Gĕfühlĕ-Strōmĕn ...». (s. S. 68). So sollen wir den Rhythmus fühlen, so lebendig sollen wir in uns das machen, was der Inhalt der Worte ist. Dann tauchen wir richtig in das Fühlen hinunter und schreiten weiter auf dem Weg in die geistige Welt hinein. Denn der bloße Inhalt der Worte kann das nicht tun. Wir müssen unser ganzes Seelenwesen zu einer Wahrnehmung, zu einer Empfindung des Rhythmus im mantrischen Wort bringen.

Noch tiefer tauchen wir aus dem Schein in das Sein unter, in die wahre Weltwirklichkeit, wenn wir in das Wollen hinuntersteigen. Auch da müssen wir, damit wir die richtigen Wege wandeln können, auf das Wort des Hüters hören, das er mahnend an der Schwelle spricht. Der Wille ist die stärkste Kraft im menschlichen Seelenleben auch hier auf der Erde. Aber wir fühlen ihn nicht, weil wir das Wollen wie schlafend erleben. Wach, wirklich wach sind wir nur im Denken, im Fühlen sind wir träumend, im Wollen sind wir schlafend. Immer wieder müssen wir bedenken: Wir fassen einen Entschluss, und den haben wir in Gedanken. Dann sehen wir es wiederum als Ausführung. Was dazwischen liegt, der Übergang zum Wollen, ist für das gewöhnliche Bewusstsein so unbewusst wie das, was wir zwischen dem Einschlafen und dem Aufwachen erleben. Wie das Fühlen in Träumen getaucht ist, so ist das Wollen in Schlaf getaucht. Aber in diesem Wollen verschlafen wir das wahre Sein, die wahre Wirklichkeit des Daseins. So wie wir immer mehr dazu kommen müssen, aus dem Fühlen das herauszuholen, was wir in ihm erleben, so müssen wir aus dem Willen das herausholen, was wir in ihm erleben. Das ist die dritte Mahnung des Hüters der Schwelle: die Mahnung, dass wir gegenüber dem Wollen die rechten Wege hinein in die geistige Welt finden. Dann werden wir, wenn wir diese Mahnung beachten, von dem erfüllt, was geistiges Sein in uns ist.

Meine lieben Freunde! Wir erleben, dass wir in uns das Blut haben, dass wir durch Nahrungsmittel die Sättigung haben, dass wir die Scheingedanken haben, die Traumesgefühle haben. Aber wir erleben nicht im gewöhnlichen Bewusstsein, dass uns der Geist durchströmt wie unser Blut. Wenn wir beachten, was als dritte Ermahnung der Hüter zu uns spricht, dann können wir in uns das Wollen gewahr werden, dann können wir erleben, wie der Geist in uns waltet. Habe ich meine Hand, meinen Arm gehoben, habe ich etwas gewollt – was ist geschehen? Substanz ist in mir verbrannt worden, ein lebendiger Verbrennungsprozess hat sich im Akt des Wollens vollzogen. Dieser Prozess bleibt im Unbewussten. Jedes Mal, wenn durch unseren Leib ein Willensentschluss geschieht, ist ein Verbrennungsprozess da. Der Chemiker und der Physiker sagen: Es ist nur ein Verbrennungsprozess. Aber ebenso wenig, wie der menschliche Leib ein Mineral ist, sondern ein vom Geist durchsetztes Lebendiges ist, so wenig ist im menschlichen Leib ein gewöhnliches Feuer, sondern es ist ein lebendiges und durchgeistigtes Feuer. Es ist kein Feuer, wie man es in der Flamme einer Kerze sieht. Es ist keine bloße Verbindung von Kohlenstoff und Sauerstoff, was im Menschen geschieht. Der Mensch ist beseelt, und alle Naturprozesse sind in ihm beseelt. Wer von Prozessen im Inneren des Menschen so spricht, wie man von äußeren Naturprozessen spricht, der redet, ohne zu wissen, wovon er redet. Kein Naturprozess setzt sich in den Menschen hinein fort. Jeder Naturprozess wird im Menschen etwas ganz anderes. Innerhalb der menschlichen Haut ist keine Natur, innerhalb der menschlichen Haut ist eine Metamorphose der Natur: die Vergeistigung der Natur. Es gibt nichts, was im Menschen so bleibt, wie es äußerlich in der Natur ist. Wir könnten keinen Augenblick leben, wenn irgendetwas in uns so bleiben würde, wie es äußerlich in der Natur ist. Wir müssen, um uns das Wollen vorzustellen, zum Bild greifen. Wir müssen ein Bild gebrauchen, damit durch eine lebendige Imagination das Wollen in uns belebt wird. Daher stellen wir uns vor: Wir gehen – das Gehen ist für die gewöhnliche Lebenspraxis etwas Unbedeutendes, aber die größten Welträtsel vollziehen sich, indem der Mensch einen einzigen Schritt macht. Wir stellen uns vor, dass wir gehen, und im Gehen die Arme bewegen: Feuer sprüht aus uns heraus. Wir werden Aufschluss über das bekommen, was wir in Wirklichkeit als wollendes Wesen sind, wenn wir uns vorstellen, dass wir zur lebendigen Flamme werden. Wir werden uns selbst erleben, wenn wir den Mut haben, uns imaginativ als feurig-flammendes Willenswesen vorzustellen. Dann werden wir von der Schöpfermacht der Welt ergriffen. Wir verlassen unser Eigensein innerhalb der Haut und erweitern unser Selbst zum Weltselbst, das wir als Menschen sind. Wir fühlen uns als Wollende mit der ganzen Welt eins. Aber wir müssen darin leben lernen, wir müssen Willensflamme im Weltfeuer werden: Feuer im Feuer. Davon spricht zu unserem Willen der Hüter der Schwelle. Er spricht vom «Willens-Stoß», weil uns der Wille in das wirkliche Sein hineinstößt: «Lass walten in dir den Willens-Stoß ...» (s. S. 68). Das sind die Worte, die innerlich durchempfunden unser Wollen in richtiger Weise in die geistige Welt hineinleiten.

Haben wir die Verehrung zu entwickeln, indem wir zur Wirklichkeit des Denkens aufsteigen, haben wir das Bedenken zu entwickeln, wenn wir durch das Fühlen vom Schein zum Sein aufsteigen – stand in der vorletzten Zeile beim ersten Mantram für das Denken «verehren», beim zweiten Mantram für das Fühlen «bedenken» da –, so haben wir jetzt beim dritten Mantram: «ergreifen». «Ergreifen», also ein Nähersein, ein schon Darinsein steht hier in der dritten Strophe für das Wollen. Eine solche Steigerung haben wir auch in dem, was wir da gewahr werden: Für das Denken sind die «Führerwesen», für das Fühlen «der eignen Seele Lebensmächte», für das Wollen ist es die «Weltschöpfermacht». Das ist eine Steigerung. Aber, wie ich sagte: Feuer im Feuer, Wirklichkeit, die im All aufgeht, die in der Wirklichkeit des Alls selbst aufgeht. Das ist das, wohin uns der Hüter der Schwelle weist. Da müssen wir mehr drinstehen als beim Abwärtssteigen im Denken, wo wir hinuntersteigen von dem groben, robusten Schein zur inneren Wirklichkeit, wo es trochäisch ist, auch mehr als beim Fühlen, wo wir wie auf einen Berg hinaufsteigen müssen, wo es jambisch ist: Hier im Wollen müssen wir anders drinstehen, hier wird es spondeisch: Hochton auf Hochton: «Lāss wāltēn īn dīr dēn Wīllēns-Stōß ...». Das starke Betonen auf den zwei ersten Silben in jeder Zeile, das sollen wir rhythmisch fühlen. Festigkeit sollen wir gewinnen, indem der Hüter die dritte Mahnung an uns richtet.

Und so, meine lieben Freunde, sollen wir gewahr werden, wie dieses Hüterwort uns zur Erkenntnis hinüberleitet. Nachdem dieses Hüterwort uns darauf aufmerksam gemacht hat, wie wir Denken, Fühlen und Wollen in uns in den Bildern der drei Tiere haben, leitet er uns weiter, indem er uns zeigt, wie wir das Denken erkraften können, das Fühlen und das Wollen erkraften können, damit sie über die Tierheit hinauswachsen, über die drei Tiere hinauskommen, damit der Seele, wie es im letzten Mantram der letzten Stunde heißt, Flügel wachsen, um in die geistige Welt hinüberzukommen. Und deshalb, nachdem die drei Tiere vor uns gestanden haben, ist uns gesagt worden von dem Hüter im letzten Mantram der letzten Stunde: «Erst wenn die drei von dir besiegt ... Heilerstrebend weihen möchte». (s. S. 31). Aber der Hüter gibt uns zu gleicher Zeit in dem letzten Mantram, das ich dann übergeben werde, die Anweisung, was wir tun sollen, um zu erstarken, dass uns Flügel zur Erkenntnis wachsen.

Nehmen wir, meine lieben Freunde, in unsere Meditation das auf, was in diesen drei Mantren gegeben ist. Es ist das, zu dem die Klassen führen sollen, die seit der Weihnachtstagung eingerichtet worden sind, sodass durch die anthroposophische Bewegung Esoterik fließt. Nehmen wir in unsere Meditation diese Mahnung des Hüters der Schwelle auf. Nicht ich spreche sie, ich spreche sie für den Hüter der Schwelle, der durch mich diese Worte zu uns sprechen will. Denn diese Schule ist eine Einrichtung der geistigen Welt selbst. Darum nehmen wir diese Worte wie die des Hüters selbst. Dann werden sie uns erkraftende und stärkende Worte sein, nach dem erschütternden Eindruck der letzten Stunde. Jetzt tritt demgegenüber der Ausblick auf die Erkraftung der Seele. Niedergeschmettert muss der Mensch zuerst von dem sein, was er in der sinnlichen Welt begreift, um stark aufzustehen in der geistigen Welt, damit er Flügel bekommt, hinüberzusetzen über den Abgrund, der in die Helligkeit hineinführt, die am Abgrund aus der Finsternis strahlt, die aus unserem Menschentum geboren ist. Darum spricht der Hüter die Worte, um uns aus diesem Niedergeschmettertsein wieder zu erheben: «Sieh in dir Gedankenweben ... Weltschöpfermacht im Geistes-Ich». (s. S. 68).

Und indem der Hüter dieses Wort gesprochen hat, kommt er, selbst den Rhythmus vollziehend, auf jene Worte wieder zurück, mit denen er uns perspektivisch auf das hingewiesen hat, was wir erreichen sollen, was uns aus der geistigen Welt herüber über die Schwelle winkt: «Aus den Weiten der Raumeswesen ... O, du Mensch, erkenne dich selbst». (s. S. 28).

I.Kl.   5.4.24, Prag.   -18-

        Und indem der Hüter dieses Wort gesprochen hat, kommt er, selber Rhythmus vollziehend, wiederum zurück auf jene Worte, mit denen er uns hingewiesen hat perspektivisch auf dasjenige, was wir erreichen sollen, was uns winkt aus der geistigen Welt herüber über die Schwelle:

        Aus den Weiten der Raumeswesen,
        Die im Lichte das Sein erleben;
        Aus dem Schritte des Zeitenganges,
        Der im Schaffen das Wirken findet;
        Aus den Tiefen des Herzempfindens,
        Wo im Selbst sich die Welt ergründet:

        Da ertönt im Seelensprechen,
        Da erleuchtet aus Geistgedanken
        Das aus göttlichen Heileskräften
        In den Weltgestaltungsmächten
        Wellend wirkende Daseinswort:
        "O du Mensch, erkenne dich selbst."

        - - - - - - -

Klartextübertragung «nach Sten. von Dr. Eiselt» (2. Prager Wiederholungsstunde – 5.4.1924)

Berner Wiederholungsstunde

Bern, 17. April 1924

Meine lieben Freunde![16] Durch alles esoterische Streben, seit es ein solches Streben in der Entwicklung der Menschheit gibt, geht eine Aufforderung, die dann während der Griechenzeit mehr exoterisch geworden ist, eine Aufforderung, die der Mensch hören kann, wenn er in seiner Seele und in seinem Herzen still wird und auf sich die Sterne oben wirken lässt, die da ruhen im Weltall – die Sterne, die in ihren Zusammengruppierungen Formen bilden und durch die Ruhe ihrer Formen die Himmelsworte in eine Schrift bringen, die dem Menschen entzifferbar

---

16 Es hat in der Anthroposophischen Gesellschaft in der verschiedensten Art esoterische Kreise gegeben, in denen das, was in den allgemeinen anthroposophischen Vorträgen aus dem geistigen Leben der Welt herausgeholt wird, so an die Mitglieder herangebracht worden ist, dass in dieser Mitgliedschaft selbst ein esoterisches Streben, ein esoterisches Leben entstehen konnte. Da ein esoterischer Grundimpuls, wie gestern in der Mitgliederversammlung angedeutet worden ist, seit der Weihnachtstagung durch die ganze Anthroposophische Gesellschaft in der Zukunft gehen soll, so wird das Esoterische in einer vertieften Form weitergepflegt werden und damit das, was sonst mehr exoterisch gesagt, esoterisch entwickelt werden kann, dazu wird die Freie Hochschule für Geisteswissenschaft am Goetheanum da sein. Diese Freie Hochschule für Geisteswissenschaft am Goetheanum wird also eine esoterische Schule sein, eine esoterische Schule im wahren Sinne des Wortes, sodass sie in ihrer Klassengliederung immer mehr anstreben wird – und hoffentlich machen es die Verhältnisse sehr bald möglich –, in ihrer Totalität immer mehr anstreben wird, das zu sein, was eine moderne Mysterienstätte darstellen soll. Die erste Klasse, die bisher eingerichtet worden ist, ist ein Anfang davon, ein Anfang, der dann seine Ergänzung in den nächsten Klassen finden wird, die der Öffentlichkeit gegenüber so genannt werden, da die heutige Seelenverfassung für andere Bezeichnungen, wie sie früher üblich waren, nicht mehr empfänglich ist. Aber es kommt auf die Sache, nicht auf die Bezeichnung an. Deshalb aber ist es nötig, dass derjenige, der als Mitglied in diese Schule aufgenommen wird, sich seiner Mitgliedschaft zur Schule im rechten Sinne bewusst ist. Die Freie Hochschule für Geisteswissenschaft hat auch ihre Probezeit durchgemacht. Es ist, als ich noch nicht selbst die Anthroposophische Gesellschaft leitete, vielfach der Impuls aufgetaucht, am Goetheanum als Freie Hochschule etwas zu schaffen, was in gewisser Beziehung es den äußeren Hochschulen nachmacht. Das ist, man muss es heute sagen, nicht gelungen. Es kann auch nicht gelingen, aber es musste als Probe durchgemacht werden. Der Proben haben wir jetzt genug, weitere werden nicht stattfinden. Denn das, um was es sich beim Goetheanum handelt, ist dieses, dass jeder Mensch dort gerade das findet, was im geistigen Streben seine Seele intensiv suchen muss, was er aber anderswo nicht finden kann. Daher muss der Mensch, der nur im Allgemeinen seelisch strebt – nicht abgesondert nach irgendeinem Fachlichen –, er muss ... (Lücke im Stenogramm) in der Hochschule die höchste

wird –, wenn er sich in der Ruhe seiner Seele und in der Stille seines Herzens den Eindrücken dieser Ruhesterne hingibt, wenn er sich dem Wandel der Sonne, des Mondes und der anderen Wandelsterne hingibt – wenn er sich in die Bewegungen des Umkreises vertieft, die nur Zeichen für das geistige Walten der regierenden Mächte des Erddaseins sind, wenn er lernt, auf sein Gemüt das wirken zu lassen, was im Umkreis der Wandelsterne geschieht –, und wenn er sich dann in das vertieft, was vom Umkreis in seine eigene Organisation an Erde, Wasser, Luft und Feuer hineingeht: Wenn sich der Mensch in das Weltall vertieft und sich mit all dem durchdringt, was ihm die Ruhesternen-Geister, die Wandelsternen-Geister und die Elementen-Geister zuraunen, dann vertieft er

---

Befriedigung seines Strebens finden können. Aber auch derjenige, der in irgendeiner Kunst oder Wissenschaft drinsteht, muss in den verschiedensten Sektionen in esoterischer Weise zu der für ihn notwendigen geistigen Vertiefung angeleitet werden. Daher sind die einzelnen Sektionen eingerichtet worden, die zum Teil auch ihre Tätigkeit begonnen haben. Und es ist vor allen Dingen in Dornach selbst mit der allgemeinen anthroposophischen Sektion begonnen worden, mit derjenigen Sektion, die für jeden Menschen ist, der eine Vertiefung seines Seelenlebens sucht. Es handelt sich aber darum, dass unsere Anthroposophische Gesellschaft den größeren Kreis der Mitglieder umfasst. Jeder muss Mitglied werden können – insbesondere seit wir die Gesellschaft als eine öffentliche anerkannt haben –, jeder muss Mitglied werden können, der Anthroposophie sucht. Es erwachsen ihm dabei keine anderen Pflichten als jene, die sich aus der Sache der Anthroposophie selbst heraus ergeben. Dagegen erwächst den Mitgliedern der Schule, weil die Schule im echten, wahren Sinne eine esoterische sein muss, es erwachsen ihnen gewisse Pflichten. Für die Allgemeine Anthroposophische Gesellschaft ist gedacht, dass der esoterische Zug dadurch entsteht, dass der Vorstand selbst eine esoterische Einsetzung ist, wie gestern auseinandergesetzt worden ist. Dadurch wird alles, was vom Vorstand ausfließt, einen esoterischen Zug durch die Gesellschaft tragen. In der esoterischen Schule dagegen muss jedem Mitglied bewusst sein, dass es ein rechter Repräsentant der anthroposophischen Sache vor der Welt ist. Das muss ihm klar sein, dass es ein wahrer Repräsentant der anthroposophischen Sache vor der Welt sein soll. Das schließt mehr ein, als man gewöhnlich meint, und es muss im vollsten, tiefsten Ernst genommen werden. Man darf sich zum Beispiel nicht darauf berufen, dass die Schule die Freiheit beschränken würde, wenn sie den oder jenen nicht in ihre Reihen aufnimmt. Denn die Freiheit muss sich auch auf die Leitung der Schule beziehen, die auch aus der Freiheit heraus wirken muss, daher bestimmen muss, wen sie als ihr Mitglied ansieht, sodass gegenseitig Freiheit herrscht. Man kann nicht bloß kritisieren, dass Freiheit beschränkt wird, wenn man nicht in die Schule aufgenommen wird. Das andere aber, meine lieben Freunde, ist, dass derjenige, der als Mitglied der Schule in irgendeiner Weise sich betätigt so, dass die Schulleitung nicht damit einverstanden sein kann, den sie daher nicht als einen wirklichen Repräsentanten der anthroposophischen Bewegung ansehen kann, dass dem gesagt werden können muss, dass sein Mitglieddiplom annulliert

sich in die Aufforderung, die durch Äonen an den esoterisch strebenden Menschen gegangen ist. Wir wollen uns auch heute vor die Seele führen, wie aus den Höhen, aus dem Umkreis und aus der irdischen Umgebung an uns die Aufforderung herantönt: *«O Mensch, erkenne dich selbst! ...»* (s. S. 173).

So tönt es aus dem dreifachen Weltall: O Mensch, erkenne dich selbst! So tönt es vor allem, wenn der Mensch an jene Stelle seines Daseins kommt, die man die Schwelle zur geistigen Welt nennt. An dieser Schwelle zur geistigen Welt bemerkt der Mensch, dass all das, was ihn in der äußeren Sinnenwelt umgibt, neben Hässlichem viel Großes, Schönes und Erhabenes hat, dass er als Erdmensch nicht leben kann, wenn er nicht den Sinn dafür hat, mit all dem zu empfinden, was Farb' an Farbe im Naturdasein lebt, was Glanz an Glanz sich im Sternendasein offenbart, was an Lebendigem sich in aller irdischen Umgebung erwest. Wenn der Mensch sich in all das vertieft – und er soll einen Sinn haben dafür, sich hineinzuvertiefen –, dann merkt er: Schön, groß und erhaben ist das alles, aber die Wurzel, der Quell seines Daseins ist nicht darin zu finden. Er merkt, dass er den Zusammenhang mit dem Quell, mit der Wurzel seines Daseins woanders suchen muss. Da ist dann die Schwelle: diesseits Farbe an Farbe, Form an Form, Kraft an Kraft, Leben an

---

wird, dass er nicht Mitglied der Schule sein kann, sodass schon die Mitgliedschaft zur Schule mit großem Ernst aufgefasst werden wird ... (Lücke im Stenogramm – die Klartextnachschrift führt hier weiter aus: «Es wird durchaus notwendig sein, dass auch ein Mitglied die Mitgliedschaft wiederum verlieren kann, wenn es auf der anderen Seite freisteht, zu wählen, wer Mitglied sein kann und wer nicht.») Diese Dinge werden äußerlich der Schule den Stempel aufdrücken, nur dadurch wird es möglich sein, wirkliches Esoterisches durch die Schule fließen zu lassen. Es muss also derjenige, der Mitglied der Schule ist, die anthroposophische Sache als seine Lebenssache ansehen im strengsten Sinne des Wortes. Wir werden hier heute eine solche erste Klassenstunde abhalten, die isoliert dastehen soll, da man annehmen kann, dass diejenigen der Anwesenden, die es irgend ermöglichen können, wenigstens ab und zu zu den Klassenstunden am Goetheanum kommen werden, wo fortlaufend das entwickelt wird, was Inhalt der Schule ist. Und immer mehr wird angestrebt werden, was bis jetzt seinen Anfang genommen hat zum Beispiel in der medizinischen Sektion, wo Frau Dr. Wegman, die Leiterin, mit dem Versand von Rundbriefen begonnen hat, wodurch Mitteilungen inauguriert werden, wodurch auch die auswärtigen Mitglieder informiert werden können über das, was durch die Schule fließt. Diese Stunde wird isoliert dastehen, weil ich annehme, dass die Mehrzahl der Anwesenden auch zum Goetheanum kommt und somit nur für diejenigen, die heute hier anwesend sind, aber die unmöglich nach Dornach kommen können, auch etwas da sein soll.

Leben: die lichte, helle Welt, in der der Mensch nur seiner Äußerlichkeit nach drinnen ist, nicht aber die Welt, in der er seiner Wurzel nach, der Quelle seines Daseins nach drinnen ist. Jenseits ist es finster, wenn er hinüberblickt. Aber er bekommt die Empfindung: Da drüben, wo jetzt Finsternis waltet, da ist das wahre Licht. Der Mensch sagt sich: Da muss ich hinüber in dieses wahre Licht. Und dieses wahre Licht, es kann nur errungen werden, wenn der Mensch sich für dieses Erringen vorbereitet, wenn er jene Stimmung und Gesinnung in seiner Seele aufnimmt, die ihn dazu vorbereitet, in der rechten Art entgegenzunehmen, was als Licht aus der Finsternis herausstrahlt, und was ihm erst ein Bild von sich selbst gibt.

Da wird der Mensch gewahr, dass eine geistige Wesenheit an dieser Schwelle steht, die wir den Hüter der Schwelle nennen. An dem müssen wir vorüber. Wir müssen all das fühlen und empfinden, von dem der Hüter will, dass wir es fühlen und empfinden. Denn ohne an diesem Hüter vorbeigekommen zu sein, ist wirkliche Erkenntnis nicht möglich. Alle Erkenntnis, die errungen wird, ohne die Begegnung mit dem Hüter der Schwelle gehabt zu haben, ist keine wirkliche Erkenntnis. Daher nehmen wir auf, meine lieben Freunde, in unsere Herzen das, was uns eine Vorempfindung dieser ernsten Gestalt geben kann, die da steht zwischen dem Nichterkennen und dem Erkennen: *«Erkenne erst den ernsten Hüter ... Dir kraftvoll erst erobern musst».* (s. S.256).

Das muss sich der Mensch vor allen Dingen im weitesten Umfang sagen können: Ich bin noch nicht ein Mensch. Ich muss ein Mensch erst werden durch das, was ich in mir selbst heranentwickle. In Bilder kleidet sich das, was im Menschen vor ihm selbst verborgen werden muss. Denn indem der Mensch in die irdische Welt hinuntertaucht, taucht er in alle Vererbungskräfte unter. Diese Vererbungskräfte enthalten für den Menschen Herunterziehendes. Da ist das Wollen, das fast ganz aus den physischen Vererbungskräften zusammengesetzt ist, wenn der Mensch seinen Trieben und Leidenschaften folgt. Da ist das Fühlen, durch das der Mensch in alle Schwäche und Lässigkeit, in alle Zweifel gegenüber der geistigen Welt getrieben wird. Und da ist das Denken, das tot ist, das der Leichnam dessen ist, was das lebendige Denken ist, das unser eigen ist, bevor wir aus dem vorirdischen Dasein in das irdische heruntersteigen. Diese drei erscheinen dem Menschen in Form von drei Tieren, die aus dem Abgrund aufsteigen, die hinter dem Hüter der Schwelle vor der das Licht gebärenden Finsternis stehen. Da steigen drei Tiere auf, die den Menschen darauf aufmerksam machen, wie er ist, wenn er nicht das Geistige in sich rege macht.

Man sieht sie so gestaltet: das eine wie ein Knochengerippe, ein Knochengespenst, das eine elementarische Verkörperung, eine Inkarnation des wesenlosen, toten Denkens ist, das aber im Elementarreich lebt. Wir lernen erkennen, was unser Denken ist: etwas Totes in uns. Denn lebendig ist das Denken vor der Geburt, lebendig wird es wieder nach dem Tod. Der physische Leib ist wie ein Grab, und das Denken ist in ihm eingesargt wie eine Mumie. Der Mensch hält dieses Denken, das ihm als physischer Mensch eigen ist, für Realität. Eine Realität war es aber, als es noch nicht Leichnam war ... (Lücke im Stenogramm). Aber da war der Mensch im vorirdischen Dasein. Je mehr der Mensch sich bewusst wird, dass das Denken in Wirklichkeit ein Knochengespenst ist, desto mehr lernt er den irdischen Menschen erkennen. Je mehr der Mensch erkennen lernt, dass das Fühlen, das nur gemildert und harmonisiert wird durch die Geistigkeit, in die der Mensch es hinaufträgt, je mehr er erkennen lernt, dass das Fühlen, das von den Vererbungskräften abhängt, ein hässliches Tier mit gespaltnem Maul ist, mit Spottlust im Gesicht, je mehr sich der Mensch bewusst wird, dass das Wollen wie ein schreckliches aufzehrendes Tier ist, umso mehr wird er aufgerufen, innerlich sich zu sagen: Ich bin noch nicht ein Mensch, ich muss es erst durch die Teilnahme an den Geistesgewalten werden. Ich muss mein Denken zu verlebendigen suchen, mein Fühlen zu verinnerlichen, mein Wollen zu vergeistigen suchen.

Das aber gibt sogleich große Schwierigkeiten, denn indem wir im physischen Leben stehen, verweben sich in unserem Menschenwesen Denken, Fühlen und Wollen. Sie fließen ineinander. Wenn wir schematisch dieses Denken, Fühlen und Wollen aufzeichnen wollen, so können wir es so aufzeichnen (es wird gezeichnet – s. entsprechende Zeichnung der 8. Stunde S. 325): Wir würden da das Denken haben (links, blau), dann nicht ganz getrennt, sondern hineinverwoben das Fühlen (grün), wiederum hineinverwoben das Wollen (rot). Dadurch kann sich der Mensch im physischen Leben aufrechterhalten, dass er, indem er aus seinem Wesen heraus wirkt, Denken, Fühlen und Wollen ineinander verwoben hat. Wenn der Mensch aber in die geistige Welt hineinkommt, trennen sich Denken, Fühlen und Wollen. Es ist, wie wenn der Mensch in drei Wesen auseinanderginge. Er hat Denken, Fühlen und Wollen deutlich voneinander getrennt (s. Zeichnung rechts). Er wird eins mit der ganzen Welt. Er fließt hinüber in die ganze Welt. Während er sich im physisch-irdischen Dasein eins fühlt mit seinem Körper, weil er eine in sich geschlossene organische Einheit ist, während das ihm die Meinung gibt, dass er mit seinem Ich eine Einheit ist, geschieht es, dass durch die ernsten Impulse, die von dem Hüter der Schwelle ausgehen, der Mensch sich als Dreiheit fühlt. Im Hinausgehen in die Welt fühlt er sich aufgeteilt, aufgeteilt so, dass zwischen Denken und Fühlen nicht äußerlich sinnlich, aber qualitativ ein Zwischenraum ist. Der Mensch schaut, oder eigentlich fühlt, wenn er sich mit der Welt eins fühlt, zwischen dem denkenden und dem fühlenden Wesen einen Zwischenraum. Er weiß jetzt auf eine unmittelbare Art: Es ist das Erkennen im wahren Sinne des Wortes ein Sichhinausleben in die Welt. So wie wir hier eins sind mit unserem Herzen, unserem Magen, so sind wir, wenn wir die Schwelle überschritten haben, eins mit Sonne und Mond (s. Zeichnung), sie sind unsere Organe. Wir werden eins mit der Sonne und dem Mond, und der Mensch, so wie er hier ist, wird unsere Außenwelt. Was jetzt unser Inneres ist, wird uns fremd, wie jetzt Steine, Pflanzen und Tiere uns fremd sind. Wie wir hier nicht sagen, ich bin der Berg, ich bin der Fluss, sondern, da ist der Berg, da ist der Fluss, so sagen wir nicht, wenn wir die Schwelle überschritten haben, ich habe ein Herz, eine Lunge in mir. Wie wir heute von dem Berg und dem Fluss sprechen, so sprechen wir jenseits der Schwelle von dem, was wir heute unser eigen nennen: auf Herz und Lunge weisen wir hin als außer uns stehend, Sonne und Mond fühlen wir als unser Inneres. Wir fühlen die Sonne als unser Inneres zwischen dem Denken und dem Fühlen, den Mond als unser Inneres zwischen dem Fühlen und dem Wollen. Das ist die Lebenstatsache, die dem Menschen aufgeht, wenn er sich mit dem gesunden Menschenverstand innerlich vertieft, auch wenn er noch nicht hellsehend ist. Das ist die Tatsache des Stehens an der Schwelle bei dem ernsten Hüter. Wir können solches immer als eine Meditation machen. Es ist eine Meditation, die außerordentlich wirksam ist, die in dieser oder jener Weise den Menschen in das Weltdasein hineinversetzen kann, aber konkret, nicht allgemein, nicht verschwommen. Der Mensch fühlt sich wie in den Kosmos ausgegossen, die Sonne und den Mond in sich tragend.

Über der Sonne haben wir das Denken, über dem Mond haben wir das Fühlen, unter dem Mond haben wir das Wollen. Wir können auch so sagen: Über der Sonne weitet sich das Denken in den Sternenhimmel, in den Tierkreis: in Widder, Stier, Zwillinge, Krebs und so weiter. Die

Sonne kreist mit den anderen Planeten innerhalb des Fühlens. Und oberhalb des Wollens, da das Wollen ganz an die Erde gebunden ist, an die Schwerkraft der Erde, an die Elemente Erde, Wasser, Luft, Feuer gebunden ist, da haben wir den Mond. So können wir uns in die Welt hineinversetzen. Der Mensch betrachtet heute die Welt so, dass er von vielen Elementen spricht, von Sauerstoff, Wasserstoff, Stickstoff und so weiter. Diese Elemente hätte ein Mensch, der noch innerhalb der alten Mysterien stand, den Leichnam der Welt genannt. Selbst ein Grieche der älteren Zeit, wenn er von einem modernen Menschen gefragt worden wäre, hätte gesagt: Ihr zerstückelt nicht nur den menschlichen Organismus im klinischen Versuchsraum, wenn ihr seziert, sondern ihr zerstückelt mit eurer Wissenschaft die ganze Welt, indem ihr nur vom irdischen Gesichtspunkt aus Wissenschaft treibt!

Meine lieben Freunde! Noch in den ägyptischen Mysterien hat es eine Erkenntnis davon gegeben, dass man Naturwissenschaft nicht lernen kann durch bloße Beobachtung der Dinge, die in der Natur draußen sind, sondern nur, wenn man sich bei jedem Ding – so wurde es dem in den ersten Grad Einzuweihenden in den Mysterien gleich klargemacht –, wenn man sich bei jedem Ding erinnert, wie es im vorirdischen Dasein ausgesehen hat. Naturwissenschaft war das, was gleichzeitig das Irdische und das Vorirdische enthüllt. Und im zweiten Grad sagte man dem Menschen: In der irdischen Welt kann man nur Geometrie, Messkunde, und Rechnen lernen, denn diese menschlichen Seelenbetätigungen beziehen sich auf Physisches. Sie stellen das Übersinnliche im Physischen dar. Man hat das noch nicht im ersten Grad enthüllt, weil man es für gefährlich hielt ... (größere Lücke im Stenogramm). Für den ersten Grad hielt man für angemessen, dass man dem Schüler nur die geistige Welt schilderte. Im ersten Grad wurde Naturwissenschaft getrieben, indem man den Menschen an das erinnerte, was in ihm als lebendiges Denken vor seinem irdischen Dasein gelebt hatte. Im dritten Grad dann lernte der Mensch dadurch, dass er an die Pforte des Todes herankam, dass er nicht «nach Blut dürsten» darf, dass er menschliches Dasein ebenso außerhalb des physischen Daseins finden kann, wie im physischen Leib mit dem Blut. Wenn wir heutige Bücher aufschlagen, so werden wir das so interpretiert finden, dass man nicht danach dürsten darf, jemanden zu erschlagen oder zu erstechen. Aber es hieß: Man darf nicht nach dem physischen Dasein dürsten. Aber um das zu lernen, musste man die Lehren des dritten Initiationsgrades aufnehmen.

Dann war ein weiterer Grad derjenige, dass dem Eingeweihten der Name Christophorus gegeben wurde, Christus-Träger. Was der Christus im Geistigen ist, wusste man in allen Mysterienschulen. Da erst wurde dem Schüler das beigebracht, was man damals Chemie nannte. Die geistige Wesenheit der Stoffe erfasst man, nachdem man durch die Pforte des Todes gegangen ist. Chemie zu lehren vom irdischen Gesichtspunkt aus, bevor der Mensch erkannt hat, wie er ist, wenn er außer dem physischen Leib ist, also unsere Art, Chemie zu lehren, hätte man in Ägypten für Teufelswerk gehalten. Vor den alten Ägyptern wären alle Chemiker, alle modernen Chemiker Teufelssöhne gewesen, weil man wusste, wie die Dinge in der Natur mit dem Geist zusammenhängen. Und so ist es, dass man in jenen alten Zeiten, wo instinktives Hellsehen die Initiationswissenschaft durchpulste, dass man ganz genau wusste, wie der Mensch zu der übersinnlichen Welt im Konkreten steht. Es gab zwischen dem, der initiiert war, und dem, der vom Initiierten die Lehren empfing, einen karmischen Zusammenhang. Heute würden wir sagen: Das gibt es zwischen dem, der der Hochschule für Geisteswissenschaft angehört, und der Leitung der Schule. Das müsste dem Lernen bei einem Initiierten in den alten Mysterien gleichkommen. Das gibt einem menschlichen Zusammensein ein geistiges, esoterisches Gepräge. An diesem geistigen Gepräge muss der Mensch mit seinem vollen Bewusstsein teilnehmen. Daher ist es notwendig, dass gerade diese Teilnahme im vollsten Sinne des Wortes immer wieder meditativ durch irgendeine Formel vor die Mitglieder der Schule hintritt.

Eine solche Formel soll uns heute gegeben werden, eine von jenen Formeln, durch die wir uns allmählich vorbereiten, über die Schwelle hinüberzutreten, sei es mit dem gesunden Menschenverstand, sei es mit dem Initiationsbewusstsein. Was in dieser Beziehung an den Menschen herantreten soll, was er sich mit mantrischem Rhythmus vor die Seele stellen soll, das kann, aus der Sprache des Geistigen in die Sprache des Erdkönnens übersetzt, mit folgenden Worten gegeben werden: «O Mensch, ertaste in deines Leibes ganzem Sein, / Wie Erdenkräfte dir im Dasein Stütze sind». Wir berühren mit unseren Fingern einen Gegenstand und wir nennen das ein Tasten. Stellen wir uns vor, meine lieben Freunde, wir nehmen zum Tasten statt der Hand den ganzen Leib. Aber wir tasten nicht etwas, was in der Umgebung ist, sondern wir tasten uns selbst mit unserem ganzen Leib auf der Erde, sodass die Fußsohle zur Tastfläche wird. Wir tasten unser eigenes Gestütztsein durch die Erdkräfte, indem wir uns ganz als Tastorgan denken. Das tun wir im Unbewussten fortwährend, wenn wir gehen oder stehen, aber wir merken es nicht. Wenn wir aber diese Dinge ins Bewusstsein rufen ... (Lücke im Stenogramm). Wenn wir dazu übergehen, unser Irdisches so zu erleben, wie es sich erleben lässt, wenn wir etwas tasten, dann haben wir dieses erste Gefühl, das meditiert werden muss. Dann denken wir uns, indem wir in dieser mantrischen Formel fortschreiten, dass das, was zuerst Tastorgan war, dass wir jetzt das fühlen: «O Mensch, erlebe in deines Tastens ganzem Kreis, / Wie Wasserwesen dir im Dasein Bildner sind». Wir gehen damit um eine Stufe weiter in das Innere. Vorher haben wir unseren Leib als Tastorgan benutzt, jetzt erleben wir ihn innerlich als Tastorgan. Wie wenn wir zuerst etwas tasten und dann ein innerliches Gefühl bekommen, indem wir die Hand zur Faust ballen, so fühlen wir jetzt unser Tasten und werden gewahr, indem wir das Tasten selbst erleben, dass im Menschen das rege wird, was die flüssigen Säfte in ihm zirkulierend fortwährend bilden. Da werden die Bildekräfte des Menschen innerlich erlebt, die vom Ätherleib ausgehen.

Solche Dinge werden erreicht, indem die Meditation in entsprechender Weise aufgebaut wird. In der ersten Zeile haben wir «ertaste», da ist das Tasten eine Tätigkeit. In der dritten Zeile ist Tasten zum Hauptwort geworden. Dieses Wiederkehren einer Empfindung in Metamorphose, das ist das, was dem Mantram seinen mantrischen Charakter gibt. Dann steigen wir noch weiter auf – nicht nur dazu, das Tasterlebnis im Erleben zu erfassen, sondern dazu, das Leben selbst zu erfassen, das im Wasser ätherisch Wirkende selbst zu erfassen. Wir gehen noch einen Grad weiter nach innen, und wir fühlen, wie wir das vorher ertastet haben, wir fühlen jetzt das Leben selbst in unserem Inneren. Wir vergegenwärtigen es uns so: «O Mensch, erfühle in deines Lebens ganzem Weben, / Wie Luftgewalten dir im Dasein Pfleger sind». In der dritten Zeile haben wir «erlebe» als Tätigkeit, in der fünften Zeile haben wir jetzt «Leben» als Hauptwort. Wir sind vom physischen Leib, der ganz im Irdischen tätig ist, zu immer innerer Betätigung aufgestiegen. In der ersten Zeile ist der physische Leib zum Gegenstand des Ertastens gemacht. In der dritten Zeile ist es das Erleben einer Tätigkeit. In der fünften Zeile ist es das Erleben einer Tätigkeit, die im Leben gefühlt wird, wie in einem Substantiv. Die Pfleger sind im Atmen tätig. Wir sind jetzt bis zur Luft heraufgekommen und erheben uns weiter bis dahin, wo der Mensch in sein Feuer-, in sein Wärmewesen heraufdringt: «O Mensch, erdenke in deines Fühlens ganzem Strömen, / Wie Feuermächte dir im Dasein Helfer sind». Wiederum ist hier «erfühlen» substantivisch zum «Fühlen» geworden. Das Ganze kann dann in dem einen Satz zusammengefasst werden, zu dem wir vorschreiten: «O Mensch, erschaue dich in der Elemente Reich». Die Elemente sind: Erde, Wasser, Luft und Feuer.

Jetzt steigen wir aber von dem auf, was uns im Elementenreich umgibt, zu dem, was aus dem Umkreis in Sonne, Mond und den anderen Wandelsternen kraftet. Wir werden in späteren Stunden auf Einzelheiten dieses Teilnehmens des Menschen an den Bewegungen der Wandelsterne eingehen. Heute soll die mantrische Formel auf das Allgemeine gehen. Wir sollen meditativ vom Erleben der Elemente zum Erleben des Umkreises mit den weiteren Worten aufsteigen: «O Mensch, so lasse walten in deiner Seele Tiefen / Der Wandelsterne weltenweisende Mächte». Und dieses fassen wir dann in das Wort zusammen: «O Mensch, erwese dich durch den Weltenkreis». «Erwese dich» heißt: mache dich zum Wesen.

Dann steigen wir zu dem auf, was der Mensch in seines Kopfes Dasein fühlen kann, wenn er den Sinn zu den Ruhesternen hinauflenkt, zu jenen Sternen, die Formen bilden wie im Tierkreis, und die das Dasein der Welt regeln. Da fühlt der Mensch, dass das, was ruhig waltet und webt in seinem Haupt, eine Nachwirkung dessen ist, was oben in den ruhigen Sternen die Kundschaft vom Himmel bringt. Zu dem kann sich der Mensch erheben, wenn er das Mantram mit den Worten fortführt: «O Mensch, erhalte dir in deines Geistes Schaffen / Der Ruhesterne himmelkündende Worte». Dann zusammenfassend: «O Mensch, erschaffe dich durch die Himmelsweisheit». Fortwährend muss der Mensch, wenn er in ... (Lücke im Stenogramm), erschaffe dich durch die Himmelsweisheit, durch jene Weisheit, die du gewahr wirst aus dem Wort und der Schrift der Ruhesterne als jene Wesen, die den Bestand der Welt hüten.

Solche Dinge, meine lieben Freunde, sind dazu da, um in der Seele weiterzuwirken, weiterzuwirken so, dass der innere Bau eines solchen Mantrams als innere Harmonie erlebt wird und dass solches immer wieder in der Seele wiederkehrt, damit die Seele zuletzt in diesem webt und west und dadurch den Weg hinüberfindet, vorbei an dem ernsten Hüter, in richtiger Weise. Findet man ihn in unrichtiger Weise und kehrt ... (Lücke im Stenogramm) zurück in die physische Welt, kann man leicht verwirrt werden für die physische Welt, weil man verwechselt, was für die geistige Welt gilt, mit dem, was für die physische Welt gilt. (Im Stenogramm folgt hier ein längerer Satz, der schwer zu entziffern ist. Der Stenograf hat ihn wie folgt übertragen: «Wenn man so die Schwelle überschreitet, – sei es durch den gesunden Menschenverstand, sei es durch das Hellsehen – so dass man weiss, man ist im Geistigen, man hat die Gabe, Geistiges zu überschauen und wahrzunehmen, dann wird man wieder zurückkehren, nicht auf schwärmerische, mystische Art das Physische durchdringen mit dem, was dem Geistigen angehört, dann wird man das Physische wiederum als Physisches richtig nehmen können.») So wollen wir auf unsere Seele das wirken lassen, was uns ein Bewusstsein davon hervorruft, wie wahre Erkenntnis an der Schwelle in die geistige Welt hinein gewonnen wird. So wollen wir, wenn wir an diese Schwelle herantreten, uns solchen Ernstes bewusst werden. Wir wollen auf uns das wirken lassen, was heute schon ausgesprochen worden ist: *«O Mensch, erkenne dich selbst! ...»* (s. S. 173).

Dann aber kommt der innere Mut, der sich in den Worten erweist: «O Mensch, ertaste ... durch die Himmelsweisheit». (s. S. 191).

Klartextübertragung «Sten. R. Hahn»
(Berner Wiederholungsstunde – 17.4.1924)

Kl. I. (Sten.R.Hahn.)

Vortrag
von
Dr. Rudolf Steiner
gehalten am 17. April 1924 in Bern.

Meine lieben Freunde!

Es gab ja in der Anthroposophischen Gesellschaft in der verschiedensten Art esoterische Kreise, in denen dasjenige, was in der Allgemeinen Anthroposophischen Gesellschaft herausgeholt wird aus dem geistigen Leben der Welt, herangebracht werde an die Mitglieder so, dass in dieser Mitgliedschaft selber ein esoterisches Streben, ein esoterisches Leben entstehen kann. Da nun ein esoterischer Grundimpuls durch die ganze Anthroposophische Gesellschaft gehen soll in der Zukunft, so wird das Esoterische in einer vertieften Form nur weitergepflegt werden gewissermassen. Wie es in dem nächsten Mitteilungsblatt des "Goetheanum" steht, - es wird für das, was so mehr gesagt, mehr entwickelt werden kann, die Freie Hochschule für Geisteswissenschaft am Goetheanum da sein. Diese Freie

Erste Breslauer Wiederholungsstunde[17]
Breslau, 12. Juni 1924

Die zwei Wiederholungsstunden in Breslau sind der Form und dem Inhalt nach den anderen Wiederholungsstunden ähnlich, die Rudolf Steiner außerhalb von Dornach gehalten hat. In den folgenden Zitaten wird lediglich auf einige Aussagen Rudolf Steiners hingewiesen.

In der ersten Wiederholungsstunde weist Rudolf Steiner gleich zu Beginn auf die neue Lage hin, die durch die Weihnachtstagung 1923/24 entstanden ist (Auslassungen durch den Herausgeber sind mit [...] gekennzeichnet):

S. 35-36: Bisher ist die Erste Klasse dieser Freien Hochschule eröffnet ... [Lücke im Stenogramm] und an den Orten, wo ich sein kann, sollen im Anschluss an dasjenige, was geschieht, Abgliederungen der Klassenstunden abgehalten werden ... [Lücke im Stenogramm] Versuch jetzt zugänglich zu machen den Freunden, die in der Ferne sind. [...] Es war in der Anthroposophischen Gesellschaft bis Weihnachten so, dass ich nicht die Leitung hatte. ... [Lücke im Stenogramm]. Es musste schon diese Prüfungszeit vorbeigehen. Es wurde in ihr in mannigfacher Weise versucht, namentlich seit 1918, das [als] Hochschulbewegung einzurichten. In dieser Form hat sich die Freie Hochschule für Geisteswissenschaft nicht bewährt; Konkurrenz mit dem, was sonst an Hochschulwesen da ist, kann nicht sein.

... [Lücke im Stenogramm] allgemein menschliche und spezielle Gebiete des menschlichen Strebens, dasjenige, was vom Goetheanum den Menschen gegeben werde, was sie sonst in der Welt nicht finden. Es ist auf den verschiedenen Gebieten des Wissens eine starke Sehnsucht in den Menschen zu dem, was das Esoterische geben kann. Dazu ist notwendig, dass diese esoterische Schule nunmehr im vollsten Sinne ernst aufgefasst werde. ... [Lücke im Stenogramm] dazu die [Leitung] zu übernehmen, musste sein, weil Realität Herz sein muss; das Herz, die Seele dieses Geisteslebens, soll diese Schule sein.

Zur Bedingung für eine Mitgliedschaft in der Schule und zur Natur der Schule selbst äußert sich Rudolf Steiner wie folgt:

S. 36-37: Derjenige, der Mitglied der Schule geworden ist, muss sein Leben einrichten in dem Sinn, dass er ein echter Repräsentant der

---

17 Diese zwei Breslauer Wiederholungsstunden sind 2016 im Perseus Verlag Basel, von Thomas Meyer herausgegeben, mit folgendem Titel erstveröffentlicht worden: *Der Meditationsweg der Michaelschule, Die Wiederholungsstunden in Breslau vom 12. und 13[.] Juni 1924.* Sie stehen im Rahmen der zweibändigen Veröffentlichung der Klassen- und Wiederholungsstunden – Bd. 1: *Der Meditationsweg der Michaelschule in neunzehn Stufen, Rudolf Steiners esoterisches Vermächtnis aus dem Jahre 1924* (Basel 2011); Bd. 2: *Der Meditationsweg der Michaelschule, Ergänzungsband, Die Wiederholungsstunden in Prag, Bern, London und Dornach, Rudolf Steiners esoterisches Vermächtnis aus dem Jahre 1924* (Basel 2011). Beide Bände folgen dem GA-Text.

anthroposophischen Sache vor der Welt ist. Dazu ist notwendig, dass tatsächlich – weil die Schule ein anderes Mittel nicht haben kann –, im strengsten Sinne des Wortes darauf gesehen werde, dass die Leitung in Dornach diejenigen Mitglieder, welche sich nicht erweisen als Repräsentanten der anthroposophischen Sache vor der Welt, darauf aufmerksam machen kann, dass sie nicht mehr als Mitglieder der Schule betrachtet werden können. In drei Fällen ist es notwendig geworden, eine solche Ausschließung vorzunehmen. [...] Diese Schule ist zu betrachten als eine Einrichtung der geistigen Welt innerhalb der physischen Welt, sodass jedes Wort, was hier gesprochen wird, unter voller Verantwortlichkeit gesprochen wird gegenüber denjenigen Mächten, die die wahren Führer und Lenker dieser Schule sind, die in der Gefolgschaft jener Erzengelwesen stehen, die wir gewohnt sind ... [Lücke im Stenogramm] innerhalb unserer Schule, in der ich Vermittler bin zu dem, was die angedeuteten Wesenheiten und Führer im gegenwärtigen Zeitalter der Menschheit sagen wollen.

In Bezug auf den Weg der inneren Entwicklung als einen Erkenntnisweg wird ausgeführt:

S. 11: Diese [esoterische] Schule soll zunächst hinweisen diejenigen, die davon etwas wissen wollen, wie der Weg in die Erkenntnis der geistigen Welten hin ist, der durch diese Schule eröffnet wird; wie man hineingelangt in die Anschauung der geistigen Welt, aus der alles dasjenige stammt, was durch unsere anthroposophische Bewegung fließt. Da muss vor allen Dingen darauf hingewiesen werden, dass alles das, was man heute in der äußeren Welt Erkenntnis nennt, in Wirklichkeit keine Erkenntnis ist und alles dasjenige, was sich nur auf die physische Welt bezieht, nicht wirkliche Erkenntnis ist. Wirkliche Erkenntnis entsteht erst dann, wenn [Tugenden] in dem Menschen Platz greifen, die Seele und Herz erfassen, die wiedergeben die Wirklichkeit, das Spirituelle der geistigen Welt.

Der Hüter der Schwelle macht den Menschen darauf aufmerksam, dass er sein wahres Selbst nicht in der sinnlichen Welt finden kann. Das heute übliche Denken, Fühlen und Wollen erscheint in der Imagination von drei Tierbildern. Rudolf Steiner betont, dass die Mantren nicht von ihm stammen, sondern unmittelbar von der geistigen Welt:

S. 13: Dasjenige, was ich jetzt zu Euch sprechen werde, meine lieben Schwestern und Brüder, sind die ersten Worte, die uns in dieser Welt von dem Hüter der Schwelle an unser geistiges Ohr dringen. – Ich bemerke, dass dasjenige, was ich als Mantren spreche, Meditationsstoff für die Mitglieder sein wird. Ich werde es Dr. Wachsmuth geben, dass er es den Mitgliedern wird diktieren können, denn jeder soll sie haben, [soll] sie auf seine Seele wirken lassen [...]

Rudolf Steiner hat in der ersten Breslauer Stunde folgende Mantren zweimal gesprochen: «Wo auf Erdengründen Farb' an Farbe ...» (s. S. 27); «Und aus Finsternissen hellet sich ...» (s. S. 27); «Aus den Weiten der Raumeswesen ...» (s. S. 28); «Doch du musst den Abgrund achten ...». (s. S. 31).

Zweite Breslauer Wiederholungsstunde
Breslau, 13. Juni 1924

In dieser zweiten Stunde kommen folgende Mantren vor: «O Mensch, erkenne dich selbst! ...» (s. S.173); «Sieh in dir Gedankenweben ...». (s. S.68).

Rudolf Steiner weist auf die Einheit von Selbst- und Welterkenntnis hin.

> S. 24: In der Selbsterkenntnis werden wir immerzu finden den Anfang, die Mitte und das Ende der Welt wie Geschichte, denn im Menschen drückt sich aus, offenbart sich die ganze Welt, das umfassende Universum; die Summe der Welt offenbart sich in dem Menschen. Daher ist Selbsterkenntnis Welterkenntnis, Selbsterkenntnis eine Welterkenntnis.

Der Hüter der Schwelle gibt eine Unterweisung über das Denken, das Fühlen und das Wollen:

> S. 24-26: Und jetzt beginnt er, uns noch in anderer Weise zu erklären, wie es ist mit dem Denken, dem Fühlen, dem Wollen. Jetzt spricht er tief eindringliche Worte, wiederum mantrische Worte, die wir von Zeit zu Zeit immer wiederum in unserer Seele lebendig machen sollen, denn es sind das zu gleicher Zeit Kraftworte, die, wenn wir sie in unserer Seele lebendig machen, unsere Seele vorwärtstreiben, nachdem sie sie beflügelt haben, über den Abgrund des Seins hin, hinein in der Geisterkenntnis Reich. Aber wir müssen vorher ganz genau wissen, wie es um uns selber steht. [...] Dieses Denken, das wir haben hier in der physisch-sinnlichen Welt, in der wir durchmachen unser Leben zwischen der Geburt und dem Tod, dieses Denken, ist es denn etwas, was wirklich lebt? Schon für das gewöhnliche Bewusstsein erscheint es gegenüber den lebendigen Eindrücken, die wir aus der Sinneswelt erhalten, gegenüber der Lebendigkeit, mit der die Impulse unseres Willens, unserer Wünsche wirken, schattenhaft, kalt, trocken, nüchtern. In Wirklichkeit bekommen wir eine rechte Vorstellung von diesem Denken nur, wenn wir auf einen Leichnam schauen [...] Es wurde tot, als es sich verbannt in einen Sarg legte, in den Sarg unseres eigenen Leibes. Lebendig war es im vorirdischen Dasein. [...] Schein ist alles Denken, wie der Leichnam Schein des lebendigen Menschen ist. Das Sein der Selbstheit, das verbirgt sich.

Über die Art, wie der Mensch in unserer Zeit das Wollen erlebt, führt Rudolf Steiner aus:

> S. 29: Der Hüter der Schwelle weist uns weiter hin auf das erste der Tiere, das er uns erklärt hat, das das Wollen abbildet. Jetzt spricht er zu uns Worte, die dieses Wollen selber darstellen. Nachdem wir durch den Schein des Denkens gekommen sind, eingetreten sind in die halbe Wirklichkeit des Fühlens, treten wir jetzt an die ganze Wirklichkeit des Wollens [heran], und wir lernen fühlen, was der Abglanz davon bedeutet, wenn wir nicht bloß den Schein des Denkens in uns erleben, sondern in einem «Ich will» aussprechen etwas, was Tat, Realität, werden soll. Da steigen wir zu unserem wahren Selbst hinunter, und wenn wir es nicht im gewöhnlichen Bewusstsein erfassen, wie es sonst der Fall ist, sondern wenn wir es im Geist erfassen, dringen wir zu unserem wahren Selbst, zu unserem ganzen Sein vor.

Erste Londoner Wiederholungsstunde (Notizen)[18]

London, 25. August 1924

Dreierlei müssen wir verstehen, was uns der Hüter der Schwelle gibt, indem er uns über den Abgrund des Seins nicht mit Erdfüßen, sondern mit Seelenschwingen hinübergeleitet. Wir denken im gewöhnlichen Leben, aber in unseren Gedanken lebt bloß der Schatten einer gefühlten, aber nicht in Wirklichkeit ergriffenen Wesenheit. Fragen wir, was unsere Gedanken sind: Sie sind ein Leichnam. Wie aus dem physischen Leichnam Seele und Geist fort sind, und der Leichnam der Erde übergeben wird, so machen es die göttlich-geistigen Wesen mit dem Leichnam unseres Denkens. Zwischen Tod und neuer Geburt hat das lebendige Gedankenwesen voll gelebt. Dann ist es in den physischen Leib herabgestiegen und ist wie in einem Sarg. Des Menschen physischer Leib ist der Sarg von dem lebendigen Gedankenwesen. Wir sollen dies als eine Wahrheit fühlen, in die wir von der geistigen Welt geführt werden. So spricht zu uns der Hüter: Deine Gedanken sind nur Schein. Aber du kannst in den Schein untertauchen und dann dahinter deine wahre Selbstheit fühlen ... als ein Göttliches ... Im Ätherweben: darin sollst du fühlen die Geisteswesen, die weben durch ... Der Hüter spricht zum Menschen: «Sieh in dir Gedankenweben ... Deines Geistes Führerwesen». (s. S. 68). Darin ist der Rhythmus so, wie wenn wir vom Berg heruntersteigen (–ᴗ) ... In diesem Rhythmus verbinden wir uns im Meditieren mit dem Schlag der lebendigen Weltgedanken, in denen wir waren, bevor wir auf die Erde heruntergestiegen sind. Aber nicht nur das Denken, auch das Fühlen tragen wir in uns. Darin ist nicht nur Schein, sondern auch Sein. Die Gedanken sind nur Schein,

---

18 Diese Notizen kommen in GA 270/III (1999, S. 209 ff.) im zweiten Teil der zweiten Londoner Stunde vor. Danach hätte Rudolf Steiner in London zuerst ein Mantram besprochen, das im Rahmen der 19 ursprünglichen Klassenstunden erst in der 9. Stunde zur Sprache kommt – «O Mensch, ertaste in deines Leibes ganzem Sein» –, und danach ein Mantram, das schon in der 3. Stunde besprochen wird – «Sieh in dir Gedankenweben ...». Da die Reihenfolge der Mantren keineswegs willkürlich ist, geht der Herausgeber der vorliegenden Ausgabe davon aus, dass Rudolf Steiner das Mantram der 3. Stunde in der ersten Londoner Stunde, zusammen mit den «drei Tier-Imaginationen» (s. S. 469), erläutert hat. In den 7 Wiederholungsstunden in Dornach wird das Mantram: «O Mensch, ertaste ...» vorverlegt, folgt aber weiterhin dem Mantram: «Sieh in dir Gedankenweben ...». Zu Beginn dieser ersten Stunde wird Rudolf Steiner wie an den anderen Orten über die Natur der ersten Klasse der Hochschule für Geisteswissenschaft gesprochen haben.

im Fühlen vermengt sich Schein mit Sein. ... Die Weltkräfte walten in uns im Fühlen. Da sollen wir nicht nur «verehren», sondern «bedenken», wie objektive Weltmächte in uns walten und weben: «Vernimm in dir Gefühle-Strömen ... Der eignen Seele Lebensmächte». (s. S. 68). Damit schwingen wir uns wieder zum Sein auf. Der Rhythmus (⌣–) ist hier ein anderer. Wir sollen in diesem kosmischen Rhythmus leben, wo die Seele wieder zum Sein hinaufsteigt, nachdem sie in den Gedanken das Sein verloren hat. Da geht es vom Verehren zum Bedenken. Es wird inniger: Wir verehren mehr nach außen, auf die Wesen hindeutend, die uns führen; wir bedenken im eigenen Inneren, wie die Lebensmächte walten. Es geht dann noch tiefer nach innen: Der Hüter weist uns darauf hin, wie in unserem Wollen das Weltall wallt und webt. Die Kraft des Seins steigt in uns auf. Die Kraft, die Schöpferkraft in uns, die sollen wir erfassen: «Lass walten in dir den Willens-Stoß ... Weltschöpfermacht im Geistes-Ich». (s. S. 68). Hier werden wir gewahr, wie das Sein, neu erschaffen, aus allem Scheineswesen aufsteigt. Das ist wieder ein anderer Rhythmus (– –). In den zwei betonten Silben bringen wir zum Ausdruck, wie der mächtige Stoß des Seins in Seele und Geist hereinschlägt. Achten wir auf die Steigerung: von dem «verehren» zu dem innigeren «bedenken» bis zu dem ganz in die Sache hineingehenden «ergreifen». Desgleichen: «Führerwesen» (außer uns, im Kosmos), «Lebensmächte» (in uns), «Weltschöpfermacht» (im Kosmos und in uns). In der letzten Zeile der dritten Strophe steht das entsprechende Wort «Weltschöpfermacht» am Anfang, nicht am Ende. Auch das ist wesentlich. Der Rhythmus ist hier spondeisch.

Wenn dieses dreifache Mantram vom Hüter der Schwelle an die menschliche Seele herantönt, den Überflug über den Abgrund erwartend, dann darf die Seele fühlen, wie des Michaels Zaubergewalt durch den Raum hindurchwallt ... und wie seit dem Beginn der neuen Zeit Michael mit dem Strom des Rosenkreuzes (rosae et crucis) vereinigt ist. ... Im Zeichen Michaels empfangen wir, was so an uns herankommt, mit der dreifachen Haltung des Rosenkreuzes ...[19]

---

[19] Von den Sprüchen und dem Inhalt der Stunden darf nur den Mitgliedern der esoterischen Schule, also denen, die die blaue Karte haben, mitgeteilt werden. Die nicht hier sein konnten, können die Sprüche von anderen bekommen, die hier sind. Aber in jedem einzelnen Fall muss derjenige fragen, der die Sprüche weitergeben will, bei Dr. Wegman oder bei mir. Das gehört zur esoterischen Führung, dass in jedem einzelnen Fall als Tatsache dieses Fragen vorliegt. Mitschreiben ist nicht gestattet. Wenn nachgeschrieben wird, ist man verpflichtet, das Nachgeschriebene innerhalb einer Woche zu verbrennen.

Zweite Londoner Wiederholungsstunde
London, 27. August 1924

Es sollen wieder wie in der letzten Stunde die Worte gesprochen werden, die an den Menschen wie eine ewige Mahnung, wie eine Mahnung des Ewigen, herantönen ... in der Vergangenheit, in der Gegenwart und in der Zukunft ... dem Menschen zurufend, er soll zur Selbsterkenntnis kommen ... um sich richtig in seinem Verhältnis zur Welt und zu sich selbst zu finden: *«O Mensch, erkenne dich selbst! ...»* (s. S. 173).

Meine lieben Freunde! Es war zunächst eine erschütternde Ermahnung von dem Hüter der Schwelle an den Menschen, die in der ersten Stunde gesprochen worden ist. Diese erste Mahnung zeigt dem Menschen, wie das Wollen, das Fühlen und das Denken, so wie sie im Sinne unserer materialistischen Zeit im Menschen leben, auch dann in ihm leben, wenn er in Gedanken bereits über diesen Materialismus hinausstrebt. Dieses Wollen, Fühlen und Denken stehen da in den drei Tier-Imaginationen (s. S. 31: «Schau das erste Tier ...»), die, wenn sie nur tief genug empfunden werden, den Menschen erschüttern können. Sie sagen dem Menschen, wie wenig das, was an der Oberfläche seiner Seele wirkt, dem entspricht, was tief unten in der Seele wahrhaft intendiert wird. So ist es in allem esoterischen Leben, das unmittelbar aus der geistigen Welt heraus zu uns sprechen will, wie das letzte Mal geschildert worden ist. Da werden wir auf der einen Seite auf die moralisch-seelischen Tiefen hingewiesen, durch die wir hindurchmüssen, um zu dem wahren Wesen der Welt und unseres Selbst zu kommen. Und auf der anderen Seite werden wir auf die Höhen hingewiesen, auf die der Mensch hinaufsoll. Es gibt keinen esoterischen Weg der Selbsterkenntnis, ohne dass der Mensch in die Tiefen der Welt hinunter- und in die Höhen der Welt hinaufgetragen wird. Nur wenn wir den Mut zu den Tiefen wie auch zu den Höhen der Welt entfalten, nur dann kann der starke Impuls in unsere Seele kommen, der zu der esoterischen Entwicklung notwendig ist.

Der Mensch muss in der esoterischen Entwicklung aufhören, sich von seiner kosmischen Umgebung getrennt zu fühlen. Fragen wir nach dem Verhältnis unseres Tageslebens zu unserer kosmischen Umwelt. Der Mensch nimmt um sich herum die mineralische, die pflanzliche und die Tierwelt wahr. Aber er fühlt sich von der Welt abgesondert in seinem Leib. Dieses Abgesondertsein im Leib war zu seiner eigenen

Entwicklung gut. Aber heute ist die Tendenz vorhanden, sich zu viel von der Welt abzusondern, nicht nur in Gedanken. Wir sind jede Nacht im Schlaf, aus dem nur die chaotischen Träume heraufwogen. Im Traum sind nicht Tiere, nicht Pflanzen um uns herum, höchstens Schattenbilder davon. Der Mensch ist da ganz allein mit sich selbst. Es ist ein unermessliches Alleinsein in unserem Traumleben, und das wirkt im Tagesleben fort. Der Mensch träumt in seinen Illusionen fort. Daraus entspringt all das, was in seinem Egoismus wurzelt. Aber auf dem Weg zum Göttlich-Geistigen hin müssen wir diesen Egoismus überwinden. Dieses richtig zu fühlen, diese Gesinnung zu gewinnen, muss den Ausgangspunkt eines esoterischen Weges bilden. Wenn der Mensch nicht bereit ist, mit dem zu brechen, was sich in seinem gewöhnlichen Selbst geformt hat, kann er auf seinem esoterischen Weg nicht weiterkommen. Es handelt sich hier um einen wirklichen Wendepunkt in der Entwicklung. Und es hängt heute viel für die Welt davon ab, wie viele Menschen den Weg in eine esoterische Entwicklung hineinfinden.

Wir müssen ausgehen von einem Sich-Hineinleben in die Welt der Elemente. Nachdem der Hüter uns mit dem Anblick der drei Tiere zerschmettert hat, gibt er uns den Hinweis, in die Welt der Elemente zu schauen. Denn auf dem Weg zum Geist muss man in die Elemente hineinwachsen. Da ist die Erde unten, da ist auch das Flüssige. Wir müssen fühlen, wie sie mit uns vereinigt sind, wie sie das Innere mit dem Äußeren vereinigen. So auch die Luft: Sie ist in uns, dann ist sie wieder außer uns. So auch die Wärme, so alle Elemente. Es handelt sich darum, dass wir die notwendige Aufmerksamkeit durch ein inniges Eingehen auf all die Anweisungen aufbringen, die wir hier erhalten. Denken wir, meine lieben Freunde, wir tasten, wir fühlen etwas. So ist es aber auch, wenn wir sehen, wenn wir hören. Stellen wir uns jetzt vor: Wir sind ein einziges großes Sinnesorgan, indem wir auf dem Erdboden stehen, indem die Erde uns von unten trägt. Ebenso wie wir mit dem Finger einen Gegenstand abtasten, so tasten wir mit unserem ganzen Leib die Erde, indem wir darauf stehen und gehen. Nur weil es zur Gewohnheit geworden ist, sagen wir uns das nicht. Dieses Gewohnte müssen wir uns für die esoterische Entwicklung wiederum abgewöhnen. Wir müssen uns wie ein Finger empfinden, der die Erde tastet. Wir werden selbst zum Tastorgan: «O Mensch, ertaste in deines Leibes ganzem Sein, / Wie Erdenkräfte dir im Dasein Stütze sind». (S. 191). Wie wenn wir mit einem Finger etwas berühren, so müssen wir uns als ganzer Mensch erleben.

Wir fühlen dann, wie uns die Erdkräfte Stütze sind, sodass wir nicht in das Schwere versinken. Der Hüter weist uns mit diesen Worten an, wir sollen uns wie ein Finger der Gottheit fühlen. Wir sollen fühlen, wie die Gottheit mit diesem Finger, der wir als ganzer Mensch sind, die Erde betastet. Dann ein Zweites: Wir schreiten fort, indem wir nicht nur mit unseren Füßen die Erde uns stützend fühlen, sondern wir fühlen, wie das Blut lebt und webt in diesem Finger der Gottheit, der wir sind. Wir fühlen das Blut, wie es im Finger lebt, wenn der Finger krank oder verwundet ist. Da werden wir das Wasserelement in uns gewahr, wir können in uns das Wasser fühlen: «O Mensch, erlebe in deines Tastens ganzem Kreis, / Wie Wasserwesen dir im Dasein Bildner sind». Wir fühlen Wasserwesen im eigenen Blut, in den Gefäßen, die uns bilden. Draußen im Kosmos ist das Wasser, das fließende Element, es wirft Wellen, Wellen kräuseln an der Oberfläche. Wir empfinden es als schön. Aber bei der okkulten Entwicklung müssen wir erleben, wie das gleiche Wasserelement auch in uns lebt, uns gestaltet und bildet. Die Erde ist uns nur Stütze, das Wasser aber bildet uns innerlich. Vorher war es nur unbewusst, jetzt sollen wir uns innerlich des Tastens bewusst werden. Merken wir, meine lieben Freunde, dass in den Mantren jedes Wort exakt gewählt und an seinen Ort gestellt ist. Wir müssen die Worte so nehmen, dass sie gottgegeben, aus der geistigen Welt inspiriert sind. So ist jedes Wort, zum Beispiel der Fortgang von «Stütze» zu «Bildner», von einem Niederen zu einem Höheren, zu dem, was uns nicht bloß äußerlich stützt, sondern innerlich plastisch gestaltet.

Und dann das Dritte: Der Hüter ermahnt uns weiter, zum Luftelement hinzuschauen. Der Mensch atmet ein und aus. Der Atem webt zunächst unbewusst, aber er webt doch in ihm. Und wenn der Atem nicht richtig ist, dann merkt der Mensch, wie ein Moralisch-Seelisches darin ist. Wenn er im Schlaf nicht richtig atmet, erlebt er Furcht und Angst im Traum. Hier wird er nicht nur gebildet. Gebildet wird er aus dem Wasser heraus in allen Organen, alles Feste bildet sich aus dem Flüssigen heraus. Das Blut enthält die Formkräfte. Alle sieben Jahren werden die Organe in dem abgestoßen, was in ihnen stofflich ist, und aus dem Blut heraus neu geformt. Vor acht Jahren war alles, was heute da ist, als Stoffliches überhaupt nicht da. Wir alle, die wir hier sind, sind im Lauf von sieben bis acht Jahren ganz neu aus der Blutflüssigkeit heraus gebildet worden. So ist das Wasserelement unser Bildner. Aber die Luft, die empfinden wir schon mehr seelisch: Ein Überschuss an Kohlensäure macht

Angst, ein Überschuss an Sauerstoff verursacht Ohnmacht, indem wir wie im Kosmos aufgelöst werden: «O Mensch, erfühle in deines Lebens ganzem Weben, / Wie Luftgewalten dir im Dasein Pfleger sind». Hier geht es in das Höhere, in das Moralische hinauf: vom Stützen und vom ätherischen Bilden geht es zum Pflegen. Und viertens geht es dann ins Feuer-, ins Wärmeelement hinauf. Die Erde fühlen wir kaum; das Bilden in uns fühlen wir höchstens als Kind; bei der Luft sorgen die Pfleger dafür, dass wir sie nicht fühlen. Aber die Wärme, ob es kalt oder warm ist: Das Wärmeelement des Kosmos fühlt der Mensch als zu ihm selbst gehörig. Wenn er durch die Mahnung des Hüters vorbei an den drei Tieren in unegoistischer Weise in den Kosmos hinaufkommt, dann fühlt er, wie er im Reich der webenden Wärme hinaufgetragen wird.

Okkult ist es so: Wenn der Mensch denkt, ergreift er das Feuerelement des Kosmos. Er denkt nicht nur in seinem Kopf, die Denkkräfte gehen weit, weit hinaus in den Kosmos. Im Sommer fühlt der Mensch im Denken die Zeitgeister, die Geister der Weisheit und die Seraphim. Im Winter aber lebt er sich mit dem Denken in das Kalte hinein. Da steigen seine Gedanken in Eis und Schnee, in die kalte sonnendurchglänzte Luft hinein. Das Feuerelement ist innig mit dem Menschen verbunden. Der Mensch sagt zu sich selbst: Steigst du einen Berg hinauf, sodass es immer kälter wird, so kommst du an die Erzengel, an die Geister der Bewegung und an die Cherubim heran, an jene Welt, in der die Weisheit waltet. Steigst du den Berg hinunter, oder kommst du in warme, sommerliche Zeiten, da kommst du herunter aus dem Bereich der Cherubim, der Weisheit, in den Bereich der Seraphim, der Liebe. Du kommst aus dem Bereich der Zeitgeister und der Geister der Weisheit in den Bereich der Geister der Bewegung und der feurigen Erzengel, die im Feuer schmieden. Und im Bereich der Erzengel verwandelt sich die im Wasser webende Weisheitswelt vom Bereich der Engel. «O Mensch, erdenke in deines Fühlens ganzem Strömen, / Wie Feuermächte dir im Dasein Helfer sind». Es geht noch höher in das Moralische hinauf. Die Pfleger, sie pflegen noch von außen. Die Feuermächte sind aber nicht nur Pfleger, sie sind Helfer, sie helfen uns innerlich. Nachdem wir diese Mahnung in uns aufgenommen haben, fassen wir das Ganze noch einmal zusammen mit den Worten: «O Mensch, erschaue dich in der Elemente Reich». Nachdem wir niedergeschmettert waren, vernehmen wir vom ernsten Antlitz des Hüters die Mahnung, in das Reich der Elemente denkend einzugehen, das Sein der Elemente in uns aufzunehmen. So ermahnt uns der Hüter, uns in Erde, Wasser, Luft und Feuer einzuleben. Das tun wir mit dem physischen und dem Ätherleib.

Aber die Seele kann nicht bloß im Reich der Elemente leben, sie muss zum Reich der Planeten vordringen. Die Wandelsterne, je nachdem, wie sie ihr Antlitz der Erde zuwenden, drücken in ihren gegenseitigen Verhältnissen das aus, was in unserer Seele waltet. Unseren physischen und Ätherleib erkennen wir im Reich der Elemente, unsere Seele erkennen wir im Kreis der Wandelsterne. Der schnelle Merkur, der nahe Mond, die Venus, die die kosmische Liebe in die Weltweiten hinausträgt, die Gnade der Sonne, die Kraft des Mars, der Weisheit sprühende Jupiter, die Reife des Saturn, wie er mit Feuerwesen alles ins Wesenhafte treibt ... Das alles ist die Seele, die im Kosmos aufgeht. Der Hüter sagt: «O Mensch, so lasse walten in deiner Seele Tiefen / Der Wandelsterne weltenweisende Mächte». Und er fasst dies noch einmal zusammen, indem die vielen Planetenkreise wie in einem einzigen Kreis zusammengefasst werden: «O Mensch, erwese dich durch den Weltenkreis». Damit sind aber nur der physische und Ätherleib und die Seele gegeben, noch nicht der Geist. Den Geist, der im Ich lebt, müssen wir nicht bloß bis zu den Planeten, sondern bis zu den Fixsternen hinausgießen. Das Ich, das von Ewigkeit zu Ewigkeit waltet, müssen wir im Fühlen und Wollen bis in das Reich der Fixsterne hinaustragen: «O Mensch, erhalte dir in deines Geistes Schaffen / Der Ruhesterne himmelkündende Worte». Und wieder fasst der Hüter diese beiden Zeilen zusammen, mächtig in uns wallend, in den Worten: «O Mensch, erschaffe dich durch die Himmelsweisheit».

Wenn wir ein solches Wort, wie es als ein Ganzes durch Erde, Wasser, Luft und Feuer, durch Planeten und Fixsterne zusammenklingt, wenn wir es als ein Ganzes fühlen, indem wir auf die Worte horchen, die uns von dem Hüter kommen, dann wallt in unserer Zeit durch die Schule die Macht Michaels. Und wir dürfen diese Macht Michaels in seinem Zeichen fühlen, und wie Michael, der seit dem Jahr 1879 und weiter bis in unsere Tage seine Herrschaft angetreten hat, bekräftigt all das, was seit dem 15. Jahrhundert begründet worden ist unter dem Zeichen des Rosenkreuzes (rosae et crucis). Wir dürfen die Haltung des Rosenkreuzes in dem dreifachen Wort fühlen: Ich bewundere den Vater; ich liebe den Sohn; ich verbinde mich dem Geiste. Dieses wird nicht gesprochen, aber es begleitet als Geste das dreifache Wort: Ex deo nascimur; in Christo morimur; per spiritum sanctum reviviscimus.

Hinweise zu einzelnen Stellen

Zu S. 117: s. Rudolf Steiner, *Welche Bedeutung hat die okkulte Entwicklung des Menschen für seine Hüllen und sein Selbst?* (GA 145)

Zu S. 139: lt. GA 270a, S. 213 hat Rudolf Steiner in einem Notizbuch geschrieben:
«Dr. Eisele, Leiter des Preuß. Pressedienstes an Exe. v. Gillhausen. Anthroposophie, Christengemeinschaft – Wir werden das heilige römische Reich deutscher Nation wieder errichten – kleine Staaten gegen Vorherrschaft von Preußen, denn wir müssen Herr werden geistiger Bewegungen. Sollte das nicht gelingen – und es wird gelingen – so werden wir auf andere Art – wir meinen anthroposophische Bewegung und christliche Erneuerung.»
Hans Eisele war Journalist, Diplomat und Schriftsteller. Er war in München Chefredakteur der politischen Wochenschrift *Allgemeine Rundschau*. Rudolf Steiner hat möglicherweise versehentlich «Preuß.[ischen]» statt «Bayerischen» geschrieben. Die Quelle für seine Angabe konnte nicht gefunden werden. Es ist möglich, dass im Rahmen der Michael-Schule Rudolf Steiner auch Ereignisse und Vorgänge erwähnt, denen man nur durch Wahrnehmung im Geistigen nachgehen kann.

Zu S. 198: Platon (Timaios 45 ff.) führt den Sehprozess auf das Zusammenwirken von drei Arten von «Feuer» zurück: Das erste Feuer ist das Tageslicht, das zweite ist der Sehstrahl selbst und das dritte ist das von den Dingen ausstrahlende Feuer (die sog. Farben). Das Feuer, das vom Auge hinausstrahlt, verbindet sich mit dem Tageslicht und formt sich in der Sehachse dort zu einem Gegenstand, wo es mit dem vom Gegenstand ausströmenden Feuer zusammentrifft.

Zu S. 200: 2. Buch Mose 33, 20-23: «Mein Angesicht kannst du nicht sehen; denn kein Mensch wird leben, der mich sieht. [...] Wenn dann meine Herrlichkeit vorübergeht, will ich dich in die Felskluft stellen und meine Hand über dir halten, bis ich vorübergegangen bin. Dann will ich meine Hand von dir tun und du darfst hinter mir her sehen; aber mein Angesicht kann man nicht sehen.»

Zu S. 223: In der Gralssage sind die sechzig Meilen nicht sinnlich, sondern geistig gemeint.

Zu S. 269: 1. Buch Mose 2,7: «Da machte Gott der HERR den Menschen aus Erde vom Acker und blies ihm den Odem des Lebens in seine Nase. Und so ward der Mensch ein lebendiges Wesen.»

Zu S. 346: s. Johannes 11, 25-26: «Ich bin die Auferstehung und das Leben. Wer an mich glaubt, der wird leben, auch wenn er stirbt; und wer da lebt und glaubt an mich, der wird nimmermehr sterben.» Kolosserbrief 3,3: «Denn ihr seid gestorben, und euer Leben ist verborgen mit Christus in Gott.»

Zu S. 353: 2. Buch Mose 3,14: «Gott sprach zu Mose: Ich werde sein, der ich sein werde [אהיה אשר אהיה: ejeh asher ejeh] ... So sollst du zu den Israeliten sagen: ‹Ich werde sein›, der hat mich zu euch gesandt.»

Zu S. 357: s. Rudolf Steiner, *Esoterische Betrachtungen karmischer Zusammenhänge,* 3. Band (GA 237).

Zu dieser Ausgabe

Der Text der vorliegenden Ausgabe geht für die 19 Klassenstunden und die 7 Wiederholungsstunden in Dornach auf die Klartextnachschriften zurück, die Helene Finckh nach ihren eigenen Stenogrammen angefertigt hat (s. Faksimile S. 478: Beginn der 1. Stunde; S. 420: Beginn der 7. Wiederholungsstunde). Mitberücksichtigt sind die Ausgaben von 1977 und 1992 (in 2. und 3. Auflage 1999 und 2008), die im Rahmen der Rudolf Steiner Gesamtausgabe (GA) erschienen sind. Es sind alle Unterschiede zur ursprünglichen Fassung der Klartextnachschriften geprüft worden, die in der Ausgabe von 1992 – Rudolf Steiner, *Esoterische Unterweisungen für die Erste Klasse der Freien Hochschule für Geisteswissenschaft* – für zahlreiche Klassenstunden auf einen Vergleich mit den Stenogrammen von Lilly Kolisko zurückgeführt werden.

Die Ausführungen, die nach Auffassung des Herausgebers nur für die Zeit Gültigkeit haben konnten, in der Rudolf Steiner noch lebte, sind bei den 19 ursprünglichen Klassenstunden im fortlaufenden Text kleiner, bei den Wiederholungsstunden als Fußnoten gedruckt. Die Mantren werden wie in den Klartextnachschriften nur einmal im Volltext angeführt; bei wiederholtem Sprechen oder beim Schreiben an die Tafel werden nur Anfang und Ende angegeben. Die Anrede wechselt im überlieferten Text zwischen: «Meine lieben Freunde!», «Meine Lieben», «Meine (lieben) Schwestern und Brüder!». Um dem heutigen Leser zu ermöglichen, sich unmittelbar angesprochen zu fühlen, ist die Anrede einheitlich mit «Meine lieben Freunde!» wiedergegeben.

Der überlieferte Text der Klassenstunden weist starke redaktionelle Züge auf, von denen hier nur zwei erwähnt sein sollen. Rudolf Steiner pflegte in der Wir-Form zu sprechen. Die überlieferte redaktionelle Bearbeitung hat vielfach das Wir in Sie – oder auch in «man», «der Mensch» – dort geändert, wo der Redakteur gemeint hat, die Aussage kann oder darf nicht auf die Person Rudolf Steiners bezogen werden. Hier ein beliebiges, sprechendes Beispiel (fett durch den Herausgeber):
«Können **wir** es zuerst anschauen in seinem Schlafzustande, finden **wir** dann, es wacht auf, wenn sich das Denken hinuntersenkt und Licht von unten aufwärtsströmt, was ja nur die Schwerkräfte sind; fühlen **Sie** in **Ihren** Beinen, fühlen **Sie** in **Ihren** Armen die Schwerkräfte, wenn **Sie** alles hängen lassen; das ist das, was aufwärtsströmt, sich mit dem abwärtsströmenden Denken verbindet: **Wir** schauen Menschenwollen sich verwandeln in seine Wirklichkeit [...] das werden **wir** jetzt gewahr.» (GA 270/III, 1999, S. 138).

475

Diese Ausgabe geht auf die Wir-Form zurück. Das andere ist die Ausschmückung durch Füllwörter wie: gewissermaßen, eigentlich, etwa, ja, zunächst, eben, nun, wirklich, sehen Sie, durchaus, sozusagen usw. Ehrenfried Pfeiffer schreibt an Marie Steiner am 1.2.1948:

> «Dr. Steiner hat mir gegenüber einmal erwähnt, man sollte im Vortrag alle Füllworte vermeiden, die nicht unbedingt notwendig seien, z.B. nun, nicht wahr, sozusagen, ich möchte sagen.» (Marie Steiner, *Briefe und Dokumente,* 1981, S. 239).

Eine solche Aussage trifft im ganz besonderen Maße für die Klassenstunden zu, in denen Rudolf Steiner wiederholt betont, dass jedes von ihm gesprochene Wort unmittelbar vor der geistigen Welt verantwortet wird. So zu Beginn der ersten Klassenstunde:

> «Daher möchte ich heute [...] diese Schule beginnen, beginnen zunächst so, daß Sie sich bewußt werden, es wird innerhalb dieser Schule jedes Wort, das gesprochen wird, so gesprochen, daß ihm zugrunde liegt die volle Verantwortlichkeit gegen den in unserem Zeitalter sich offenbarenden Geist ... » (lt. Klartextnachschrift vom 15.2.1924).

In diesem Zusammenhang kann man z. B. auf die Floskel «eben» hinweisen, die besonders auffällt: In der Klartextnachschrift (s. Faksimile der ersten Seite, S. 420) heißt es z. B. auf S. 4: «... dass im allertiefsten Ernste das genommen wird ...»; in GA 241c (1977, S. 143) u. GA 270/III (1999, S. 125) ist zu lesen: «... daß im allertiefsten Ernste **eben** das genommen wird ...». Ein Beispiel mit «nun»: In der Klartextnachschrift heißt es: «Für das Licht ist das schwieriger ...»; in GA 241a (1977, S. 122) u. GA 270/I (1999, S. 87) heißt es: «**Nun**, für das Licht ist das schwieriger ...». In Bezug auf die Schwankung die/welche heißt es z. B. in der Klartextnachschrift: «Die Sprüche, die in dieser Schule ...»; in GA 241c (1977, S. 91) u. GA 270/III (1999, S. 82) steht: «Die Sprüche, **welche** in dieser Schule ...». Im überlieferten Text ist das Dativ-e nicht einheitlich gehandhabt: GA 241c (1977, S. 82): «Zunächst mit dem Element ...»; GA 270/III (1999, S. 75): «Zunächst mit dem Element**e** ...».

Der Umgang mit den zahlreichen inhaltlichen Unstimmigkeiten ist ein Kapitel für sich. Hier nur einige Beispiele: «**Geisteskondensation**» (GA 241b, 1977, S. 84 u. GA 270/II, 1999, S. 75) – statt «-konzentration» (s. hier S. 253); «**Gewaltmaßregel**» (GA 241c, 1977, S. 115 u. GA 270/III, 1999, S. 103) – statt «Verwaltungsmaßregel» (s. hier S. 410) – beide GA-Ausgaben haben im selben Zusammenhang 8-mal «Verwaltungsmaßregel»; GA 241 u. 270 heißt es zu Beginn der 3. Wiederholungsstunde «**neu eintretenden**», nach zweimaligem «eingetretenen». Wer «neu eintretend» ist, muss nicht schon «eingetreten» sein!

Was die Wahl Erden-/Erd-, Welten-/Welt-, Monden-/Mond- usw. angeht, gibt es viele Menschen, die das Zweisilbige bevorzugen. Sie haben den überlieferten Text auf ihrer Seite, wenngleich dieser nicht immer einheitlich ist – so heißt es z. B. GA 270/I, 1999, S. 71 «Mondorganismus» und gleich in der Zeile danach «Mondenorganismus»; GA 241c, 1977, S. 150: «drüben liegt im Erdbezirk», GA 270/III, 1999, S. 131: «drüben liegt im Erdenbezirk». Die vorliegende Ausgabe möchte dafür sorgen, dass auch die Menschen ihren Text haben, denen die vielen Erden-, Sonnen-, Welten-, Monden- usw. unangenehm aufstoßen. Sie haben auf ihrer Seite eine jahrtausendealte Tradition, die verlangt, dass kultische Texte – was die Mantren der Klassenstunden im wahrsten Sinne des Wortes sind – sich von der geschriebenen oder gesprochenen Alltagssprache deutlich abgrenzen. So findet hier der Leser z. B. auf S. 85 als Mantram-Zitat «Erdentiefen» und gleich danach in der Sprache des Alltags Erdtiefen; auf S. 63: Weltschein, «Weltenschein». Goethe schreibt schon vor 200 Jahren Erdgeist, nicht Erdengeist!

Die Engelhierarchien werden mit der Terminologie der Geisteswissenschaft (s. S. 479) bezeichnet – Wesen/Wesenheiten einheitlich mit Wesen. Das lutherische «Golgatha» wird in den *Rudolf Steiner Ausgaben* mit «Golgota» wiedergegeben (s. die Begründung dafür in: Rudolf Steiner, *Zukunft gestalten,* Bd. 2A, S. 219-220).

Zu den Tafelzeichnungen und den faksimilierten Handschriften s.: Rudolf Steiner, *Esoterische Unterweisungen für die Erste Klasse der Freien Hochschule für Geisteswissenschaft am Goetheanum,* 1977, Vierter Band. Das Marie Steiner-Zitat auf dem Umschlag ist der GA-Ausgabe von 1999, Erster Band, S. XII entnommen. Auf der Webseite der *Rudolf Steiner Ausgaben* finden sich die Faksimiles aller zur Verfügung stehenden Klartextnachschriften der Klassenstunden in ihrer Vollständigkeit.

Dieser Band wird von einem getrennt gedruckten 2-Euro-Heft begleitet – Rudolf Steiner, *Die Mantren* –, in dem alle Mantren enthalten sind. Dort wird auch auf Textvarianten in den Mantren hingewiesen. Die Faksimiles dokumentieren u. a. das Ringen Rudolf Steiners, geistige Inhalte in irdischer Sprache auszudrücken. Der endgültige Text der Mantren ergibt sich aus den Tafelanschriften und aus den nachgelassenen Handschriften, in denen keine oder kaum Korrekturen mehr sind. Diesem Band ist in Form von losen Blättern ein Nachwort von Pietro Archiati – «Zu der Trilogie *Für alle Menschen*» – und ein Beitrag «Zum Manuskript von Rudolf Steiners *Mein Lebensgang*» beigelegt.

Klartextübertragung von Helene Finckh
(1. Klassenstunde – 15.2.1924)

Rudolf Steiner

Klasse I

Dornach, 15. 2. 1924   I. Stunde

Mit dieser Stunde möchte ich die Freie Hochschule als eine esoterische Institution wiederum zurückgeben der Aufgabe, der sie drohte in den letzten Jahren entrissen zu werden. Es wird heute in dieser einleitenden und begründenden Stunde nicht die Aufgabe sein, über dasjenige zu sprechen, was den eben geäußerten Satz näher erläutert, aber ich möchte durch das Aussprechen dieses Satzes eben auf die Bedeutung dieser Stunde doch hingewiesen haben, möchte namentlich darauf hingewiesen haben, daß der Ernst, der unserer ganzen Bewegung, die mit jedem Tage wirklich mehr gefährdet und unterminiert wird, daß der Ernst, der unserer ganzen Bewegung eigen sein muß, daß dieser Ernst insbesondere in unserer Schule zum Ausdruck kommen muß. Und es ist dies keine unnötige Bemerkung, weil ja keineswegs überall zu bemerken war, daß man diesem Ernste nunmehr wirklich Rechnung tragen werde.

Eine Art vorbereitende Einleitung soll heute gegeben werden, meine lieben Freunde. Und da möchte ich vor allen Dingen betonen, daß innerhalb dieser Schule das Geistesleben in seiner wahren Bedeutung genommen werden soll. So daß Sie wirklich in aller Tiefe berücksichtigen sollen, daß dasjenige, was mit dieser Schule begründet ist, eine Institution darstellt, die aus dem Geiste heraus, aus dem unserer Zeit aus dem Geiste heraus sich offenbarenden Geistesleben gegeben werden kann. Es kann auf allen Gebieten dieses Geistesleben vertieft werden. Aber es muß ein Zentrum bestehen, von dem aus diese Vertiefung geschieht, und dieses Zentrum soll für diejenigen, die dieser Schule als Mitglieder angehören wollen, eben am Goetheanum in Dornach gesehen werden.

Daher möchte ich heute mit denjenigen Mitgliedern der Schule, für die es uns bisher möglich war, die Zertifikate aus-

Engel-Hierarchien

		Griechisch (Dionysios)	Lateinisch (Thomas v. Aq.)	Deutsch (Martin Luther)	Geisteswissenschaft (Rudolf Steiner)
1. Hierarchie	9.	Seraphim	Seraphim	Seraphim	Seraphim Geister der Liebe
	8.	Cherubim	Cherubim	Cherubim	Cherubim G. der Harmonien
	7.	Thronoi (Θρόνοι)	Throni	Throne	Throne G. des Willens
2. Hierarchie	6.	Kyriotetes (Κυριότητες)	Dominationes	Herrschaften	Geister der Weisheit
	5.	Dynamis (Δυνάμεις)	Virtutes	Mächte	G. der Bewegung
	4.	Exousiai (Ἐξουσίαι)	Potestates	Gewalten	Geister der Form
3. Hierarchie	3.	Archai (Ἀρχαί)	Principatus	Fürstentümer	Archai Zeitgeister G.d.Persönlichkeit
	2.	Archangeloi (Ἀρχάγγελοι)	Archangeli	Erzengel	Erzengel Volksgeister Feuergeister
	1.	Angeloi (Ἄγγελοι)	Angeli	Engel (Schutzengel)	Engel Schutzengel G. des Zwielichts Söhne des Lebens

Unterste Hierarchiestufe: Der Mensch

Fachausdrücke der Geisteswissenschaft

Entwicklung von Erde und Mensch

7 planetarische Zustände der Erde:	1. Saturn-, 2. Sonnen-, 3. Monderde, 4. Erde (jetziger Planet), 5. Jupiter-, 6. Venus-, 7. Vulkanerde
7 geologische Zeiten der jetzigen Erde:	1. Polarische, 2. hyperboräische, 3. lemurische Erdenzeit 4. atlantische Erdenzeit 5. nachatlantische (die jetzige), 6., 7. Erdenzeit
7 Kulturperioden der «nachatlantischen» Zeit (je 2160 Jahre):	1. Indische, 2. persische, 3. ägypt.-chaldäische Kulturper.; 4. griech.-römische Kulturperiode (747 v.–1413 n.Chr.); 5. (unsere) Kulturper. (1413–3573 n.Chr.); 6. u. 7. Kulturper.

Das Wesen des Menschen

3 Körper-Hüllen:	1. Physischer Körper 2. Ätherischer Körper, Ätherleib, Bildekräfteleib 3. Astralischer Körper, Astralleib, Empfindungsleib
3 Seelen-Kräfte:	1. Empfindungsseele 2. Gemüts- oder Verstandesseele 3. Bewusstseinsseele
3 Geistes-Glieder:	1. Geistselbst (höheres Ich) 2. Lebensgeist 3. Geistesmensch
Aus 9 wird 7:	1. Physischer Leib, 2. Ätherleib, 3. Astralleib, 4. Ich, 5. Geistselbst, 6. Lebensgeist, 7. Geistesmensch

Dreiheit in Mensch und Welt

Geistige Wesen:	«Luzifer»	«Christus»	«Ahriman»
Evangelium:	Diabolos	Streben nach Gleichgewicht	Satanas
Geistig:	Spiritualismus		Materialismus
Seelisch:	Schwärmerei		Pedanterie
Physisch:	Entzündung		Sklerose
Moralisch:	hemmend	fördernd	hemmend

Naturelemente

Ätherwelt:	Wärmeäther	Lichtäther	Ton-/Zahlenäther	Lebensäther
Phys. Welt:	Wärme	Luft	Wasser	Erde
Unternatur:	Schwerkraft	Elektrizität	Magnetismus	Atomkraft
Naturgeister:	Salamander	Sylphen	Undinen	Gnomen

Stufen der Einweihung

1. Imagination:	Bilder sehen – in der Akasha-Chronik (Ätherwelt)
2. Inspiration:	Worte hören – in der Seelenwelt (Astralwelt)
3. Intuition:	Wesen erkennen – in der geistigen Welt (Devachan)